唐蘭全集

一

論文集上編一
（一九二三—一九三四）

上海古籍出版社

圖書在版編目(CIP)數據

唐蘭全集 / 唐蘭著．— 上海：上海古籍出版社，2015.11(2023.6 重印)
ISBN 978-7-5325-7676-0

Ⅰ．①唐… Ⅱ．①唐… ②劉… Ⅲ．①史學—文集②考古學—文集③古文字學—文集 Ⅳ．① K0-53 ② K85-53 ③ H028-53

中國版本圖書館 CIP 數據核字(2015)第 187936 號

封面題簽：裘錫圭
內封題簽：高　明
責任編輯：吴長青　顧莉丹　繆　丹
　　　　　賈利民　宋　佳
裝幀設計：嚴克勤
技術編輯：富　強
責任校對：侯奇偉

唐蘭全集
(全十二册)
唐　蘭　著
上海古籍出版社出版发行
(上海市閔行區號景路 159 弄 1-5 号 A 座 5F　郵政編碼 201101)
(1)網址：www.guji.com.cn
(2)E-mail：guji1@guji.com.cn
(3)易文網網址：www.ewen.co
上海世紀嘉晋數字信息技術有限公司印刷
開本 787×1092　1/16　印張 383.5　插頁 64　字數 5,600,000
2015 年 11 月第 1 版　2023 年 6 月第 4 次印刷
ISBN 978-7-5325-7676-0
K·2053　定價：2480.00 元
如有質量問題，請與承印公司聯繫

唐蘭故居

無錫國學專修館校門

青年時期

一九三一年在東北大學任教

一九三四年在北平任教

二十世紀三十年代

一九三七年北大國文系教授及畢業同學
（前排左起：何容、鄭奠、羅常培、胡適、鄭天挺、魏建功、唐蘭）

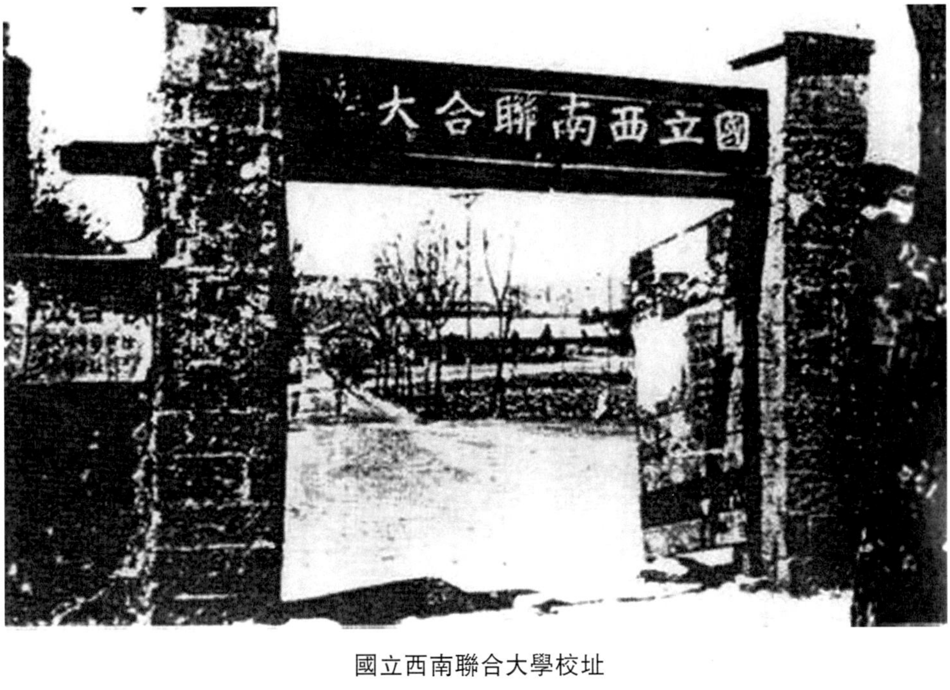

國立西南聯合大學校址

任教於西南聯大

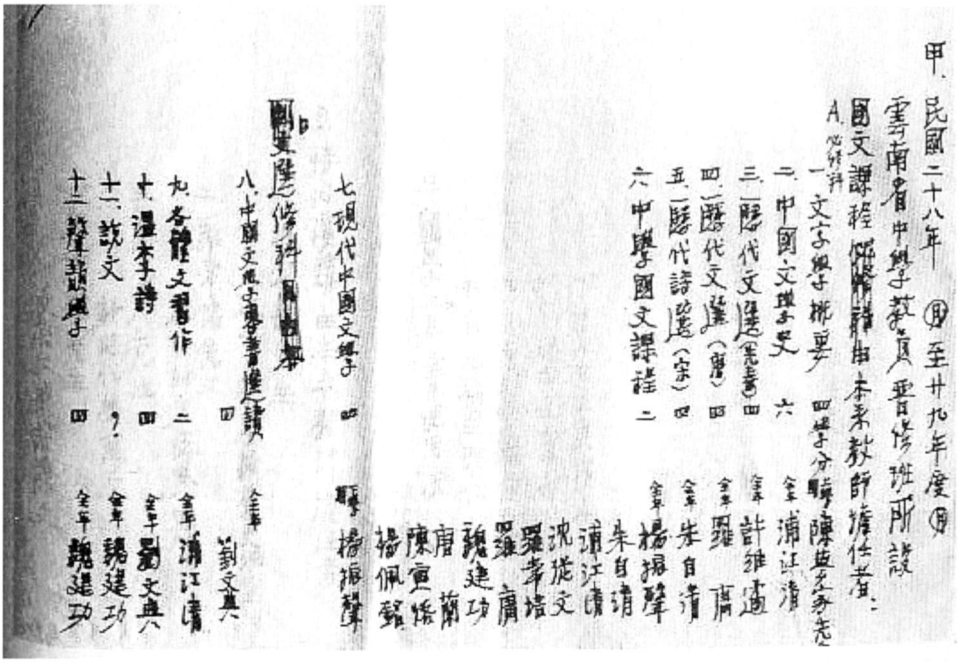

甲、民國二十八年度至廿九年度
雲南省中學教員晉修班所設
國文課程……擔任者：
A.必修科
一、文字學概要　四學分　聯大
二、中國文學史　六　全年　浦江清
三、歷代文選（先秦）四　全年　許維遹
四、歷代文選（唐）四　全年　羅庸
五、歷代詩選（宋）四　全年　朱自清
六、中學國文課程　二　全年　楊振聲
七、現代中國文學　四　聯大　楊振聲
B.選修科
八、中國文化專書選讀　四　全年　劉文典
九、各體文習作　二　全年　浦江清
十、溫李詩　四　全年　劉文典
十一、說文　?　全年　魏建功
十二、聲韻學　四　全年　魏建功
朱自清　浦江清　沈從文　羅常培　羅庸　魏建功　唐蘭　陳宣恢　楊佩銘

一九三九至一九四〇年雲南省中學教員晉修班所設國文課程及聯大任課老師，唐蘭名列其中

一九四〇年六月二十一日，雲南教育廳、國立西南聯大合辦
中教晉修班國文組教職員暨畢業學員合影
（二排左起：許維遹、浦江清、羅廷光、張季材、黄鈺生、羅常培、馮友蘭、查良釗、唐蘭、沈從文）

一九四六年五月三日，國立西南聯合大學中國文學系全體師生合影
（二排就坐者左起：浦江清、朱自清、馮友蘭、聞一多、唐蘭、游國恩、羅庸、許維遹、余冠英、王力、沈從文）

國立西南聯合大學紀念碑

唐蘭撰寫西南聯大紀念碑碑陰篆額

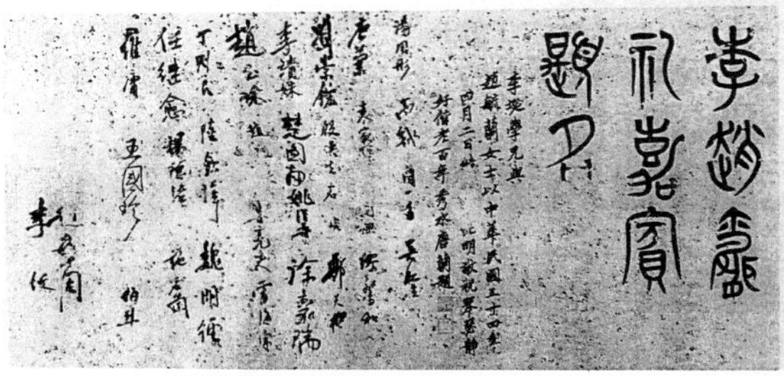

一九四五年李埏先生與趙毓蘭女士在昆明結婚，唐蘭爲其題字

一九五五年與友人在北京合影

（前排左起：金毓黻、唐益年、于省吾、顧頡剛；後排左起：唐蘭、陳夢家）

一九五七年全家合影

（後排左起：唐益年、唐復年、唐震年、唐豫年）

一九五七年在故宫慈寧宫接待日本考古代表團原田淑人、杉村勇造、水野清一等人

（左三：羅福頤，左四：唐蘭，右五：陳萬里）

二十世紀五十年代

一九七七年赴陝西周原與當地考古工作者合影(二排左起第四爲唐蘭)

與夫人張晶筠合影

二十世紀七十年代與美籍華人學者袁曉園先生(右)

一九七八年攝於北京

一九七八年出訪香港

一九七八年在香港接受香港《文匯報》記者採訪

一九七八年攝於北京

總目録

前言

唐蘭一九〇一年一月九日出生於浙江嘉興府秀水縣（今嘉興市），又名佩蘭、景蘭，號立庵（立厂、立盦、立菴），曾用筆名「楚囚」「曾鳴」，齋號「亡斁」。一九七九年一月十一日病逝於北京。

唐蘭幼年家境貧寒，父親唐熊徵先以挑擔售賣，後來開小水果店爲生。少年時期他曾受父命學商，於一九一二至一九一五年在著名學者范古農創立並擔任校長的嘉興縣乙種商業學校學習。一九一五至一九二〇年又從嘉興國醫館館長陳仲南學中醫，並在城内項家漾開設景蘭醫院行醫。這期間還曾受當時革命潮流影響，隻身赴上海尋找過孫中山，未果。其後在上海著名作家陳栩（字壽嵩，號蝶仙）主辦的栩園編譯社學習詩詞。學商、行醫、學詩詞、參加革命等，雖都增進了他的人生閱歷，但卻無法成爲他終生嚮往的事業。從一九一九年開始，他逐漸對傳統「小學」和古文字的研究産生了濃厚的興趣。[一] 一九二〇年，著名教育家唐文治創辦無錫國學專修館，[二]在上海、南京、無錫三地招生，唐蘭是經嚴格選拔録取的考生之一。唐文治是黄以周、王先謙的門生，早年又曾赴歐、美、日本作過考察，是那個時代少数可稱學貫中西的學者，他所創立的是一所專門研習中國古代經典文獻的高等學府，他親自授課，注重培育學生自主研究的能力；還常以經典内容命題作文，考察學生的認知和表述的能力。該校保存了十餘篇唐蘭在校的論文作業，從各篇後所記評語看，如

> 發揮精詳，學者之文。

[一] 見《殷虚文字記·自序》「余治古文字學，始於民國八年」。

[二] 無錫國學專修館，一九二〇年冬創建於惠山之麓，一九二八年改名爲無錫國學專門學院，一九二九年再改名爲無錫國學專修學校，一九四九年改名爲中國文學院，一九五〇年併入蘇南文化教育學院。一九五二年，蘇南文化教育學院和東吴大學、江南大學數理學院合併，在東吴大學舊址建立蘇南師範學院，同年改名爲江蘇師範學院，一九八二年改名爲蘇州大學。該校一直保持着注重我國傳統文化的教學和研究的優良傳統，堪稱我國二十世紀培養國學精英的摇籃。

識解既高，行文古雅絶倫，亦複秩然有序，此才固未易得也！

志大學博，充而學之，他日之經師也。

元元本本，殫見洽聞，非學有根柢者，無此淹貫。

唐文治等授課老師對他寫的論文評價冠蓋羣生，皆視其爲難得的人才。求學三年，唐蘭對傳統小學典籍和傳世經典文獻作了大量閱讀和深入的研究，並開始走上將古文字資料與傳統文獻對照研究的治學道路。他在所著《天壤閣甲骨文存並考釋·自序》中寫道：

余由是發憤治小學，漸及羣經。居錫三年，成《説文注》四卷，《卦變發微》《禮經注箋》《孝經鄭注正義》《棟宇考》《閫閾考》各一卷。嚴可均、王筠之治《説文》多援引彝銘，余作注亦頗採用吴氏之《古籀補》，因漸留意於款識之學。及讀孫詒讓之《古籀拾遺》及《名原》，見其分析偏旁，精密過於前人，大好之，爲《古籀通釋》二卷，《款識文字考》一卷……

序中所説的早年著述大都没有保存下來，僅《説文注》四卷中殘存的兩卷保存至今，是《説文解字》第一卷全部和第二卷一部分的注釋。《唐氏説文注》分校勘、集解、音韻、轉音、附録、發明等項，「校勘」利用《説文》各本和經傳、字書、韻書等進行比勘；「集解」是依訓釋、字形分析、引書等内容作綜合研究；「音韻」和「轉音」主要收集韻文和音訓資料；「附録」是收集排比古文字字形；「發明」則專收新見與需要重點討論的内容。該書原擬寫三十卷，現僅殘存這一卷半，就有十八萬字，可見其全書設計規模之大和用心之深。

求學期間，初識甲骨文，遂集羅振玉的考釋，依《説文》體例編次，並有所訂正，寄書羅氏，獲得稱許，並推介給王國維。於是唐蘭從一九二二年始，每次到上海，必訪教於王氏，得到王國維的悉心指導和幫助。王國維去世後，他在《將來月刊》上公佈了王氏一九二二年至一九二五年寫給他的八通書信，信中討論的内容以音韻、彝銘、金文曆法和古籍爲主，王氏對青年唐蘭的治學志向和古文字學識多有肯定，曾云：

今世弱冠治古文字學者，余所見得四人焉，曰嘉興唐立庵友蘭……立庵孤學，於書無所不窺，嘗據古書古器以校《說文解字》。〔一〕

一九二三年，他以第一名的成績在無錫國學專修館畢業。修業三年來，刻苦攻讀，潛心鑽研，並先後得到唐文治、羅振玉、王國維等大家的獎掖、指導和幫助，爲其一生的學術發展打下了堅實的基礎。

一九二四年初，他曾短時間在羊腰灣無錫中學作國文教員。於當年春，羅振玉將他薦至天津周學淵公館開席授教其二子，〔二〕這期間還應羅氏之囑託，以其提供之原件影照摹寫唐人寫本《切韻》，該項跋本《切韻》原藏清宮，外間難以見到，學界無法利用，經唐蘭行款字體一依原本仿寫，於一九二五年九月由延光室影印出版，成爲至今音韻學研究不可或缺的重要文獻。

王國維一九二五年八月一日致唐蘭信中云：

王仁煦《切韻》聞已寫就大半，尚有少許未就，弟亟盼此書之出，幾於望眼欲穿，祈早蕆此事，實爲功德。〔三〕

一九二九年至一九三〇年，受周家委託，唐蘭出任天津《商報·文學週刊》和《將來月刊》主編，有了這兩塊陣地，遂在兩刊上連續發表研究敦煌文獻的論文，寫了《敦煌所出漢人書太史公記殘簡跋》、《敦煌石室本唐人選唐詩跋》、《唐寫本食療本草殘卷跋》、《敦煌所出唐人雜曲》、《敦煌石室本唐寫鄭注〈論語〉顔淵子路兩篇本殘卷跋》等；研究諸子的論文寫了《孔子傳》、《孔夫子的生日》、《孔子學說和進化論》、《孔子學說和進化論（答函）》、《關於〈孔子學說和進化論〉一文的

〔一〕見商承祚《殷虛文字類編·王序》，一九二三年。

〔二〕周學淵字立之，晚號息翁、息庵，安徽東至人。光緒二十九年（一九〇三年）進士，任廣東候補道，後改山東奏調候補道，欽任憲政編查館一等諮議官。光緒三十二年（一九〇六年）任山東大學堂第六任總監督（校長）。一九〇八年任山東調查局總辦。喜詩，曾和同好辜鴻銘等人結詩社。周家是清末及民國年間著名的官紳世家，其父周馥曾作兩廣總督，其兄周學熙是當時著名北洋實業家。

〔三〕見《唐蘭全集·書信》、《王静安先生遺劄》。又《北京大學文史叢刊》第五種《十韻彙編》所用「王二」中的文字即出自此本。

迴響》、《關於林語堂先生底〈關於子見南子〉的話》和《老聃的姓名和時代考》等；研究彝銘的論文有《書羅叔藴先生所著〈矢彝考釋〉後》、《跋〈矢彝考釋質疑〉》等，這幾篇研究金文的文章，是討論一九二九年洛陽馬坡新出土矢令方尊、方彝的一組論文，在這裏，他初次接觸銘文，就敏鋭地提出銘文中「京宫」和「康宫」實是西周諸王宗廟的論題，這是他晚年全面闡述的西周金文斷代「康宫原則」的濫觴。在《商報·文學週刊》第十期後，他還多期連載《關於塔爾海瑪論古代中國哲學的討論》長文。他寫的這一批論文，鋒芒畢露，展示了他治學的才華。他能對新出現的資料深入地進行探討，這得之於他求學期間對中國古代文獻廣泛涉獵和刻苦鑽研的積累，同時也植根於他學術抱負遠大和對自己治學能力的自信。他作研究，不迷信古人，也不迷信前輩學者，包括他敬重的、指導和幫助過他的羅、王。他對權威學者王國維的名文《生霸死霸考》的批評，他對敦煌文獻的獨立考證，對德國大哲學家塔爾海瑪《辯證唯物論》中的兩章《古代中國哲學》論述的批評，都體現了這一點。在他青年時代形成的這種以學術爲天下公器，視野高遠，稔熟文獻、文字雄辯等鮮明風格，始終堅持，貫穿一生。

一九三一年五月唐蘭應金毓黻邀請赴沈陽編輯《遼海叢書》，同時，應高亨之邀於東北大學講授《尚書》。九月十八日，日軍發動侵佔沈陽以及東北三省的戰爭。其時唐蘭不懼時艱，潛留沈陽，以親眼所見日軍的暴行，用悲憤的「楚囚」爲筆名，於十月在《北洋畫報》上發表文章《嗚呼！土肥原的仁政》，公開點名揭露關東軍頭目本莊繁中將和土肥原大佐假仁義真侵略的面孔，稱他們是「這班種遠東戰爭禍根的寶貨」，文中也批判了麻木不仁的國人知識分子，對國家危亡漠然視之的行爲。〔二〕

返回北平後，於次年春，應顧頡剛邀請，在燕京大學、北京大學代顧頡剛講《尚書》。秋後，入北京大學中文系任教，講金文和「古籍新證」，又代董作賓講甲骨文。隨着影響的擴大，陸續接到清華大學、師範大學、輔仁大學、中國大學等校邀請，講授古文字及《詩》《書》「三禮」。甫届而立之年，即連續接獲時爲古史研究與古文字研究重鎮一流學者的授課、代課邀請，在當時是很大的榮譽，也足見學術界對青年唐蘭學識的肯定。

〔二〕 見吴秋塵《唐立厂拒金謝酒》「吾友唐立厂從政講學于瀋，東北事變起後，獨留城中，未即西來，輒以所得供報章發表，蓋有心有識人也。本報前刊瀋陽消息以楚囚爲筆名者，即出唐氏手筆」。（載《北洋畫報》一九三一年十月二十九日）

他以在各校授課的講義爲底本，在一九三四年編著了《古文字學導論》(下文簡称《導論》)和《殷虛文字記》兩部著作。《導論》是現代中國文字學理論的開山之作，二十世紀三十年代，商周古文字資料大量聚集，與其密切相關的現代考古學、語言學、先秦史學等，由於引入西方先進的學術思想，有了很大的進步。古文字研究隊伍中，出現了嚴可均、王筠、吴大澂、孫詒讓、王國維、羅振玉、郭沫若、于省吾、容庚、商承祚、徐中舒、董作賓等一批卓有成就的學者，在古文字考釋和研究方法上積累了許多經驗。但他們的研究卻各自爲政，其經驗缺乏提升到理論高度的綜合與概括。中國文字學的理論研究，總體上還停留在一千八百年前《説文解字》體系的水準上，社會上充斥着射覆猜謎、穿鑿附會的研究。《説文解字》曾經是中國文字學史上一部偉大著作，但是在新材料、新研究方法不斷進步的時代，這部建立在小篆基礎上的文字學體系已經落後，對這部書的迷信當時已經成爲阻礙學術前行的羈絆。中國文字學和相鄰學科的發展在呼唤一部敢於衝破這一沉悶局面的著作，並建立起現代意義上的文字學理論體系，以糾正亂象叢出、聲譽日下的古文字研究。唐蘭和他的《導論》以巨大的學術勇氣，擔負起這個艱巨的使命。他對以《説文》爲代表的文字學理論從不同角度作了深入全面地檢討，吸收了其中合理的部分，批判了其落後的和僞科學的部分，對當時社會上種種建立在《説文》基礎上的似是而非的文字學理論，進行了有力地分析和批判。該書論述了文字與語言的關係，明確了中國古文字學的學科研究範圍應是古文字字形，論述了文字的起源及其演變規律。他批判了許慎的「六書説」，將古文字構成歸納爲「象形、象意、形聲」三種，即認爲漢字是由形符字、意符字、聲符字三種文字構成，提出象意文字聲音化，轉變爲聲化字，是形聲字生成的主要途徑，進而第一次提出古文字整理的「自然分類法」。

漢字結構分類研究，唐蘭之後，成了一項學界十分關注的課題，陸續有人提出各種不同方案，其實這個課題，從不同角度出發往往可以得出不同的結論，時至今日，還没有一個方案可以説已經圓滿無遺漏地涵蓋了全部漢字，因而學術界目前尚無公認的結論。唐蘭的「三書説」儘管從今天的角度看可能並不完善，但在當時，它爲破除對《説文》混沌「六書説」的迷信，卻是具有顛覆性的，此後研究的進步，應該説是在他開闢的這條道路上，不斷調整改進的探索而已。

在研究古文字的方法上，他繼承了從許慎《説文》就開始使用，到孫詒讓加以發揮的注重偏旁分析的傳統，第一次明確提出古文字研究應以偏旁分析爲核心，同時加以歷史地考證。這一論述精闢地概括了此前古文字研究學者考釋古文字的經驗，是研究中國古文字正確的途徑和方法，至今仍是中國古文字研究必須遵循的核心理論。他論述的理論體系範疇概念明確，結構嚴謹，使中國古文字學屹然成爲現代學術園地裏一門獨立的學科。古文字學是中國文字學的中心，唐蘭的《導論》應該説是現代中國文字學史上第一部成功的理論著作。

著名古文字學家張政烺評價這部著作時説：

中國古文字研究已有一兩千年的歷史，但很少理論性的著作，唐蘭同志這部書是空前的，在今天仍很有用。[一]

當代傑出的古文字學家裘錫圭在評價這部著作時指出：

這本書奠定了現代意義的文字學的基礎，同時也使古文字的研究開始走上科學的道路。其書第二部分闡明研究古文字，主要是考釋古文字的方法，特別强調了偏旁分析法和歷史考證法的重要性，此書標誌着現代意義上的古文字學的建立。[二]

他的另一部力作《殷虚文字記》是對他早期甲骨文字研究成果的彙集，該書精選出三十三個字（或字組），先摹出字形，舉出其在卜辭中的辭例，然後分析字形和偏旁，注意區别字形相近的字，考證增附不同偏旁後的字與本字的字音、字義聯繫。對一些有典型意義的字，該書描述了從甲骨、金文一直到小篆字形變化的歷史軌迹，最後再把考釋出的文字放回上下文環境中去檢驗，以考察所下結論是否可以成立。對於那些在卜辭中出現頻率高，對全文理解起關鍵作用的字，他的論證周密嚴謹，對有一些字的考證，經過數十年新出資料的檢驗，時至今日仍是不移之論。由於他不斷成批次拿出考釋古文字的成果，在學術界影響很大，以至於連他考證古文字的論證方法和形式也受到當時學者們的推崇和模仿。該書與《導論》相輔相成，以實踐應證了《導論》中所列諸條例的正確性。

[一] 見《古文字學導論》，一九八一年，齊魯書社增訂本，張政烺所作《出版附記》。
[二] 見《二十世紀的漢語文字學》，北京大學出版社，一九九八年。

二十世紀三十年代是唐蘭一生學術事業和聲望達到頂峰的時期，兩個標誌性的事件見證了這個成就。一個是在一九三四年三月郭沫若發表《兩周金文辭大系圖録》，特徵序於唐蘭；另一個則是一九三四年十一月北平來薰閣影印王國維生前在清華大學最後兩年的講義《古史新證》，整理此書的王氏助教趙萬里出面請唐蘭作序。兩位近代中國古史、古文字領域最有成就的學者的著作連番請唐蘭作序，顯示了其學術成就在學術界地位之高。

在一九三六年至一九三七年間，唐蘭又寫了《説文解字箋正》一書，現存遺稿是《説文》卷一上篇的三萬四千餘字，這是唐蘭擬定撰寫《古文字學七書》的最後一種。與其早年所寫《説文注》不同，此書是用甲骨、金文、鉨印、陶文、碑版、木簡以及古書、字書、韻書等相互參證，針對《説文》，是者證成之，非者糾正之，檢討《説文》的得失。寫此書時，距寫《説文注》已經過去了十五年，作者已對甲骨、金文等各種古文字資料作了全面梳理和考察，並建立了以《古文字學導論》爲核心的古文字學理論體系，這時再回過頭來審視《説文》，站得更高，看得更透徹。此書的撰述，雖只開了個頭，但已展示了作者利用新的古文字資料全面整理研究《説文》的具體步驟和作法。[一]

唐蘭曾得王懿榮後人甲骨拓本兩册及輔仁大學圖書館舊藏甲骨拓本一册，三册資料去其重復，有當時未見著録之甲骨一百零八片。於一九三九年三月，編成《天壤閣甲骨文存並考釋》一書。全書甲骨文字均經逐片考釋，所記見解亦多異於時賢，記録了他考釋古文字的許多案例。書前檢字有二百五十一字，以自然分類法次之，初現其甲骨文自然分類法面貌端倪。早在《古文字學導論》下編《應用古文字學》中就有《古文字學的分類——自然分類法和古文字字彙的編輯》一章，這種分類方法，突破了《説文》「始一終亥」不合理的體系，而是根據古文字自身構形特點對漢字進行分類排比所作的探索。近世日本學者島邦男的《殷墟卜辭綜類》（一九六七年），吉林大學的《殷墟甲骨刻辭摹釋總集》（一九八八年），《殷墟甲骨刻辭類纂》（一九八九年），李宗焜的《甲骨文字編》（二〇一二年）等甲骨文工具書，顯然都受到了唐蘭發明的這種分類法的啓發和影響。

從一九三一年在各高校任教起，到一九四九年新中國成立止，這是唐蘭一生創作力最旺盛的一段時期，這期間他除

[一] 見《唐蘭全集・遺稿集・説文學》。在《古文字學導論・自叙》中唐蘭説：「這書本是唐氏古文字學七書裏的一種，七書的名稱是：一、古文字學導論；二、殷虚甲骨文字研究；三、殷周古器文字研究；四、六國文字研究；五、秦漢篆研究；六、名始；七、《説文解字》箋正。」

撰寫了上述三部專著之外，還發表了一大批膾炙人口的論文：如《厲羌鐘考釋》、《晉公𨿅𥁰考釋》、《作册令尊及作册令彝銘考釋》、《商鞅量和商鞅量尺》、《再跋趙孟庎壺》等考釋青銅器及其銘文的文章。他的考釋從不泛泛而談，總是圍繞作器者、器物時代等關鍵問題展開。一九三三年故宮院長馬衡邀請他出任故宮專門委員，遂開始留意故宮藏品，一九三六年七月，他針對清宮舊藏宗周鐘，在《故宮年刊》上發表了《周王㝬鐘考》一文，當時正值王國維、郭沫若新發現金文「時王生稱」理論，因之歸納出的著名的「標準器斷代法」正值大行其道之時，各金文大家，都因爲鐘上有「昭王」銘文，遂定此器爲西周早期昭王所作器。唐蘭則從形制特徵和銘文內容分析，力排衆議，認爲該鐘是西周晚期周厲王所作器，作器者㝬即厲王之名胡。當時學界對他的觀點並不以爲然，但是，隨着後世帶銘文鐘出土多起來，人們看到在西周早期不見長篇鐘銘，而宗周鐘銘文達一二二字之多，顯然時代不可能在西周早期，遂開始意識到唐蘭當年的分析是有道理的。一九七八年，在該文發表四十二年後，陝西扶風齊家出土㝬簋，一九八一年扶風莊白又出土五祀㝬鐘，這些經過科學發掘的銅器資料，證實了唐蘭學術研究的預見性確非常人可及，其對此銘的解讀遂成爲學界的共識。

董作賓是卜辭研究的大家，唐蘭批評其《獲白麟解》和「典册即龜版説」釋字有誤，寫了《獲白兕考》、《關於尾右甲卜辭》兩文，指出其白麟實爲白兕之誤，典册亦與龜版無關。《卜辭時代的文學和卜辭文學》一文是與郭沫若商榷商代是「亞血族羣婚制」、「是由牧畜進展到農業的時期」等觀點的，他指出商代的卜辭和卜辭文學與西周接近，卜辭時代應是父系家長制的青銅時代。

唐蘭在上世紀三十年代，寫有五萬多字研究石鼓文的手稿，並未發表，[一]他爲中華書局《北宋拓周石鼓文》一書所作的跋文，他寫的《石鼓文刻於秦靈公三年考》，以及其後他與童書業論辯的三篇論文：《關於石鼓文的時代》、《論石鼓文用「避」不用「朕」》、《關於石鼓文「避」字問題》等，都是在這個資料準備的基礎上寫成的，這組論文的特點是以石鼓文中人稱代詞字的使用時代立論，在衆多石鼓論文中，其文最爲客觀有據，自成一家之言。《尚書新證》是唐蘭的北大講義《古籍新證》之一，專講《尚書》諸篇中關鍵的字句，以文獻資料結合金文、甲骨文，疏通文意，辨別真僞，確定篇章時代。

一九三七年七月七日，日軍在北平盧溝橋挑釁，隨後佔領北平，發動了侵佔我國華北的戰爭。一日，在北平的漢奸錢

[一] 見《唐蘭全集·遺稿集·銘刻學》、《汧陽刻石考》。

相突然發佈唐蘭爲古學院理事，唐蘭見報後，是理事中第一個站出來，登報聲明，表示自己早已不研究甚麽金石古物了，以示與侵略者不合作的立場。[一] 其後又有過去的學生日本人武田熙（維持會顧問）找上門來，企圖拉唐蘭參加日本人主持重建的僞北京大學的教學工作，他看到此時的北大雖盜用了老北大的設備圖書和校址，但各系都有日本教授把持，實爲日軍實施高等奴化教育的工具，自己絶不甘充當這亡國奴式僞職。在祖國横遭日軍蹂躪的危難形勢下，爲保持民族操節，他決意冒險隻身逃離北平。經過精密策劃，於一九三九年四月，在沈兼士、儲皖峰等友人的幫助下，拋家捨業，歷盡艱辛，先到上海，又輾轉香港，再到越南河内，終繞道至昆明。

到達昆明後，他與一大批著名的愛國學者一道，堅守在祖國西南邊陲，教書育人，創造了一段舉世聞名的傳奇式的中國學術繁榮與輝煌。一九三九年始，他應聘西南聯大副教授、教授，再兼任北京大學文科研究所導師。先後在西南聯大課堂上講授古文字學、甲骨文字、六國銅器、《説文解字》、《爾雅》、《戰國策》、宋詞選讀等課程。他講的文字學課程很受歡迎，除中文系學生外，連清華大學物理系教授王竹溪[二]和哲學系的教授沈有鼎[三]等都趕來聽他的課。受他的影響，四十多年後王竹溪編纂了二百五十萬言的《新部首大字典》，收録五萬一千一百個漢字，以自然科學家的精準，每字皆標有漢語拼音，而且做到每字一碼，没有重碼，對我國漢字數字化進程作出了重要的貢獻。

在西南聯大時期，於日軍飛機轟炸的警報聲中，唐蘭除授課外，還發表了一批重要的學術論文，他的論文不局限於考釋文字本身，往往通過對銘文、器物的研究，引申開來，解決考古學和古史研究中的難題。他寫的《王命傳考》《洛陽金村古墓爲東周墓非韓墓考》等，考釋王命傳銘，闡述戰國時期的傳遽及符節制度；研究東周左師壺、羼羌鐘銘，考察洛陽金村古墓國别等。《古代飲酒器五種》則釐清了宋代以來習稱「五爵」酒器的名實關係。古人有死後以天干易名的制度，其實

[一]《唐蘭全集・論文集》，《唐蘭啓事》載《新民報》，一九三八年三月十五日第一版。

[二] 王竹溪（一九一一—一九八三），一九三八年獲英國劍橋大學博士學位。一九三八—一九四六年期間任西南聯大清華大學物理系教授。一九四六—一九五二年任清華大學教授，物理系主任。一九五二—一九六二年任北京大學教授、副校長。一九七八年當選中國物理學會副理事長。在熱力學、理論物理、統計物理和數學物理領域具有很深的造詣，諾貝爾物理獎得主楊振寧、李政道皆師從過他，同時他潛心研究漢字四十餘年，編纂《新部首大字典》，上海翻譯出版公司，一九八八年出版。

[三] 沈有鼎（一九〇八—一九八九）是現代中國邏輯學的開拓者。專長數理邏輯和中西邏輯史。他曾任清華大學、西南聯合大學、北京大學教授，中國科學院、中國社會科學院哲學研究所研究員。

爲何，頗有爭議，之前有主「生日」和「死日」兩説，然其論皆有與文獻記載明顯不合的硬傷，唐蘭發表《未有謚法以前的易名制度》一文，首倡「祭日説」，較好地解釋了這一干支易名現象。一九四一年發表的《蘇秦考》是唐蘭對《戰國策》、《史記》等古籍全面整理研究後的用心之作，他指出兩書所記蘇秦張儀故事，多有違背史實之處，這一論述爲三十年後他對長沙馬王堆漢墓帛書的研究作了很好的鋪墊，該文的一些觀點也爲七十年代馬王堆帛書《戰國縱横家書》所證實。

唐蘭一生没有出國留洋的經歷，他在學術研究中卻十分注重吸取西方先進的學術理念，並無保守習氣，因而在西南聯大衆多海歸學者叢中，作爲純本土學者，他獨樹一幟，成爲公認的中國文字學領域最優秀的教授。

《鄭庠的古韻學説》、《論古無複輔音凡來母古讀如泥母》、《唐寫本刊謬補缺切韻跋》、《韻英考》、《守温韻學殘卷所題南梁考》、《論唐末以前韻學家所謂輕重與清濁》、《與陸志韋先生論切韻複書》等一組論文展示了他對古音韻學的研究和考據的成績。在唐蘭的遺稿中，有一篇寫於一九四六年至一九四七年期間致陳寅恪信的底稿，未曾發表，是與陳寅恪切磋其《從史實論切韻》一文中的某些觀點，唐蘭認爲「周以降，載籍所録，漢語史皆有方音之不同。而漢語通語『雅言』的基礎方言經歷了北方（秦以前）→南方（楚語，漢初）→北京洛、南金陵（六朝至唐初）→北方（唐初以後）的變遷過程。《切韻》是一個折中南北古今音，且所採以南方音爲多的綜合音系」。該信還從政治因素（定都）和文化心理因素探討了基礎方言變遷的原因和表現，是一篇從社會語言學的角度考察漢語音韻的重要作品。唐蘭遺稿中，還有一包與李榮的通信，未曾發表。唐蘭是西南聯大時期李榮的導師之一，通信是針對李榮一九四六年北京大學研究院文科研究所語學部的畢業論文《切韻音繫中的幾個問題》所發，就「《切韻》增加字」、「繫聯反切十六公式」、「繫聯又音」、「j化聲母」等問題提出意見，並從校勘、方言、假借、異文等不同角度進行了論證，從後來李榮所寫《切韻音系》一書來看，他對唐蘭的意見多有採納。在唐蘭的遺稿中還有一部作於一九四五年的《讀〈説文〉記》兩卷，殘存約七萬五千字。該書是從音韻學的角度研究《説文》，講古音的演變及與所附反切的關係，從音韻的角度講文字的孳乳。體例是先引諸家之説於前，再以按語點評諸説得失，並發表自己的見解。這實際是一部語言學的著作。〔一〕

唐蘭曾在《古文字學導論・自叙》中説：

〔一〕見《唐蘭全集・遺稿集・説文學》。

現有的古音韻系統是由周以後古書裏的用韻，和《説文》裏的諧聲湊合起來的，要拿來做上古音的準繩是不夠的。

他在《殷虚文字記》中説：

……壴、鼓、喜、𡮥四字，今所謂古音系統分屬各部，而卜辭時代猶相通用。

他在《殷虚文字二記——釋且、囟、沮、𠭰、𦵏、刞、𠟭》一文中，詳細地考證了且、宜、俎等字的古音、古意在漫長的歷史時期中不斷演變的曲折過程，不但有力地否定了郭沫若著名的「祖妣生殖崇拜象徵説」〔一〕，而且論定這組字古音本屬舌頭，與「多」相近，其後才變爲齒頭正齒之音。並批評了王國維「俎、宜不能合爲一字，以聲決不同也」的説法，認爲這種只要韻部相隔，聲即不同的觀點是錯誤的。他曾多次根據古文字研究實踐中遇到的古音韻「特例」，提出音韻學研究應該重視古文字動態分析得出的結論。唐蘭曾撰有《高本漢音韻學批判》《上古音韻學研究》兩部手稿，惜失於「文革」抄家之災。〔二〕

他曾痛心地對老友容庚説：

弟對身外之物，無所留戀。未發表的手稿近百萬言，據説已送造紙廠，有些已無法重作，如《切韻》校定本，沒有幾年時間是搞不出來的。〔三〕

〔一〕 見郭沫若《甲骨文字研究·釋祖妣》。

〔二〕 見高明《唐立庵先生與中國文字學》「據先生講，在『文革』抄家時，有《中國文字學》下册、《六國銅器》、《上古音韻學研究》三本專著稿本丢失在那艱難的歲月」。見《學林往事》中册第七〇一頁，朝華出版社，二〇〇〇年二月。

〔三〕 見《唐蘭全集·附録》致容庚信七。

他一生對音韻學的研究，因其精通甲骨文字，往往依據當時一般音韻學家並未深入鑽研過的資料立論，具有獨特的價值。唐蘭數十年前，對現存上古音韻體系的局限性所作的批評，至今並未得到徹底的解決，應該引起音韻學界充分關注。

唐蘭的遺稿中有《讀李孝定〈甲骨文字集釋〉》一文，當年李孝定借讀中央研究院歷史語言研究所期間，做過一篇北京大學文科研究所碩士論文，唐蘭是其導師之一，該文是審讀論文時隨手作的筆記，遺稿三萬餘字，卷首注「三十三年四月廿二日起閲」，筆記順次摘録李文，間有調整。或在所引某家詮釋後，評其是非，或以「蘭按」、「按」等按語間下己意。〔一〕

唐蘭一生撰述最完整、影響最大的一部文字學理論著作是《中國文字學》，該書一九四九年三月由上海開明書店出版，書分前論、文字的發生、構成、演化、變革五章。該書認爲現在的中國文字是「在一切進化的民族都用拼音文字的時期，她卻獨自應用一種本來含有意符的注音文字」，這是由中國語言的特質所決定的，那種認爲繁難的中國文字仍停留在原始落後階段，是中國文化發展障礙的觀察是完全錯誤的。他説：

> 一個字既然是一個音節，有一千多個聲音符號（其中大部分就是意義符號）就可以把這個民族的語言通統寫出來，又何須另外一套拼音的方式呢？

而這種記載中華民族文化的可以貫穿古今殊語、跨越東西南北方音的文字體系，那是任何一種拼音文字所無法做到的。他還提出，研究這種特殊文字的中國文字學，既不能像傳統「小學」那樣，把形音義混雜一起來進行，其研究範疇和研究方法也絶不同於近代語言學，它應該是去除音韻訓詁，專門研究文字形體的學問。而世界其他民族的拼音文字，其形體多只有幾十個字母而已，並不複雜，没有必要建立類似的專門研究學科，因此中國文字學是一門中國獨有的學科。本

〔一〕　李孝定該論文已佚，後於一九五九年至一九六五年按原稿體例增訂重編了《甲骨文字集釋》一書。詳參李孝定著《逝者如斯》第四九至五四頁、九八至一〇〇頁，臺北東大圖書公司，一九六六年四月；《新學術之路》（中研院歷史所七十周年紀念文集）第九一四至九一八頁，中研院史語所，一九九八年十月。（以上承臺北中研院史語所陳昭容研究員提供）。

書在《導論》的基礎上，進一步把漢字的構成、演化、流變等動態分析納入論述範圍，並擴大視野，將古文字、近代文字、新文字、世界其他種類文字等，放到一起觀察，形成了一個完整的、全面的中國文字學學科體系。該書僅用了十二萬字，深入淺出，簡單扼要，口語風格，不論專家學者或普通學人都可以從不同層級上理解它的內容。它的問世，標誌着唐蘭對中國文字學理論體系的規劃與建設基本完成。該書出版後，臺灣開明書店和天樂出版社翻印了十餘版，香港太平書局也多次重印過，但在中國大陸卻因其內容與當時中央政府文字改革的方針政策相矛盾，沒有再版。唐蘭在送給鄧廣銘的一部書的封面上寫道：「此書於一九四八年開明出版。因對中國文字拉丁化有不同意見被逼作處理，後致國內成爲絶版書，此爲香港重印。請廣銘同志教正。作者七八、六、廿二。」香港一九七五年版《再版說明》云：「這是唐蘭教授在二十六年前的著作，其中的觀點，特別是關於中國文字的改革部分，已過時了，但從全書來看，至今還有參考價值，故予重印。」唐蘭去世的一九七九年初，正值中國大陸開始糾正「文化大革命」左傾思潮，一些文化禁區被衝破，《中國文字學》迅即成爲各高等院校中文、歷史、考古等專業的重要教材。上海古籍出版社的編輯們得風氣之先，把握了這部書的學術價值，意識到當時的社會需求，於一九七九年九月再印此書時，第一次就印行了兩萬六千册，在其後半個多世紀裏，該書在兩岸三地再版重印了二三十次，總印數大概早已超過十餘萬册。〔一〕在世界範圍内，古代埃及和蘇美爾、埃蘭、赫梯等古國都曾創建過以象形文字爲特徵的文字體系，但他們的民族文字都没有逃脱死亡的命運，相繼被廢棄，爲字母拼音文字所代替。而中華民族數千年歷史文化傳承不斷，記載維繫這個民族歷史文化的漢字，適應所有歷史時期的經濟政治文化需求，適應所有不同地域的方音，也曾經適應記録鄰邦日本、安南、高麗等民族語言的需求，這個凝聚了中華民族先人智慧的奇異文字，似乎可以在無限的時間、空間裏，記録各種語言，記録各地區各時代人們所要表達的細緻的民族情感和心理活動。甚至書寫漢字本身的方法和過程，所謂書法，也在很早以前就變成了中華民族藝術的一部分。在當代，它更被證實也可以適應電腦、網絡等所有最新科學技術的進步與發展，不僅如此，電腦技術的發展進步，反而在一定程度上，幫助解決了部分漢字認、讀、寫固有的困難，使學習和使用漢字變得容易了許多。隨着中華民族的復興，世人都迫切需要瞭解漢字何以能具有如此頑強的生命？何以能對一個古老民族的融合凝聚產生如此巨大的作用？唐蘭的《中國文字學》系統性地解答

〔一〕關於《中國文字學》出版的版次印數，得自上海古籍出版社吳長青等幫助查閲。

了這個問題，這部博大精深而又生動活潑的著作，能如此長盛不衰廣泛傳播的原因即在於此。該書已成爲闡述偉大漢字最權威的著作，基於此，許多學者稱譽唐蘭是現代中國文字學理論的奠基人，他當之無愧。但是，由於種種原因，唐蘭的這些重要著作，很少有外文翻譯出版。近年來，北京故宫博物院組織二十餘位院内外學者，歷時八年多，進行《唐蘭全集》的整理編輯工作，隨着工作的進展，影響已擴及海外。美國芝加哥大學著名漢學家夏含夷、韓國全南道大學漢學家吴萬鍾、日本學者崎川隆等，已在着手《中國文字學》的翻譯工作，相信這部書英日韓本的出版，將極大地推動世界範圍内對漢字的接納和瞭解，唐蘭研究舉世獨步的中國文字學的卓越成就，必將在二十世紀世界學術史上留下深刻印記。

新中國成立之初，唐蘭看到文字改革運動中出現了全面否定漢字的錯誤傾向，他立即投身於保衛漢字的鬥爭中，一九四九年十月九日他發表了《中國文字改革的基本問題和推進文盲教育、兒童教育兩問題的聯繫》一文，指出「文字改革的主要目的是使文字易於學習，但改革文字必須注意到中國具體環境。中國語言同音字衆多，改用純粹的拼音文字是不可能的，考慮到漢字承載着過去的歷史文化，完全廢除漢字更是行不通的」。他的文字改革觀點曾遭到《中國語文》編輯部「反對文字改革」、「要提出階級立場的問題」的指責，一九五六年他在該刊上發表了《論馬克思主義理論與中國文字改革的基本問題》進行反駁，提出「史達林的『語言没有階級性』、『不是上層建築』等理論，同樣適用於文字，是中國文字改革應該遵循的馬克思主義基本理論」。「考慮到中國近代史上歷次文字改革和周邊漢字圈諸國漢字改革的經驗教訓，那種主張廢除舊有的漢字體系，重新創造新的拼音漢字體系的做法是不現實和錯誤的」。在重壓之下，一九五七年四月，他先後在《人民日報》和《光明日報》上發表了《行政命令不能解決學術問題》和《要説服不要壓服》兩文，提出「中國文字有很大優點，而其繁複難學的缺點是可以逐漸克服的」，他呼籲「在研究文字改革等科學問題時要徹底貫徹『雙百』方針，讓大家暢所欲言，而不應只靠會議決定和簡單行政命令」。二十世紀中葉，在中國大地上，那場由中央政府發動和領導的文字改革運動，最終目標本來是欲使漢字「要走世界各國共同的拼音方向」，但在走過了「推廣普通話」、「漢字簡化方案」、「漢語拼音方案」等步驟後，中途停頓下來，而没有繼續向「漢字拼音化」方向強行推進，這與唐蘭等衆多有識之士的建言、抵制、鬥爭不無關係。

一九五二年，高校院系調整，唐蘭奉調至故宫博物院工作，一九五六年在他的領導下故宫組織「五省市出土文物展覽」，他親自撰寫《五省出土重要文物展覽圖録序言》。一九五九年，他又領導組織「歷代藝術館」陳列展覽，在紫禁城中心地帶保和殿及其東西兩廡展出三千三百六十八件藏品，這是故宮博物院歷史上規模最大的一次古代藝術藏品的展示，他親自撰寫「陳列大綱」和「總説明」，展覽主題明確，並通過藏品的展示對古代藝術史中的許多具體問題提出了科學的解釋。經過此次展覽，他還爲故宮立下「展出必有大綱和説明」的規定，使故宮此後的展出陳列逐步建立在學術研究的基礎上，大幅度提高了故宮陳列工作的學術水準。

他不斷研究新發現的殷周時期的金文資料，先後寫了《郟縣出土的青銅器》、《宜侯夨𣪘考釋》、《朕簋》、《永盂銘文解釋》、《史䛐簋銘考釋》、《𣧑尊銘文解釋》、《西周時代最早的一件銅器——利簋銘文解釋》、《關於大克鐘》等，其中考釋永盂銘文時，利用銘文中出現的益公、邢伯、榮伯、尹氏、師俗父、遣仲等重要人物，串聯起一批時代事件相關聯的人物，列出關聯人物表，用來研究西周中期的歷史。他寫的《陝西省博物館陝西省文物管理委員會藏青銅器圖釋敍言》、《陝西省岐山縣董家村新出西周重要銅器銘辭的譯文和注釋》、《用青銅器銘文研究西周史——綜論寶雞市近年發現的一批青銅器的重要價值》、《略論西周微史家族窖藏銅器羣的重要意義——陝西扶風新出牆盤銘文解釋》等，綜合研究新出土銅器資料，經過銘文與文獻互證，認爲厲王初期有雄心大志，並進行過南征，因而判定禹鼎、毛公鼎等應爲厲王時器。噩侯馭方鼎中的「噩」即「鄂」，應是現在河南省鄧縣的「鄂」。函皇父諸器從銘文内容看應是宣、幽時器；對董家村出土的裘衛四器、𠑇簋、公臣簋和此鼎、此簋共八件銅器七篇銘文作了白話翻譯和注釋；何尊記成王初遷宅於成周，駒父盨蓋記宣王十八年向南淮夷索取貢賦，裘衛四器銘文記載了西周時期的租田易地的細節。當時田地屬王有，貴族只有使用權，九年衛鼎記矩向裘衛取了一輛車和車馬飾，把林舀裏給他，事實已構成以物易地。𠑇簋則記載了一紙西周後期的判決書，是我國法律史上一件極其重要的文獻；伯㦰諸器中則保存了珍貴的民族史資料，器銘中的淮戎即後來的玁狁。陝西扶風窖藏出土牆盤等一百零三件西周青銅器，這批銅器銘文有昭王伐楚的記載，微史家族則是武王伐紂時曾率領的八族之一，成王立政也有微和盧的君長，可見周王朝對當時異族的接納。其中西周中期的銘文有些記録了奴隸主經營農業的情況；牆盤對每一個王和祖先，都冠以兩個字的形容詞，這是謚法的濫觴等等。他對許多銘文所做的現代漢語翻譯，是普及古代歷史知識的有效辦法，現已成爲各博物館中國青銅器先秦陳列中的重要模式。

早在一九二九年唐蘭在研究夨令方尊時，就實質胜地提出了「康宫」斷代問題，一九三四年他又發表了《作册令尊及作册令彝銘文考釋》一文，進一步論述了這一問題。後來郭沫若、陳夢家等不同意這一結論，從不同角度對這一論題提出質疑。針對這一情況，一九六二年，唐蘭終於把這個縈繞腦中三十餘年的懸案寫成《西周銅器斷代中的「康宮」問題》長文發表。該文通過深入考證西周的宗法制度和祭祀制度，具體針對郭沫若、陳夢家等提出的不同意見，從各個方面，逐條作了詳盡的答疑解釋。論定金文中的「京宮」是太王、王季、文王、武王、成王的宗廟，「康宮」是康王的宗廟，康宮中的昭、穆、夷、厲，應爲昭王、穆王、夷王、厲王之廟，金文中凡記有諸王宮廟之銅器皆應爲諸王身後之器。再一次論定「康宮原則」是繼王國維、郭沫若「標準器斷代法」之後，金文斷代的又一重要標準。此標準提出後，不斷驗證其後新出土銅器銘文，屢試不爽，至今未見與其衝突而不可解釋者，這個斷代標準逐漸爲多數金文研究學者認同。這不僅解決了一批銅器銘文的斷代問題，也影響到對西周史一些問題的分析。一九七三年在此文基礎上，他又寫了《論周昭王時代的青銅器銘刻》長文，重點解決昭王銅器，上篇彙集昭王時代有南征記載的五十三篇銘文，逐篇作了考證；下篇以事件、人物、器形花紋、出土等項列表排比，找出各器之間的聯繫，再結合有關文獻，從銘文的專名、慣語、文法、文字結構、書法等方面分析此期銘文的特點。利用「康宮原則」把一批過去認爲是成康時期的金文資料重新定位，從而用昭王銘文歸納出昭王兩次南征的大概歷史輪廓，爲利用金文資料重新全面研究西周史解除了認識上的部分障礙。在唐蘭去世前的三年（一九七六年至一九七八年），他帶病竭盡全力撰寫《西周青銅器銘文分代史徵》一書，原計劃要寫三卷二百萬字，但是他生前只寫了五十萬字。〔一〕現有該書，是唐蘭次子唐復年據遺稿加工編輯而成的。書稿寫到穆王，收入的三十六件穆王世銘文已寫就，但總論尚未及撰寫。全書以王世爲綱，前有總論，後有對該王世諸銘文的詳盡訓釋，每篇銘文有釋文、意譯、注解、說明等項。書稿裏還有一篇四十八頁紙的銅器銘文釋文集録，共收入武王到夷王的銅器二百六十九件，寫於一九七六年，按唐蘭寫書的習慣，知道這是他全書撰寫之前初擬的寫作提綱，這個提綱尚缺厲、宣、幽三王時期的內容，從中可以瞭解唐蘭對夷王以前諸器的釋文和斷代的初步想法。二十世紀系統地研究西周金文的作品，三十年代曾有郭沫若的《兩周金文辭大系》，五十年代有陳夢家的《西周銅器斷代》，郭書創通體例，首倡標準器斷代法繫聯西周銅器；陳書沿襲郭書體例，並注重結合考古實踐的成果。唐書的未完稿發表於七十年代末，繼承上兩書的框架，輔之以用康宮原則斷代，緊密而系統地結合西周文獻，增加了大量新出金文資料，明確地提出了用西周金文重寫西周史的任務。這部凝聚他一生心血和學識的

〔一〕見王玉哲《甲骨文自然分類簡編序》。

作品，是一部我國金文研究史上極具創造性和總結性的著作。

與《史徵》並行，唐蘭曾醞釀撰寫一部系統總結一生甲骨文研究的著作《殷墟文字綜述》，作爲計劃的一部分，他準備先行編一部有文字考釋和辭例通讀的甲骨文字典，現存的近四十萬字的遺稿，就是其爲編輯這部字典所做的資料考證準備。一九九九年唐復年據此整理編輯成《甲骨文自然分類簡編》，由山西教育出版社出版。唐蘭遺稿原件分三部分：第一部分把孫海波《甲骨文編》的字頭打散，分别歸入像物、像人、像工、待問四部分，編四二九一號；第二部分從第一部分中選取「象形字」作爲部首，像物分八十七部、像人分五十六部、像工分五十五部、像用分七十一部，共設二百六十九個部首；第三部分把第一部分中四千多字頭再分别編入二百多個部首之下。第三部分完成時，唐蘭寫道：

> 初稿寫成四册：①像萬物：估計爲八八七字；②像人身：初步估計爲一一一三字；③像工具：粗略估計爲六七三字；④像器用：約爲八〇九字。共約三四四六字，剔除重複、錯誤，大約不到三千字。寫二稿時，首先得將底稿全部與《甲骨文編》核對一過，然後先編『像物』，即須先用此初稿與『像物』底稿再核對一過。其次根據《文編》查核原書。至於直接讀各原書，則目的在通文義，定辭例。編『甲骨文全集自然分類簡編』，兩者必須相輔而行，不應只研文字，脱離卜辭；也不應只搞卜辭，不通文字。
>
> 一九七六年九月廿七日晚

這部字典雖未完成，但這部遺稿卻第一次展示了他的「自然分類法」全貌。在《古文字學導論》、《中國文字學》中，唐蘭從理論上論述了他構思的這個古文字整理方案，在《天壤閣甲骨文存》中，他依法試作了一個檢字目録，而此遺稿則全面鋪叙了他對全部甲骨文字的分析與歸納的具體内容。我們看到他最後的「自然分類法」概念，是以純象形文字爲綱領統率全部文字的，所分像萬物、像人身、像工具、像器用，較之《中國文字學》的像身、像物、像工、像事，將「像事」改爲「像器用」，又進一步純化了象形的概念。書中對三千餘甲骨文字的具體考釋，則全面記録了他晚年最後的釋字意見，其中有許多意見是他生前未發表過的。裘錫圭在《回憶唐蘭先生》一文中説：

> 我爲了在陳列中表示商代的田獵方法，需要用甲骨文中象「隹」在「网」下之形的一個字，問先生這個字應該怎樣

釋。先生説，你就釋作从「网」从「隹」的「䍜」(zhào)好了，這個字是見於《説文》的。這個意見，唐先生在此前所發表的書和文章裏没有講過，只見於山西教育出版社一九九九年出版的遺稿《甲骨文自然分類簡編》(見134頁)……我想在《簡編》中，類似「䍜」字的例子一定不少。〔一〕

《史徵》、《簡編》兩部未完稿，記載了他對中國古文字學最後的研究成果。

唐蘭一生對中國學術事業最大的貢獻就在於他對中國文字學理論與實踐的建樹，張政烺曾評價説：

> 唐蘭開始考釋金文在三十年代，初極認真，曾自謂以孫詒讓爲榜樣，檢查成績，實過之而無不及。〔二〕

顧頡剛在一九四五年總結中國近代史學的發展時指出：

> 甲骨文字的考釋，以唐蘭先生的貢獻爲最大。他有《古文字學導論》《殷虚文字記》《天壤閣甲骨文存考釋》。唐先生在古文字學上，所用的有兩個方法，一個是自然分類法，一是偏旁分析法。這兩個方法是由唐先生所發現，前者打破了許慎《説文解字》所用的分類方法，後者對於文字的認識是一個很大的進步。由這一個方法，許多不認識的字都可以認識，而其準確性亦極大。〔三〕

除文字學取得巨大成就之外，唐蘭在考古學和歷史學兩個學術領域也作出很大貢獻。

六十年代以後，他被任命爲故宫副院長，主持故宫業務領導工作。他一生的最後二十來年，再没有離開故宫，這期間

〔一〕見《裘錫圭學術文集》六第一百九十一頁，《回憶唐蘭先生——爲紀念唐先生百年誕辰而作》。

〔二〕見張政烺《唐蘭先生金文論集》序，紫禁城出版社，一九九五年十月。

〔三〕見顧頡剛一九四五年著《當代中國史學》下編近百年中國史學的後期，第二章甲骨文字與金文的研究，第三節甲骨文斷代研究的發現與文字考釋。本文引自上海古籍出版社「蓬萊閣叢書」《當代中國史學》，二〇〇二年四月。

各地重要的考古發現常請他指導，特別是新發現的銘刻資料，多請他幫助釋讀，他的作品反映出在這一時期裏，對國內各考古工地上幾乎所有重要的發現，他都作出過深入地觀察與研究。如遼寧喀左的窖藏青銅器，陝西周原發現的窖藏青銅器與西周甲骨，考古工作者都在第一時間來請教他。對喀左銅器，唐蘭一見就指出這是古代孤竹國銅器，（後來李學勤循此考證出器上銘文即有「孤竹」兩字）。湖北江陵望山楚墓發掘後，唐蘭率先考釋出越王勾踐劍的銘文。一九五八年湖南出土有鞘銅劍，唐蘭當即寫了《説劍》一文，結合出土實物及傳世藏品，詳細論證了《考工記》等文獻中有關劍的各部位及其附屬物名稱的來歷，並提出劍的出現與發展是由於我國春秋以後步戰的需要，應是從戎狄部族傳過來的。〔一〕一九七七年夏天，在陝西考察鳳翔秦都雍城地下建築，唐蘭當場指出其地即《詩經·七月》之「淩陰」，後終被考古學者確認爲秦公的冰窖。

唐蘭以深厚的古文獻知識積累，結合其對中國古文字精準的釋讀，在認識考古新發現的出土資料中發揮過重大作用。二十世紀六十年代，山西侯馬出土大批載書，唐蘭於一九七二年從干校返京後，立即撰寫了《侯馬出土晉國趙嘉之盟載書新釋》一文，將已清理公佈的載書分爲三類：提出前兩類所記盟誓，是由於趙襄子鞅死後，趙獻子尼繼位，趙桓子嘉將尼逐出晉國而自立，爲防範其復辟，由趙桓子嘉主盟而舉行的。第三類是因有人策劃使趙尼復辟未遂而舉行的又一次盟誓，由少數人自己作誓。由趙嘉主盟的時間是周威烈王二年的正月乙丑日，當趙桓子元年，即晉幽公十年（公元前四二四年）。第二次的自誓，是在同年較晚的時候。盟誓都是向皇君晉公（晉武公）的神明作的。

二十世紀七十年代長沙馬王堆漢墓的出土是我國考古學史上一次重大發現，唐蘭在多次座談會上對墓葬年代、墓主、隨葬品等作出了重要的分析。特別是對三號墓出土帛書的内容、性質作了很精闢的解讀。他於一九七四年開始進入馬王堆整理小組工作，有機會接觸原始資料，據參加小組工作的張政烺説：

> 其《老子》甲本釋文出先生手，《老子》乙本卷前古佚書先生貢獻亦不少，一九七六年春討論《春秋事語》、《戰國縱橫家書》，費時一個半月，先生曾多次出席發言。〔二〕

〔一〕見《唐蘭全集·遺稿集·青銅器學》，《説劍》。

〔二〕見張政烺《唐蘭先生金文論集》序，紫禁城出版社，一九九五年十月。

他還陸續發表了《〈黄帝四經〉初探》、《馬王堆出土〈老子〉乙本卷前古逸書的研究》、《關於帛書〈戰國策〉中蘇秦書信若干年代問題的商榷》、《司馬遷所没有見過的珍貴史料——長沙馬王堆帛書〈戰國縱横家書〉》、《馬王堆帛書〈卻穀食氣篇〉考》、《試論馬王堆三號墓出土導引圖》、《長沙馬王堆漢軑侯妻辛追墓出土隨葬遣册考釋》等。考證三號墓帛書《經法》、《十大經》、《稱》、《道原》等四篇，確定它們正是抄寫於漢文帝初期的《黄帝四經》，這部書流行於戰國後期，漢初重新被推崇，於南北朝後期失傳。帛書《戰國縱横家書》可能是漢高祖或惠帝時的寫本，也可能就是零陵守信所編輯的，它保存了埋没兩千多年的蘇秦書信和談話的第一手資料。唐蘭在一九四一年就寫過《蘇秦考》，此次結合出土帛書，得以進一步詳細地考證分析了蘇秦其人和這段歷史。唐蘭早年學過中醫，對帛書《導引圖》中導引行氣、按摩牽引、卻穀食氣等古代醫學專有名詞術語，考證起來得心應手。唐蘭還對一號墓出土遺册内容，參照《既夕禮》明器的陳列次序，重新作了合理的編排。總之，唐蘭爲馬王堆漢墓的全面解讀作出過重要貢獻。

新中國成立以後，唐蘭閲讀了大量史學理論著作，接受了馬克思主義史學觀；他青年時代刻苦鑽研傳統古籍經典，後又多年在各大學講授這些經典課程，六經皆史，傳統史料，爛熟於胸；他精通中國古文字，善於利用這些地下出土的第一手史料立論，因而在研究古史問題時，他的立論和對論據的使用，往往是深刻而有説服力的。一九五三年他發表了《從金屬工具的發明過渡到手工業脱離農業而分立的問題》，文中批評了教條地套用恩格斯根據歐洲歷史進程歸納出的「鐵器工具是手工業和農業分離標誌」的觀點，他認爲中國手工業和農業分工遠在鐵器出現以前，從商代就已經發生了，這種公式不符合中國歷史的實際情況。一九五九年他又寫了《中國古代社會使用青銅農器問題的初步研究》，考察中國歷史上金屬工具的使用與生産力發展的關係，查驗古文獻記載、考古發掘和古文字資料，對九種四十余件傳世及出土的青銅農具的名物制度進行了詳細地考證和説明，證實我國早在商周時期曾經廣泛使用過青銅農具。這兩篇論文，清除了中國先秦史生産力研究領域中的一個重要理論障礙，是唐蘭在歷史研究中自覺地運用馬克思主義基本理論作指導，根據第一手史料，實事求是地研究中國歷史的重要成果。

年代是歷史的脊梁，唐蘭寫過《西周紀年考》、《中國古代歷史上的年代問題》兩文，經過比較各種資料，他認爲《竹書紀年》與《殷曆》是比較可靠的，二者很可能是同一系統的。《殷曆》所缺夏代紀年，可以《竹書紀年》補足；《竹書紀年》的西周年代有錯字，可以《殷曆》補改，二者互補得出的夏商周年代，應該是較爲可信的。至於孰爲真正之曆年，則有需於西周所用原曆，與地下、紙上新史料的發現。並説「苟赴以躁心，而期以必得，雖可假構一系統，真象終於難明矣」。唐蘭的意見並不過時，對我們今天開展的夏商周歷史年代學研究仍有重要的參考價值。

關於古史分期問題，唐蘭不同意「商代是原始氏族社會的後期，即父權制的發展期——軍事民主主義時期」的觀點，他寫了《關於商代社會性質的討論》一文，認爲商王朝是一個很強大的國家，有很多被殘酷壓迫的奴隸，有商人階級，有刑法，有流傳已久的文字和典册，青銅器和其他手工業都十分發達。這些相互聯繫着的事實表明，當時肯定已經是奴隸社會。唐蘭還不同意郭沫若把奴隸社會與封建社會的分界劃在春秋戰國之際，他寫了《春秋戰國是封建割據時代》一文，認爲由西周時期到春秋時期的最大變化是農業奴隸的解放，庶人工商的新身份，與士、農、工、商的列爲「四民」，這是奴隸社會崩潰，進入封建社會的標幟。這些現象出現於平王、桓王之際，即公元前七二〇年左右。夏、商、西周三代是奴隸社會，秦滅六國建立起專制的統一的封建社會國家，而整個春秋戰國時代是過渡時期，是封建割據時代，不宜分割開來。

晚年，他應中國社會科學院顧問，世界歷史研究所名譽所長陳翰笙的邀約，曾五易其稿，準備撰寫《中國古代的奴隸制國家》一書。這部約十萬字的書最終未能完成發表，但全書的構思和基本史料運用在他發表的幾篇論文中有所體現：如《關於「夏鼎」》、《從大汶口文化的陶器文字看我國最早文化的年代》、《再論大汶口文化的社會性質和大汶口陶器文字》、《論大汶口文化中的陶温器——寫在〈從陶鬹談起〉一文後》、《中國有六千多年的文明史——論大汶口文化是少昊文化》等，他認爲大汶口陶器上的文字，不是符號，而是我國最早的意符文字，是商周時代文字的直系遠祖。這種文字首先出現於黄河、淮河之間，在相距數百里的地方出現筆畫結構相同的文字，説明這一地區有通行的民族語言，這只有存在統一國家的情况下才有可能，它是奴隸制國家業已建立的重要證據。從大汶口墓葬隨葬物品的放置情况可以看出，當時社會處於以父權制爲主的家長制家庭階段，農業與手工業的分工已經出現，貧富分化的現象十分突出，禮制也已經取得相當的發展。與傳統文獻結合起來考察，中國的奴隸制時代是十分漫長的，大約有三四千年，可分爲三期：太昊、炎帝、黄帝、少昊時期爲初期，帝顓頊到帝舜時代爲中期，夏、商、周三代爲後期。大汶口文化是少昊文化，是初期奴隸制社會的文化，中國應有六千多年的文明史。唐蘭的論斷，因到目前爲止，大汶口資料的發現內容尚嫌單薄，還無法證明這些陶器上發現的記號已經可以記録當時的語言，因此難以得出大汶口記號是文字的定論，但是他對大汶口記號的重視，是值得學術界關注的，他對中國奴隸社會格外漫長的論述，少見有人提到，是他獨立提出的觀點，亦值得史學界認真注意。

唐蘭學識淵博，才華横溢，在不少學術領域裏，稍加涉獵，便作出不少成績。如青年時期對古詞譜的研究，一九三一年發表的《白石道人歌曲旁譜考》，考證宋代姜夔詞旁標的俗字譜。一九三二年十二月他又在《燕京學報》上發表《臞禪先生白石歌曲旁譜辨跋》一文，與夏承燾深入討論此譜，這是二十世紀較早開始對此重要古代音樂文獻進行研究的論文，對弄清該譜的讀法與用法起到了「篳路藍縷，以啓山林」的作用。一九三三年底他發表的《古樂器小記》研究了古代樂器的形制、緣起、演變及其各部位名稱、懸置制度等，也是中國古音樂史研究中的重要著作。

在文學方面，青年唐蘭曾在周公館任教，有機會結識上流社會的士紳文人騷客，又因在上海栩園編譯社系統研習過詩詞格律，也由於他長期對古音韻及曲譜有過很深入的鑽研，在嚴謹的學術研究之餘，他也頗能填詞賦詩，發表在民國時期報刊雜誌上的舊體詩詞現已收集有五、六十首，其詩風浪漫艷麗，韻律工整，因而年紀雖輕，卻名列須社，其作品還被多次輯入民國時期詩詞選集。[一] 其詩詞中也不乏反映祖國山河破碎，詩人憂國憂民情懷的作品。

一九二五年，民國執政段祺瑞突然心血來潮，欲附庸風雅，親自命題閲卷，以《聖賢與英雄異同論》爲題，向天下士子徵文。青年唐蘭在無錫國學專修館讀書時，就曾撰文《裁兵議》，文中對連年軍閥混戰，武夫統兵，禍國殃民，十分憎惡。此次應徵著文，便借題發揮，對「亂世英雄」大加撻伐，文筆酣暢淋漓，頗富文采。可憐命題閲卷者不以爲忤，竟評其爲甲等第一名，尚須賞銀四百以嘉奬。一九二六年二月該文被章士釗登載於《甲寅周刊》第一卷第二十六號。章士釗篇末附語曰：「右爲執政徵文命題，自行校閲各卷。忽饒興趣，爰擬斯篇，以示多士。孤桐謹識。」唐蘭同學王蘧常在其所編《國學年刊》第一期上亦載此文，文末案云「……合肥某公見之大激賞，壽以四百金，唐君侻手豪遊數日而盡，已而，敝車羸馬泊如也。余聞而大歎其落拓自憙如此，以告同學欲審唐君近狀者」，一時傳爲佳話。

一九三〇年他寫過一短篇小説《乞漿記》，以第一人稱口吻講述與豆漿店姊妹偶遇、結識的故事，全篇用文言叙述，人物性格和故事環境被描寫得栩栩如生，這是他平生唯一保留下來的展示其純熟駕馭文學語言的能力和才華的作品。[二]

一九三六年他寫的《讀古詩〈明月皎夜光〉》，從研究古詩十九首入手，提出「五言詩産生於西漢武帝與成帝之間」的

[一] 須社，成員多是客居津門，社會地位高而年長的南方籍人，須者鬚也，故名。其成員有管洛聲、周學淵、徐芷升、查濟猛等，其詩集有《煙沽漁唱》等。

[二] 《乞漿記》載《一爐半月刊》第一卷第一號一九三〇年四月一日，該刊的主編是唐蘭的朋友吴秋塵。

觀點；一九四二年，西南聯大中文系浦江清教授赴上海休假，請唐蘭代課，唐蘭遂開「宋詞選讀」課，唐蘭的遺稿中有毛筆書寫的《宋詞》一部，抄録宋詞一百一十一闋，每詞均標注韻讀，並做簡單解釋，其中選柳永詞七十四闋，蘇軾詞十五闋，晏幾道九闋，王詵四闋，王觀三闋，其餘歐陽修、蘇舜欽、王安石、王安禮、韓縝、舒亶各一闋，足見其對柳詞的偏愛。據説唐蘭授課方法主要是在課堂上抑揚頓挫地朗讀原作，與同學們一起欣賞，並不過多講解，這份遺稿可能即當時課堂上朗讀所用的。

一九六二年郭沫若在《光明日報》發表《擬〈盤中詩〉的原狀》一文，唐蘭隨即寫了《關於〈盤中詩〉的復原》短文，提出異議，認爲原詩没有缺字，不必補字也可以復原，並公佈自作的復原圖。現存遺稿還有《論〈盤中詩〉的作者》，提出據《玉臺新詠》所記，該詩應爲晉初人傅玄所作等。

在法書研究方面，唐蘭一九六三年寫了《〈神龍蘭亭〉辨僞》一文，指出故宫藏馮承素摹蘭亭序帖卷，書風過於流美甜潤，王羲之書法特有的雄強奇宕的骨力蕩然無存。其筆法毫無頓挫，缺少奉橘、喪亂等唐摹右軍諸帖當中極似隸意的方筆。右軍原稿二十八行，每紙各十四行，而此帖前幅十三行，後幅十五行，過於緊促，是移易行款縮短行間寬度造成的，且疏忽了徐僧權押縫是在十四行「欣」字左側。據唐代張彦遠《法書要録》記載，唐前期内府收藏印記除唐太宗的「貞觀」和唐玄宗的「開元」二璽之外，並無唐中宗「神龍」璽。因此「神龍」小璽，是僞造的，此帖的宋元人題跋也是拼湊起來的。《神龍蘭亭》出現於南宋末年宋理宗的駙馬楊鎮家裏，共兩本，都是僞造的，此帖是根據僞本再次作僞。

唐蘭雖不以書家自居，但其酷愛書法藝術，一九四五年抗戰勝利，他帶著欣喜的心情，創作了很多書法作品，並在昆明舉辦過一次個人書法展覽。展品從甲骨文、金文到篆隸行楷，各種書體都有。他的字不拘程式，興之所至，隨性揮灑，將深邃的學養融於筆端，其強烈的個人書風，獨具一格，廣受人們稱譽。一九四六年五月四日西南聯大北歸前夕，建「國立西南聯合大學紀念碑」，公舉北大、清華、南開三校馮友蘭等五教授撰寫碑文，唐蘭爲與書教授之一，執筆書寫碑陰篆額「國立西南聯合大學抗戰以來從軍學生題名」，與書此碑體現了西南聯大師生對唐蘭在抗日戰爭時期忠於祖國的崇高民族气节的肯定和贊譽。

在古天文方面，唐蘭在一九三九年寫了《關於歲星》一文，他以甲骨文爲證，認爲我國早在商代就開始注意歲星的運行了。《左傳》、《國語》裏關於歲星的記載共有十二處，從中可以發現一百八十八年裏歲星所在的「辰」幾乎没有變動過，之所以會有這種奇怪的現象，是因爲這些關於歲星的故事，大抵是根據戰國初占星家的傳説而來的有關歲星所在的辰次，也是根據當時的現象來附和的，並非真實記録，亦和用歲星紀年不同。

唐蘭於學問，平生服膺者四人而已，孫詒讓、王國維師事之，郭沫若、陳寅恪友事之。討論學術從不顧及情面，與等而下之者難有爭議發生，而界内名流大家，卻少有不受其批評者，雖常有「恃才傲物」之譏，然秉性豁達樂觀，亦不見其因之結私怨於人。

唐蘭大半生是在大學講壇上度過的，奉調故宫後，二十世紀六十年代他還兩次被北京大學歷史系和中文系邀請去講過古文字學課程。他桃李滿天下，我國文字、語言、文學、歷史、考古各個領域的著名學者如胡厚宣、陳夢家、李埏、汪曾祺、朱德熙、張政烺、鄧廣銘、楊向奎、殷焕先、王玉哲、李孝定、李榮、高明、裘錫圭、郝本性等，有的出其門下，有的與他有過密切學術交往，都曾受過他的教益，其學術活動影響了數代學者。終其一生，唐蘭是一位卓越的愛國主義學者，其學術成就在二十世紀中國和世界學術史上應該佔有重要地位。

劉　雨

寫於北京甘露園霏雪齋

二〇一五年一月十九日

Introduction

The distinguished scholar Tang Lan was born on 9 January 1901 in Jiaxing prefecture (now Jiaxing city) in Zhejiang province. He was known by various names: his personal names Peilan, Jinglan, and Lichang, Li'an; his pen-names Chu Qiu and Zeng Ming; and his studio-name Wang Yi. He died in Beijing on 11 January 1979.

Tang Lan was born into a poor family. His father Tang Xiongzheng, a street pedlar, who eventually opened a small fruit store, was keen that his son should study commerce, and between 1912 and 1915, Tang Lan attended the Jiaxing County no. 2 Business School, founded by the celebrated scholar Fan Gunong (1881 - 1951), who was also the head of the school. Then, from 1915 to 1920 Tang Lan studied traditional Chinese medicine with Chen Zhongnan (1888 - 1974), who was the director of the Jiaxing Academy of Traditional Chinese Medicine, and at the same time worked at the Jinglang Clinic, which had been set up in the Xiangjiayang area of Jiaxing. Tang Lan was influenced during that time by the new trends of the revolutionary movement, and left for Shanghai, hoping to join the revolution leader Sun Yat-sen (1866 - 1925), but this did not materialise.

In Shanghai, Tang Lan joined the Xuyuan Translation Society led by the renowned Shanghai writer Chen Xu (also known as Shousong and Diexian), and studied traditional poetry. So before he was twenty, the young Tang Lan had studied commerce, practiced medicine, learned traditional poetry and taken part in the revolution. Although all of these enriched his experience of life, none of them would become his lifelong career.

In 1919, he started to develop a serious interest in *xiaoxue* ('the basics', ie traditional etymology and semantics) and ancient inscriptions. In 1920, the well-known educator Tang Wenzhi (1865 - 1954) established the Wuxi Academy for Traditional Learning (now Suzhou University), and began to recruit students in

Shanghai, Nanjing and Wuxi. After a rigorous selection process, Tang Lan was one of the first students to win a place at the Academy. Tang Wenzhi was a student of the famous Qing scholars Huang Yizhou (1828 - 1899) and Wang Xianqian (1842 - 1917). He had travelled to Europe, America, and Japan in his youth, and was one of the few scholars of his generation who had knowledge of both traditional Chinese and Western learning. The Wuxi Academy for Traditional Learning was an advanced institution specializing in Chinese classical literature. Tang Wenzhi taught classes himself and paid great attention to developing his students' ability to conduct independent research. The students were regularly asked to write essays based on topics from the classics, which were designed to test the students' cognitive ability and writing skills. In the archives of the Wuxi Academy for Traditional Learning there are more than ten essays written by Tang Lan while he was a student there, with the following teacher's comments:

> 'Excellent detailed examination of the subject. Written by a scholar.'
>
> 'Highest level of understanding and explanation, written with elegance, superbly structured, shows a rare talent!'
>
> 'Ambitious and knowledgeable, this is scholarship at its best. A future master of the classics.'
>
> 'Highly original, with sharp observation and deep knowledge. True scholarship is rooted in deep knowledge.'

It is clear from these comments by Tang Wenzhi and other teachers that they considered Tang Lan to be a rare talent. During his three years at the Academy, Tang Lan read extensively, developed a profound knowledge of philological and classical literature, and set out on the road to true understanding through comparative research of inscriptions and transmitted texts. As he wrote in his preface to *The Collection of Oracle Bone Inscriptions at Tian Rang Ge and Their Decipherment*:

> 'I made a conscious decision to start with the *xiaoxue*, and gradually moved on to the classics. During my three years in Wuxi, I produced *Annotations on the Shuowen* in four volumes, and *The Meaning of the*

> *Change of Trigrams*, *Annotations and Commentary on the Lijing*, *Corrections to Zheng Xuan's Annotation on the Xiaojing*, *A Study of Ancient Buildings*, *A Study of Ancient Doorways* each in single volume. Scholars such as Yan Kejun and Wang Yun often quoted bronze inscriptions in their studies of the *Shuowen*, and I also used Wu Dacheng's *A Complement to the Archaic Script*, and I began to pay more and more attention to the study of ancient inscriptions. When I read Sun Yirang's *A Collection of Ancient Inscriptions* and *The Origins of Names*, I was impressed by the sophistication of his analysis of the radicals. It was far superior to anything by previous scholars, and prompted me to write *A General Study of the Archaic Script* (in two volumes), and *An Investigation of Inscriptions* (single volume)...'

Of Tang Lan's early works mentioned in his 'preface', only two volumes of his *Annotations on the Shuowen* have survived. They were his notes and explanation of the entire first volume and part of the second volume of the *Shuowen jiezi*. Tang Lan aranged his *Annotations* in five sections: (1) *Jiaokan*—in which different editions of the text were collated and compared with quotations from classical literature, dictionaries and rhyme books; (2) *Jijie*—interpretations of characters based on their etymology, forms and usages; (3 - 4) *Yinyun* and *Zhuanyin*-phonological explanations of sound-borrowing; (5) *Fulu* — a collection of graph parallels found in palaeography; and (6) *Faming* —in which he discussed new theories and opinions needing further research. Tang Lan had originally planned to produce his *Annotations* in thirty volumes, but all that survives now are these and one and a half volumes, some 180,000 characters. We can only imagine the scale and depth of the full work — if it had been completed.

It was during his time at the Wuxi Academy that Tang Lan first became interested in oracle bone inscriptions (OBI). He collected together Luo Zhenyu's decipherments of OBI, arranged them according to the *Shuowen*, added his corrections, and sent his work off to Luo Zhenyu (1866 - 1940). Luo was impressed, and introduced him to Wang Guowei (1877 - 1927). From 1922 onwards, every time Tang Lan travelled to Shanghai he would visit Wang Guowei to discuss scholarly matters. After Wang Guowei's death, Tang Lan published in the monthly *The Future* eight letters that Wang had written to him between1922 and 1925. The letters discussed phonology, bronze inscriptions, early calendars and classical texts, and encouraged the young Tang Lan in his scholarly ambitions and pursuits in palaeography. Wang Guowei wrote in one of the letters:

> 'Today there are few young scholars who are interested in palaeography. But I have met four such people, and I will say that Tang Li'an, known to friends as Tang Lan …… engages in independent research, studies every book there is, and is comparing ancient texts and ancient vessels to interpret and correct the *Shuowen jiezi*.'

Tang Lan graduated from the Wuxi Academy for Traditional Learning in 1923 as their top student. His three years of dedication to his studies, his detailed examination of inscriptions, and the guidance and assistance he received from masters such as Tang Wenzhi, Luo Zhenyu and Wang Guowei laid solid foundations for his life of scholarship.

For a short period early in 1924, Tang Lan taught Chinese language and literature at Wuxi High School, at Yangyaowan. In the spring of that year, Luo Zhenyu introduced him as a private tutor for Zhou Xueyuan's two sons at their private residence in Tianjin. Luo also entrusted him with an important project: he supplied Tang Lan with photographs of the original Tang dynasty manuscript of the *Qieyun*, which had been in the Qing dynasty imperial collection, and thus rarely seen, and still inaccessible to the academic world, and asked him to make a handwritten copy, as close as possible to the original size and calligraphic style. This photolithographic edition was published by Yan Guang Shi Studio in 1925, and to this day remains an essential reference in the study of phonology.

Wang Guowei wrote in one of his letters to Tang Lan, dated 1 August 1925:

> 'I hear that you have already copied more than half of Wang Renxu's *Qieyun* manuscript, and that there is only a small part still to be done. I am looking forward to this publication with eager anticipation. I pray for its completion, and the great merit you will earn.'

From 1929 to 1930, supported by the Zhou family, Tang Lan was the editor-in-chief of two journals in Tianjin: the weekly *Literary Supplement of Commercial News* and the monthly *The Future*. They were also the vehicles in which Tang Lan published several articles about his research on Dunhuang manuscripts. These included: 'A research note on the fragments from Dunhuang of the *Taishigong ji* written by a Han author', 'A research note on the Tang poetry from the stone chamber of Dunhuang', 'A research note on the fragments of the Tang manuscript of *Shiliao bencao*', 'Tang dynasty drama found at Dunhuang', 'A research note on Zheng's annotations of the *Yan Yuan/Zi Lu* two chapters in the *Lunyu*'. He also wrote on the pre-Qin philosophers, including 'A biography of Confucius', 'The birthdate of Confucius', 'Confucianism and the theory of evolution', 'Confucianism and the theory of evolution — a reply', 'Responses to "Confucianism and the theory of evolution"', 'A few words about Mr Lin Yutang's "When Confucius went to meet Nanzi"', and 'On Laodan's name and date'.

He also wrote several articles about bronze inscriptions, including 'Afterword to Mr Luo Shuyun's "A study of the Ao vessel"' and 'A research note on "Questions on the Ao vessel"' focusing on the *Ao Ling fangzun* and *fangyi* bronze vessels. In these works he accurately suggested that the *Jinggong* ('Jing Palace') and *Kanggong* ('Kang Palace') were ancestral shrines of the Western Zhou kings. These were his first published pieces on bronze inscriptions, and were the starting points of his later writing on 'the Kanggong principle' — a comprehensive exposition of groundbreaking methods for dating Western Zhou bronze insciptions.

After the 10_{th} issue of the weekly *Literary Supplement of the Commercial News*, Tang Lan began to publish in installments his long essay, 'A discussion on Thalheimer's theory of ancient Chinese philosophy'. This essay demonstrated his sharp talent and great understanding of various subjects, and particularly striking was his ability to interpret new material. The encyclopaedic knowledge and experience he had developed from his studies was secure enough for him to apply himself with confidence and independence. He was not one to blindly follow the ancients or even the previous generation, which included the respected scholars Luo Zhenyu and Wang Guowei, who had helped develop his career. This is clear in Tang Lan's critique of Wang Guowei's famous essay, 'An investigation of the *shengba* and *siba*', in his independent studies of Dunhuang manuscripts, and in his critique of the German philosopher Thalheimer's theory on ancient Chinese philosophy. Throughout his life, Tang Lan believed that scholarship should be for the good of the public. He had deep insight and great vision, wrote with a clear and informative style, and was a scholar of integrity.

In May 1931, Tang Lan was invited by Jin Yufu, then Director of the Education Department of Liaoning province, to go to Shenyang to edit the enyclopaedic publication *Liaohai congshu*. He was also invited, by professor Gao Heng (1900 - 1986), to give seminars on the *Shangshu* at Northeastern University. On 18 September the Japanese army invaded and occupied Shenyang and the three Northeastern provinces. Tang Lan remained in Shenyang, witnessed first-hand the Japanese atrocities, and penned an article (using the pseudonum Chu Qiu, 'Prisoner of Chu'), with the title 'Alas! The benevolence of Doihara'. In this article he not only named the leaders of the Japanese occupation troop Lieutenant Colonel Shigeru Honjō and General Kenji Doihara, exposing the true face of aggression behind their false righteousness, and calling them 'the bunch of guys who sows the seeds of war in the Far East', but also railed against the insensitivity and indifference of some educated Chinese.

In the spring after he returned to Peking, Tang Lan gave lectures on the *Shangshu* at Yenching University and Peking University, standing in for the famous historian Gu Jiegang (1893 - 1980) while he was away (at Gu's invitation). That autumn, Peking University offered him a full appointment in the Chinese Department to teach bronze inscriptions and a course 'New Investigations of Ancient Texts'. He also taught a course of OBI, standing in for the archaeologist Dong Zuobin (1895 - 1963). As his reputation grew, Tang Lan received invitations from Tsinghua University, Peking Normal University, Fu Jen Catholic University, Chinese University and other institutions to lecture on palaeography, the *Shijing* and *Shangshu* and the 'three ritual texts' (*Yili*, *Zhouli*, *Liji*). While still in his early thirties, Tang Lan was already recognized by leading scholars in the fields of ancient history and palaeography, who honoured him with invitations to give lectures, and secured the young scholar's position in the academic world.

Tang Lan published his lectures, including, for example, his two monographs in 1934: *An Introduction to Paleography* and *Notes on Inscriptions from Yinxu*. *An Introduction to Paleography* was a pioneering work, leading the way to the modern Chinese theory of palaeography. The 1930s was a decade in which large quantities of Shang and Zhou written materials were collected, and, like contemporary archaeology, linguistics and pre-Qin history, this field benefitted from advanced academic thinking from the West, and saw great developments. A group of very successful scholars emerged, such as Yan Kejun, Wang Yun, Wu Dacheng, Sun Yirang, Wang Guowei, Luo Zhenyu, Guo Moruo, Yu Xingwu, Rong Geng, Shang Chengzuo, Xu Zhongshu, and Dong Zuobin, who had built up considerable experience in examining and researching ancient inscriptions. However, their research was too fragmented and idiosyncratic to achieve theoretical synthesis. In terms of theory, Chinese palaeography was still at the level of the *Shuowen jiezi*, compiled by Xu Shen about 1,800 years previously, and subsequently embroidered with guesswork and far-fetched speculation.

The *Shuowen jiezi* was a masterpiece in the history of Chinese language, but the 1930s were a period of such continual advancement in terms of new materials and research methology that it was no longer appropriate for this field of study to be based on the *xiaozhuan* (small seal script). Indeed, that approach was hindering progress. Chinese palaeography and related studies were crying out for a new work that would burst through the barrier of fustiness, and establish a theoretical system with contemporary significance. Tang Lan, armed with his *An Introduction to Paleography* and to his great intellectual courage, took up this enormous challenge. He conducted an in-depth and comprehensive review, from different perspectives, of the traditional linguistic theory represented by the *Shuowen*, accepting the parts that were rational, and criticizing the parts that were out-of-date or pseudo-scientific, and made a thorough analysis of all recent theories on palaeography that was based on the *Shuowen*. In *An Introduction to Paleography*, he examined the relationship between the written word and spoken language, insisting that the principle focus for Chinese paleography must be the forms of ancient scripts, and the rules governing the origin and evolution of Chinese writing. He criticized Xu Shen's 'six principles', arguing instead that there were 'three principles': (1) imitating the form (*xiangxing*); (2) imitating the meaning (*xiangyi*), and (3) combining phonetic and semantic (*xingsheng*). That is to say, there were three basic types of Chinese characters: pictographic, ideographic and phonetic. He proposed that the ideographic evolved to become more phonetic, and that this was the main way in which the phonetic-semantic compounds developed. He also proposed, for the first time, a 'natural classification system' for ancient characters.

Following Tang Lan's major contributions, a great deal of attention has been paid to the formal analysis of Chinese characters. Numerous cases have been put forward, and the reality is that different starting points lead to different conclusions. To this day there is not a single account that covers all Chinese characters, and the academic world has yet to announce its agreement on a common view. Tang Lan's 'three principles' may not be perfect from today's point of view, but at the time his proposal smashed through the legendary, but muddled, 'six principles' theory in the *Shuowen*, and opened up a new way forward, which further research could adapt and improve.

In terms of palaeographic methodology, Tang Lan's starting point was analysis of the semantic radicals of each character, as initially suggested by Xu Shen in the *Shuowen*, and later developed by Sun Yirang in the late 19_{th} and early 20_{th} centuries. But, Tang Lan was the first to insist that analysis of the radicals (semantic) should be at the heart of palaeographic research, and that it should be supported by historical evidence. His book *An Introduction to Paleography* was a brilliant case, drawing together of all the experience of previous scholars of ancient Chinese writing. It determined the route and the method, and is still the cornerstone of Chinese palaeography today. Tang Lan's clear and coherent theory, and his stringent framework, made the study of ancient inscriptions a valid modern academic discipline in its own right. Furthermore, Tang Lan's work laid the foundations of Chinese philology, and *An Introduction to Paleography* should be recognized as the first successful theoretical work in the history of modern Chinese philology.

The celebrated palaeographer Zhang Zhenglang (1912 - 2005) gave high praise to Tang Lan's *An Introduction to Paleography*:

> 'The study of ancient inscriptions has a history over 2,000 years in China, but there are very few theoretical writings. Mr Tang Lan's book was unprecedented, and is still very useful today.'

The distinguished paleographer Qiu Xigui, in his evaluation of the *An Introduction to Paleography*, wrote:

> 'This book laid the foundation for modern paleography, and at the same time, led the study of ancient inscriptions on to a scientific path. The second part of this book clarifies the methodological issues around the decipherment of ancient inscriptions, with a special emphasis on the importance of the analysis of the radicals, and historical research methods. This book marks the establishment of Chinese paleography in the modern sense.'

The second of Tang Lan's great works, *Notes on Inscriptions from Yinxu*, was the result of his early studies of OBI of the Shang dynasty. The book features 33 Shang characters (or groups), and examines them first by graphic form, presenting real examples from OBI, and then by analyzing the forms and radicals, noting the differences between similar-shaped characters, and investigating any links in terms of phonetic and semantic elements in the same group or among related characters. In some cases, Tang Lan was able to provide a complete sequence tracing the evolution of a character from the earliest oracle bone graph, to its appearance in bronze inscriptions, all the way to small seal script. Not content with this, he would then reverse the process and trace the evolution back to its original context, to verify whether the conclusions could be supported. Tang Lan's work was careful and rigorous, and for characters that appear with high frequency in OBI, and which play a key role in the understanding the inscriptions, his conclusions still stand, even after decades of further verification against new evidence. It is not surprising, given his successful investigations, that Tang Lan had significant influence in the academic world, and that his research methods were copied and his theory became the model that other scholars followed. Tang Lan's two major publications *An Introduction to Palaeography* and *Notes on Inscriptions from Yinxu* should be regarded as complementary: the latter demonstrating and proving the methods in the former.

Tang Lan's academic career and reputation reached their peak in the 1930s. Two events mark this quite clearly. First, in March 1934, Guo Moruo honoured Tang Lan by inviting him to write a preface to his book *An Illustrated Catalogue of Bronze Inscriptions of the Western and Eastern Zhou Dynasties*. Second, in November that year, the renowned publishing house Lai Xun Ge was preparing to publish *A New Study of Ancient History*, comprising the last two years of lectures given by the late Wang Guowei at Tsinghua University. The editor of the book, Zhao Wanli, who had been Wang Guowei's assistant, invited Tang Lan to write the preface. Wang Guowei and Guo Moruo were the two most celebrated scholars in the field of Chinese history and paleography. That Tang Lan was invited to write the preface for both of these books demonstrated the very high standing he had among his peers.

In 1936 and 1937 Tang Lan wrote 'A new annotation and study of the *Shuowen jiezi*'. It was to be the final volume in a major work entitled *The Seven Treaties of Ancient Chinese Writing*. Unfortunately, only a small part (34,000 characters) of this manuscript has survived. It was quite different from his publication *Annotations on the Shuowen*, written fifteen years earlier, and drew on evidence such as inscriptions on oracle bones, bronzes, seals, ceramics, wooden documents, tablets and stele, as well as transmitted texts and rhyme books. By comparing them with the characters in the *Shuowen*, Tang Lan was able to test Xu Shen's explanations, confirm some and correct others. In the fifteen years between the two books, Tang Lan had completed a systematic investigation of all kinds of early inscriptions, and established his own philological theory based on his *An Introduction to Paleography*. He was in a very good position to re-evaluate the *Shuowen*. Although only a small part of the entire *Seven Treaties* survives, it nonetheless demonstrates the very concrete steps Tang Lan was taking, and the methods he was using, when bringing evidence from new materials to his comprehensive study of the *Shuowen*.

Also in the 1930s, Tang Lan obtained two volumes of rubbings of OBI from the descendants of Wang Yirong (1845 – 1900) who was credited with the discovery of OBI, and another volume of rubbings of OBI in the library of the Fu Jen Catholic University. From these he selected 108 previously unpublished examples for his book *The Collection of Oracle Bone Inscriptions at Tian Xiang Ge and Their Decipherment*. The book was published in March 1939, with Tang Lan's decipherments and explanations for each OBI example often differing from the views of other scholars. The book contained many concrete cases from Tang Lan's research on ancient inscriptions. At the front of the book he provided an index of 251 individual characters, arranged according to his natural classification system. This was the first time that Tang Lan had applied his natural classification system to OBI.

Tang Lan had explained his natural classification system in the chapter headed 'Classification of ancient inscriptions: the natural classification method and compilations of ancient characters', in Part 2 (Applied Palaeography) of *An Introduction to Paleography*. The natural classification system was a bold departure from the groundless classification system of the *Shuowen* where characters were arranged according to the ten heavenly stems and twelve earthly branches. Tang Lan's natural classification system arranged the characters in groups according to the structure of their graphic forms. Subsequent works on OBI show Tang Lan's inspiration and the influence of his natural classification system in the field: the Japanese scholar, Kunio's *A General Classification of Yin Oracle Inscriptions* (1967), the OBI reference works compiled by scholars from Jilin University, *A Complete Collection and Transcription of OBI from Yinxu* (1988) and *A Collection and Classification of OBI from Yinxu* (1989), and more recently Li Zongkun's *A Collection of OBI Characters* (2012).

From 1931 to 1949, Tang Lan taught at several prestigious universities, and his academic output was prolific. In addition to the three monographs mentioned above, he also published a number of very important papers on inscriptions on bronzes, including 'A investigation of the "Biao Qiang zhong"', 'An investigation of the Jin lord XX', 'A investigation of the inscriptions on the "Zuoce Ling zun" and "Zuoce Ling yi"', 'Shang Yang's weights and measures', and 'A further note on the "Zhao Meng hu"'. In these papers, his explorations concentrated on specific questions, such as who made the bronzes, and when.

In 1933, Ma Heng (1881 - 1955), then Director of the Palace Museum, invited Tang Lan to serve as a special committee member of the museum. As a result, Tang Lan turned his attention to the Palace Museum collections. In July 1936, he worked on the 'Zong Zhou' bell in the old imperial collection and published an article on it in the *Bulletin of the Palace Museum*. At that time, Wang Guowei and Guo Moruo had a theory that the Zhou kings used their names on the ritual bronzes they commissioned. Wang and Guo had also formulated a dating method based on the 'typical specimen'. And because their views were widely admired by Chinese scholars at the time, this particular bell which bore the name 'King Zhao', was attributed to King Zhao of the early Western Zhou period. Tang Lan disagreed. Following his examination of the form of the bronze bell, and the content of its inscription, he argued that it was made during the late Western Zhou period, for King Li, and that the maker's name should be read Hu (not Fu), which was King Li's personal name. Tang Lan's view was not accepted immediately, but as more and more inscribed bronzes were unearthed, it was realized that very few early Western Zhou bronzes bear long inscriptions. Clearly, the 'Zong Zhou' bell, with its inscription of 122 characters, could not be a piece from the early Western Zhou. Tang Lan's proposed date seemed increasingly convincing. In 1978, forty-two years after the article was first published, a bronze *gui* inscribed with the name Fu was unearthed at Fufeng Qijia (Shaanxi province); and in 1981, another bronze bell with the name Fu and dated 'the king's fifth year' was discovered in the neighbouring county Fufeng Zhuanbai. These bronzes were discovered through controlled archaeological excavations, and they confirmed Tang Lan's exceptional foresight. His decipherment of that bronze inscription is now generally accepted.

Tang Lan disagreed with a number of famous scholars. He found mistakes in the writing of the leading scholar of OBI, Dong Zuobin, most notably on Dong's articles 'An explanation of the search for the white *qilin*' and '*Dian ce* were turtle shells'. Tang Lan argued that Dong had made errors in his reading of the inscriptions: that the bone character *lin* should be *si*, and that *dian ce* were not turtle shells, but bamboo- or wood-slips. He responded with two articles of his own: 'An investigation of the search for the white rhino' and 'On the divinatory inscription on the lower right of turtle shells'.

In his article 'The literature of OBI and the time of OBI', Tang Lan criticized Guo Moruo's theory that Shang society was a 'sub-type of the group marriage system according to blood ties' and that Shang society 'was in transition from nomadic to agricultural'. Tang Lan argued that, because OBI and Shang literature was very close to that of the Western Zhou, the time of OBI must also be of the Bronze Age with its patriarchal system.

In the 1930s, Tang Lan wrote a manuscript of over 50,000 characters about inscriptions found on the famous Qin stone drums. This was never published, but his research formed the basis for his later published papers 'Postscript of the Northern Song rubbings of the Zhou stone drum inscriptions', 'The stone drum inscriptions made in the 3_{rd} year of Qin Linggong's reign', and three other papers, in which he questioned Tong Shuye's argument: 'On the date of the stone drum inscriptions', 'A discussion on why in the stone drum inscriptions the character *wu* was used, but not *zhen*', and 'On the usage of character *wu* in the stone drum inscriptions'. At the heart of his argument was his examination of the date of usage of personal pronouns in the stone drum inscriptions. His work remains among the most objective and convincing of all studies on stone drum inscriptions.

Tang Lan's paper 'A new study of the *Shangshu*' was one of his lectures in the 'New Investigation of Ancient Texts' course at Peking University. In this work, he discussed key characters and expressions in the *Shangshu*, and by comparing the transmitted texts with OBI and bronze inscriptions, he was able to reveal the context, verify different editions, and determine the historical date of each chapter.

On 7 July 1937, the Japanese launched a provocative attack at the Marco Polo Bridge, marking the start of the Sino-Japanese war in northern China. During the Japanese occupation of Peking, Qian Xiang, a collaborator with the Japanese, suddenly announced that Tang Lan was a director of the Academy for the Study of Antiquity sponsored by the Japanese. As soon as Tang Lan saw the news, he was the first of the named directors to take a stand, and declared in the newspaper that he was no longer studying inscriptions nor antiquities. His former student Takeda Hee (consultant to the Japanese) paid him a visit to try to persuade him to join the newly re-opened Peking University, also now under the Japanese. Tang Lan saw that while the facilities (the buildings and library) hadn't changed, the faculties were dominanted by Japanese professors, and that Peking University was now an educational tool in the hands of the Japanese colonialists. He could not serve at such an institution. To maintain his integrity, Tang Lan decided to leave Peking, and after careful planning, in April 1939, with the help of Shen Jianshi, Chu Wanfeng and other friends, Tang Lan left his family behind, and made a difficult journey through Shanghai, Hong Kong and Hanoi, and finally reached Kunming.

A large number of patriotic scholars relocated to Kunming at that time. Their collaboration and achievements are legendary. From 1939, Tang Lan was appointed as associate professor, then professor at the Southwestern United University (consisting of Peking University, Tsinghua University and Nankai University), in Kunming, as well as tutor at the Institute of Letters of Peking University. He taught a number of subjects including palaeography, OBI, bronzes of the Eastern Zhou period, *Shuowen jiezi*, *Er Ya*, *Zhanguoce*, and Song dynasty poetry. His palaeography course was very popular, and, in addition to the students of the Chinese Department, Professor Wang Zhuxi of the Department of Physics, Tsinghua University, and Professor Shen Youding, of the Department of Philosophy, also came to listen to his lectures. Some forty years later, Wang Zhuxi would compile a dictionary of over two million characters, using his 'new radical' system, comprising 51,100 characters, and, with the precision of a natural scientist, labeling each character with its pinyin pronunciation, and unique number. This dictionary has made a very important contribution to the digitization of Chinese characters.

While in Kunming, amidst the air raid sirens warning them of Japanese bombers, Tang Lan not only taught at the university, but also published a number of important research papers. He did not limit himself to deciphering ancient characters, but tried, through his study of ancient inscriptions and vessels, to solve problems in archaeology and historical research. His important papers of this time include 'An investigation of the inscription of the royal decree', and 'The Luoyang Jincun tombs were of the Eastern Zhou period, not the Han State', in which he studied the early tally system, inscriptions on bronze vessels, and the classification of tombs of the Warring States period. In his article 'Five ancient drinking vessels', he clarified the relationship between the term *wujue* ('five drinking cups') in Song dynasty and later literature, and the material objects. He also addressed the long-debated subject of whether the naming of ancestors was based on the date of birth or the date of death; both theories contradicted the records in ancient literature, and were therefore controversial. Tang Lan published 'The naming system before the codification of posthumous titles', in which he argued that the ancestral name was actually based on the date of the ritual ceremony performed for the ancestor. This theory offers a better explanation of why the naming of ancestors was a combination of heavenly stems and earthly branches. His article, 'A study of Su Qin', published in 1941, was a classic example of historical research. Tang Lan showed that the accounts of Su Qin in the *Zhanguoce* and *Shiji* were flawed, and did not accord with history. Thirty years later, the discovery of the Warring States *Zonghengjia* manuscripts in the Han dynasty tombs at Mawangdui, Changsha (Hunan province) would validate his argument. Similarly, his earlier research provided critical clues for his study of these silk manuscripts.

Although Tang Lan never studied overseas, he was nevertheless keen to keep abreast of the latest ideas in Western scholarship. At the Southwestern United University there were many scholars who had returned from overseas, and Tang Lan cut a unique figure as one trained solely in his home country. However, he was by no means an inward-looking conservative type, and was generally recognized as the best professor in the field of Chinese palaeography.

His papers of this period show his understanding and achievements in ancient phonology: 'Zheng Xiang's theory of ancient rhymes', 'There were no consonant clusters in ancient phonology and the consonant *lai* should be read as *ni*', 'A postscript to the Tang dynasty manuscript of *Qieyun*', 'An investigation of the rhyme *ying*', 'A study of the Southern Liang mentioned in the fragmented manuscript of *Shouwen*', 'A discussion on the terminology such as "light/heavy" "clear/muddy" before the Late Tang dynasty phonology', and 'A debate with Mr. Lu Zhiwei on *Qieyun*', Among his unpublished manuscripts is a draft of a letter, written 1946 - 47, addressed to Chen Yinque about one of Chen's papers, 'A discussion on the *Qieyun* from the historical evidence'. Tang Lan argued that 'from the Zhou dynasty onwards, according to literary records, *hanyu* (Chinese language) and regional pronunciations were different'.

Standard *hanyu*, also known as the *yayan* or 'elegant language', developed through various stages: from the northern dialect (of the pre-Qin periods) to the southern dialect (Chu language in the early Han Dynasty) and to the Peking-Luoyang-Nanjing dialects (from the Six dynasties period to the early Tang), and again to the northern dialect (the Tang dynasty and after). The *Qieyun* system is a combination of varied phonetic elements of the north and south and of ancient and modern periods, and the pronunciation is closer to a southern integrated phonetic system. The paper explores the political (*hanyu* as the official language) and cultural aspects of the causes and manifestations of the changes in dialects; it is an important work focusing on Chinese phonology from a sociolinguistic point of view.

Among Tang Lan's unpublished manuscripts, there is also a body of correspondence between Tang Lan and Li Rong. Tang Lan was one of Li Rong's supervisors at the Southwestern United University, and the letters were exchanged in 1946 when Li Rong had just finished his thesis 'Some problems in the phonetic system of the *Qieyun*' at the Graduate School of Peking University. Tang Lan raised a number of questions, such as what were 'the added words in the *Qieyun*', and 'the six formulates of the *fanqie* system', and points on 'the related but different pronunciations', and '-j-palatalization of consonants'. He also touched upon other issues, such as collation, dialect, borrowing, and variation. From Li Rong's book *Qieyun Phonology*, published some time later, we can see that he had largely accepted Tang Lan's suggestions.

Also among Tang Lan's unpublished manuscripts are two volumes of 'Notes on the *Shuowen*', about 75, 000 characters, written in 1945. From the perspective of phonology, Tang Lan intended in this book to explore the development and changes of ancient pronunciations, their relationship to the *fanqie*-spelling system, and the way new characters were created. Tang Lan started with previous studies and explanations, then provided comments on the pros and cons of the old theory, and finally expressed his own opinions. This book is very much a linguistic work.

Earlier, in his preface to his *An Introduction to Paleography*, Tang Lan wrote:

> 'The existing system of ancient phonology is put together with the rhymes that existed in post-Zhou dynasty literature, together with the *xiesheng* (phonetic plus semantic) characters in the *Shuowen*. This is not enough to construct the early phonology.'

He wrote in his *Notes on Inscriptions from Yinxu*:

> '... (four characters): *zhu*, *gu*, *xi*, *jian* belong to different categories in the reconstructed phonology, but at the time of OBI, these characters were used interchangeably.'

In *Further Note on Inscriptions from Yinxu*, Tang Lan made a detailed analysis of a group of related OBI characters that underwent a long and complicated process of development, both phonetically and semantically. His work lent no support at all to Guo Moruo's influential theory that the character *zu* 'was a symbol of male phallus worship'. In early phonology, this group of characters all had the same velar initial, like the character *duo*, but then moved towards a dental initial. Tang Lan also disagreed with Wang Guowei's view that '*zu* and *yi* cannot have the same origin, because their sounds are different'. Tang Lan, however, argued from the basis of his study of 'exceptions' in paleography, that phonology must take into consideration the results achieved through paleographical studies. Tang Lan wrote two other manuscripts on phonology - 'A critique to Karlgren's phonology' and 'A study of Old Chinese' - but unfortunately these were lost in catastrophic Cultural Revolution.

Tang Lan once said sadly to his old friend Rong Geng:

> 'I am not concerned about worldly possessions, except my unpublished manuscripts of nearly one million characters, which, it is said, have been

sent to paper mills. It is impossible to write them again, for example, I could not produce another copy of the edited *Qieyun* without several years' hard work.'

Owing to his deep understanding of OBI, Tang Lan's study of phonology was often based on evidence that was inaccessible to scholars in the field of general linguistics. This gave Tang Lan's arguments a unique and extremely valuable perspective. To this day, his criticism, made several decades ago, of the limitations of the existing reconstructions of Old Chinese has not yet been completely addressed. Modern scholars of phonology should pay full attention to his words and consider his evidence carefully.

Another unpublished manuscript by Tang Lan, titled 'A review of Li Xiaoding's "*A collection of decipherments of OBI*"', consists of notes he took while reading Li Xiaoding's MA thesis, which was submitted to the Institute of Humanities at Peking University, while he was a visiting student at the Institute of History and Phiology, Academia Sinica. Tang Lan was one of Li's tutors. The manuscript ran over 30,000 characters, and the frontispiece reads: 'I began to read this on 22 April, in the 33_{rd} year of the Republic (1944)'. Tang Lan's notes were arranged according to the original order of Li's thesis, with some adjustments. Some of the notes are Tang Lan's comments on other scholars' explanations, and some are simply his own opinions.

The most important work of Tang Lan's entire career was his book *A Study of Chinese Writing*, published in March 1949 by the Kaimin Press. It is basically a theoretical treaty of the subject, arranged in five chapters: introduction, the origin of writing, the structure of characters, the evolution of the characters, and the changes of characters. Tang Lan noted that at a time when all advanced cultures were using a phonetic script, China was, in her unique way, still using a phonetic writing system with a strong semantic element, that it was determined by the characteristics of the Chinese language. He insisted that it was completely wrong to assume that Chinese writing was at a primitive, backward stage, and that it was some kind of barrier to the development of Chinese culture. He said:

'One character is one syllable, and there are over 1,000 phonetic symbols (most of which are semantic symbols too) with which to communicate the language of this people. Is there any need to create another spelling system?'

Furthermore, he noted that this writing system could record any spoken language, from ancient to modern, from north to south and east to west. No other any kind of alphabetic writing could do this. Tang Lan also suggested that because the specific characteristics of the Chinese writing system, the study of palaeography must involve more than the traditional *xiaoxue*, the mixing together of the form, sound, and meaning of the character, and must also involve more than the research scope and methods of modern linguistics. Chinese palaeography was a special subject that focuses primarily on the forms of the character, and was less concerned with phonology and exegesis. Alphabetic writing systems elsewhere in the world usually consisted of fewer than a hundred letters, they were less complicated and there was no need to engage in the same kind of research. Quite simply, Chinese palaeography was unique to China. Tang Lan's *A Study of Chinese Writing* was mainly based on in-depth analysis of the structure, evolution and transformation of individual characters, covering ancient and modern scripts, including a comparison with other foreign scripts. By bringing all these together, Tang Lan established a comprehensive discipline of Chinese palaeography.

The book *A Study of Chinese Writing* is concise and brief (only 120,000 characters) and written in a colloquial style, making it accessible to both specialists and students, who can understand its contents at different levels. The publication of this monograph marked the completion of Tang Lan's theoretical construction of Chinese palaeography. It has been reprinted many times: more than ten editions were printed by the Kaimin Press and Taiwan Tianle Press, and the Taiping Press in Hong Kong also reprinted it many times. However, it was not reprinted in mainland China because its contents conflicted with the language reform policies of the central government.

In 1978, Tang Lan presented a copy of *A Study of Chinese Writing* to Deng Guangming who was professor at Peking University. He wrote on the cover page 'This book was published by the Kaimin Press in 1948. Because it disagreed with the government's policies of Romanization of Chinese writing system, it was not reprinted and is now very hard to find in China. This edition was a reprint in Hong Kong. I respectfully ask you to give me your opinion. 22 June 1978.' In the Hong Kong Kaimin 1975 edition, there is an editor's note: 'This book was written by Professor Tang Lan twenty-six years ago. Some of the views, particularly on the reform of Chinese characters, have become obsolete. But, on the whole, the book is still valuable as a reference. Thus, we decided to reprint it.'

Tang Lan died in 1979, when the leftist trend of the Cultural Revolution was beginning to be rectified, and many old taboos were broken. *A Study of Chinese Writing* quickly became an important textbook for students who studied history, archaeology and other subjects at universities. The editors of the Shanghai Classics Publishing House took the lead, recognizing the academic value of the book and market demand, and in 1979 published a new edition, with an initial print-run of 26,000 copies. Over the last fifty years, this book has been reprinted 20 to 30 times, and the total number of copies in circulation probably exceeds 100,000.

Other ancient civilizations also had pictographic writing systems - Egypt and Sumer, Elam, and Hittite-but these systems have not survived. They were abandoned and replaced by alphabetic systems. China's historical and cultural heritage has been sustained over thousands of years, and her writing system somehow plays a key role in this continuity. The Chinese writing system has met the different economic, political and cultural needs of all historical periods, as well as different regional dialects. It was also adopted by China's neighbours Japan, Vietnam and Korea. The Chinese writing system represents the wisdom of the ancestors, and is apparently adaptable to an infinite time and space.

Even the way of writing Chinese characters has become an art form, i. e. calligraphy. And in modern times, the Chinese writing system has also proven to be suitable for computers, internet, and the latest science and technology. Moreover, the development and progress of computer technology, to some extent helps to solve the inherent difficulties of character recognition, reading and writing. With the growing influence of China in the world, everyone is eager to learn why Chinese writing system has such longevity and how it plays an important role in sustaining the cohesion of the country.

Tang Lan's *A Study of Chinese Writing* answers these questions in a most convincing way. This profound yet lively book is enduring and widespread, and has become the most authoritative book on the subject, and Tang Lan deserves his reputation as the founder of modern Chinese palaeography. However, for various reasons, Tang Lan's scholarly works have seldom been translated into other foreign languages. In recent years, the Palace Museum, Beijing, has invited over 20 scholars in the museum and from other institutions to collaborate on the compilation of the *Complete Works of Tang Lan*. This project has been running for eight years, and its impact is now being felt even among foreign scholars. Professor Edward Shaughnessy of the University of Chicago, Oh Man Chung of the Jeollanam University, and the Japanese scholar Kawasaki are currently translating this book into English, Korean and Japanese, respectively. The publication of *Chinese Palaeography* in foreign languages will significantly promote the understanding of Chinese writing. Tang Lan's research and scholarly achievement in the field of Chinese paleography will leave a strong impression in the world's history of academic study in the the 20_{th} century.

After the founding of the People's Republic of China in 1949, Tang Lan saw in the language reform movement of the early 1950s that there was a tendency towards the negation of Chinese characters. He threw himself into the task of protecting them. On 9 October 1949, he published an article 'The basic problem of Chinese language reform and its relationship to the promotion of literacy and children's education', in which he pointed out that 'the main purpose of language reform is to make writing easier to learn, however, the reform must take into consideration the specific context. There are numerous written characters that are homophones, and this makes it impossible to achieve a purely phonetic writing. If we consider the Chinese writing as the embodiment of China's history and culture, any attempt at the complete abolition of Chinese writing is not going to work.'

His views were subjected to criticism from the editorial board of the influential journal *Chinese Language and Writing*, and he was accused of 'opposing language reform' and 'raising questions about the viewpoints of social classes'. In 1956, Tang Lan published an article in the same journal, titled 'On the basic problem of China's language reform and theory of Marxism', in which he wrote that 'Stalin's theories that "language has no class" and "is not a superstructure" can also be applied to the writing system, and that language reform in China should also follow the basic theory of Marxism. He wrote: 'Taking into account the lessons learned from the previous reforms in modern history and of our neighbouring countries, the call to abolish the old Chinese writing system and create a new phonetic writing system is unrealistic and wrong.'

In April 1957, against political pressure, he published two articles in the *People's Daily* and *Guangming Daily*, titled 'Executive orders cannot solve academic problems' and 'Let people be persuaded, but not be forced'. He wrote: 'Chinese writing has a great advantage. It is true that the system is complicated and hard to learn, but this disadvantage can be overcome gradually.' He insisted that 'in exploring scientific questions such as language reform we must follow thoroughly the policy of 'Letting a hundred flowers bloom, and a hundred schools of thought contend'. We must let people speak openly, and not rely solely on decisions made at meetings and on simple executive orders.'

In the middle of the 20_{th} century, the movement to reform the Chinese writing system, launched and led by the central government, essentially had the goal of pushing Chinese writing 'to move in the direction of a phonetic alphabet, as used by all other countries'. However, after implementing Standard Mandarin (*putonghua*), simplification of characters, and the pinyin romanization system, the movement came to a halt. Fortunately, we were not forced to continue further down the path towards 'the romanization of the Chinese writing system', and this was largely due to the recommendations, resistance, and fights put up by Tang Lan and many other Chinese intellectuals.

In 1952, when all Chinese universities were reorganized following the Soviet model, Tang Lan was transferred to the Palace Museum. Under his leadership, the museum displayed the exhibition 'Cultural Relics from Five Provinces' in 1956, and Tang Lan personally wrote the introduction to the catalogue. In 1959 he took the lead in organizing an exhibition of 'Art through Historical Periods', which included 3368 works of art and filled the Hall of Preserving Harmony at the heart of the Forbidden City and the east and west wings. It was the largest exhibition in the history of the Palace Museum, and for that Tang Lan wrote the master plan and the general introduction. This exhibition had a well-defined theme, and provided scientific answers to many specific issues raised in the history of ancient art. After the exhibition, Tang Lan made the rule that every exhibition at the Palace Museum must have a master plan and introduction, so that future museum exhibitions would be based on scholarly research. This served to improve the academic standards of exhibitions at the Palace Museum.

Tang Lan continued his research on newly discovered bronze inscriptions of the Yin and Zhou periods. He published the following papers: 'On unearthed bronzes from Jia County', 'An investigation of the "Ze Hou Yi gui"', 'Zhen gui', 'A study of the inscription on the "Yong yu"', 'A study of the inscription on the "Shi X gui"', 'An explanation of the inscription on the "He zun"', 'A study of the inscription on the "Li gui"- the earliest of the Western Zhou Dynasty bronzes' and 'On the "Da Ke zhong"'. These papers are well argued: for example, he linked the personal names that appeared in the inscription of the 'Yong yu' (Yi Gong, Xing Bo, Rong Bo, Yin Shi, Shi Sufu, Qian Zhong) with historical events, and produced a chart of their social relationships. In this way, the inscriptions became primary historical evidence for the study of the history of the Middle Western Zhou dynasty.

In a number of Tang Lan's papers — namely, 'Preface to the catalogue of bronzes in the collection of the Shaanxi Provincial Museum and the Shaanxi Province Cultural Relics Management Committee' and 'Decipherment and explanation of the bronzes unearthed at Dongjiacun, Qishan county, Shaanxi province', 'Using bronze inscriptions to study the history of Western Zhou — a comprehensive discussion on the value of recently found bronzes at Baoji', 'On the importance of the bronzes found at the hoard of the Western Zhou bronze Wei family — an explanation of the inscription on the Qiang Pan newly found at Fufeng in Shaanxi' — he combined inscriptions with transmitted texts, thereby demonstrating that King Li of the Western Zhou dynasty was very ambitious at the beginning of his reign, and launched several expeditions to the south. He also showed how history can help to date important bronzes such as the 'Yu ding' and 'Maogong ding' to the time of King Li.

Tang Lan also argued that in the inscription on the 'E Hou Yu fangding' bronze vessel, the name E probably referred to modern-day E in Deng county, and, judging from the contents, that the 'Han Huang Fu' group should belong to the periods of King Xuan and King You.

Tang Lan also translated a number of bronze inscriptions into modern Chinese and made detailed explanations. These include the four vessels of the Qiu Wei group from Dongjiacun, in addition to the 'Zhen gui', 'Gong Chen gui', 'Ci ding' and 'Ci gui'. These bronze inscriptions contained much important historical information: the famous 'He zun' records King Cheng's removal of the royal house to Luoyang; the 'Ju Fu xu' cover records, in the 18_{th} year of King Xuan, that the Nan Huai Yi were forced to pay tribute to the Zhou; and the four Qiu Wei vessels record exchanges of land among the aristocratic in the Western Zhou period. At that time, ownership of land belonged to the royal house, but members of the aristocracy had the right to collect taxes from land assigned to them. However, the record inscribed on the 'Jiu Nian Wei ding' showed that Ju exchanged land with Qiu Wei in return for a chariot and some chariot parts, and indicates that land exchange had already become a reality in the Western Zhou dynasty. The inscription on the 'Zhen gui' contained a legal record of the late Western Zhou, and is a very significant document in the history of law in China. The 'Bo Dong' bronze vessels provide important history of the different peoples, eg of the Ming Rong who later became the Xian Yun. The 'Qiang pan' from the hoard, together with the other 103 Western Zhou bronzes records King Zhao's attack on the Chu State. The Wei Shi was one of the eight lineages who followed King Wu in the conquest of the Shang. The Wei and Lu tribes served during the reign of King Cheng. These inscriptions show that the Zhou royal court accepted other peoples in their government. There are inscriptions of the Middle Western Zhou period that recorded how slave-owners managed agriculture. In the 'Qiang pan' inscription, each king and ancestor all has a two-character prefix, which later became taboo. Tang Lan's translation of bronze inscriptions into modern

Chinese enlightened a general readership of the best methods used in ancient history, and his model is now followed by the majority of museums in China when displaying bronzes of the pre-Qin period.

Here, let's return to the 'Kanggong' question. As early as 1929, while studying the 'Ze Ling fangzun', Tang Lan first raised the question of the date of the 'Kanggong'. In 1934, he published an article, 'The "Zuo Ce Ling zun" and the inscription on the "Zuo Ce Ling yi"' in which he explored this issue further. Some time later, scholars such as Guo Moruo and Chen Mengjia disagreed with his argument and proposed alternative explanations. In response to this situation, in 1962, Tang Lan published a long paper 'The problem of the "Kanggong" in the dating of Western Zhou bronzes', in which he tried to solve the problem that had been lingering in his mind for over thirty years. In this paper, Tang Lan conducted in-depth research of the ritual and lineage system of the Western Zhou Dynasty, and, responding to the different opinions put forward by Guo Moruo and Chen Mengjia, he made a careful and detailed analysis from all aspects. He pointed out that the 'Jinggong' was the shrine for Tai Wang, Wang Ji, King Wen, King Wu and King Cheng; and the 'Kang Gong' was reconstructed for King Kang, and was used for King Zhao, King Mu, King Yi and King Li. When an inscription contained the name of a particular king, the bronze vessel must have been made after the death of that king. This principle could be applied as an important dating criterion, in addition to the 'method of using the typical specimen' as articulated by Wang Guowei and Guo Moruo.

The 'Kanggong' principle proposed by Tang Lan has now been accepted by the majority of scholars, for the reason that it largely and consistently matches new archaeological evidence. This not only solved a number of problems in the dating of bronze inscriptions, but also made an impact on the study of the history of Western Zhou dynasty. Based on this research, in 1973, Tang Lan wrote another long paper 'On the bronze inscriptions of the time of King Zhao'. The first part included 53 inscriptions of the period of King Zhao and gave detailed explanations. The second part focused on the relationship among the bronzes, and provided a chart of events, people, and with information about the forms and decoration of the vessels, and the locations where they were found. By comparing the inscriptions with textual references, the paper discussed the various aspects of the bronze inscriptions, such as the special names, usage, grammar, epigraphical structure, and calligraphic style.

The ' Kanggong ' principle enabled scholars to reclassify a number of inscriptions that were wrongly dated to the King Cheng and King Kang periods. The inscriptions from the King Zhao period provided the historical outline of King Zhao's two southern expeditions. They demonstrated the usefulness of bronze inscriptions in the comprehensive study of the history of the Western Zhou dynasty. In the last three years of his life (1976 – 78), although troubled by bad health, Tang Lan still managed to write a monograph *The Dating and Historical Analysis of Western Zhou Bronze Inscriptions*. His original plan was to write three volumes of two million characters, but he was only able to finish a quarter of it. Based on the unfinished manuscript, his son Tang Funian compiled the current version of the book.

The original plan of the book was to arrange the bronzes according to each royal reign, with a general introduction, transcription, translation, annotation and detailed explanation of each inscription. From an index list of 48 pages of bronze inscriptions, we know that the book aimed to include 269 inscribed bronzes ranging from King Wu to King Yi. But, the surviving manuscript does not have a general introduction, and stopped at King Mu, ending with a discussion of 36 inscriptions of the King Mu's period. Knowing Tang Lan's working method, we can assume that he must have had an outline of the book, with his thoughts on dating and contents of pre-King Yi inscriptions. But, this is an incomplete manuscript that lacks content for King Li, King Xuan and King You.

During the 20th century, there were several major systematic studies of Western Zhou bronze inscriptions, including Guo Moruo's *An Illustrated Catalogue of Bronze Inscriptions of the Western and Eastern Zhou Dynasties* written in the 1930s, and Chen Mengjia's *The Dating of Western Zhou Bronzes* written in the 1950s. Guo's book established the general principle, initiating the method of using the typical specimen to date the bronzes. Following Guo's framework, Chen paid a greater attention to archaeological material. Tang Lan's manuscript of *The Dating and Historical Analysis of Western Zhou Bronze Inscriptions*, written in the late 1970s, used Guo and Chen's framework, but complemented it with the 'Kanggong' principle in dating the bronzes. Tang Lan insisted on combining textual evidence with the increasing amount of archaeological data, and argued that the reconstruction of Western Zhou history must rely mainly on bronze inscriptions made during the Western Zhou dynasty. This book represented his lifetime of effort in the field, and has undoubtedly become one of the most creative and seminal works in the history of studying bronze inscriptions.

Tang Lan also had a plan to write a systematic account of his lifetime study of OBI, similar to his study of Western Zhou bronze inscriptions. He called it *A Summary of Insctiptions from the Yinxu*. As part of the plan, he first prepared a dictionary of OBI characters, with decipherments and examples of usage. His son Tang Funian compiled the manuscript into a book form, *A Natural Classification Compendium of OBI*, published by the Shanxi Education Press in 1999.

Tang Lan's original manuscript was arranged in three parts: the first part was based on the OBI characters from Sun Haibo's *A Compilation of OBI*, but totally re-arranged under four categories: imitation of things, imitation of humans, imitation of tools, and those for further investigation. There were 4, 291 entries in this volume. The second part selected 269 radicals, based on the first part, and there were 87 entries of 'imitations of things', 56 entries of 'imitation of humans', 55 entries of 'imitations of tools, and 71 entries of 'imitation of usage'. The third part re-arranged the graphs, over 4,000 of them, into more than 200 categories. At the end of the third part, Tang Lan wrote: 'My manuscript has four volumes: 1) imitation of things: estimated 887 graphs; 2) imitation of humans: a preliminary estimate of 1 113 graphs; 3) imitation of tools: a rough estimate of 673 graphs; 4) imitation of usage: approximately 809 graphs. Thus, there are altogether 3, 446 graphs, and after dealing with duplications and correcting errors, there are fewer than 3,000 graphs. When I have time to go over the first draft, I should first check my writing against the *A Compilation of OBI*, and then verify them with the original publication. I will start with the 'Imitation of things', checking against the *A Compilation of OBI*, as, for direct reading, each original graph should make sense in the sentences in which it appears. To compile the *A Natural Classification Compendium of OBI* , one cannot rely merely on graph-decipherment or the context of inscription. Written in the evening of 27 September 1976. '

Though this dictionary had not yet been completed, it demonstrated for the first time his 'natural classification' system. In his 'Introduction to Palaeography' and 'Chinese Writing', Tang Lan had already discussed his idea, from the theoretical perspective, of how to study paleography. He had tried to make an index of OBI, in *The Collection of Oracle Bone Inscriptions at Tian Xiang Ge and their Decipherment*. This new book fully elaborated his analysis and induction of OBI. We can see that his 'natural classification' concept was based on the pure pictogram, and then expanded to other kind of graphs, like the imitations of things, humans, implements and usage. He had developed the concept since producing *A Study of Chinese Writing* where there were also four imitations (things, human, implements, and matters), but had changed 'imitation of matters' to 'imitation of usage', a further conceptualization of pictographs. The book contained his final decipherments of over 3,000 Shang graphs, including many views that had not been published during his lifetime.

Qiu Xigui recalled one instance in his 'Memoirs of Mr. Tang Lan':

> 'To make a demonstration of Shang hunting methods, I needed to use a particular Shang bone pictograph, consisting of a bird under a net, and I asked Mr Tang how this graph should be deciphered. He answered: you could transcribe it as the character "zhao" that appeared in the *Shuowen*. He never mentioned this decipherment in any of his published books and articles, yet it appears in *A Natural Classification Compendium of OBI*, published posthumously by Shanxi Education Press in 1999 (page 134). I believe that there must be more previously unpublished material in the *Compendium*. '

The two unfinished manuscripts, *The Dating and Historical Analysis of Western Zhou Bronze Inscriptions* and *A Natural Classification Compendium of OBI* represent

Tang Lan's final research in the field of Chinese palaeography. Tang Lan's greatest contribution to Chinese scholarship lies in his theoretical and practical understanding of Chinese writing. As Zhang Zhenglang commented: 'Tang Lan began his study of bronze inscriptions in the 1930s, taking it very seriously. He followed Sun Yirang as his model; but, comparing their achievements, Tang Lan is actually better.'

In 1945, in summarizing the development of modern Chinese historiography, Gu Jiegang stated: 'Mr. Tang Lan has made a great contribution to the deciphering of OBI, with two publications *An Introduction to Paleography* and *The Collection of Oracle Bone Inscriptions at Tian Rang Ge and Their Decipherment*. He has developed two methods in palaeographic study; one is the natural classification system, the other is the analysis of radicals. These two methods were invented by Mr. Tang, the former breaking the old classification of Xu Shen's *Shuowen jiezi*, the latter applied for graph-recognition. It is a big step forward, and by applying them, many previously unknown graphs can be deciphered, and with accuracy.'

In addition to his remarkable achievements in palaeography, Tang Lan also made significant contributions to archaeology and historical studies. In the late 1960s, he was appointed Vice-Director of the Palace Museum in Beijing, charge with directing its academic activities. He had this job for the last twenty years of his life. During that time, he was often consulted about important archaeological discoveries, in particular newly unearthed inscriptions. His research reflected the important archaeological discoveries of the period, and for inscriptions he offered his decipherments and explanations, based on in-depth observation and careful research.

For example, at the discovery of the bronzes in a hoard at Kazuo (Liaoning province), and of the Western Zhou bronzes and inscribed bones from Zhouyuan (Shaanxi province), archaeologists approached him for help. For the Kazuo bronzes, Tang Lan immediately identified them as belonging to the ancient Guzhu state. This was confirmed when Li Xueqin found inscriptions containing the name 'Guzhu'. After the Chu tombs were unearthed at Jiangling Wangshan (Hubei province), Tang Lan was the first to decipher the inscription on the Yue Wang Gou Jian sword. In 1958, when another bronze sword was found, with its sheath, in Hunan, Tang Lan quickly published an essay, 'On swords', in which he identified the various parts of the sword and their special names, combining both evidence from objects and textual references. He also argued that the emergence and development of the sword was due to the movement of some nomadic peoples, the Rong and the Di, after the Spring and Autumn Period when infantry warfare became the norm.

In the summer of 1977, when archaeologists found an underground construction in the remains of the old Qin Capital Yongcheng at Fengxiang (Shaanxi province), Tang Lan immediately identified it as the 'lingyin' mentioned in the *Shijing Qiyue*. Archaeologists later confirmed that it was indeed the icehouse of the Duke of Qin.

With his deep knowledge of ancient literature and ability to decipher difficult inscriptions, Tang Lan played a significant role in studying newly unearthed archaeological discoveries. In the 1960s, a large number of stone documents were unearthed at Houma (Shanxi province). As soon as Tang Lan returned to Beijing in 1972 after a period of hard labour at a cadre school school 1972, he wrote a paper, 'A new study of the stone documents unearthed at Houma, which were of Zhao Jia of the Jin State'. He sorted the stone documents into three types: the first two categories were written vows, made by the Zhao Prince Jia who overthrew his brother Prince Ni, after the death of their father Yang, and took the throne for himself. To prevent Prince Ni from returning to power, Jia then led the vow of his followers. The third category was the result of a group that was planning to bring Prince Ni back to power, and the inscription was of their vow to support Ni. The date when Jia took the vow was 424 BC, day yichou of the first month, 3_{rd} year of King Weilie of Zhou, the first year of Zhao Hengzi, and the 10_{th} year of Duke You of Jin. The second vow took place later in the same year, and was made to the spirit of the ancestor of the Jin State, the Duke of Wu.

The excavation of the Han tombs at Changsha Mawangdui, Hunan province in the 1970s is one of the most important archaeological discoveries in the history of China. Tang Lan made a significant analysis of the date of the burial, the occupants and funerary objects, especially of the silk manuscripts unearthed from

Tomb No. 3. He joined the Mawangdui Manuscripts Working Group in 1974, and having direct access to the material, gave insightful observation and interpretation of the contents and nature of the manuscripts. His colleague at the Working Group, Zhang Zhenglang, once recalled: 'The transcription of the Laozi A was done by Tang Lan. He also contributed a lot to the work on the previously unknown manuscripts found together with the Laozi B. In spring 1976, we had an extended conference lasting over six weeks, during which we discussed the *Chunqiu shiyu* and *Zhanguo Zonghengjia shu*. Tang Lan attended and made many pronouncements.'

He also published a number of papers: 'A preliminary investigation of the "Four classics of the Yellow Emperor"', 'A study of the previously unknown texts found together with the Laozi manuscript B at Mawangdui', 'The problem of dating the letters attributed to Su Qin in the silk manuscript of the *Zhanguoce*', 'The historical material that Sima Qian had not seen — the silk manuscript of the *Zhanguo Zonghengjia shu* at Mawangdui', 'An investigation of the silk manuscript *Quegu shiqi pian* at Mawangdui', 'A preliminary study of the *Daoyin tu* at the Tomb no. 3 at Mawangdui', 'An investigation and explanation of the lists of funerary furniture found in the tomb of Han dynasty Duke Fu's wife Xin Zui at Changsha Mawangdui'. He argued that the four chapters: 'Jingfa', 'Shidajing', 'Cheng', and 'Daoyuan' were the 'Four classics of the Yellow Emperor' that were copied in the time of Han Wendi. This literature was of the late Warring States Period, and became popular again in the early Han dynasty, but was lost in the time of the Southern and Northern dynasties.

The silk manuscript *Books of the Zonghengjia of the Warring States* was copied during the time of the Han emperor Gaozu or Huidi, and was probably compiled by Lingling Shouxin. It contained the letters of Su Qin and his speech that were lost for over two thousand years. As early as 1941, Tang Lan had written a paper 'A study of Su Qin', and now with the newly unearthed silk manuscript, he was able to analyse the biographical information of Su Qin and the historical background.

Tang Lan learned traditional Chinese medicine in his youth, and felt at home in analyzing the *Daoyin tu*, using the special terminology for traditional health exercises. For the study of the list of funerary furniture, he used the *Jixili* as the reference, and re-constructed the layout of the bamboo slips. Tang Lan made a significant contribution to the comprehensive understanding and interpretation of the Han tombs discovered at Mawangdui.

After the founding of the Peoples' Republic of China, Tang Lan began to read a great deal of theoretical works, and accepted the Marxist view of historical materialism. He had worked assiduously on classical literature in his youth, and later taught these texts for many years at various universities. He also had a great knowledge of ancient inscriptions. Armed with this knowledge, when it came to newly unearthed materials, his argument and application of other sources of evidence was often insightful and persuasive. In 1953, he published a paper, 'The invention and transition of metal tools and the problem of the separation between agriculture and handicraft', in which he criticized the dogmatic usage of Engels' theory that 'iron tools were the mark of the separation between handicrafts and agriculture'. Engels' theory was based on the historical development of the European model, and, in Tang Lan's view, the separation between handicrafts and agriculture took place in China long before iron appeared, probably as early as the Shang dynasty. The standard formula did not match the actual situation of Chinese history.

In 1959, in his article 'A preliminary study of ancient Chinese society in using bronze agricultural implements', he discussed the relationship between the use of metal tools and productivity in Chinese history. He examined ancient literature, archaeological excavations and ancient written materials, and gave a detailed analysis and explanation to over 40 agricultural tools in nine different categories. This study confirmed that bronze tools were used in China as early as the Shang and Zhou dynasties. These two papers dealt effectively with the obstacles in studying the question of pre-Qin production. They were good examples of how to use basic Marxist theory as guidance, combined with the first-hand data, to gain important results in the field of Chinese history.

Chronology is the backbone of history, and Tang Lan published two important papers on this subject: 'An investigation of Western Zhou chronology' and 'The problem of chronology in ancient Chinese history'. By comparing different evidence, he believed that the *Zhushu jinian* and *Yinli* were reliable historical sources, and that both were likely to have derived from the same origin. The latter does not have the calendar information of the Xia dynasty, but that can be supplemented by evidence found in the *Zhushu jinian*. On the other hand, the *Zhushu jinian* contained some errors of the dates of the Western Zhou dynasty, which could be corrected by using the 'calendar of the Shang'. Putting both sources together gave us confidence when reconstructing the chronology of the Xia, Shang and Zhou periods.

As far as the 'true' chronology is concerned, we must first have the original calendar of the Western Zhou dynasty, supplemented with new archaeological and textual evidence. These things take time. In Tang Lan's words: 'If you approach your subject recklessly, you will find results, but the system you construct may not be the truth.' Tang Lan's advice is a valuable reminder in our study of the chronology of the Xia, Shang and Zhou dynasties today.

For the periodization of China's ancient history, Tang Lan disagreed with the popular view that 'the Shang dynasty was a primitive society, with the development of patriarchy, some kind of military and democratic nature'. In his article 'A discussion on the nature of the Shang society', he argued that the Shang dynasty was a powerful society, with the characteristics of a state: slaves were brutally oppressed, there was criminal punishment, a merchant class, as well as writing and archives. The production of bronzes and other handicrafts was well developed. Tang Lan disagreed with Guo Moruo's periodization that put the dividing line between the slave-society and feudal-society at the transitional point between the Spring and Autumn Period to the Warring States Period. In his paper, 'The Spring and Autumn Period and Warring States Period were of the feudal society', he argued that the greatest change from the Western Zhou dynasty to the Spring and Autumn period was the liberation of the agricultural slaves, and the emergence of the commoner and merchant who were listed among the four types of 'peoples' (scholars, farmers, craftsmen and merchants). This marked the collapse of the slave-society and the beginning of the feudal-society. These phenomena occurred in the time of King Ping and King Huan of the

Eastern Zhou dynasty, in c. 720 BC. The Xia, Shang and Western Zhou dynasties were slave-societies. The Qin unification marked the arrival of the feudal society. Thus, he argued, the entire Spring and Autumn and Warring States periods were in transition from the slave-society to feudal-society, and should not be treated separately.

During the last years of his life, Tang Lan was invited by Chen Hansheng, advisor to the Chinese Academy of Social Sciences and the honorary director of the Institute of World History, to write a book *The Slave-States of Ancient China*'. He wrote five drafts, about 100,000 characters, but never completed the project. However, the basic ideas and data he collected were used in several papers that were published: 'On the "Xia tripod"', 'The earliest culture in China — a perspective from the writings found on the Dawenkou pottery'. 'A further discussion on the nature of the society of the Dawenkou culture and writings on the Dawenkou pottery', 'On the pottery cooking vessels of the Dawenkou culture: a postscript to the essay "The pottery *yan*-vessel"' and 'The 6,000-year civilization of China: on the identification of the Dawenkou culture with the Shao Hao culture'.

Tang Lan believed that the signs on the Dawenkou pottery showed true writing, and were not merely symbols, and that they were the immediate ancestor of the writing system of the Shang and Zhou periods, which first appeared in the region between the Yellow River and Huai River. The same writing was used in places that were a few hundred miles apart, indicating that these regions shared a common language. This situation could only have existed when there was a state. It provides important evidence that a slave-system might already have been in existence. As one can see from the arrangement of funerary furniture in tombs of the Dawenkou culture, the society was predominantly patriarchal, with men holding the power. There was a division between craftsmanship and agriculture, and a differentiation between rich and poor. The ritual system was also well developed.

Based on archaeology and traditional literature, slavery in China seemed to have lasted a very long time, about three or four thousand years. It can be further divided into three phases: the initial phase including the legendary rulers

Tai Hao, Yan Di, Huang Di and Shao Hao; the middle phase from the period of Zhuan Xu to Di Shun; and the late phase covering the Xia, Shang and Zhou dynasties. The Dawenkou culture was, in Tang Lan's view, the Shao Hao culture, thus was of the early phase of slave-society. Tang Lan's argument pushed the origins of Chinese civilization back to 6,000 years. In general, Tang Lan's theory deserves much attention from historians: for instance, he raised the question of the longevity slavery in the history of China, which was significant and needed more research. However, we have to admit that it is hard to prove the signs on the Dawenkou pottery as a 'true writing'.

There can be no doubt that Tang Lan was multi-talented. He had a great knowledge and understanding of a number of subjects, and made significant contributions to a great number of different fields, beyond the field of palaeography. For example, in his youth he studied ancient lyrics, and in 1931 published an article 'A study of the secondary music score of the songs by Baishi Daoren', in which investigated the use of characters to record the music for the lyrics written by the Song dynasty poet Jiang Kui. In 1932, he published another article 'A discussion with Mr. Ju Chan on the music score of Baishi's lyrics' in the *Bulletin of Yenching University*. Ju Chan was the famous scholar Xia Chengtao, with whom Tang Lan had in-depth discussions about ancient music. This was a significant study of ancient music in the early 20_{th} century, truly pioneering in the field. In 1933, he wrote a third article, 'A research note on ancient musical instruments', in which he discussed the forms, origins, development, and the names of various parts and usages of ancient music instruments. It is an important article in the history of the study of ancient music in China.

Regarding his literary achievements, when Tang Lan was teaching at the Zhou family's residence, he met with many writers and poets of high society, and while working at the Xuyuan Translation Society, he also learned systematically the traditional techniques of writing classical poetry. Having studied ancient music scores and phonology, he wrote, in his spare time, when not engaged in academic research, many poems in the classical style. We have collected more than 50 poems written by Tang Lan and published in various magazines and newspapers during the Republican period. The contents of the poems by the young Tang Lan were often patriotic, expressing his feelings and sadness about the hardship and decline of the country. Their style is elegant, and some have been selected to be included in anthologies of poetry of the period.

In 1925, the new Republican president Duan Qirui suddenly decided he would personally propose a topic, 'The similarity and differences between the sage and the hero', and invite scholars throughout the country to submit an essay. Duan read them himself and marked the submissions. At the time, Tang Lan was still studying at the Wuxi Academy of Traditional Learnings. He had already written an essay titled 'A discussion on disarmaments', and for Duan's project, wrote another piece criticizing the warlords who had made the life of people unbearable, and in particular the so-called 'heroes in troubled times'. His essay was fluent and well argued, and won him the first prize (400 silver dollars). According to Zhang Shizhao, an influential educator who selected this essay for the publication in the *Jiayin Weekly*, no. 26, vol. 1 (February 1926): 'The essay has been selected from the competition that was commissioned by the president himself, and he also read all the submissions. There is great interest in this subject, and this piece which is excellent, I wish to share with our readers. With respect, Gu Tong [Zhang's pen name].' Wang Suichang, a classmate of Tang Lan also printed this essay in the *Annual of Chinese Learning*, which he edited, and said: '…… A certain gentleman from Hefei read it, was inspired, and awarded the author 400 silver dollars. The author, Mr. Tang, was extravagant and within a few days it was all gone, leaving him with little more than a broken cart and a weak horse. I was distressed to hear this, and urged my fellow students to go and check on Mr Tang's situation.'

Tang Lan also tried his hand at fiction, and in 1930 wrote 'The Beggar', a short story, in which two sisters meet at a soya-milk shop. Written in the first person, in the classical *wenyan* style, it has strong characterization and a good story line. Although it is the only piece of Tang Lan's fiction writing that has survived, it demonstrates his literary talent.

In 1936, Tang Lan wrote 'A reading of the ancient poem "The bright moon lights up the night"'. The article first looked at the nineteen ancient poems altogether, and proposed the view that the '*wuyan* [poems with five-character per line] form' emerged in the Western Han dynasty, during the transition between Emperors Wudi and Chengdi. In 1942, when Pu Jiangqing, professor of literature at Southwestern United University had to return to Shanghai for vacation, Tang Lan was asked to take over his class and teach 'Selected readings of Song lyrics'. Among Tang Lan's unpublished manuscripts is a volume of 'Song lyrics', in which 111 poems are handwritten with a brush, each marked with the rhythms and simple annotations; the poets included Liu Yong (74 poems), Su Shi (11), Yan Jidao (9), Wang Shen (4), Wang Guan (3), and there was one poem for each of the following poets: Ouyang Xiu, Su Shunqin, Wang Anshi, Wang Anli, Han Chen, and Shu Tan. This selection suggests that Tang Lan had a preference for Liu Yong's poetry. Teaching classical poetry mainly involved reading the poems aloud, sharing them with students, and not too much explanation. This manuscript was probably used as reading material for the class.

In 1962, Guo Moruo published an article in the *Guangming Daily*, titled 'A reconstruction of the "Poem in the Tray"'. Tang Lan soon wrote a short critique, 'On the reconstruction of the "Poem in the Tray"', in which he offered a different opinion and reconstruction of the poem. Tang Lan did not think that it was necessary to fill in the 'missing words'. Among his unpublished manuscripts is another article on the same subject, 'A discussion on the author of the "Poem in the Tray"'. Tang Lan thought that the author of the poem was probably, according to the records in the 'New Songs from the Jade Terrace', Fu Xuan of the early Jin period (AD 265 – 420).

Tang Lan wrote about Chinese calligraphy. In his article 'The problem of authentication of the "Shenlong Lanting"', published in 1963, he observed that Feng Chengsu's calligraphy of the 'Lantingxu' in the collection of the Palace Museum was too soft and round, that it lacked the strong structure and powerful brushwork seen in the original work. These characteristics put it apart from the other Tang dynasty copies such as the Fengju, Sangluan that were much closer to the clerical style, somehow mimicking the angular brushstrokes. The original had 28 vertical lines, and was divided equally onto two pages. But, the Feng

Chengsu copy had 13 lines on the first page and 15 on the second page, which looked cramped for space. The reason for this was because the copier did not manage to control the space and layout; he also forgot Xu Sengquan's seal impression that was stamped on the 14_{th} line, next to the character *xin*. According to Zhang Yanyuan's (of the Tang dynasty) 'A brief note of calligraphy', the collectors' seals used for the imperial collection in the early Tang were 'Zhenguan', and 'kaiyuan', belonging to the Emperors Taizong and Xuanzong respectively. There was no 'Shenlong' seal attributed to Emperor Zhongzong; so the 'Shenlong' seal on the Feng Chengsu copy must be a fake. The postscripts by the Song and Yuan writers on this copy were composed later. The 'Langtingxu' first appeared in the late Southern Song dynasty, from the residence of Yang Zhen, son-in-law of the Song Emperor Lizong. There were two pieces, but both were forgeries. The Feng Chengsu copy in the Palace Museum collection was a new fake derived from the earlier forgeries.

Although Tang Lan never considered himself as a calligrapher, but loved to practice calligraphy. In 1945, hearing that the Japanese invaders had surrendered, he was so delighted with the news that he created many calligraphic works and held an exhibition in Kunming. At the exhibition, he showed works of different styles: oracle bone inscriptions, bronze inscriptions, the seal script, clerical script, standard script, and running script. His calligraphy was not constrained by the rules, but free and inspired, combining scholarly quality with artistic expression. His pieces were widely admired. After the war, on 4 May 1946, the universities that consisting of the Southwestern United University prepared to move back to the north, and a commemorative stele was erected: 'The memorial monument of the National Southwestern United University'. Five professors from Peking University, Tsinghua University and Nankai University, led by Feng Youlan, inscribed the stele. Tang Lan was invited to write in the style of seal script on the back of the stele, 'The list of names of the students, from the Southwestern United University, who joined the army since the beginning of the war'. The stele was a demonstration of patriotism during the anti-Japanese war and Tang Lan's contribution was admirable.

Tang Lan also published on ancient astronomy. In 1939, he wrote a paper,

'On Jupiter', in which he used OBI as evidence to show that China had begun, as early as the Shang dynasty, to observe the movement of Jupiter. In classical literature, Jupiter is mentioned 12 times in the *Zuozhuan* and *Guoyu*, and it is interesting that there were hardly any changes within the period of 188 years, when Jupiter always stayed at the 'chen' lodge. According to Tang Lan, the reason for this oddity may be that the records were not true historical records, but derived from theories of astrological divination from the early Warring States period.

Tang Lan had a lifelong admiration for four scholars: his teachers Sun Yirang and Wang Guowei, and his friends Guo Moruo and Chen Yinque. He would sometimes disagree with them, regardless of the personal relationship and sensibilities. Many other well-known scholars in the field also received Tang Lan's criticism, but few took it personally, even if they did sometimes consider him 'arrogant'. But Tang Lan was always open-minded and optimistic.

Tang Lan taught during most of his working life. Even after his transfer to the Palace Museum, he was twice invited to teach a palaeography class at the Departments of Chinese and History at Peking University. He had many students, some who came to his class, and some who came to his seminars. Many of these students now have successful careers in various fields such as language, literature, history and archaeology. He also had close exchanges and communications with many other scholars who recognized his influence. To name but a few: Hu Houxuan, Chen Mengjia, Li Yan, Wang Zengqi, Zhu Dexi, Zhang Zhenglang, Deng Guangming, Yang Xiangkui, Yin Huanxian, Wang Yuzhe, Li Xiaoding, Li Rong, Gao Ming, Qiu Xigui, Hao Benxing. Throughout his life, Tang Lan distinguished himself as a patriot and a scholar. His academic achievements played a very significant role in the history of twentieth-century China. His scholarship will last for generations.

Written by Liu Yu and translated by Wang Tao

説　明

一　《唐蘭全集》由論文集（一至四册）、專著（五至八册）、遺稿集（九至一一册）、書信、詩詞、附録（一二册）四部分共十二册構成。

二　論文集各篇以寫作時間先後排序，寫作時間不詳者以出版時間先後排序；專著按出版時間先後排序；遺稿集各篇按其内容分爲十一類，各篇以類相從排序。

三　論文集各篇的著録項皆置於篇末，凡有兩個以上版本者，按發表先後列出，並標明所用底本；專著各部和遺稿集各篇均有「整理説明」，置於各書、篇之末。

四　論文集和專著中因排版印製等出現的錯漏訛誤，整理者已儘量作出訂正，作者所用的異體字、各時代習慣用字等，只要不影響理解的，一般不加改動。

五　遺稿集各篇的整理工作，限於進行草字識别、增加標點、散見篇框外字句合理歸位和對個别篇章表格化等，對文章具體内容不作校訂修改。

六　《殷虚文字記》、《古文字學導論》、《天壤閣甲骨文存並考釋》三部專著及抄本《裴務齊正字本刊謬補缺切韻》，採用原書影印，爲了盡量放大正文，對原書版式進行了技術處理。

七　《甲骨文自然分類簡編稿本》除影印作者全部原手稿外，還附録了唐復年整理本，並附以長篇整理説明。

八　遺稿集收入未刊遺稿五十六篇，約佔所收未刊遺稿的九成以上。

九　本次整理對原著中的大部分圖版作了更新與增補。

一〇　全書排印部分，皆用竪排繁體字、新式標點。

一一　已知作者一九二九年九月至一九三零年五月發表在天津《商報・文學周刊》和《將來月刊》上的論文中，有九篇迄今尚未找到，另作「已刊未見論文著録目」附於論文集目録之後。

論文集上編一

（一九二三—一九三四）

目録

上編一

擬刻十三經讀本序

古聖人所以治天下者，有道存，道不可空言也。空言歷世乃亡，故三墳、五典、八索、九丘，鮮知其名矣。而三代有六藝之教，使民遊心其閒，可以明道矣。周末道衰，孔子歷聘諸侯，傷不得用，乃删述六經。六經，孔子之文，所以載道也。六經僅免於秦火，不亡於六朝五代，幸矣。宋元以下，代有雕板，可不亡矣。而時至今日，經義日湮，不亦悲夫。夫漢儒支離於訓詁，唐人出入於主奴，學者皓首不能窮一經，於是宋人懲其弊，獨治義理，直紹洙泗，夐乎尚矣。然而宋以前，雕板未行，成一書，必賴傳是學者口手之勞。故通經者多，而著述者少，學者易爲功。宋後則人有一得，輒著新編類欲藏名山垂萬世。雖隨衍隨亡，而一經之著述，尚數千百種，一種輒數十百卷，乃至千卷。學者苟欲究之，非積二三百載不可。人生幾何，而孰爲之乎。於是目爲畏途，相戒不涉其藩，而經義湮。夫經者，世之大經大法，經以載道，經亡則道亡。秦與六朝五代民之困也甚矣，今之君子讀史至此，猶有疾首痛心者。而道未亡於彼時，顧將亡於今日，則斯民豈有幸與。夫道之衰也，由於經義之日湮，而實由解經孔多，使學者無正則，無途徑，視經學爲畏途。故欲救危亡，必自明經學始矣。子貢曰：「夫子之文章，可得而聞也。」六經夫子之文章也，學文章者，知始文法。經者，法也。安可學經而不究文法乎。故學經亦必始文法，文法既明，然後尋義理，攬訓詁，迎刃而解，不患古書之多。博觀慎取，而經復明，經明而道存，而天下安矣，此學者之途徑也。因是吾師唐蔚芝先生，有十三經讀本之裒集，師志此久矣。蘭所謂欲明經存道而安天下者，書成而施省之先生捐資刊之。夫人縱苦心孤詣，在救天下，存道統，而傳之者無人，託之空言，循至歷世以亡，蓋亦大可悲矣。唐師志在救天下，存道統，有施先生而其志成，則施先生之功，亦不小矣。若評點始於明，而解文實賴是非作古也。夫明萬世之經法，并以明經之文法，自有六經以來，未之有也。而以側陋若蘭，克親逢之，謂非盛事乎。道一而已矣，蘭願天下人士求解經之途徑與正則者，必先從事於斯也。

文徑清澈，淵思入微，一變平日之面貌，可謂聰穎絶倫。

載《無錫國學專修館文集初編》第一册第二至三頁一九二三年。

經正則庶民興説

或曰經正則庶民興，三代以下，圖盛治者多矣，而未有成者，非經之不能正也，庶民其未必興也。曰民之生也可使之死，佚也可使之勞，質也可使之仁義，而不可使非由其道者，性也。故魚不可陸居，鳥不可審步。若乃好事者，舉而漸易其常，則魚忘其翅，鳥忘其翼，夫豈鳥魚之性哉。一旦放之深林大澤，則向之健翮廣鰓失其用，墜矣！溺矣！何者，失其常故也。若其戾之未久，則悠悠焉，洋洋焉，翩翻而逝。其樂於自復可知也。故《詩》曰：「天生烝民，有物有則。」故日月麗天，江河行地。四時流行，寒暑風雨變嬗，聖人之所則。聖人知足以則天，知天之好常道，民之樂常經也。故制作文物度數，教民以忠信仁義。尊卑有位，彝倫有叙。故民皆興起於忠信仁義，所謂堯舜三王之民也。當此之時，不勞而治。若夫叔世，離經棄常，民失其性。《易》曰：「天地閉，賢人隱。」然而《孟子》言：「豪傑之士，雖無文王猶興。」故孔孟則天地，述前聖，以待後者，爲萬世經，故漢宋諸儒猶有興起於經者。夫聖賢何異於庶民，庶民之不興，又誰之咎也歟？且子欲執後世之治道，而求民之興乎哉。後世治之良者，莫如後唐。漢文帝、唐太宗人所謂賢主也，然好黄老則離經，薄人倫則悖經。出入於經，以求庶民之興，此漢唐之治而已矣。雖然，後世之治，偶有近聖賢之經者，民且樂其正矣。然則堯舜三王之道，萬世而可興其民也。若夫經不正者，世世而有之矣。邪慝雜作，民不樂其生。風俗日頽，然而乾坤未嘗息者，其猶賴堯舜三王之道爲萬世經。間有豪傑，猶得興起其間，以挽回其世。若子之言，則豈不正其經，而庶民可興也夫。今之棄其常經者，皆子之徒也。棄倫常則爲禽獸，棄忠信禮義則爲禽獸，舉禽獸，其世可哀也。夫使湯武在位，而一民有禽獸之行，湯武之恥也。若夫欲其民不爲禽獸者有矣。夫《孟子》曰：「君子反經而已矣。」忠信仁義孝弟之道躬行於上，而庶民不興者，未之有也。民豈宜好棄其經哉，上戾之使然也。今反其性則樂矣，樂則可使爲堯舜三王之民，猶是民也可以開萬世之治。《詩》曰：「民之秉彝，好是懿德」，此之謂也。聖賢之經具在，豪傑之士必有以興我民矣。而我未見其人也，吾黨之士，其可妄自菲薄云乎哉。

造語如子，成一家言。

載《無錫國學專修館文集初編》第一册第七至八頁一九二三年。

讀《月令》一

《明堂月令》一篇，吕不韋作。蘭謹案：《秦史》不韋蓋奸猾小人，而以術致富貴。既欲自文其陋，乃著書，則其書當不足觀，而今讀其書，若頗合王政然，何歟？夫月令之來尚矣，始自堯舜，分命羲和。及夏有《夏小正》，殷有王居明堂禮，周有時訓，要皆聖賢所制。而不韋欲以區區擬望賢，何其不自量也。史言其集門下士雜掇古事而爲之，其由來蓋可知矣。夫君子以人觀言，以言察人。士而比於文信，必其非端士。當戰國時，功利之毒深，而秦人又習於衛鞅之法，故其文陗刻險薄，特以其多集古禮，諸書多亡，聖賢之制舍此幾無可見，不得不因而重之耳，故漢人剌以入禮。自漢以來，説月令者紛紛衆矣。然要其指歸，頗詳於農功祭事，皆善政也。惟事必窮情，任必有功，閑雜時政然寡矣。夫其時何時也？其人何人也？而思述先王之制。《易》曰：「小人而乘君子之器，盜思伐之矣。」故不韋戮於秦，劉歆僇於漢。而於《周禮·月令》固無損其爲聖人之制也。假使秦戢其虎狼之心，依聖人之制，休其兵甲而致力於農事，薄功利而致重於祭祀，使人得養其所養，親其所親，行仁義以得天下，則必不二世而亡，監於三代可知矣。然而非不韋所能行也，故先聖有言：「莫非其人，道不虚行。」《孟子》曰：「當今之世，舍我其誰？」孔子告顔淵乃言：「行夏之時，乘殷之輅，服周之冕。」夫道必待人而行，先王之禮惟有道者能行之，故知秦必不能行矣。聖賢之道，雖絶千載，而能復興者，必仍聖賢乎。雖然，以今言之，有一人嚮爲無道，一旦復於道，亦可以行矣。行聖賢之制，吾安得不謂之聖賢也。未見有能復者耳，有復者，則《月令》之書，雖駁雜於道，要在人擇之耳。周禮於今，已有不能行者，況月令耶？古今殊俗，在通其變耳。古先王有至德要道，準之以禮，而後爲政。禮與政猶人有頭與四肢，草木之榦與枝葉，不可偏廢。而道則其根與心之所在也。不明乎此，而但拘墟於宫室服御器飾之間，以求《月令》抑末矣。不韋當至無道之世身爲不肖，而述先王之制。秦棄其道，亦不必能用其制度，雖并天下，然不崇朝而身亡，而國家滅也，後世可以鑒矣。余讀其書，慨其世與人，而未能知道本也，而矧求其能行也。若其文則高簡深峻，已令人所不能及矣。

讀《月令》二

《月令》其先王之法與？重農事。古聖之王天下也，知民無食，不可以已也，故神農始作耒耨。黄帝得大常、奢龍、祝融、大封、后土，而辨五方之地利。堯分命羲和，宅四方。禹貢辨九州之宜。周大司徒以土會之法辨物生，以土宜之法辨十有二土，十有二壤。周衰而法亡，故春秋美蔿掩，管子得之以覇齊。今《管子》有《度地》、《地圓》諸篇。而《吕氏》又有《辨土》、《審時》諸篇，皆古聖重農之遺法也，而後世則無聞矣。視此神州，鞠爲茂草，君子慨焉。古聖王豈不知農之勞苦，而盡率民以入農。蓋以食不足則民生艱，艱則爭端起矣。一人之耕，有二三人之食，今四五人而食一人之耕，其不有餓死者乎。故工有奇巧勿尚也，商有善計勿尚也，觀《月令》禁奇衺，使不惑人心，而王者親率農事，后妃親爲蠶桑，真古聖遺意也。工商之業多，闢田疇以爲市廛。少一畝之田，則少數夫之食矣，故今世常患寡食也。聖人之見，常至於千萬也。至戰國而有公輸墨翟之徒，率天下而皆入于奇巧。天下而無耕者，將何以爲食乎？工而能爲食也，以竹末木屑爲食，而能不傷人乎？故先王重農。重農之制，至戰國而弊極矣。漢文帝黜華崇樸，下勸農之詔而天下復寧，則天下之勢可知矣。吾讀《月令》而有感焉，以爲此先王之法與，書之以諗來者。

孔子曰「道之以德，齊之以禮」。孟子曰「謹庠序之教，申之以孝弟之義道也」。教也所謂訓也，齊也所謂練也。《月令》一書有法令而無教化，所以爲專制之根荄也。唯其書多采古禮故後儒稱引之耳。文能洞見本原，用筆亦曲折古奥，洵能善讀書者。

載《無錫國學專修館文集初編》第一册第二十二至二十三頁一九二三年。

讀乾坤二卦書後

易，天道也。聖人所以作易者，人道也。立天之道曰陰與陽，陰陽者乾坤之謂也。故易之道，在乾坤。《傳》曰：「乾坤其易之緼耶？乾坤成列，而易立乎其中矣。乾坤毁，則無以見易，易不可見，而乾坤或幾乎息。」故又曰：「乾坤其易之門耶？」故孔子作傳，傳乾坤也。子思作傳，傳乾坤也。知天者，知乾坤而已矣。夫天尊地卑，乾坤定矣。坤者，似地之道也。然言九而六在其中矣，坤不外乎乾。言九重而八埏在其中矣，地不外乎天。故坤之象乃順承天，舉天以概地之道也。太極造初，蒙蒙伾伾，生者陽氣，氣自子起，積而成天，降而至已，陰氣資生，厚而爲地。天地既成，變化無已。故太極之先不知誰始，無以名之，名之爲一，一者天之道也。天地既定，乾坤以名。陰息而絶，陽動而生，獨陽無生，獨陰不存，陰陽交錯，迺生聖人。故地生山川草木鳥獸萬物，而生之者天也。故曰易者天道也，乾道也。天道生生不已，不已者誠，聖人知天。聖人之道，自强不息。傳曰：「至誠無息生者善也，誠者天之道也，誠之者人之道也。誠者不勉而中，不思而得，從容中道，聖人也。誠之者，擇善而固執之者也。」故易者，天道也。聖人作易，人道也。聖人本生生之心，教人以擇善，固執之也。劉子曰：「人受天地之中以生，所謂爲命也。是以有動作禮誼威義之則，以定命也。」天地之中者善，故能生命者天命之性也。孟子道性善，天地未分，是謂太極。人之未生，亦太極也。既生既降，太極既分。清陽爲知，濁陰爲身，知復爲極。是曰至誠，習與欲合，漸漓其真。故傳曰，各正性命。正者定也，率性之謂道。率者律也，動作威儀之則也。乾元亨利貞，利貞者情性也，（今本作性情也，誤。今依鄭本。）推情合性者也。孔子告顔淵「克己復禮」，復禮者，本諸禮以律情返，合乎性也，是曰人道。賢希聖，聖希天。希聖者誠之，希天者自誠。孔子曰：「南方之彊與？北方之彊與？抑而强與？」而强自强也，自强自誠也，故易者，其言天道也。聖人以爲教者，人道也。教人希天之書也，合天德之書也。易之道如此，而皆在於乾坤。乾陽物也，坤陰物也。陰陽合德，而剛柔有體。以體天地之撰，以通神明之德，乾坤之效如此，不其知天乎，故天地即乾坤也，易即乾坤也。聖人之道，乾坤也。人人之性乾坤也，推而萬物皆有乾坤。乾坤之前皆有太極。物物有太極，推而人心時時有善惡，善惡亦乾坤也。無時無善惡，善惡未生，無時無中。故聖人本中以致和，利者和也，致和之也，貞而後既和矣。一陰一陽之謂道，繼之者善也。（蘭按：繼通係用徽纏，范甯引係作繼，係之者善，謂係道者善。明儒以爲善在道後者，誤解此章也。）成之者性也，繼統也。（見虞翻注。按：即乃統天之説）。合陰陽之道而成性善，故乾坤之教明人本性之善也。元者善之初生者也，本性之善也。大哉元也，周流六虛，明人心善惡之辨也。初九，潛龍勿用。已離於中，善惡未分之時也。故曰樂行憂違擇善也，確乎不可拔固執也。是天道之始也，而未能閑邪也。故曰：「勿用。」味於擇善則變爲初六之履霜，因而著積善積惡之理。傳曰：「善不積不足以成名，惡不積不足以滅身。」易有積道也。故君子畏，而小人懼也。傳曰：「初六，陰不正。九二，陽不正。」（乾鑿度）易者，中正之書也。九二中而不正，故曰利見，既濟利貞剛柔正而位當也。故乾二通坤，而成既濟。此中和之道也。蓋九二以學問之功閑邪存誠，已秉其中而未能中節也。傳曰：「知崇禮卑。」禮地也，節禮也，所以旁通坤者，即復禮也。既得其善能執之矣，而又律之以禮，是以有學問思辨之功也。若六二則不然，九二之中陽也，故能誠。六二陰也，已離誠矣，而勉之也，故曰直方。乾直坤方，乾流坤形，承乾之事也。以其外之禮而正其心，故亦無不利也。二既和矣，而九三復危厲者，一念既歸於善，而恐其他念之旋失也。故終日乾乾，乾而又乾，反於復之道也。而六三不然，乾二本善閑邪而致和，和而後但敬惕而已。坤則微惡已萌，敬義交治而去之，故勿敢成，即潛龍之時矣。九四則自誠而明之際，六四所以養善之機也。（即復先王至日閉關）九五則誠而明矣，六五則既和之效也。傳曰：「美在其中，暢於四支，發於事業。」美者誠也，誠於中形於外也。夫聖人之率性希天，至六五而誠矣，九五而明矣。變則通，通則久。誠而明，明而誠。故曰大明終始乾坤至坎離，坎離成既濟，而未濟，而復爲乾坤。聖人之道終始微言，故亢與戰者非聖人之道，用九用六而已矣。陰陽相雜，道不可紀。奇偶相生，數不可極。故畫卦之初，一畫而已，即乾之本也。一而生二，傳曰：「天一地二」，坤之本卦也。乾坤變化，而萬策生焉。傳推中和之則，而曰：天地位，萬物育。夫其初皆太極也，太極者善而已矣。善故生也，傳曰：「易有太極，是生兩儀。」夫易者窮極天道人道之書也，文王著《文言》。（梁武帝説。蘭按：乾卦四德一節，坤卦坤卦坤至柔一節，皆《文言》也，其餘皆文言傳）。《禮記》述孔子徵殷禮，獨舉《坤乾》之名，豈無故哉，豈無故哉！

發揮精詳，學者之文。

載《無錫國學專修館文集初編》第一册第二十七至二十九頁一九二三年。

淫詩辯

於乎！六經之昧久矣。《詩經》獨全於秦火，六篇雖佚，三家雖亡，然而其序，與毛萇之傳，可得略而説也。鄭君、王肅、陸璣並言序出子夏，雖不可明，然四家詩多有序。魯多與毛同，殆皆出於周秦無疑也。後世攻之，而開淫詩之説，此鄭樵之過也。蓋《詩》者有六義，而風者諷也，陳事以諷，故有美有刺。又《詩》者言其所志，讀《詩》者就其詞以求其志。故孟子曰：「以意逆志，志在内而言在外爲辭。」《詩》之辭可以興觀羣怨，夫豈有志之不正，而其發爲文辭，可以興觀羣怨者乎？故孔子曰：「《詩》三百，一言以蔽之，曰思無邪。」無邪則正之謂也，夫上古至周，詩人之作，豈僅三百哉。蓋孔子删《詩》，有所取去，而獨存其三百篇也。苟三百篇中而有不正之辭，則孔子焉取而存之。蓋雅、頌皆朝士之作，而風者雜採閭里，其辭既約，其志未顯於世，而後世多疑之。夫忠臣義士憫國家之顛覆，政教之失常，父子兄弟夫婦之倫廢，風雨水旱兵戈之難數，力不足以有爲，而其心傷矣，其志苦矣，乃傷其遇怨，其時不得已而寄之詩。或直陳其事，或追述古之美事美法，而冀當事者之一悟，而庶幾改之，此國風所以多刺詩也。《詩》序言「野有死麕」，惡無禮也；《静女》刺時也；《桑中》刺奔也；《氓》《有狐》刺時也；《大車》刺周大夫也；《將仲子》刺莊公也；《有女同車》四篇刺忽也；《東門》《溱洧》刺亂也；《子衿》刺學廢也；《東方之日》刺衰也；《綢繆》刺晉亂也；《葛生》刺晉獻公也；《東門之枌》疾亂也；《東門之池》《東門之楊》《澤陂》刺時也；《防有鵲巢》憂讒賊也；《月出》刺好色也；《株林》刺靈公也。此其作者皆憂愁哀思不得志之士也。夫君子幸而遇《周南》《召南》之化，衛武、秦穆之賢，而賦詩美之。不幸而又有遇此天地閉塞，倫常廢壞之時，處下僚，厠里閭，而其心未嘗一日忘其君忘其民，夫然後賦詩刺之。讀其詩，而其時可知矣。味其言，而後世可以戒矣。此其志之不悖於正，而孔子取之也。不然如朱文公之言，鄭詩多淫奔者之自作，則我不知孔子之所以取矣。或曰以陳風俗也，然則無知之氓，淫奔之風，自漢至今，迄未能禁，而詩人多矣。淫奔者之詩，僅有見焉。即有之，而選詩者未有取以存風俗者也。而謂孔子删詩必取之，以使人興之觀之，此固何説哉！而況列國卿士賦詩，不肯自訴其淫，而鄭風十五在賦列，則其非淫奔之詩，更可明矣。而朱子説之，蓋其從鄭樵之説，攻斥古序，以刺爲傷忠厚，而歸之於淫奔，而不知淫佚之爲邪也，蓋其注《孟子》以《柏舟》爲仁人不遇。作《白鹿洞賦》以《子衿》爲刺學校之廢，其説皆不悖於正。而以與吕氏齟齬，自變其説，一背思無邪之旨，蓋與《孝經》刊誤，同爲後世詆經之漸，此朱子之過也。或曰孔子未嘗删詩，故有淫詩。或曰孔子所定，經秦火而亂，嘆淫詩後人所增也。夫三代佚詩猶多存者，且又無淫詩，則前説非也。三家各有師承，其來遠矣。《毛詩》蓋出壁中，未嘗相謀，其異文具見，釋文諸書而篇章並同，此可知未嘗亂矣。此皆以淫奔之説求《詩》而自知背無邪之旨，非删詩之意，而遁爲此辭也。國風好色而不淫，小雅怨悱而不亂。王柏乃謂《碩人》形容莊姜之色太褻，小雅雜以怒悱之語，可謂不雅。今歸之王風，又删《野有死麕》等三十二篇，以其爲淫奔也。或託詞漢人之竄入，或直斥孔子删定之失，承朱子之説而十倍之。後人以其朱子之徒而尊信之，而淫詩之説幾定。非聖人者無親，此王柏之過也。或又曰孔子曰鄭聲淫矣，又曰惡鄭衛之亂雅樂也，然則鄭之有淫詩可知也。於乎！此説淫詩者所籍口，而不知聲音與《詩》之異也。虞書曰「詩言志，歌永言。聲依永律和聲，八音克諧，此《詩》與聲音别也。三百篇蓋如後世之樂府，可以被之于樂耳。故其聲之淫者，安可以誣其詩耶。且聲淫者不獨鄭矣，且非《詩經》國風之鄭矣。子夏言鄭音好濫淫志，宋音燕女溺志，衛音趨數煩志，齊音敖辟喬志，此四者，皆淫於色而害於德，是以祭祀勿用也。夫鄭宋衛齊之音，文侯所謂新樂也。新樂進俯退俯姦聲，以濫溺而不止，及優侏儒獶雜，子女不知父子，此後世之雜戲耳。子貢學聲歌於師乙，而師乙誦商齊頌大雅小雅風，此皆文侯所謂古樂也。新聲之起，蓋在孔子之時，初盛於鄭衛，延及宋齊，溺人心志，幾代古樂而興，故孔子惡而放之，國風之鄭衛，具在宗廟，季札聽之，不過曰「其細已甚於衛，且稱道康叔之遺風。孔子安得放之，又何爲放之哉。新聲之鄭衛，與國風之鄭衛，斠然不同，斷可識矣。且左氏説：「煩手淫聲謂之鄭聲。」言煩手躑躅之聲使淫過矣。（見《五經異義》）服虔曰「鄭重其手而聲淫過然則淫者，且非淫奔之謂也。而恃以爲淫詩之證，莫敢議其非，何哉？吾謂新聲起於孔子之時者，鄭衛行桑閑作，師涓固孔子之同時人也。《樂記》言：「桑間亡國之音。」而學者又以爲淫詩，且以爲即桑中矣。此又不思之甚也，存漢宋之歧見，邀宗朱之稱，或者先入爲主，乃大其辭。曰「思無邪」者，《詩》本有邪禁之使不邪也。其辭若有理，然併魯頌亦未讀矣。讀書者不之補昔賢之過，而陷成之開後世廢經之漸，此説淫詩者之過也。夫同一詩也，淫奔者自作則邪矣，刺淫則正矣。故《詩》有刺淫之詩而無淫詩。序之説多當也，許慎説鄭聲淫，曰「鄭詩二十一篇，説婦人者十九」。（當爲九，見《樂記》疏）。蓋誤從今文家之説，雖然詩言婦人者多矣，始於《關雎》豈淫奔之謂哉。許之意亦不過以爲淫靡而已矣。(《地理志》班固説亦今文家言同)淫奔之説,蓋自宋始也,童而肄詩,習其淫奔之説,忠臣義士苦心孤悄而逞臆誣之。此豈《詩》之教哉,亟闢其説,所以尊《詩》教且亦以救朱子之過。於乎!前世之賢者,道有所不施,身有所不用,幸而見采於孔子,而其言可不朽矣。然而有學者之蔽後世之忠臣義士爲不少矣,聖人不世出,惜哉!

義正詞辨,力大筆雄,吾于此文,益信師直爲壯。

載《無錫國學專修館文集初編》第一册第三十六至三十九頁一九二三年。

裁兵議

蘭聞謀國家者計其利必先計其害，計其害而謀去其害，而後利可必也。今國家幸無外患數年矣，而四海紛擾，飢饉困窮，濟濟多士，將賴以俾乂。國家者，饔飧不給，而建大纛擁重鎮者，飫膏粱，厭錦繡，彼何異哉？兵故也。夫兵所以捍外患而安邦家也，今也以數千之衆，嚇腐鼠則有餘，平臨戰陳，蓋一交綏而不足，其未遇外患者幸耳。而以一卒之微，竭數農夫之力以養之。則既傷民矣，而猶冀其衛我民也。而刼我財帛，毁我田廬，在上者不能禁也，蓋將利用之以固其勢。朝尋釁，夕要挾，無不兵是恃。兵亦横矣，朝索餉，夕納款，以變爲恃，以效其上，而上不悟也。於是兵愈多而皆無教，無教故愈狡黠而暴虐，而吾民益困矣！夫民困而上不及害者，未之有也。謀國家者，其必已深知矣。知之而謀去其害，則裁兵是已。然裁貴得其法，不然利未得而害先生。今則裁之之利，蓋有三端。輕農夫之力一也，去暴虐於民者二也，折武夫之翼三也。裁之之利如此，庶幾十年而民復蘇矣。而實有大謬不然者，武夫藉兵是固，畏武夫則不能裁。能裁矣，兵衆不能盡裁之，不盡裁則亂不已。而朝裁於此，夕就募於彼。能盡裁矣，内亂固弭。卒遇外患，如馭奔馬，并朽索而無之。且今之兵，皆無教也，則裁之使無一技之能，以活其身。則裁時雖幸不變，而國家驟增十百萬無業之民，不轉爲盜賊而殃我民者幾希。而況裁兵之費，數倍常餉，不足而致貸款，是國計愈困，然則裁兵之利不足敵害也矣。故國家議裁兵者，未聞其有利也。名而已然，則兵不可裁與？蓋今有大利於此，無涓埃之害，而人謀不及此，不亦悲夫，所謂利者不必裁兵而可也。蘭以爲漢激諸王之亂，不如潛移其權也。宋弱天下之兵，不如養之於農工。憂其暴虐我民，不如教之以學也。爲其竭民力，不如使之生利也。一舉而衆利得矣，衆害息矣。上之人幸聽我言，則我試略言其法：先徵天下之兵籍，計一年之餉額。必使賢者主之，皆得其實數，乃可以支配。使至每簡閲其兵，其老弱不中用及不願爲兵厚遣去。而善防範之其不去者，省若干人上之府，府核之，國共若干人爲定額。不增減，缺乃招補。口外荒田承耕者少，今則分國兵之半，若干萬人，人給田十畝，爲起廬屋，遣若干人教之耕種，畧仿井田區田遺制，資以種及田器所費，不過半國中一年之餉。乃令其夏秋爲農，冬春習戰。歲納一畝獲於公，其餘皆所有。其有父子兄弟許其聚居。每一男丁得增田二畝，惟不給種及田器。其各省兵不願往口外者，本省有大役，如修京津路，黄河工，浚太湖等，皆令充之。仍給工資，而月以數日習戰。其省有閑田及鑛山者，官出資開發令兵充役，又略如前法。又不足則設工廠，令爲工人，而諸費又皆取足於半國中一年之餉，而此半國之兵若干萬又有歸矣。如是祇費一歲之餉而諸事舉，較獨裁兵之需數倍已大殊矣。而明歲更無大需，則年餘千萬之餉而國裕，民無擾而民力足。田墾則獲豐，水利修，鑛山闢，則利源廣。又分遣時於口外各省均設學堂，教以倫常之綱，義利之辨，善惡之分。日從事農或工，以晨七時至晚五時止，夜以二時讀書。彼既有職業，又不恬嬉，又無所用其暴虐狡詐，則雖桀驁而不化爲純民者，未之有也。如是而時勒以兵法，教以戰陳，則未有勇私門而忘外患者也。且初爲兵，武夫主之，今則民矣。武夫烏能施其計，是武夫不去而去，兵不裁而裁，利源不闢而闢，民不教而教，外患不禦而禦，諸害不除而盡除。於乎！是古聖人治天下之道也。聖賢不言利，而未有不利者。民利而莫不利也。利天下之公也，此則復古之道也，而天下莫與爭矣。謀國家者幸聽我言，措之得其宜，三年小成，十年大成，即此大同可躋也。若計一己一家之利害，不能行吾言，雖行而不能盡從，則天下多有求利而害亦從之矣。《易》曰：「開國承家，小人勿用。」執政其審諸。謹議。

變裁兵爲教養，識解既高，行文古雅絶倫，亦復秩然有序，此才固未易得也。

載《無錫國學專修館文集甲編》第三册第二十五至二十六頁一九二三年。

說龍

客語曰：「南海之濱有怪物焉，牛其首，鹿其角，其身似虵而有足，其鱗若鯉而數倍之，長不知其千萬里，大數十百抱，盤屈夫水中，紆旋屈折，若島隩也。一旦驟昂其首，破雲霓。水行久者每思陸，望見之以爲山也。就之，撐其一鱗，水衝激突起，射數千百丈。皆心眩目悸，棄舟檝而入於水，非習水鮮免者。中國若旱久矣，自有司以至庶人，莫不延頸而呼天之虐我也，使我地赤千里。千人倡，萬人和，其聲若震雷，排盪於天地之外。於是聞之，則矍然驚，凝然有思，側其頸，拄其耳，聲來益審，則訇然入於水矣。頃之有氣蒸蒸自水面出，蜿蜒成雲，天地晦冥，隱聞噓聲焉，則波濤洶湧，舟覆無計而雨降矣。」余蹶然曰：「此耶，負郭之田二畝，苗則槁矣，而雨不降，余日夜憂來歲之飢也。方午，及海濱，負盂水，馳數百里。將夕，就吾田而灌也。而曰灼吾背，乃似火，汗自頂及踵，未及一里僵矣。計苗將死，則血若沸身乃不能動。忽有風自西北來颯然，人稍蘇。旋有點滴淅吾衣，疑此何物也？仰視則油然雲興，沛然雨作，則惘然若有忘。雨愈大，身盡沾，則棄其盂以趨。石傷其拇，不暇顧。既至，歡聲騰阡陌，苗人而立，余則閉户索酌，三爵醺然，隱几假寐，不知既旦。孰謂此物之德吾耶。今則余能飽矣。」曰：「然彼德子也，余固見之。然則何名歟？不知也。曷意爲龍乎？嘗聞之矣。」曰：「龍可得而見耶，子見之矣，固德我也。抑欲見之可乎？」曰：「可。而今則異矣，何也？」曰：「方雨之降海濱，皆見之，羣以爲彼之德也，爭拜之。遠人樂雨之降，亦如子之感其德己，攜老負幼趨拜之。彼大喜自德，聞北海之間，處之可躋于天，將因以遷，則掉其如山之尾，一奮登陸，尾之所觸死數萬人，傷不可計。角之所指，數百里田園廬舍皆墟。于是庶民驚號慘痛，長吏憂迫無計，相率逃。彼以爲得計，進不已。入于林中，絆其首，止焉。而尾所擊殺猶數千百人，竭力求脱不能，身蹶于地，若山之崩，地圻數百丈，人懼之。見其困，勇者稍近之，鱗[罒/各]張，輒辟易數十里。明日，餓且殆。人猶患之，則採歷山之銅，冶山之銕，博山之煤，聚天下之工，鑄以爲絲，結以爲網，一夕而成。且募勇士數千，於數十里外，高岡之上，舉而投之，適籠其身。則勃然捕動，意欲去其韁，而骨節盡弛無能爲也。鳴聲震山谷，人猶惡聞之也。今兹不能鳴矣，鳥雀螻蟻食其肉，泥沙塞其鱗，殆將斃矣。人皆快之，子固欲見之乎，余不忍也。」曰：「龍德若是乎？」余不知，曰：「無怪，不知者多矣，頃事耳。」曰：「否，余不知其何以若是也，必見之。」曰：「汝龍也耶？恧然。」曰：「龍也，德若是，而命若是乎。」有物徑尺，蜿蜒過其前，形相似也，而小大千萬倍。則聳其肩脊，笑而去。辭客而逐之，至北海之濱。問之曰：「向子笑，何也？」不應，入于海，則大如蟒，又顧之，若南海之龍，則升于天，又大矣，不知其幾百倍，昂首南向，大雨降矣。余恍然曰：「雨我田者子耶？」不應，迫之不見，奔而返。客在舍，告之，曰：「大于龍者何耶？」曰「有是哉，我不知也。」

有雄傑氣，造語亦奇，惜稍雜耳。多讀蒙莊之文，而鍊氣使之清，則成大器矣。

載《無錫國學專修館文集甲編》第三册第三十三至三十四頁一九二三年。

擬泰伯之荆蠻後致季歷書

大王生泰伯、仲雍、季歷，泰伯當立而無子，季歷生子昌且聖，伯仲乃託於採藥，相約逃去。及大王卒，季歷求之不得乃立。季歷卒，子昌立，是爲文王。泰伯既至吴，三年，乃遺季歷書曰：「余來此三祀，眷懷父母，曾不少衰。惟彼蒼天，悠悠何極，余非忍離父母之邦，凡百君子不諒余衷，今又安兹土矣。其始，人不衣服，食生野處，好鬥無長，余與仲氏道以《詩》《書》，誘以禮樂，惟彼蠻使余爲長，今稍治矣。再越數十載，亦可彬彬。西人來言，季能施仁政，國人悦附，四方從風。初余在西，每謂仲，『季勝我二人』，今果然，西土父老之福。先公愛厥兆民，遷於岐下，君子胥附，國基以定。惟季丕德，實克承之，加昌至孝，必光我國家，我兹慰已。秋風惟凉，豈不爾思。河梁伊阻，莫贈問而。善事天子，愛撫庶民，兢兢勿怠，毋苦念我。」

載《無錫國學專修館文集甲編》第三册第三十六頁一九二三年。

附案

孔子言：「泰伯以天下讓，後世無得而稱焉。」此追述之辭，武王藉周而得天下，即謂泰伯以天下讓可也。而後之君子謂「大王有立王季之心」，此擬大王於晉獻，泰伯於魯隱，固非也。又謂「大王有翦商之心」，豈大王讓狄於豳，而反欲取天下於商乎？（《閟宫》云「翦商」亦是推溯。）且王季生於武丁中興之時，大王又安能翦商而致泰伯之逃乎？則亦非是也。按《史記・吴泰伯世家》泰伯無後，則其時泰伯年當已高，知己必無子，而季德又勝己，故讓國焉。則讓周讓商之説，不辯而自明。而泰伯之德，昭乎千代矣。

文筆研鍊，名貴附案，一語破的，足解千古讓商讓周之聚訟。

地之美者善養禾君之仁者善養士論

地之美者玄山黑水是已，君之仁者堯舜禹湯文武是已，三莖九穗禾之美者也，益稷、咎繇、八元、八愷、伊尹、周公、散宜生、太公望之徒，士之賢者也。玄山黑水之地常有美禾，堯舜禹湯文武之朝常有賢士，夫天之降材非殊也。禾秉中和之氣，二月而生，八月而死，凡禾同也。士習聖賢之教，口誦詩書，行蹈禮法，凡士同也。然而《禹貢》中下之地，不聞有三莖九穗之禾。桀紂幽厲之朝，不聞有元愷伊周之徒也。何耶？豈禾之美惡，因地美瘠而爲異。士之賢否，視君仁不仁而轉移哉。諺曰：「蓬生麻中，不扶自直。」未與士固因時與地而異耶，抑有美地則莠稗可化爲嘉禾，得仁君則奸佞可化爲良士耶。然而玄山之地非無賊禾之草，堯舜之時有害義之士，老農相士之有宜否也。苗之有美惡，知莠稗之賊禾，寒暑風雨之傷稼，故深耕溉種，立苗欲疏，非其種者鋤而去之。然僅得美禾，歲終伏臘，穰穰滿家。然而上地之農，不勞而穫。《詩》曰：「風雨如晦，鷄鳴不已。」君子閔末世之無賢士，整飭木鐸，修理詩書，心瘁口瘏，卒得數士上承堯舜禹湯文武周孔之緒，下啓萬世之業。然而，上世不煩家喻户説，而民自循於三德六教。雖然，地亦有本瘠而爲美，君亦有本不仁而彊仁。至瘠之地，老農治之十年，庶幾之美矣，至亂之世，剥極反復，君子開之，庶幾治矣。至治之世，上下交亨，拔茅茹以其彙，君子以類進，設司徒之官，開庠序，尊師養老，選秀士，羣龍無首，萬民率教。上美之地，得溝洫之利，土氣之宜，雨露之潤，獲無不豐。《孟子》曰：「雖有鎡基，不如待時。」此之謂也。夫九州之土，沃瘠宜同。作民之君師，當本仁義。而地有瘠惡，人君有不仁，其所由來者漸矣。人君往往欲得賢士以自輔，而所賢非賢者，求非其道也。農家思得豐年而僅得中歲者，地力薄也。《孟子》曰：「苟得其養，無物不長。苟失其養，無物不消。」美地之有嘉禾，仁君多賢士，無它，善養而已矣。

筆意清漸，文每於縐折之處見題之真際，斯作者勝人處。

載《無錫國學專修館文集初編》第三册第五十三頁一九二三年。

擬補人格軍人格

《周禮·大司馬》曰：「以九伐之法正邦國，馮弱犯寡，則眚之。賊賢害民，則伐之。暴内陵外，則壇之。野荒民散，則削之。負固不服，則侵之。賊殺其親，則正之。放弑其君，則殘之。犯令陵政，則杜之。外内亂，鳥獸行，則滅之。」又云：「及師，大合軍，以行禁令，以救無辜，伐有罪。」

《孟子》曰：「有人曰，我善爲陳，我善爲戰，大罪也。國君好仁，天下無敵焉。」

謹案：除暴救民，軍人之天職也。兵者生死之所繫，聖人作以衛生也。部落既繁，詐僞競起，乃有攻戰。神農氏衰，黄帝習用干戈，以征不享，軍之始也。軍者衆也，趨其衆使就死地，夫將焉肯必也。水深火熱身受之，其父母妻子兄弟朋友受之，於是不得已致死，以求去其所受之苦，此軍之志也。故在上者有道則軍興，無道則軍散。我之從軍將爲生也，上之無道我何從乎？商周之師無敵，桀紂之師倒戈。桓文之衆合，衛獻之軍潰，其軍士皆善求其生也。趙卒四十萬之被阬，高歡等之戰士死者恒若干萬，皆棄其生者也。嗚乎！此棄其生者，孰無父母，孰無妻子，孰無兄弟朋友。父母獨，妻子寡孤，兄弟朋友離散，而在上者訑訑諸諸也。父母妻子兄弟所受之痛自若也，我何爲而死乎？將爲無道者死乎？是謂棄其親棄其國家，而可謂之人者，夫謂之軍人者，以其人也，其善擇死所哉。

《論語·子張》曰：「士見危授命。」

《禮記·祭義》曰：「戰陳無勇非孝也。」

《左氏·襄三年傳》「軍事有死無犯爲敬」。

謹案：爲人之道，孰有過於孝乎。《孝經》曰：「身體髮膚，不可毁傷。」然而軍陣不然，在上者使我以道，則我死之有榮焉，辟死有辱焉。辱及祖先，不孝孰甚焉。況兵法曰：三軍可奪以氣，見義致命，是我所也。我苟忘其生死，首冒白刃而不回，則即軍氣揚矣。我軍而勝，死且有嘉，況未必死乎。臨陣畏葸，則婦人也。其勝也，則受顯戮。其敗也，則爲俘馘，等於死耳，榮辱判矣。昔有陣不占者懦人也，聞有急難，投袂而起，懼而隕於車者數，或勸其歸而辟難，不肯聽，卒致死焉。此其人雖懦，其志實大勇也。軍人之欲以勇名而免恥辱者，幸毋爲陳不占所笑。

《禮記·檀弓》曰：「戰於郎。公叔禺人遇負杖入保者息，曰：『使之雖病也，任之雖重也，君子不能爲謀也，士弗能死也，不可，我則既言矣！』與其鄰童汪踦往，皆死焉。魯人欲勿殤童汪踦，問於仲尼，仲尼曰：『能執干戈，以衛社稷，雖欲勿殤也，不亦可乎。』」

謹案：此二人者可謂軍人矣，童子者未成人也，勿殤則成人，孔子亦許之矣。民之勇者，怯私鬥而勇公戰。國中之戰則私鬥，我將擇有道而從之。所以有軍者守其國，防他國之侵害。置他國侵害而不顧，則非人也。國各有人情風土，他國之侵害我，利我之土地人民，是將有害於我，及我之父老兄弟。我安得不爲我及我之父老兄弟致死乎，而畏死者非非人而何？

《左傳》文二年曰：「戰于殽也，晉梁宏御戎，萊駒爲右，戰之明日，晉襄公縛秦囚，使萊駒以戈斬之，囚呼，萊駒失戈。狼瞫取戈以斬囚，禽之以從公乘，遂以爲右。箕之役，先軫黜之，而立續簡伯。狼瞫怒，其友曰：『盍死之。』瞫曰：『吾未獲死所。』其友曰：『吾與女爲難。』瞫曰：『《周志》有之，「勇者則害上，不登於明堂」，死而不義，非勇也。共用之爲勇，吾以勇求右，無勇而黜，亦其所也。謂上不我知。黜而宜，乃知我矣。子姑待之。』及彭衙，既陳，以其屬馳秦師，死焉。晉師從之，大敗秦師。君子謂：『狼瞫於是乎君子。詩曰：「君子如怒，亂庶遄沮。」』怒不作亂，而以從師，可謂君子矣。」

謹案：勇者將以禦亂，非以爲亂。在《易》曰：「擊蒙不利爲寇，利禦寇。」恃其勇而好作亂，軍人之大病也。《易》

曰：「眇能視，跛能履。履虎尾，咥人凶。」武人爲于大君，眇而欲視，跛而欲履，武人而干政，可危之道。眇視跛履，婦人之道也，勇者而甘爲之乎？而甘爲之，是不致被咥不止也。害于其政，傷及其身，而爲否之匪人，亦何愚哉。如狼瞫之死，得軍人之正也。

《左傳》僖二十二年曰：「明恥教戰，求殺敵也。」

《易·師卦》曰：「師出以律否臧凶。」

謹按：吴起曰：「凡治軍者必教之以禮，勵之以義，使有恥也。」然則行有不合禮義者，軍人之恥也。凡人與禽獸異者，賴知恥耳。國之弱，軍人之恥也。行伍之失律，軍人之恥也。若夫嗜好飲食賭博則非所當爲，爲之恥也。惰於操練，則不勇，不勇恥也。若夫淫亂之事，更非人類所當爲，尤當恥而惡之也。每見今軍人，在其故里，以其家屬朋友之牽繫，常稍循善。及開駐他處，即率行作惡。不思我受當地人民之供奉，而未有以報，乃反蹂若之，試易地而居，我苟退伍，方得家庭之樂，而人來侵我，我能忍乎？聞其惻怛呼號之聲，吾能安乎？如此思之，而不惻然者無有也。此惻然之心，人之道也，反是則爲禽獸矣。斥人爲禽獸，人必不願，而顧爲禽獸之爲乎。故曰知恥近乎勇，知恥必自恥爲禽獸始。

《論語》曰：「子曰：『善人教民七年，亦可以即戎矣。』」

又曰：「以不教民戰，是謂棄之。」

《左傳》僖二十七年曰：「晉侯始入而教其民，二年欲用之。子犯曰：『民未知義，未安其居。』於是乎出以定襄王，入務利民，民懷生矣。將用之。子犯曰：『民未知信，未宣其用。』於是乎伐原以示之信。民易資者，不求豐焉，明徵其辭。公曰：『可矣乎？』子犯曰：『民未知禮，未生其共。』於是大蒐以示之禮，作執秩以正其官，民稱不惑而後用之。出穀戍，釋宋圍，一戰而霸，文之教也。」

謹案：教者，教軍人學也，軍人不可無學也。無學則不知禮義，無恥而畏死。夫軍之勝負在計與勇，而根於道。兵法經之以五事，而道爲先。道者習禮義明恥也，上以教下以守，上下一心，未有不勝者。古之軍人，寓於四民，四民皆嚮習禮義者也。旅進旅退，皆有道存。今之軍人，出於募習，不學者多，夫爲人之道，固人人所當知，而軍人獨有未學，豈非不幸乎。趙衰謂卻縠説禮樂而敦詩書，詩書義之府也，禮樂德之則也，德義利之本也，薦以將中軍。孫子曰：「將者智信仁勇嚴也。」可軍人而無學乎，關岳軍人之表式也，皆曾讀書通大義者。軍人而以學爲本，其不陷于匪人明矣。又按今之戰者尚器，然而至于肉搏則無所用器矣。在勇何如耳，變化無方，則器無所施。在計何如耳，計與勇不學者能之乎？三代無論矣，馬援諸葛孔明以下，無不學焉，此皆武人之焜燿史籍者。而今如何？深望明禮義、知廉恥、修身篤行如羅曾輩出，而任國難。糾糾武夫，咸折節讀書，大義明而内亂息，廉恥存而人格立，庶幾免國無人焉之誚，而民生或有重甦之日也。

痛快淋漓，妙在意義顯明，足令頑石點頭。

載《無錫國學專修館文集甲編》第四册第八至十一頁一九二三年。

談經擬枝乘七發

唐子方閉户造變學議，有客曰願見，禮辭不許。曰：「客將何以教我乎？」曰：「予七十子之徒也，蓋嘗微窺六藝之奥，深究興廢之由，竊欲傳之，未得其人。伏聞足下研精覃思，方有造作，願少裨焉。」唐子曰：「唯唯，請俟異日，當走見。」客曰：「僕固將請見。昔者堯舜其至聖乎，中間湯武，千餘年而有孔子，孔子而後，未有聖者，具體而微，在許鄭與程朱，遂已三千年矣。陽一而陰偶，聖賢之出，今固其時也，殆有意乎？」謝曰：「僕不敢當。」客又曰：「聖人之道，存者在其人，亡者在其書。明其書，存其道，係絶學，開萬世，抑亦聖賢之徒所優爲也。」對曰：「不敢不從事。」客遂進曰：「經者往也，向者研經之士夥頤，蓋嘗失其徑矣。竊欲壹窺子之内於正宄否也。」于是揖客入于禮樂之門，三讓而升詩書之階，入于仁義之堂，休乎墳籍之圃。客色勃而言曰：「難進而易退，何其中於禮也。泛游有所歸，何其貫於一也。請與上下其議論。」唐子曰諾。終日。

客曰：「《易》道深矣，人更三聖，世列三古，夫子讀之，三絶簡韋。商何之後，但傳卜筮，費氏探頤，乃創章句，魏晉以後，頗雜老莊，龍圖之倫，可無譏焉。鄭君遘厄，乃注《周易》。綜合京費之傳，旁證三禮之本，上究爻辰，下通互體。天人之際，微哉微哉。孟京焦虞，咸資旁隼，馬荀孜孜，麤有沾溉。而於《易》義猶未盡焉。竊見足下嘗窮研五禮，隱討七緯，反宗高密，旁掇諸氏。思杳杳乎函天地，慮孅孅乎破芒黍，於是别出新例，以賅全經。比立字於章法，（三統術立統之本名曰章法）錯綜變化而天地萬物畢矣。推象象如易林，神明感通上下而人事鬼神昭矣。至若正譌文，通訓詁，夕惕若夤射前禽之流。（夤字前人致論甚多，然以均讀之，以艮卦九三例之，皆當有射，今作失。此見楊雄《百官箴》以證禮文皆合。）血去惕出（惕當讀舓見《説文》）之解。雖發隱秘，猶其末耳。此誠足以宣達神指，心契造《易》之初，繼三聖之大業也。意者先斯乎？」唐子曰：「夫子學易，五十始通，天命之難達也。僕未及壯，天人之際未敢謂昭然也，姑俟諸。」

客曰：「古之史官，紀言與事。周史存者，魯有《春秋》內外傳，晉有《周書》，魏有《紀年》。孔子當周之衰，周流不用，反制《春秋》，曰某志在《春秋》，又曰其義則某竊取之矣。然則因事而寓志，考其事，覩其志，依義而立辭。知其義，班其辭，三家異學，雜史分流，啖趙誣古，胡氏蕪淺。微志大義，相累而湮。《左氏》古訓，淪於武庫。《公羊》本義，亂於晚清。《穀梁》微旨，無人能宣。經傳將隊于地，竊有恫焉。竊觀足下推究經傳，旁及諸子百家，下及彝器鉩印，凡涉周事，無不采列。代各爲編，人各爲傳，禮樂、刑政、天文、地理、曆律，有圖有表。箴古史之妄，貶繹史之陋，而後其事大備，可以考其志矣。明仁義之本，探禮樂之原，明乎得失存亡之故，究乎廢興之漸，而後其義可得而知，辭可得而通矣。斠經文之異同，而合之以古訓。輯左氏古説而疏通之，存公羊董嚴而廢邪説，扶穀梁麋范之微，《春秋》之學功過半矣。《春秋》之義在禮樂刑政，其志在平治天下。《紫陽綱目》犆得其志，于義蓋寡。足下嘗論《史記》、注《漢書》、校《國志》、疏《晉書》，其亦取其義，立其志。外以窺得失之林，內自任萬世興亡之責，庶幾鳳鳥復至，嘉麟薦若，而足下宿昔之所夢見，乃應響矣。」唐子曰：「不然，《春秋》者知言，夫子蓋四十而不惑，於是是非定，游、夏之徒且不能贊一辭，而況於僕乎。」

客曰：「然則樂乎，夫子曰『移風易俗，莫善於樂』。周道既衰，鄭衛亂之。漢興，樂經既亡，徒存其記。音節在樂官，不知其義。漢亡，杜夔所記，《關雎》以下，才存四章。江左之亂，并此遂亡。夷樂旁興，淫哇亂雅，中原禮教，江河漸下。徒有儀鳳之名，或致奔鶉之刺。滌人綱常，壞人心志，於是三代不可復，唐虞不可見。昔之哲士，乃亦憂之。然而校正律吕，咸資於俗樂。吹律定氣，未得天地之中，是以徒勞而尠功。足下嘗究律曆矣，習歌詩矣，其本中和之元氣，順自然之次奏。吹律而谷温，量黍而調龤。『大韶』『雲門』可得想見，國風雅頌可得聞。定其樂，傳其人，維斯世於不隊，以協於天地鬼神。」唐子曰：「時猶未也，夫子蓋反魯而後樂定，時猶未也。然學琴於師襄，學樂於萇弘，聞韶於齊，今茲爲之神往矣。」

客曰：「禮其可矣，足下方治禮經。禮經十七則亡佚之餘，古者禮經三百，威儀三千，所以正形體，定心志也。故曰『禮義有所錯，推以治天下』，於是有《周官》。其有亡佚，後儒雜記，厥爲大小戴記。其他雜見魯淹中禮，《明堂陰陽》《王史氏》記軍禮司馬法之類，亡闕多矣。三禮之傳，僅有鄭氏，括囊大典，網羅衆家，博稽聖志，鈎析微言，閒有未醇，或資箴砭。足下既嫌罪胡之少發明，更張禮經之疏，探本經之微旨，宣究原於陰陽造化。表鄭注會通之例，通其解詁，抉其隱奧。攬王肅以下之説，判其是非，因是遂知制禮之本，人情之原。五帝相革，三代異制，今禮不可通古，古禮不可行於今。於是本仁義，掇精意，由風俗，順時制，去太去甚，施爲定則。一揖一讓，無不本於人心。二篇可享，無不本於人情，然後天下化之，日月所照，無不率往。夫子嘗喟然思之矣。」唐子曰：「誠欲從事矣。以言其高則未敢，夫子學於郯子，學於老聃，及三十而立，他日又言，立於禮，禮樂内外事也，禮乎禮乎，未易言也。」

客曰：「河出圖，洛出書，夫子斷自虞以下，子夏氏學焉。古今文既亡，僞書奪其席，千年若存若絶。朱梅已下，至閻氏大發其覆。王江段孫，並鳩古注，力疏通，存廢絶，是其功。王厖而雜，江泥而執，段僻而滯，孫簡而蔑。短長互掩，不見隸古定。（近出）文字多誤，詁訓不通。不能貫穴羣經諸子，則經義有不盡，蒐羅古注亦未備，蓋與禮制，或有未明，然則其學未爲成也。足下向欲治之矣，觀諸家之寡成，乃高視而遠步。堯曰『咨爾舜，天之曆數在爾躬。允執其中，四海困窮，天禄永終。蓋及其至也，揄袖舞於萬山之中，髣佛兮有象在澗之東，絶亂流而往從，乃仁義之在吾躬。堯以傳舜，舜以傳禹，苕苕雖絶，而萬世不可窮。」唐子曰：「唯唯。」

客遂曰：「詩言志，歌詠言。夫子曰『人而不爲《周南》、《召南》，其猶正墻面而立也歟』。興觀羣怨，而又多識鳥獸草木之名，使於四方，以之專對。足下固嘗治之矣，蓋欲兼綜四家，貫以經傳。將以思維風俗之變，禮義之功。而於名物，且或淩軼古今矣。」唐子曰：「僕猶未能也。孔子曰『志於詩』。又曰『吾十有五而志於學』。《詩》《書》孔門之始學也，僕猶未能幾焉，雖然，請勉。」

客乃曰：「噫，僕知之矣。意者足下將徑自《孝經》乎？天下之大經則《孝經》也。抑將徑自《爾雅》乎？《爾雅》者近正之書也。夫子曰『某行在《孝經》』。又告哀公曰『觀於《爾雅》』。若然則《弟子職》小學《孝經》之裔也。《説文》《蒼頡》《方言》《釋名》《字林》以下《爾雅》之屬也，豈徑於斯者。」唐子曰：「然《周官》八歲入小學，今僕愧甚。」

客興拜曰：「行則庸而學則通，謹其行而勉於學，吾所以告也。如此，今則行或有愧於屋漏而高談天人。學未通訓詁而虚擬制作，此學之所以敝也。學之變屢矣，自漢，自晉，自宋明，自清，窮則變，變則通，通則久。學至於今日，可謂窮矣。天下數百國，大小强弱相牽併，何異春秋。名法、數理、縱横、捭闔之學競起何異。上不上下不下，父不父子不子，兄弟相鬩，夫婦相棄，朋友無親何異。此秦以下未嘗有也，安得不變，本乎天命，本乎人心，綜合舊新，使道長存，此變之終與。若足下所徑，則變之始也，敢問其志。」興拜曰：「大哉！客言，當今之時，六藝存亡之責，天其鑒臨，其在僕身。如云臻斯世於大同，請以待後世聖人。」

志大學博，充而學之，他日之經師也。

載《無錫國學專修館文集甲編》第四册第十七至二十一頁一九二三年。

婚禮概論

禮之一字，在今日言之，人多聞而生厭。然婚喪之禮，則自世族以至貧民，未有廢之者。言舊者取之俗尚，言新者準之西人。要皆以有禮爲貴，而無禮者往往爲人所譏。是可知禮之本乎人心，不可去也。然俗尚既久，每有偏重而乖於禮制，或承襲陋俗，爲智者所恥。若西人之禮則又簡野質樸，與我風俗人情，多所隔閡，準之者每舉措失宜，於是黠者出，竟欲推翻一切之禮，復爲野蠻之民，爲所熒惑者亦頗不少。推其故，蓋由禮制未定，陋俗未去，人多無所適從故也。蘭近受業於蘇州曹叔彦師，麤習婚禮，今特舉其禮制之最大，而與今社會尤切要者諸端，加以討論，願諸君有以教之。

一、婚年：近世婚嫁年齡，多無定制。有幼婚者，有早婚者，有壯婚者，有老婚者。大凡家道稍裕者多幼婚早婚，家道稍寒者多壯婚，若老婚則多爲續娶也。以尋常觀之，婚嫁之遲早，既多繫於家道，似可不必研究，然苟細按之，則知其關係至鉅。小之則家庭之中，或因而愉樂，或因而困難。大之則人類之壽夭賢愚，及風俗之美惡繫焉，然則吾人安得不一推究之乎。《周禮·媒氏》令男三十而娶，女二十而嫁。《大戴禮》《禮記》《穀梁傳》諸説皆同。是周時之禮，以三十、二十爲婚嫁之定年也。求周公制此禮之意，蓋因避早婚之害。《漢書》載王吉曰：夫婦壽夭之萌也，世俗嫁娶太早，未知爲人父母之道而有子，是以教化不明而多夭也。鄭司農注《周禮·大宗伯》曰：過時則奔隨，先時則血氣未定，聖人爲制其中，令男三十而娶，女二十而嫁，以防其淫佚。此二説者，以早婚則能使人夭且愚，而風俗因以淫佚，故制爲三十、二十之禮以防之也。近來人種學家、譜系學家、生理學家，多言早婚之害，而社會學家、宗教家反以早婚爲有益。人種學家之説，大抵與王吉之説同。而觀印度人種之愚弱，尤足證明早婚之害。譜系學家則稽考世界名人之家世，謂凡名人之父母，其生子時必在三十三四歲之後，所舉之例至多。且有藍特菲爾者，懸獎以求駁此説，而未有能駁者也。生理學家之證據，則謂早婚之人，往往犯神經病及胃病、肺癆病等，而所生之子，其壽多不過六十二歲，其言蓋最確實。又言男子至小須在二十五歲以上，女子必至二十歲以上，始可結婚。亦頗與我國古時禮制相近。惟西人所主張，有過激而爲四十、五十之言者，則有時嫌其遲耳。若社會學家及宗教家則謂男子十六而成人，女子十四而成人，若已至成人之年而不成婚，更延佇十年八年之久，則易起淫僻之事，而爲道德之害。此種學説，與普通人之愛惜其子弟，恐其流蕩，而與之早婚，其見識之陋正同。蓋民之智識未高，國之禮防未密，則行早婚。固有以上諸害，而行遲婚者，亦未能免淫僻之事。故我國古禮重男女之防，兄弟姊妹之間，且坐不同席，其疏遠之人可知。則淫僻之事，無從而出。其就學或營業者，既專心於學業，即淫僻之念，亦無自而起。然則禮防既密，民智畧開，則遲婚之害，不足爲慮。而早婚者所得之害，則無論如何，終不能免也。早婚之害，且不僅關於子孫之壽夭賢愚與風俗之美惡，蓋男子年幼，不能負擔家用，女子年幼，不能經理家事，於是反目之事時起，家庭之間，惡趣多而生趣少矣。前有人調查江蘇、浙江兩省學生對於婚姻問題之經過及意見，其結果則未婚者多主張遲婚，已婚者亦多感早婚之痛苦，其原因則皆爲經濟困難與其妻之未諳家事也。（詳見東方雜誌）早婚之害既如此之多，而其證據如此之確，則世之人如欲保持其一家之愉樂，使其子孫賢而壽，並以維持風俗者，不可以婚姻爲亟亟而必依《周禮》三十、二十之期無疑也。

二、擇配：婚禮未行之前，必先使媒氏通其言，女氏許之，然後納采。《詩》曰：「取妻如之何？非媒不得。」《曲禮》曰：「男女非有行媒，不相知名。」此行婚禮者不可無媒也。然古時惟在納采前用媒通言，女氏許之以後，則逕遣己之使者，往行六禮，與媒氏無涉。《淮南子》曰：「因媒而嫁，而不因媒而成。」故媒氏之權不重，而詐紿之言無自生也。沿襲既久，凡行禮皆需媒氏，媒氏之權漸重，又因城市中居民輻湊，各家情形不能周知，兩姓之擇婚姻者，惟媒言是從。而欺詐之言，得行其間，往往有一時誤信，而致夫婦仳離，爲終身之恨，此擇配之法不善之過也。蓋專務爲媒者，其志在利，則何所不爲。我苟先洞知女家之情形，但使媒氏往通一言，則彼又安所逞其技。而近之擇配者，多不先求女家之情形，此疏忽之過也。又擇配者多父母代子女爲之，子女多未嘗預聞，於是或父母擇之而子女不願，即願矣，而日後因夫婦小隙而遷怨於父母，亦至多也。蓋古禮必三十歲始娶，閲歷既多，自有主宰，能擇配矣。然後告於父母，父母爲之商酌可否，主其婚事。《詩》云：「取妻如之何？必告父母。」則壻自擇配也。至後世漸尚早婚，子女無擇配之能，而父母代擇，此三十、二十之禮廢之弊也。蓋婚姻之事，既多惑於媒氏，又唯父母操之，而子女若風吹之絮，不知所止，得善配則一生愉樂，得惡配則終身困苦，此激烈者所以有專制婚姻、腐敗婚姻之名也。然激烈者既惡媒氏，遂欲廢媒而私相接合，不願父母代擇，而又加之詆毁，此則謬之甚矣。蓋媒雖不免有流弊，而私相接合，決非文明人類所爲，且三十之禮未行，則年少而血氣未定之人，閲歷既少，烏能擇配，自當以父母代擇爲宜。但當商之於子女，使預知其事耳。然既不可專信媒氏，又不可私相接合，則於女氏之情形與女之性情，每不能熟悉，而於婚禮之進行，多有不便。於此蓋有二法也：一曰審其家世。二曰審其所受之教育。蓋其家世善者，其子女亦多馴善，此人種學家之夙知也。故《家語》載孔子言：「逆家子不取，亂家子不取，世有刑人子不取。」皆審其家世之法也。此法行，則有子女者，將恐其子女受辱，而不敢爲惡矣。審其所受之教育者，其教育良，其子女未必有不善。其教育不良，則其子女必無善者也。擇配者不必外此二法，而媒氏之弊除，又何可私相結合，以自損人格乎。

三、婦教：古時女子之教育，與婦教不同。女子教育，本不屬於婚禮之内。故今但言婦教，教女子者爲烹飪紡績之類。《尚書大傳》「女子二十而通織紝紡績之事」是也。《昏義》「古者婦人先嫁三月，祖廟未毁，教於公宫。祖廟既毁，教於宗室。教以婦德婦言婦容婦功」。蘭向讀此節，竊疑三月爲時甚促，豈能偏教一切，且自生至二十歲，將嫁乃教，無乃太遲。既而徐思之，方知女子之教與婦教截然不同，蓋女子亦自幼即受教育，而婦教者特更教其爲婦之事，有異於女子者耳。凡胎教母道之類，亦於此時始及之。蓋前此爲女子，欲其貞静，故不可使知爲婦以後之事。及婚前三月，則將爲婦，故教之耳。此古禮之精密也，今者唯有女子之教育，而使欲學爲婦之事者，無以得其途。若縱言生理學諸科，則女子又有不欲卒聽者，則不知二教不同之過也。

四、儀節：婚禮儀節莫詳於《儀禮·士昏禮》然如姪娣爲媵之類，於今亦有難行者。宋司馬温公著《書儀》、朱子著《家禮》中皆有昏禮，以《儀禮》以本，改爲易行之儀節，後人多遵用之。唯其中考證亦有誤者耳，今俗禮沿襲尤有至可笑者，如新婦加景，即《詩經》衣錦褧衣之褧，謂衣錦衣而登車，慮塵沙污其衣，故罩以明紗之衣，使錦衣之彩色仍顯而不受污也。而習俗沿誤，遂以紅巾冪面，豈非可笑。其他如合巹之前，必拜天地，則無當於禮。鬧房尤爲陋習，此皆當改革者。又如婚禮納幣用玄纁、束帛、儷皮，其簡可知。而近世聘女多以金銀。《曾子問》曰：「取婦之家，三日不舉樂，思嗣親也。」而近世則鼓樂喧闐，此類皆失禮之甚，不可不改者也。

五、古時媒氏之政：《周禮·地官·媒氏》：「掌萬民之判。凡男女自成名以上，皆書年月日名焉。令男三十而娶，女二十而嫁，凡娶判妻入子者，皆書之。」蓋三十、二十之禮，非藉國家之力，終不能强人人而行之。而媒氏不預書其年月日名，則無從知其不奉三十二十之令，而下文無故不從令之罰，無所施矣。「凡娶判妻入子者，皆書之」句，先儒致疑最多，其實當作「凡娶妻入子者皆書之判」，則上下文皆可貫通，書判者足爲調查户口之用也。媒氏職又曰「凡嫁子娶妻，入幣無過五兩」，世俗論婚多重財禮，《文中子》曰：「昏娶而論財，夷虜之道也。」苟無國家限制之，則彼此以財相眩，婚姻之禮而變爲市鬻之道矣。

上所舉者皆古禮之精意，而今並湮没。兼以陋俗，多可駭怪，故舊式婚姻，爲人所詬病。然娶妻者上以承宗祧，下以育子女。《禮記》曰：「昏禮不賀，人之序也。」又曰：「三日不舉樂，思嗣親也。」蓋人之一生，以此事爲最重，宜敬慎之不暇，安可無禮可遵而倉卒從事乎。蘭曾於古今之説，畧有論議，擬爲一簡而易行之儀節。今以太繁碎，説之不甚明瞭，當俟他日撰成就正，兹畧言其大端而已。然欲行禮者，以此數端，再求之於《儀禮》參以《書儀》《家禮》諸書，亦可得其梗概，其不可行者，隨事變通可耳。

載《無錫國學專修館講演集初編》第一至五頁一九二三年。

整理我國古代名學之方法

名學者，使人循事物與學理自然之規則，而得思想之正軌也。或曰：「名學者古有之耶？」蘭曰：「然。」《漢書·藝文志》有名家書七種，謂之名家，是可知古有名學也。或曰：「古時之名學已成否？」則蘭敢曰：「未大成也。」蓋古人所言，於理論一邊，已甚詳備。而於法則一邊，則方在萌芽之時。余非謂古人全不知法則，蓋古人多以法則爲著書之基礎，而未有專以法則衍爲一種有條理之學問者。然因其法則未甚完全，故後人不能實驗之。凡一種學問與理想，苟無人實驗，即往往趨於湮晦之途。譬如彈琴之學，亦以彈者少，在今日幾成絶響。古時名學之湮晦，法則之不備，亦其原因也。名學最盛時期在戰國時，不過百年，漢晉以後遂無傳之者。至宋之程子、朱子講性理，清之錢竹汀、王念孫諸先生講考據，所用之法則，多與名學暗合。而往往有人用根本謬誤之議論以攻擊之，因而名學不傳。常人不明是非，多有疑惑，學術之進化，因之阻礙，是名學湮晦之影響，可謂巨矣。吾人目覩此種影響，即不得不以已湮晦之名學重整理之。凡古時之學問已成者，吾人但研究之可矣。而名學則在古時已經湮晦，在目前又書籍殘缺，東鱗西爪，則非有整理之功，無從研究矣。

整理之方法有二：

一、整理之使成一種有條理之學問。

二、闢去一種謬妄之説。

或曰整理之則是矣，謬妄論乃名學之一部分，非整理之方法也。不知不闢去謬説，則真理不明。真理不明，即條理紊亂而無從整理，今蘭先從整理一方面言之。

一、整理之使成一種有條理之學問。整理當分三種步驟：

甲　辨別名學之名義。

乙　考察名學之分部。

丙　建立名學之基礎。

今言名學之名義，所謂名學之名者，即何爲而稱此種學問爲名學。在今人謂之概念，《論語》孔子曰：「必也正名乎。」馬融注云：「名者萬物之名。」其後《公孫龍子》《尸子》皆言正名。《尹文子》且於篇首即引孔子之語。《荀子》與《呂氏春秋》俱有《正名》一篇，此種學問古時稱名之證也。希臘邏輯之輸入東洋也，日本譯爲論理學，嚴幾道譯爲名學，王靜安譯爲辨學。或云名者邏輯中三部之首，論者邏輯中三部之終，是皆未足以賅其全體也。諸譯名當以辨學爲最當，其意以爲辨字有別義，可以別名實，別同異，別是非三者配邏輯之三部也。然以蘭愚意觀之，名爲辨學，似乎少偏，蓋邏輯中本包演繹法與歸納法兩部，演繹法據名而推理，歸納法則據事理而定名。故邏輯以名始以名終，所以用演繹歸納二法者，欲求其名之當也。是譯爲名學，則首尾包舉。若以辨學名之，則祇包括演繹法，而不能包括歸納法。因二法中演繹屬於分析，而歸納屬於綜合。然則譯爲辨學，不如名學之善也。雖《墨子》中六篇，多偏重辨一方面，晉人魯勝稱之爲墨辨，然其名稱既偏於分別一隅，且或非墨子本意，今故不從而仍名之爲名學也。所謂名學之義者，義今所謂定義也。前文所言使人循事物與學理自然之規則而得思想之正軌，即名學之定義矣。大抵先有一實而後名隨之，名既定，則效之之法起。既效之，則又推之，既推之，而更以實物驗之，則名又起焉。譬之我人見一物，實也。呼之爲羊，名也。求羊之角及毛，效也。因羊毛之長而柔，推知毛之長者多柔，推也。毛之長而柔者，皆名爲毳，後起之名也。思想之法則，大抵如此。效與推之名，俱見《墨子》，效即今所謂演繹法，推即今所謂歸納法也。我國古時，用此法則之最顯者，莫如《易經》。《易經》自象而有象，自象而有爻，自爻而有推，自推而生大業。象即實也，象即名也。又如《說文序》言「文者物象之本，字者孳乳而生，書者如也。」文即名也，字即效也，書即推也。六書之理明，則即有後起之名，是亦用此法則之顯著者也。此種法則與希臘邏輯，絲毫無異，可謂此心同，此理同也。然邏輯創自亞里士多德至培根密勒而始密，而我國則於周時已發之矣，《墨子》曾言辨字之義，曰明是非之用，審治亂之紀，然其所言者效果也，非定義也，故今不用之。

次言名學之分部：《荀子》《墨子》俱分爲三部，一名二辭三說，其本出于孔子。孔子贊《易》作彖傳、象傳、繫辭傳、說卦傳，即此分部之祖也。三部之分，與希臘邏輯之分爲名及命題推論式三部正同。《荀子》又以命期說三部，配名辭說三部。命者我命之，如曰犬。期者命之不喻，合數名以爲喻也，如曰「桀犬吠堯。」說者期之而猶未達己意，因而論其極，如曰「桀犬吠堯，各爲其主是也。」已命者爲名，已期者爲辭，已說者爲說。此與西洋以心理學思想作用之概念斷定推論三部，配邏輯名及命題推論式三部正同。此《荀子》之特長，若《墨子》則衹知求之言之表，而不知思想之本，其不如《荀子》遠矣。所謂名辭説三部者，《荀子》又以名之一部，分爲三類。一所爲有名，二何緣而有同異，三制名之樞要。何謂所爲有名？即如我等何以有人之名？當人之名未定以前，或呼以爲牛，或呼以爲馬，隨人之心理而異，則聞之者或喻或不喻，因之事有困廢之患，故必制爲人之名以確指之，此爲人也，非牛馬也。而人字之形象人，牛馬之形象牛馬，而同異之别明矣。然我人固用何法以别同異乎？《荀子·王制篇》曰：人之爲名累實四，一有氣，二有生，三有知，四有義。水火有氣，不得爲人。草木且有生，不得爲人。禽獸且有知，不得爲人，必且有義而後爲人。蓋我人初有知識之時，衹知有形與無形之别而已。水火草木禽獸與人同爲有形，而不能别。更次能分别有生物與無生物矣，更次能分别動物與植物矣，更次能分别人與動物矣，愈析則愈細，而其所恃以分别者，基於五官形體之感覺。而以心之知覺聯合之，惟人。人之感覺同，知覺同，故我以爲有生，人亦以爲有生，我以爲有義，人亦以爲有義。而立爲人之名，則人人承認之，引用之也。分别既明，然後可以制名。同者爲之同名，異者爲之異名，則不能相亂矣。異之中又有異者，如人有中國人，有異國人，則兼舉二名，如華人夷人等以别之。然此特就我所欲言最要之點而舉之，則取稍輕之點略之耳。人有智愚善惡之不同，華人夷人皆然也。有時吾人舉華人之名而不欲畧其智愚，則當云華之智人，或華之愚人以别之。如更欲兼舉老幼，則當云華人之老而智者，或華人之幼而智者以别之。如是者謂之異中之異，而不論其爲華也，夷也，智愚善惡也，老幼也，皆無害其爲人。蓋有義者人之常，而華夷智愚等隨人而異，非其常也。人爲動物之一，有知者動物之常也，有義與否，隨人與禽獸而異。而有知則動物所同，故舉動物而人與禽獸皆在其中矣。推而廣之，舉生物則動物與植物皆在其中矣，因其有生也。舉物則生物與非生物皆在其中矣，因其有形也。是同之中又有同也，故别同異之名者，取一物常有之點，則謂之同，偶然之點則謂之異。同者謂之共名，異者謂之别名，此分類法也。《墨子》以共名爲達，别名爲類，而又有所謂私者，則謂一物之專名也。譬如動物共名也，禽獸爲别名，馬或牛則私名也。然如以物爲共名，則將以禽獸爲私名。如以禽獸爲共名，則將以駒或犢爲私名。是私名本無固定，不如《荀子》單分爲共名、别名二者爲當矣。《荀子》又分爲實名、善名二種，實名本無定義，命之之後，人皆承認之，成爲習慣，如人象人形，大亦象人形，而以人代表人類之人，大代表大小之大，習慣既成，其義遂定矣。善名則一見而能識其形，如匚（古方字）、〇（古圓字）是也。或一聞而能知其聲，如芊（羊聲）、烏是也，此又一分類法也。《荀子》總上二種分類，名曰制名之樞要者，蓋以能分類即有以提其綱矣。然以上所言，皆屬於名之一部，今若言辭之一部，則在古時名學中，不如名部之完密。僅《墨子》有言主辭之周不周而已，未有完全之法則也。至説之一部，邏輯中本分直接推理、間接推理二種。直接推理本極簡單，如曰凡人皆死，即可知不死者非人也，故於古時未見有言及者。間接推理分二種，即演繹法與歸納法，亦即所謂效與推也。《墨子》所言，尚有辟、侔、援諸種，辟即《詩經》之興，侔即《詩經》之比，此諸種用於名學，常不能確實，故今略之。邏輯本附分類法，及檢定學語於歸納法，此分類法爲專門之分類法，與上所言者爲普通分類法不同也。《荀子》分名爲刑名、爵名、文名、散名，於散名中又分爲在人者、在物者二種，皆合於專門分類法也。《荀子》又曰：有王者起，必將有循於舊名，有作於新名，是即所謂檢定學語也。蓋自有名而至歸納，舊名既定，則新名復起，此理所以日推而不窮，名所以日新而不已也。

次言建立名學之基礎：我國古時名學基礎在名，而希臘邏輯之基礎則在思想之法則，似乎不同。然無論用何種思想法則，其爲辭説終不能離乎名，故上文亦以思想法則爲名學之定義，蓋形式雖異，而其實理同也。古時名學雖於辭説二部，法則不甚完備，然但能實當其名，則其辭説亦可不陷於謬妄。《易》曰：「開而當名辨物，正言斷辭則備矣。」《論語》曰：「名不正則言不順，言不順則禮樂不興。」又曰：「君子名之必可言也，言之必可行也。」《孟子》亦曰：「知、言皆此理也。」設我人言衆人也，人有生也，故衆有生也。以今觀之，衆者三人也，人有生亦有死，是三人者未必皆有生也，似近於中名不分配之謬妄矣。然人死則稱鬼，鬼非人也，則必有生然後稱人，是衆之有生必無疑義，而非謬妄。故人鬼之名稱定，則其辭説亦可不妄。然此可爲智者言，而常人之不能精思者，則往往多所疑惑，故其傳不能久，而其弊則在法則之未完備也。今欲重建名學之基礎，必先正名，次立法則。名正則思想得正軌，法則立則名學一科可垂之無窮，雖常人能知之行之矣。正名有二法，《荀子》所謂循舊名作新名也。循舊名有散名、專名之别，皆明故之道也。《爾雅》有釋故。孔子曰：「温故而知新。」《孟子》曰：「苟求其故，則千歲之日至可坐而致也。」《墨子》曰：「説以出故，故者名之所以然也。」今欲明之，則必取《爾雅》《説文》《釋名》諸書，以定散名之義，更以專門之説，以定專名之義。如《荀子》所謂刑名從商，爵名從周，文名從禮之類。舊名既明，則新名可作。上述《荀子》所言所爲有名及何緣而有同異制名之樞要，皆作新名之道也。名既正則當立法則，法則莫備於《易經》，上所言自彖而象爻推，又自彖傳、象傳，以至繫辭、説卦、文言、序卦、雜卦，包括全部名學之學理及法則，最有條理脈絡可尋。故欲立法則者，必於《易經》中繹其條理，演爲法則，以諸名家之説及邏輯因明等，供參證之資，則其所成或當比今之邏輯更爲精密也。若如《荀子》述名之一部雖詳，而於辭説二部極略，又效推之法，但用於制名，而未嘗明言其法。《墨子》於三部雖略具端倪，而皆未完備，且謬説甚多。其餘諸家，更不足道。則但據名家各書，將見其破碎不完，而無從整理矣。若邏輯則基礎本有不同，如欲依以爲法則，必有削足適履之虞，而使古時名學之真全失，故欲重建名學之基礎，而使爲一種有條理之學問者，非根於《易經》不可也。

二、闢去一種謬妄之説： 正名本孔子學説，上文所引《論語》《繫辭》諸説，可以見其梗概。班孟堅曰：「名家出於禮官。」此言最是，《易》與《爾雅》本在禮中，子所雅言，詩書執禮，雅言即正言也。子夏傳孔子之學，故其所著《儀禮》中之喪服傳，極言正名之學，是名學本屬於禮，而爲孔子所傳者也。後公孫龍等妄欲會孔子之説於《墨子》，自號别墨。楊子《法言》，言公孫龍詭辭數萬以爲法，今所傳《墨子》《中經》及《經説》諸篇大概皆其所作，其言務於詭辨，頗近於西洋之唯名家，而不顧實理。故《荀子》起而闢之，《正名篇》即因此而作。《正名篇》所闢謬説有三種，宋牼曰，見侮不辱，其説以爲人來侮我非辱也，知其非辱，則不必報仇，而天下可無爭戰之事。此言蓋因苦爭戰而發，然受侮本有二途，如無故而受侮，則咎不在我，本非辱也。如過市而聞詈聲，雖向我面，未聞有以爲辱者也。如自侮而後人侮之，我詈人而人來詈我，則我必有羞恥之心。是受侮本有兩途，辱否不能固定，使盡如宋子之言，則人皆無羞恥之心，其意善而其説非也。《墨子》言「聖人不愛己」，其意以爲人必愛人，己亦人也，愛人不能偏愛一人，故愛己者非愛人，凡愛人者雖損少許人，以益多數人，亦爲之。故我必先損己身以益天下，此不愛己之説也。彼不知人字有二義，必愛人之人，乃對己而言，有己乃有人也，己亦人也之人，乃有耳目口鼻心智之人類之人。二人字迥乎不同，故我自己固亦人類，然欲愛人，必先愛己，惟愛己乃能愛人。故仁字從人從二，古義爲相人偶，蓋必二人始可爲仁。若有人無己，則何從愛乎？《墨子》以二人字相混，其説即因之而謬矣。《墨子》又言：「殺盗非殺人也。」其意以爲盗本人也，殺盗則不可謂之殺人，此其所誤亦在以人字混看，盗本人者人類之人也，殺盗非殺人者，人字對盗字而言，謂不犯法律之人也。《荀子》總上三説，謂之以名亂名，即以一名誤用於數處。察之以上文所言所爲有名，則其謬妄見矣。又《莊子》曰「山澤平」，宋牼曰「情欲寡」，《墨子》曰「芻豢不加甘，大鐘不加樂」。此三説皆特反常人之情，而不知人人之五官同、心同，則其感覺知覺皆同，聞山澤之名，即知爲一高一下，而不可欺以平。得芻豢之食，即知其甘，而不可欺以不甘也。《荀子》稱此三説爲以實亂名，即以人人易見之實事，而欲强易其名也。其闢之則用所緣同異察之而已。《荀子》所闢，尚有「非而謁楹有牛，馬非馬也」一條，「非而謁楹有牛」，未知其説，馬非馬也，即公孫龍「白馬非馬」之説。其意以爲馬爲形質，白爲顔色，形質與顔色不同，則其結語當云：「白非馬也。」今云「白馬非馬」則誤矣。白馬者馬類之一種，如前所云華人、夷人爲人類之一種。馬者共名，白馬者别名也。此三説，《荀子》謂之以名亂實。蓋既誤用其名，而併强實以從其誤者也。其闢之之法，即用制名之樞要，以分類之法觀之，而謬妄見矣。以上《荀子》所言以名亂名，以實亂名，以名亂實三種，在今邏輯中謂之實質之謬妄。尚有法則之謬妄，則古人極少言之者，亦以法則未完備故也。吾人欲整理名學，必先知古時諸説孰是孰非。而除孔子、荀子之説外，墨子、公孫龍子等，其多謬妄既如上所言，則安可爲其所惑而不知所從乎。近來名學大盛，而孔子之學，久爲今人所忽易。説者但掇集詭辨之辭，附會西人之説，資爲談議，則恐數年之後，仍歸失敗，而無建立之望也。故蘭就管見所得，略述整理之法，兼及闢謬妄之説，願與當世諸君子，一商榷之。

載《無錫國學專修館講演集初編》第一至七頁一九二三年。

一九二四

《朱文公文集校釋》跋

《校釋》一書，所録白田先生之説爲多，先生尚有《朱子文集注》，蓋未成書，故世無傳本。《白田草堂存稿》中記《朱子年譜正譌》後云「其書考訂歲月，尚多譌誤，所附議論，亦有疏略」，其作注之體例可知矣。今讀此書，每篇考訂歲月，間附議論，與《文集注》體例正同。而卷八《答劉晦伯所諭南安書》（原書續集卷三），王云「甲寅」，舊有校語云：「王注甲寅誤，當作丁巳。」卷五《答黄冕仲書》（原書五十四卷），王氏《文集注》云云，則皆明言出自《文集注》，即其餘第標歲月或王云者，雖不明言爲注，然概可推矣。《文集注》曾經鄒氏琢其勘訂，正其譌誤十之三四（亦見記《年譜正譌》後），今《校釋》王氏所引鄒考是也。又《年譜》《考異》《附録》爲白田先生絶筆之書，故其中多採掇《文集注》者，《答劉子澄》下《考異》云：按此云「方别尋得頭緒，似差簡約端的」，此爲子澄言之。又云「按此兩書，鄒譜皆載之，而余注語亦附其下」。（並見《朱子論學切要語》，卷一丙午）詳王氏所謂注語，正指「按此云方别尋得頭緒一節」而言也。今《校釋》卷二與《劉子澄》十四，正有此注（原書三十五卷），此二者，尤爲即《文集注》之確證矣。然《存稿》卷七《朱子答江元適書薛士龍書考》，所附《文集注》五條並不見於《校釋》中，而《校釋》卷七《詩集傳序》下云「王白田先生有注，辨《詩序》之誤，在《年譜考異》中，宜參看」。是則《存稿》所有，而今所無者，或亦過録者，因其别見而省之耶？果如此，則《文集注》猶可謂完書也。然《存稿》所載鄒考歲月與王不同，所謂十之三四者，亦不盡見於今書中。今書原本以諸籤黏貼，轉輾於賈人之手，與夫蠹魚之侵蝕，或不免有散佚者乎？

蘭於秋間受唐師命，從諸同門過録此書於寶應劉氏，歸而既排比成帙，因竊讀之，頗疑其即《文集注》，既採獲諸證，可信爲非謬，以告師。師曰：「有是哉！汝曷記其後，使夫求《文集注》者，求諸此書而無疑也。」遂私記大概如上。

癸亥季冬後學唐蘭謹跋。

作者自注：寫成於一九二四年一月。

載《商報·文學周刊》第十二期一九二九年十二月二十四日。

唐寫本《食療本草》殘卷跋

右《食療本草》殘卷，考嘉祐補注《本草》云：「《食療本草》，唐同州刺史孟詵撰，張鼎又補其不足者八十九種，並舊爲二百二十七條，皆説食藥治病之效，凡三卷。」按今《食療本草》久亡，而其二百二十七條尚存於《證類本草》中，惟盡題孟詵，未有題張鼎者。獨假蘇下陳藏器曰「按張鼎《食療》云」，乃引張説，然同條下掌禹錫所引則正作孟詵，則《證類》所存固是張氏增補之本。或因傳寫浸久不能區別二家之説，抑或取引用之便，盡歸孟氏，已省分析者，其故蓋不可知矣。此殘卷起石榴，止芋，凡得藥二十六味，前後皆闕，本無書題，以《證類》校之，始知爲《食療本草》，其爲孟本抑爲張本，亦不可辨也。其體例先主治，次按語，次處方。按語每引經，未知何經，《倭名類聚抄》所引有《食療經》或即其書，故名曰《食療本草》歟？以此本與《證類》對校，則此本多詳其主治及按語。《證類》每有削落其處方，亦不全載，如石榴條第二方，《證類》先引陳藏器説，遂削此方，然陳氏實本於此也。其文字異同則各有出入，須擇取之。詵，不知何時人，據張鼎補其不足又陳藏器引張説，陳爲開元時人，則詵身當在開元前也。

甲子四月　唐蘭

作者自注：寫成於一九二四年五月。

載《敦煌石室碎金》羅振玉輯東方學會石印一九二五年五月。

又《商報·文學周刊》第六期一九二九年十一月十二日。

又《中國敦煌學百年文庫·科技卷》（一）第三五三頁甘肅出版社一九九九年。

燉煌所出漢人書《太史公記》殘簡跋

羅氏所印《流沙墜簡》第三類《簡牘遺文》第十三簡文曰：「久不相見，萃然相黨，以驢道故，以請語。當此之時，臣實樂之，飲至四五斗。若耐男……」（下闕凡三十一字）蘭按：此《史記·滑稽列傳》文也，今本傳文作「久不相見，卒然相覩，歡然道故，私情相語，飲可五六斗，徑醉矣。若乃州閭之會，男女雜坐……」與殘簡異同甚多，則此簡雖僅數十字，亦頗可資考證也。簡以「卒」作「萃」，此並通假字，正字當作「猝」。簡又以「覩」作「黨」，「黨」蓋假爲「當」字，《説文》「當，田相值也」，有對偶之義，較之作「覩」字者爲勝矣。至簡文「以驢道故」二句，疑當作「以驢道故，以情相與」。「請」蓋「情」之譌，又脱一「相」字耳。「當此之時，臣實樂之」兩句，今本《史記》無之，似有者爲長，以前二事之「賜酒大王之前」，與「親有嚴客」與此相較，則此誠可樂矣。「飲至四五斗」今本作「飲可五六斗」，又下有「徑醉矣」三字，則似各有長處，若作「至」字，則當有「徑醉矣」三字，若無「徑醉矣」三字，則當以「可」字較順於文義也。簡又以「乃」爲「耐」，耐古訓爲能，簡之下半雖殘缺，然「耐」下尚存一「男」字，（舊闕釋，今補）。可見其本無「州閭之會」一句，故但謂若能男女雜坐，以見其不宜能也。余考《史記》之書，在西漢時，流播已廣，《後漢書·竇融傳》載光武賜融以太史公書五宗、外戚兩世家及《魏其侯列傳》，北涼州有《史記》本之見於史傳者，今此簡出燉煌西北，則當時彼土已有傳寫之矣，以此推之，殆尚有他書，第湮不見耳。羅叔言先生爲簡文考釋至精且詳矣，顧時有小誤，至以此殘簡爲尋常書牘，遂謂屯戍但有小學術數方技書，蓋考訂之偶疏，雖博聞者有所不免也。夫《史記》一書，據其自序凡五十餘萬字，今所出僅不及萬分之一，意其地或尚有遺簡。豈既出而扃之好古者之篋中，而不得顯於世耶？抑流轉於匪人之手，無識者以寶貴之，而終至於毁棄耶？其尚未出諸土耶？夫唐宋寫本書之有益於校讎，幾人人而知之矣，況此漢人之所咕嗶，較石經爲尤古者哉。世倘有好古君子，荷鍾以往，車載以歸，余雖不敏，將往從之。

甲子五月三日　唐蘭誌

唐蘭集(一)

我所做的東西,向來是隨手拋棄,也有夾在亂紙堆裏的,到一年快完的時候,就不管三七二十一拿來總成一包。這幾年來,一包一包的亂紙倒也不少,燒掉呢,似乎有點可惜;依舊放着呢,又似乎覺得討厭。所以索性揀了一下,有一篇,是一篇,抄存一個底稿,也總算這幾年没有白過。但是實在説起來,空費了許多精力,不過一張白紙上多了我的幾個黑字,對於别人有什麽益處呢?我想,我只好慚愧着自己的無能吧。

孔子誕生後二千四百八十年八月下旬自記。

作者自注:寫成於一九二四年六月四日。

載《商報·文學旬刊》第二期一九二九年十月五日。

夙於

……夙於報端得見尊文，初不過嘗鼎一臠耳，旋而嗜其旨味矣。昨過市，得《甲寅》十數册，色然以喜，不謂反質之時，猶見情文兼至之作，捧讀竟日，幾忘寢食。其中《文俚平議》諸篇，尊論皆可不刊，獨《新舊》一篇（第八號），蘭不敏，尚有疑義，敢就質焉。尊説：「吾國聖賢教人，教以如何能成爲天地間之一人，而不教以如何能成爲社會中之一分子，此大病也。充彼之説，仿若盈天地間之人，倶各各有其獨立之地位，毋須與他人有何連誼者然。」蘭竊疑昔人以人配天地，乃指全人類而言，（見《易·繫辭》等）非指一人也。且社會之名，古昔無之，以其實推之，則古時爲宗法社會，故聖賢所言，皆以人爲家之一分子，合家爲國，則人又爲國之一分子也。「充彼之説」以下，原爲尊所擬論之説，然愚意則以爲孔子日日言仁，仁者愛人，其義至顯。仁之爲字從人二，古語曰「相人偶」，故父與子偶，而生孝慈之道；兄與弟偶，而生友悌之道；朋友相偶，而生親愛之道，凡此類其實皆仁也。程子所云性中，只有仁義禮智信，而無孝弟，即此義也。惟仁故能老老以及人之老，幼幼以及人之幼。是仁之一字，即可示人人有連誼矣。至《大學》一書，乃言教而不言法，言造就齊家治國平天下之人，而非言家規與國憲也。故尊論「家國天下，自身不必有何意識」，及「家國天下未見有何自齊自治自平之能性」，皆似稍有誤會。至尊論「中國人思想，動欲爲聖賢、爲王者、天吏、君、師，不肯自降其身，僅求爲社會中之一分子」云云，則惟後世之狂妄人或有是想。聖賢勸人爲聖賢則有之矣，若王者、天吏，皆對人君説耳。儒家絶重名分，君子思不出其位，知非聖賢之旨矣。又如「師」則孟子已言之。尊論又曰「不肯盡一分子之義務，與其餘等量齊觀之輩，同心戮力，以共齊治平其家國天下」。此種思想，故無世無其人，然絶不由聖賢學説之影響也。《周禮》曰「孝友睦婣任卹」，《孟子》曰「修其孝弟忠信」，又曰「出入相友，守望相助，疾病相扶持」。而其於駁許行一章，言分工與合羣之必要，則其社會觀念不可謂不深切矣。（又如孔子作

《國殤》亦其類，古者凡士皆有治天下國家之義務。故孔子曰「不仕無義」，仕即士之詁也）。尊論又謂「學者立教，動以聖賢期人，而又標出聖賢爲人生最難到之一境。即曰庸德之行，庸言之謹，夫婦可與知與能，而旋曰中庸不可能」。然《中庸》此三段辭意，各自不同，「庸德」、「庸言」，就修養而言，故曰「君子胡不慥慥爾」。夫婦一段，就知識之全體而言，猶謂「智者千慮，必有一失；愚者千慮，必有一得」，故子曰「聖人有所不知不能也」。若中庸不可能，乃言道體，所謂義精仁熟乃能中庸，略與庖丁解牛之意相似，非謂全不可能，乃較之均天下國家等爲難能耳。又學問本無止境，鄉人或不識丁字矣，儒者或終身不知數目矣，與學聖賢，亦何獨不然。苟有志學之，恐亦未必甚難，且聖賢得一善，則拳拳服膺，起始固亦甚微。《論語》所教多屬卑近，原不教人騖高躐遠也。若尊所謂墮落者，實不得途徑而然耳。凡此種人，無往而不如是，如談功業者，失意則轉入禪悦是也。尊又説「五百年必有王者興，其間必有名世者，以爲至五百年之久，始有一所謂王者與名世生」。竊疑似有以文害辭之病，夫孟子之意，以爲王者當代代有之，即不幸而不能常有，至五百年之久，定須有一人矣，故用一必字，文義甚顯。不然，周之文、武、成、康，相蟬聯也，孟子將何以自解邪？至於名世者則更多矣，云其間明五百年之間也，蓋雖無王者，猶有名世者可以主一世之公論。孟子蓋隱以自負也。且孟子所稱王者，必能興制度者，此可於七篇中得其梗概。王者雖没，即守成之主，猶可因舊制以治天下，若至五百年，則一種制度，已至萬不可不變之時，故王者復起。此自史材觀之，孟子以後直至清葉，大致相近，不獨孟子以前也。此段尊論以後所推演，似皆坐前題失實之病。至尊論分子整齊之説，極表贊同，惟愚意以爲與其滅智識道德而爲與常人調和之説，何不增進常人之智識道德而使之齊一乎。凡此諸端，皆隨讀隨思得之，因今日舊學既爲衆矢之的，（尊論其理皆是，而所責於聖賢者，似有誤。若去所引聖賢之説，而單云中國人有此種思想，則論證似較圓滿。或執事當時不甚思索，臨時以資談助，惟刊定時似當校正爲妥。未知尊意以爲然否？）而左右又衆論所仰，若云某不廢舊學，而亦爲此説，是誠可懼，故輒録塵。

極知公務甚繁，然以執事好納邇言，當不致以食馬肝見譏耳。如蒙反復，尤所企望，蘭亦不專主故説也。……唐蘭

（天津英界小營門四十號，九月十一夕）。

附録

唐君此函，徑投府中，愚閲後爲尋常文件捲去，一時廣搜未獲。續有一函，亦同是厄，以致揭載稽遲，甚爲邑邑。《新

舊》一篇是曩歲在滬學生會中演稿，一時狂潮所蕩，非於舊學故爲愓抑，其説轉無由入。所駁數義，固未是鄙志所必持。昔者孔子有過，幸爲人知。況在凡庸聞過，寧非大幸。前有陳君朝爵辱教，如君聖域之優入可期，同氣之相求未遠，雖萬被責猶有餘欣。

唐君字立庵，無錫人，年二十六歲。愚於得函後，曾一求見，其人英年俊偉，國學湛深。世有此才，何易可量。

孤桐（整理者按：章士釗）

載《甲寅周刊》第一卷第二十三號第十至十二頁一九二五年十二月十九日。

一九二六

聖賢英雄異同論

聖賢與英雄，皆非常人也。其立言行事，往往超乎一世人之心思耳目。獨其行志，雖受譏議，歷困躓，而不顧者同；其事有濟有不濟，雖或不濟，而終爲後世所景仰者同。雖然，此蓋一端耳。聖賢立德者也，英雄立功者也。立德者爲人，立功者爲己，（整理者按：原文「立德者爲己，立功者爲人」。人、己兩字乃排版者誤倒，今正）。此其爲異，則公私之辨也。聖賢之言曰：「己欲立而立人，己欲達而達人。」「己所不欲，勿施於人」。此非公也邪？英雄則曰「兩雄不並立」，「寧我負人，毋人負我」。此非私也耶？爲公者有天下而不與，視天下如己之一身，未有一身之中而有彼此、人己之界者；人之有善，若己有之，是能舉天下之賢才，濟天下之大事者也。爲私則不然，惟恐天下之人有賢加乎己者，有材智出乎己者，或則覊束之，或者誅戮之，使不盡其能。彼欲使天下之善，皆出於我，天下之人，皆爲我屈。是奮其私智而壞天下之事者也。公私之異，由心術之異也。夫聖賢之所朝夕孜孜者，仁義而已矣。有惻隱之心，充之可以爲仁；有是非之心，充之可以爲義。人人有惻隱是非之心，是人人可以爲聖賢也。使我日崇其德而人皆化焉，使人人願學聖賢之所學，習仁義而病殘賊，是天下不幾乎平乎？人之未化於聖道也，天下之未平也，是亦亟脩其德而已矣。於此而有人焉，德行而出我上，則將先天下之人而師之；德行而與我齊，則將先天下之人而友之；德行而出我下，則將先天下之人而教之。師焉友焉教焉，惟德行之是準，而無私心存焉。若英雄之所求，則大異於是，彼將充其欲者也。彼因其禀賦之特厚於人，憑藉衰亂之世，彼將言人之所不敢言，爲人之所不能爲，忍人之所不可忍；彼將因是而要名譽焉，獵權勢焉。其下者乃子女玉帛之是務。夫名譽權勢，子女玉帛，人人之所欲也。雖然，此非如仁義之可以反身而求者。此有畔者也，有畔必有爭，或得焉，或失焉；或多矣，或寡矣。英雄乃周旋於多寡得失之間，出其智力以求一逞，故未有不爭而號爲英雄者。智力出乎己上也，徼幸以爭；智力與己齊，勢均而爭；智力出乎己下，攘其所有而爭。其所爭者以利爲準，故義與利心術之所由分也。聖賢由義而英雄徇利，常人莫不歎英雄之不可及，而以聖賢爲不可爲。蓋由義者德難成，而徇利者功易見也。雖然，難成者非不可成之謂。人之異乎聖賢者，亦自不爲而已。乃若貪易見之利，亦必蒙易見之害，利與害相生者也。彼英雄者，縱其所欲以壞天下之事，而亦以自賊其身。養由基善射者也，而蹶於射；商君善法者也，而躓於法。且夫志於温飽者，難與言聲色矣；志於聲色者，難與言功業矣；志於功業亦何獨不然？故或者忍其嗜欲，以期功業之就，唐玄、唐莊之類是也；或者力足以服天下，而内不足以制一豎，齊桓、秦始是也；或者能忍於天下，而不能忍於一婦人之私，漢高、魏武是也；又或如韓信善戰而戮於婦人，弘羊善理財而爲天下所賊。其類至繁，不可以遽數。然即此數人而言，非皆世所謂英雄者耶？彼其心何嘗不欲趨利避害？積一生之心力而爲之，而卒至於害者何也？彼固未嘗知治天下國家之大經大法，君君、臣臣、父父、子子之道。彼志於功業，功業之外，非其所及也。豈若夫聖賢一志於道而不計其功，天下有未平未治，則先齊其家；家有未齊，則先修其身。累高者由下，積大者自小。兢兢焉，業業焉，終其身而不敢怠，利害得失之見，又安能縈其心哉！然若使其得志而行於中國，則天下萬世將蒙其利，又豈區區一時之功業所得而比擬者。即其厄於世變，而遭遇困窮，亦足以全其身而遠凶暴。故湯拘於夏台矣，文王囚於羑里矣，孔子厄陳蔡，而程朱被黨籍矣。毁之者雖萬端，而聖賢固無傷也。蓋其責己厚而責人也薄，正乎義而不與人爭利。責人薄則無惡，不爭利則無怨；無惡無怨，又誰得而害之？若夫比干、伯夷之流，求仁得仁，彼將從容以就死者也，此固與言利害之徒殊趣。故使後世之人，過孔子之故居，稽其禮樂，誦其詩書，低徊瞻仰而不能去。與夫臨秦漢之遺墟，讀過秦之論，詠戚姬之歌，欷歔憑弔焉，其情固有閒矣。然而世或有人焉，推崇功業，以爲與立德者齊。公私義利不必問，但要其有功於亂世，與聖賢無以異也。此其説甚謬，不齊其本而揣其末，則常人之語默，亦可與聖賢同。況世之所稱英雄者，非以其善戰爭、嚴刑法、足財賄，而爲人人所畏服者哉！今以其善戰爭也，勝亦戰，敗亦戰，可戰亦戰，不可戰亦戰。戰財盡則取諸民，戰卒盡則盡驅市人烏合之衆。孤天下之子，寡天下之婦，使百姓流轉死亡，以求盈彼之欲。幸而得逞，其異己者悉已誅鋤矣。方乃就其所殘之民而休養之，而天下壯丁百不一存矣。此其所謂功業者，豈真有功於民耶！夫英雄之起也，或假仁義，或籍符瑞，此不過以熒其民耳。乃其所操者刑賞之枋，刑嚴則人畏而服之，賞厚則人樂而歸之。功業之成否，視其操術之工不工爲斷。其工於術矣，而其所以爲之者，一人之喜怒也。一人之喜怒，烏足以盡萬民之情？故一姓之成功，而其民無故被戮辱者，不可勝數矣。且其足財賄也，又曷自來者，其賞于人也，非攘彼而與此者耶？故世有英雄，而民之被攘奪者，不可勝數矣。且夫英雄之爲名至無定也，上自秉國之鈞，下至山林草澤之寇，凡智力足以屈人者，其自號皆爲英雄。其人之畏之者與利之者，亦皆稱之爲英雄。其智力地位雖不同，而其操術同，其殘民亦同。故仲尼之門，羞道五霸，誠不屑道也。孔子謂季康子曰：「苟子之不欲，雖賞之不竊。」惡爲民上者之所爲，與盜賊等也。夫上有所爲，下必效之。故其以戰爭而得志也，則其民化於戰爭矣；其以夤緣賄賂而得進也，則其民化於夤緣賄賂矣。英雄者不矜細行者也，故其民蕩檢踰閑而不可禁。彼喜怒之從心，故其下得窺其意嚮而爲之，而佞僻起矣。蓋功業所由成，而其敗端已伏於中，積重而難返，皆足以亂，故英雄者亂之媒也。夫一治一亂者，自然之道。英雄者，益亂於亂世，而啓亂於治世，然其沙汰於自然而幸存焉。淺見之徒，遂謂天下之治，實由於彼，而彼亦居之而不疑。攘自然之功，掩殘賊之迹，而謂與聖賢同功，不亦謬哉！夫所貴於聖賢者，以其能左右自然，謀去其亂而定長久之治，非圖近功立小利者也。而或者目以爲迂遠疏闊而不可成，是其於道，必概乎未有聞者，是猶目飛鳶而笑工倕之巧也。夫治亂之間，亦有故矣。其爲人心之變易也，其爲天災之荐臻也，其爲强敵之侵陵也，古今之變萬端，而大要不外此三者。聖賢之執政也，則爲之制禮作樂以正人心，講農務蓄以足食，修甲兵厲戰備以禦外侮，三者定而變亂無由起矣。又因時而損益變革之，則天下常治。蓋周之成康，嘗由斯道矣。漢之文景，唐之貞觀，仿佛近之矣。當此之時，又誰能謂其迂遠疏闊哉！迨夫聖賢既没，常人守之，苟不廢其制度，猶足以治。有愚者出而妄增廢焉，有小人者出，惡其害己而去之焉。而後變亂復起，變亂既甚，而聖賢復出，而又屈在下位，既不能以枉道而干進，又不忍坐視亂亡而不救，栖惶犇走，所爲不合，夫然後迂遠疏闊之名起。夫豈遠于事情哉？假使聖賢而不爲迂遠疏闊者，亦將如流俗所謂建功業乎？聖賢之學，正己以正人者也。己一不正，則民不信之矣，雖有天下何益？故曰素富貴行乎富貴，素貧賤行乎貧賤；得位不得位，天也。我則講明其道而已矣。道之行也，豈必自我？故其得位，而天下之民信之；即不得位，而天下後世共習其道。雖侈談功業之徒，亦或假之以爲名而得小治，然則其迂遠疏闊又何在哉！夫使聖賢處變亂之世而爲政，則其所先者，必爲舉賢能黜不肖矣。賢能者稱職，而不肖者當罪，則儌幸者退。其次必節用矣，節用而薄賦税，則民之倉廩實、私財足，又從而教誨之矣。民從教而後親其親，長其長，名分定而禮義廉恥立。夫然後因其所利而利之，所惡而惡之。不率教者從而刑之，刑加而不怨焉。夫然後可以習戰陳矣，戰陳習而後强暴不敢侵。聖賢則益修其德，益愛其民，而遠近之人望風仰慕之矣。於是時而天下之國有虐其民者，則從而征之。正其政而不利其財，則天下靡然從之矣。於是制禮定樂焉，使天下之人皆得享治平之樂，聖賢之道於是乎大行。蓋聖賢之所修者仁也，所辨者義也。仁者愛人，仁之極故能視天下如一身，愛天下之人如愛其髮膚。義者明理，義之極故能視萬事如一事，應天下之事變而無窮，夫豈言功利者所得而擬議哉！故義利別於一心，而聖賢與英雄事業之異，昭然於天下矣。夫聖賢與英雄，固同有不遇於世者。然聖賢守志善道，篷户甕牖而自樂。英雄則窮愁潦倒，或儌幸以取進，是又其異也。若聖賢爲政，則世無英雄。非無英雄也，聖賢因其所長而用之，而不得逞其欲焉。英雄爲政，而並世有聖賢，則常以之爲師，雖其言有用有不用，亦少近道矣。惟聖賢爲能用英雄，惟英雄爲能識聖賢。雖然，英雄世常有，而聖賢不常有。我於是爲英雄惜矣，孔子曰：「大道之行也，與三代之英。」故子貢、子路、孟子、段干木之流與宋之張子，其質皆近乎英雄，而被化於聖門者也。而英傑之士之最醇粹者，如藺相如、諸葛亮、張巡、顏杲卿、段秀實、文天祥之儔，其忠貞之概，臨難不避之節，又實近乎聖賢矣。夫聖賢非生而聖賢也，英雄亦非生而英雄也，其天資雖皆超乎常人，而學之所加，習之所成，則其途分焉。故英雄之不遇聖賢也，英雄之不幸也。使其遇之，又豈終乎英雄而已哉！然我又嘗聞豪傑之士，雖無文王猶興。蓋文王之文，與夫聖賢之大經大法，昭然著於典籍，爲萬世所取法。則歷來英雄之所終以自封，豈非不學無術，與夫氣習之偏不能正耶？夫今世之亂亟矣，外則東西七十餘國，强侮弱，衆暴寡；內則父子責善，夫婦相棄，兄弟鬩於牆，朋友欺於市。此正聖賢與英雄馳騁其道之時也。然而仁義之説，未聞有倡而行之者，是豈英雄之道可行，而聖賢之道衰耶！然我終蘄有豪傑之士，不以故習自封，而深討典籍，力行仁義，求上同於聖賢，則天下庶或有永治之望乎！

特載

「聖賢與英雄異同論」

右爲　執政徵文命題，自行校閲各卷。忽饒興趣，爰擬斯篇，以示多士。　孤桐謹識

整理者按：執政者段祺瑞，孤桐者章士釗。

載《甲寅周刊》第一卷第三一號第十一至十五頁一九二六年二月十九日。

又《國學年刊》第一期第二至六頁。

近二

……近二年間，頗究心政治及哲學、名學等（前年冬曾作《整理我國古代名學之方法》一篇，已刊出，嗣此可以檢呈）。近擬作《中國古代政治思想史》，已少少着手矣（本擬作全史，因範圍過廣，故先自古代起。又此作與梁任公先生不同之點，梁公用主觀法述史，蘭則擬注重客觀法，僅以時代區別，而偏搜材料，就思想之本身爲系統，不欲以後此之説溷一時代之説也）。又蘭讀書之暇，嘗以校補嚴可均《全上古秦漢三國六朝文》爲事，佚篇斷句，頗有所增，惟客中書少，又嗜廣不專，迄難勒爲成篇，而蓬迹漂泊，明春擬離津門，深恐轉徙散佚，則一時苦心，並歸泯没，甚欲稍加整理，請貴誌登出，未知左右以爲可容納否？此稿多隨手札在書眉，大抵不過數百條，其整文見於《文館詞林》者，可但録其目，即亦不至甚占篇幅也。且烏程所任過大，欲一網盡二三千載之文筆，其疏漏自所不免，今蘭不過就目之所及點綴一二耳。然因此或足以啓宏雅之士作補集之志，於斯文於學者似俱有補，未知尊意以爲何似？謹摻管以俟大命……

載《甲寅周刊》第一卷第三十三號第二十一頁一九二六年

五禮五庸原於天秩

五禮五庸原於天秩，三禮既作，微言大義，炳如日星。鄭君而外，禮堂著作，當以何家爲最？近江慎修先生撰《禮書綱目》，秦樹澧先生撰《五禮通考》，其義例得失若何？黄元同先生撰《禮書通故》，論者謂《五禮通考》可與三通並峙，《禮書通故》可與《五禮通考》並傳，其説故不誣與。試辨别異同，以詳論之。

夫先王之爲制禮，豈漫無統紀而制之哉？夫制者，裁制之也，非創作之也。禮固無所起，雖聖王亦不能創作之。蓋其始也，當獉獉狉狉之際。飲食男女之爭，久而不已，而自然之秩序生焉。於是伏羲、神農因其自然擇善而從，微具損益，使民由之，此禮之起也。循唐虞夏殷，人事日變，而禮日繁，禮繁則觸忤生焉，觸忤生則是非起，是非起則民惑於所從，而禮將亡矣。於是周公奮而制禮，上自國家政治之大端，下至閨門儀節之瑣末，無不具備。今讀其遺書，得區四部。一曰「正名」。孔子曰：「名不正，則言不順；言不順，則禮樂不興。」故瑞贄車服之别，名號爵謚之差，今之存者，則有《爾雅》《謚法》，其佚篇則有《號謚記》《親屬記》《别名記》，其大較也。二曰「國政」。今所存者則有《周官經》，其輔之者則有《周易》與《考工記》《司馬法》，其《春秋》及《周月》之篇則俄空矣。（韓宣子適魯，見《易象》《春秋》，曰：「周禮盡在魯矣」。）三曰「儀節」。其存者今之《禮經》十七篇及《諸侯遷廟》《諸侯釁廟》《投壺》《見子》《公冠》，諸篇之外，亡缺多矣。四曰「禮容」。凡子事父母，弟事師長，以及坐立行步之容，恭敬撙節之狀，散見於《文王世子》《曲禮》《内則》《弟子職》《賈子》《容經》諸篇，而古經無可徵矣。舉此四者，而緯以孝弟、忠信、道德、仁義，而制禮之大綱具矣。雖然，禮固難言之也，顧此則失彼，舉賢則廢不肖，而周公則囊栝四代，網羅一切，其微萬言而不可窮。而能雜而不亂，舉一以賅百而無悖惑，是固何所據而然哉？《樂記》曰：「禮也者，理之不可易者也。」《禮運》曰：「禮也者，義之實也。協諸義而協，則禮雖先王未之有，可以義起也。」是周公之所據理義而已。若綱之在綱，所由一貫而不亂者也。是故孔子贊其緘緘，而有從周之議。惜乎戰國去其典籍，暴秦繼之燔毁，而漢氏所存僅十七篇之經，五篇之《周官》而已。諸儒掇拾「記」凡數百篇，及佚經五十六篇，而後世所存但大小戴二「記」而已。夫吉、凶、賓、軍、嘉之别，父子君臣之間，禮至繁也。而篇簡散佚，闕者大半，羣言龐雜，無所統紀。如是則儀節必有窒礙難行之虞，而禮必有衰廢之患。於是曲臺石渠紛紛論議，后戴諸公羣有發明。雖西漢經師篤守家法，本經而外，鮮所旁通。致來孟堅推《士禮》而致之天子之譏。然非探賾索隱，即無自參伍錯綜。經師通儒各有所當，未可相非也。孟堅承二劉之後，典籍大備，諸家經説多立學官，故其所集《白虎通義》，錯綜羣説，折衷於經，抑禮家之鈐鍵，空前所未有也。許君著《五經異義》，所議者皆禮也。蓋《白虎通義》掇集衆家，鮮抒己意。若集衆説之不同，而求其得失是非，蓋自許君始焉。鄭君之學多出許氏，其爲異義駁，非好辨也，之深而抒其所得耳。（鄭君於《詩》《周禮》三傳皆如此，何休所謂「入吾室而操吾戈者」，蓋唯能入其室斯能操戈耳。）蓋習蓋不探本經之微，則無以觀羣經之通；不得羣經之通，亦無以索本經之奥。故鄭君承后、戴、賈、馬之微言，掇班、許之通論，所以大成。然無后戴之徒，則班許無所馮籍；無班許，則鄭君方將搜集論議之不暇，亦不能總其成矣。是故資鄭君之成者，班許也，是亦禮家之功臣矣。鄭君注禮之功，有最大者二：分析夏殷周魯禮，一也。貫穿經子，旁證百家，二也。蓋班許所據不過經傳，而鄭君則於《弟子職》《司馬法》《容經》《董子》之類多所采摭，於是徵禮之範圍益廣大矣。自杜鄭之於《周官》，馬盧之於《禮記》，其學皆但及一經，而鄭君獨能兼通三書。三禮之名由是以起，精微博大，以故禮爲鄭氏家學。而王肅獨欲馮其私肊，排斥其説，雖其贍智，足以盡注三禮，然今所存者千不逮一，亦可見無稽之説，不能行久矣。皇沈之徒，爲鄭作疏，至於孔賈遂集其成，此亦猶西漢經師專門之學也。魏晉以後，議禮遂繁，除杜預等一二謬説外，類能抉微推隱。而杜君卿《通典》一書實集其全，若其食貨、選舉、職官、兵刑、州郡、邊防諸門，尤其創作。杜氏雖各立篇目，以與禮别而實則皆禮之事也。此則於漢學之外，别出一徑矣。梁有崔靈恩《三禮義宗》，當時盛行其學，而後世失傳。唐魏鄭公作《類禮》，分析諸記各從其類附於經後，而當時學者頗加非難，書遂不行。朱子惜之，乃特創義例，並修三禮分傳附經，旁羅百家而成《儀禮經傳通解》一書。黄勉齋、楊信齋繼之，續成喪祭二禮，此則又於漢儒之外，别出一徑矣。蓋禮學自后蒼以至鄭君，下逮孔賈，温故之功也。而杜、朱則開知新之漸，温故爲知新之資，而知新則制作之始也。故欲尚論禮家，則鄭君而外，當以杜氏與朱子爲最矣。自鄭漁仲、馬端臨仿《通典》而作《通志》《通考》，於是續三書者起矣。朱子之書則有吴草廬、貢汝成、韋協夢等述之。而慎修江氏作，江氏以朱子之書修於晚年，編於衆手，體例不一，節目疏略。乃别立門目，更爲凡例，以《大宗伯》五禮爲主，而附以《通禮》，曲曲及樂。其書大抵本朱黄，而檃栝增損使其縝密，增出養老、樂舞諸目，補《鐘律義》《書數》等篇。復廣取顧亭林、梅定九、朱載堉之説以自益，蓋朱子之志至是而粗竟矣。徐健菴起，因居母憂而作《讀禮通考》，專治喪禮。備考古今之説，博贍詳備，他家靡及，本有并修五禮之志，未及成而没。秦氏承之，遂集《五禮通考》，鎔合杜、朱、鄭、馬之書，而更刺取史志，博稽載籍。其觀象授時一門，則東原戴氏所修。體國經野一門，則震滄顧氏之説。錢氏曉徵亦與纂修。故其書精詳浩博，比之《綱目》似乎勝矣。然《綱目》有《井田》《政治》《財賦》《書數》《名器》諸篇入《通禮》，《曲禮》《内則》《少儀》《弟子職》《臣禮》諸篇入《曲禮》，皆《通考》所無也。此則限於五禮之名，不能如《綱目》得朱子之意也。《綱目》仍朱子之舊，於每段經文割附傳文，易生混亂之病。（明以後《儀禮》注疏頗有以通解之説誤入注中者）。則似不如《通考》以傳記之説全附經後，可以無弊。而《綱目》不能通考古今之説，此又不如通考者也。蓋朱子江氏所述《書數》《名器》諸篇皆向所謂正名之屬也。所謂《井田》《政治》《財賦》等篇，則國政之屬也。《曲禮》《内則》諸篇則禮容之屬也。欲求禮之備，則此三者不可闕矣。然《周官》之例，本與十七篇不同。其書蓋標舉大綱，詳所以用儀節之法，而其儀節又別自成篇，今之《禮經》是也。故鄭君以《周官》爲經禮，《禮經》爲《曲禮》，是《周官》其綱，《禮經》其目也。求儀節者，不能得其詳於《周官》，求國政者，不能得其説於《禮經》，且禮經通於侯國，周官施於王朝，其爲別也多矣。而《綱目》《通考》多以《周官》與《禮經》參雜，是其失也。蓋《周官》者，可用於證佚經，而不可使與儀節相雜，當別立國政一門統之，而隸於此者附焉。蓋秦氏未明此例，故其以觀象授時諸門，强入嘉禮，不如朱子入王朝禮之爲得也。（朱子分家鄉學邦國王朝，不如依《周禮》分五禮爲得，但不可以政治雜入五禮耳）。自李氏如圭爲《儀禮集釋》聶氏崇義爲《三禮圖》，楊氏復爲《儀禮圖》，鄭鍔爲《周禮解義》，衛湜爲《禮記集説》，以至於清説禮者衆矣。秦氏所據清以前諸家而已，清以前諸家頗多疏外，故其説經多取王肅敖繼公謬説，經恉頗晦。而其後説禮者愈衆，若淩次仲胡竹村尤其著也。類能發前人所未發，宣經注之祕藴，於是黄元同先生病《五禮通考》之説經多誤，更取諸家之説彙而觀其是非得失，而爲之折衷，仿《五經異義》之例，而作《禮書通故》。其蒐采證獲頗出諸家之外，能卓然自成一説。如引《韓子》以證質制之類是也。若其但標某説不出本書，書籍有亡散之虞，後學有靡從之憾。原其本意，欲輯録諸家，後綴己説。其志未遂，乃成今書，此體例之小疵耳。雖亦間有瑕纇，如逆禮夾室之説，然篳路藍縷，創述不易，未足病也。蓋三禮之學，至鄭君而集大成。窮則變，變則通，通則久。杜氏、朱子之學，蓋始變矣。夫周公之禮，歷戰國及秦而亡佚。自杜、朱出，而亡佚者、殘缺者始有復完之望，而至於秦黄二書，則去復完之期尤近矣。昔者曾氏滌生以爲《通考》可與三禮並峙，而俞曲園以爲《通故》可與《通考》並傳，其説固皆是矣。然《通考》比之漢時尤於《白虎通》爲近，蓋亦錯綜羣説者也。若《通故》則黄先生亦自比許君矣。是故當世而有鄭君者出，則秦黄亦其先趨也。夫爲學之道，首貴專精，次貴綜合，有綜合而後是非可辨，是非辨，而大業生焉。自秦漢而至鄭君，極于孔賈是一期也，自杜朱以至於今，又一期矣。《易》曰：「一闔一闢，謂之變。」今而後若有周公者出，其必取裁於秦黄之書，明其統紀，斷其是非，推之於理，合之於義，亡有則起之，殘缺則補之，使天下共循，萬世爲式，禮學庶幾乎大成矣。雖然，苟無秦黄之書，雖有周公，亦未能無所蒐討論議而作，然則秦黄真禮學之功臣哉。

元元本本，殫見洽聞，非學有根柢者，無此淹貫。

載《無錫國學專修館二編》第一册第二十三至二十六頁一九二六年十二月。

《曾子》十篇實開《中庸》《孟子》之先

《曾子》十篇實開《中庸》《孟子》之先，孝弟大本一貫，淵源精要之辭，當能約舉《大戴禮記》，自《曾子》外諸篇，尚多精粹之文。乃孔仲遠撰《五經正義》，既不採《大戴記》，而後人裒集十三經注疏，亦不及《大戴記》何與？試博考周稽以平議之。

朱子曰：「世傳《曾子》書，猶取《大戴禮》之十篇以充之，其言語气象視《論》《孟》《檀弓》等篇相去遠甚。」又曰：「所記雖或甚疏，亦必切於日用躬行之實。」蘭竊謂：《大孝篇》有樂正子春與其門弟子語，是《曾子》一書或出於曾子再傳弟子所作，故其辭气較《論語》諸書爲繁碎，然其本於孝弟，謹身慎行，固皆曾子之微言，非他人所能爲也。善哉盧召弓之言曰：「《大戴禮》之極精粹者，《曾子》數篇而已，而《立事》一篇，尤學者所當日三復也，博學而孱守之。」余素服膺斯言，自爲棘人，每頌「君子思其不可復者，而先施也」數語，輒不禁淚之盈眥也。蘭更按：「居易以俟命，不興險行以僥倖」，《中庸》所取；「仁者樂道，智者利道」，《孟子》所本；《大孝》一篇，《祭義》所採；「孝子不登高，不履危，不苟笑，不苟訾」，《曲禮》所据；「與父言，言畜子；與子言，言孝父」諸語，《士相見記》所徵；「父母愛之，喜而不忘；父母惡之，懼而不怨」，《尸子》所引；《天圓》一篇，《淮南子》所述；「君子尊其所聞則高明矣」數語，《董子》所稱。其餘如曰：「孝子無私樂，父母所憂憂之，父母所樂樂之。孝子唯善變，故父母安之。」又曰：「與君子游，如長日加益而不自知也；與小人游，如履薄冰，每履而下，幾何而不陷乎哉？」蓋曾子之學以孝爲本，而學爲君子，戰戰兢兢，不敢一日懈也。故曰：「吾不見好學盛而不衰者矣，吾不見好教如食疾子者矣，吾不見日省而月考之其友者矣，吾不見孜孜而與來而改者矣。」蓋惟曾子一日三省，庶幾爲好學。而其所以爲學者，孝而已矣。其存心莫非孝也，故所學所教莫非孝也。使受其教讀其書者，不敢不孝其親，此誠畜於中而言之懇摯也。夫知孝其親而不願爲君子者鮮矣，故曾子之學，本乎孝而達於道者也。以此教天下，雖萬世而不能易之矣。曾子之書本十七篇，至宋而亡，唯在《大戴》中十篇尚存，先賢稱其言者至多，而後人乃至不能讀之，豈以其書既亡佚在《戴記》，《大戴》世所不重，無人尋其説耶？《大戴禮》除此十篇外，有《夏小正》《諸侯釁廟》《諸侯遷廟》《投壺》諸篇，皆古經記之僅存者。《保傅》《武王踐祚》《勸學》《虞戴德》《本命》皆多精粹之語，此不可不列於正經而爲之疏者。而六朝唐人獨不尚焉，不列正經，不爲疏義，豈以其偏於論禮意略於論禮制哉？抑以其採掇羣書，羣書具在而不暇爲其學耶？要之凡爲學問，必有所因，此《記》既鄭君所未注，傳習者鮮，盧注既淺薄，且於《本命》注妄疑《記》爲後人所增，以是學者益不重焉？孔穎達作《正義》，皆承六朝舊疏而來，其《禮記》舊有熊、皇二疏，因删併爲《禮記正義》，若《大戴》本無疏者，故不作正義也。且沖遠於《毛詩·靈臺》正義謂：「《大戴》遺佚之書多假託。」則其不爲作正義固宜也。然孔氏謂其僞託則過矣，今觀其書除《三朝記》《曾子》而外，多與《佚周書》《荀子》《賈子》諸書相合，幾於無一篇不可尋其出處，果何從而假託耶？《覲禮》鄭注引《朝事儀》；《月令》注引《夏小正》；及《傳學記》注引《武王踐祚》；《樂記》注引《五帝德》。鄭君所引，顧不可信邪？《漢書·高帝紀》注：「臣瓚曰：《大戴》有釁廟之禮。」《昭帝紀》注：「文穎曰：賈誼作《保傅》，傳在《禮·大戴記》。」據此則《大戴禮》本有此諸篇，非取於他書而僞託《大戴》明矣，故孔説過也。宋初甚重《大戴》，至列爲十四經，而其後傳習少，且無疏義，故不能與於十三經之纂集矣。清初戴氏、盧氏始校刊《大戴禮》，而其學大興，羣儒推重，儕於正經。爲之注及校釋者，有孔顨軒、汪紭青、王聘珍、汪榮甫、孫仲容諸家。而《夏小正》又有畢秋帆、洪震煊、顧鳳藻、黄相圃、梁章鉅、王棻友諸家。《曾子》十篇有阮芸臺，《三朝記》有洪頤煊，蓋説者衆多矣。後之欲爲義疏者，蓋亦有所取材焉。

論曾子孝行，精當不磨。中後旁徵博引，無義不搜，是真能實事求是者。

（整理者按：文末黑體字爲國專教師評語）

載《無錫國學專修館文集二編》第一册第二六頁至二八頁一九二六年十二月。

無錫尊經閣賦

嗟大聖罹於陽九兮，唯威鳳其不來。感獲麟而涕泗兮，傳遺經於萬祀。彼堯舜之相傳兮，賴遺文之不墜。遭暴秦之爇餘兮，研伏毛之殘柿。歷百代之興廢兮，道質其猶未虧。忿輔王之疑經兮，害乃及於今兹。彼莊龔之作俑兮，初未知至乎此也。由積疑而棄經兮，遂倫常之可訾兮，世渾淪而擾亂，乃無一道之可守。悲斯民之無辜兮，何爲淪於禽獸。信斯經之至極兮，道雖蔽而不可侮。人不知而忽其功兮，廢乃多其所悔。乃有鉅儒慨然以興復爲任，覩一世之縱横，惟遺經之是尊。世方競貪而爭詐，顧煢煢而不予聽。終守此耿耿，冀一陽之不傾。同類相感，洛鐘遂鳴。乃擇土居，錫山之陰。惟鄰仁之爲美兮，擇梅里之舊都。彼至聖之善讓，固夫子之所慕。亦憑弔夫故迹，過專諸之死處，守齷齪之小節，且君子之所鄙。固大國之多賢兮，小人入而俱化。顧舍此將奚適兮，歷層巔而高呼。於是學徒千里，景從而至，負簦贏糧，不知其計。時雨霑足，春風和暢，觀雩浴沂，攜手相羊。於是博帶拕紳，相與駭愕，聖道不亡，人心可復。乃詢故老，索方志，知大成殿之旁有尊經閣之舊址。荒煙迷斷甍，藤蔓纏圮垝，階基伏蛇虺，寝穴竄狐狸。感斯閣之廢興，嗟吾道之衰否。休戚相召，若有所致。因是召梓人，鳩匠氏，經營構蓋，期年乃已。遂召儒生，肆習其中。夫聖域之廣大兮，歷九會之康莊。接高閣之飛甍兮，覩大殿之堂堭。琴瑟之聲，彷佛發於西廂。擊磬硜硜，有時達於驂旁。維崇門之峨峨，象聖道之莫差。鳳凰集乎楣上，展仁義之兩翅，歷重砌而拂棖。順曲廡而轉折，遂登蘭堂。稍焉止息，望斯閣之嵯峨。挾六經而增崇，道靡高而靡遠，展耳目而拓心胸。登台階而佇立，升重梯而覩結構。爾若罶梁飛倚，前後承楣，棳儒党拄，棟極巍巍。集衆枝與異材，各量能而齊力。甍宇賴以不墜兮，亦前聖之遺則。賢者不棄細微兮，櫨欂各以相安。承上棟以朱棁，接陽馬以承簷。覩橑椽之交閱，知長短之所齊。觀極庋之高下，知尊卑之不可差。琉璃爲户牖兮，譬明德之常明。六經爲寶藏兮，保任冬至之牙萌。既升堂而入室，見儒服之蹌蹌。或狷介以守節兮，或孜孜進取近乎狂。然皆口非忠信之言不敢道耳，非仁義之説不敢聞。手不離聖賢之書，心不忘堯舜之行。唐子乃歸語尊道先生曰：「昔者文王，經始靈臺，靈臺既成，萬民子來。

然而靈臺遺迹，漢魏猶存，營宇未必美，構蓋無可稱，然其重焉，豈非道哉！漢氏藏書，有天禄之閣。子政燃藜，遂傳別録，經籍墳典，賴以不亡。然則一閣之微，孰與阿房、未央。將羨鬼斧神工歟？抑將較斯道之短長。今無錫之尊經閣也，以爲觀美則不足，以之尊經則有餘，先生以爲何如？」先生瞿然曰：「善！子曷賦之，以曉國人。」唐子乃稽雅訓，索道要，按始終，懲亂迹。黜馬班之靡麗兮，進辭賦之正則。毋夸毗而誕欺兮，將昭示乎全國。申曰：

「剥極於上兮，陽乃息於下。聖道之感通兮，周於世而不出於户。尋千聖之所同兮，紬遺經之所叙。擴至仁之公心兮，萬民得其化。相與尊斯經於無極兮，此閣亦將與之萬古。」

載《無錫國學專修館文集二編》第一册第五十至五十二頁一九二六年十二月。

讀《論衡》

十二月初五夕，校讀竟。仲任當習文勝實之世，奮其特見，以核實考證爲先，雖過信短説，語雜駁稚，在當時固已難能矣。然高祖非龍子，與駁讖書之説，皆觸世諱，幸放言巖壑，秘書篋中，故未如彌衡嵇康之被禍耳。漢之末年，横議蜂起，論政者仲長子、崔實之流是也，論經義者許君、鄭君是也，論法者諸葛武侯是也，論理此書及應劭是也。夫當世之隆，學者日力寬暇，性行醇篤，疑事不質，綱舉目疎；及其衰也，往往救死不暇，而邪説横起，則又不得不爲刻覈以矯之，始猶炫其新奇，終則流於偏宕矣。觀史言蔡邕秘此爲談助，王朗因而稱才進，知學者之喜誕異，實風氣爲之也。應劭、孔融踵之，而孔尤跌蕩，至與荀侍中論食伴無嫌，謂「伴非會友，猶鳥獸而能言耳。」(見《傅子》)又《孔融傳》「路粹枉奏融有云：父之於子，當有何親，論其本意，實爲情欲發耳。子之於母，亦復奚爲，譬如寄物瓶中，出則離矣」。雖忌者之言，揆孔生平，度當發此。且情欲之説，本於此書《物勢篇》，融與蔡邕友善，殆聞之於邕者；粹乃邕弟子，固當知其原出，乃反藉以爲罪，憸人之長技，固不足論；而談理之蔽，遂至於此，殆亦充輩所不及料乎？然自是此風浸廣，嵇、阮而下，流爲清談，儒、釋、老、莊，辯議日滋，議經議禮議律，紛然莫可究詰，至唐而稍息。中葉以後，昌黎闢佛，啖助解經，又復繼起。至宋而析理愈精，然異説亦愈多。元以朱子爲宗，始略定。至明之中葉，則陽明出爲異議，楊慎、焦竑，僞炫古籍。至清復崇朱子，乃少定。而康乾以後，宋翔鳳、莊存與、龔自珍、魏源之類，又騰異説，以迄於今。然則學者立言，每緣當世之風尚，言之平詖，亦繫世之盛衰，君子於此，必有以消息之而擇所處矣。

●載《甲寅周刊》第一卷第四十號第十二至十三頁一九二七年一月十五日
《商報・文學周刊》第十六期　一九三〇年一月二十一日。

石室本唐人選序詩跋尾

右唐寫本殘卷，得詩七十三篇，凡八家：李昂三，今《全唐詩》存其一。王昌齡七，今《全唐詩》存其五。孟浩然十，今《集》存其九。丘爲六，今《全唐詩》存其一。陶翰一，今見《全唐詩》。常建一、李白四十三、曹適二，今俱見本集。凡得佚書十篇，原有羅叔言前輩跋，謂凡六家者，蓋寫本脱去孟、常二姓名，遂末檢及耳。其云「龍標詩十七篇，見千集本僅三篇，陶翰詩三篇，載《全唐詩》者一篇」，皆微誤。「王詩除孟作十篇不計外，僅城旁□及題浄眼師房二篇是佚篇。」（其《邯鄲少年行》集題作《城旁曲》，又《送單十三昂五歸》集題作《送人歸江夏》，羅公失漏殆由於此。）而陶詩除常詩一篇外，僅古意一篇耳。」（三字殆手民之誤。）又云「太白《獨不見》篇卷集除末二句但異一字外，其餘均不同」，亦誤。卷本所題《獨不見》者，實集本《塞下曲》六首之第四首，只二三字異同耳。選本與集本題篇違互，往往有之。如《國秀集》以王右丞《班婕妤》第三首題爲《扶南曲》是也。此詩篇末云「無然獨不見」，故即以此題篇，與今集中題《獨不見》之詩絶不相蒙也。按此卷撰集者何人，今不可考。卷中於王昌齡書，校書郎與《國秀集》同。考江寧爲郎，尚在開元二十二年中宏詞科之前，而所選曹常侍詩，有上陳左相一篇，是在希烈爲相天寶五年之後，則撰集者當是開天間人。《國秀》序于天寶五載，無李白。而此卷及《河嶽英靈》並載之，此題曰皇帝侍文、李白侍文者，侍奉文章。（唐《百官志》太子文學主侍奉文章）似指其供奉翰林。《英靈》則曰「白性嗜酒，志不拘檢，常林棲十數載，蓋言其初至朝廷也」。《英靈》作于天寶十一載，是卷大抵與之同時耳。嘗讀王漁洋《萬首絶句選》，凡例有云「唐選詩除《英靈》《間氣》《篋中》《御覽》《國秀》《極玄》《又玄》《搜玉》《才調》九集外，更有《丹陽》《麗則》二集，訪求不可得。莫進士有《漢上題襟集》，往借鈔，詭云失之矣。《四庫總目》之唐人倡和裒爲集者，凡三《斷金集》久佚，《漢上題襟》未見，其存者惟《松陵集》。蘭按：唐選九集，今有汲古閣本，其中《英靈》《間氣》《才調》皆有宋本，而《搜玉》題曰小集，僅三十四人，已非《唐志》十卷之舊矣。《唐志》殷璠《丹陽集》一卷及李逢吉、令狐楚之《斷金集》各一卷，李吉甫《麗則集》五卷，此外尚有《朝英集》三卷，（注云：開元中張孝嵩《出塞》，張九齡、韓休、崔沔、王翰、胡皓、賀知章所撰送行歌詩。)《珠英學士集》五卷(注云：崔融集武今時修三教珠英學士李嶠洪説等詩。)竇常《南薰集》三卷、(蘭按：謝克家跋李嘉祐詩集云：中興間義岩南薰可餘無遺。則宋時尚傳此集。)李戡《唐詩》三卷、(按《宗室傳》云：惡元白詩多纖艷不稱,乃集詩人之類夫與者斷爲唐詩,以譏正其失。)顧陶《唐詩類選》二十卷(注云太中校書郎)等皆今所不得見者。雖《全唐詩》裒集之詩幾五萬篇,而龐雜者多佳章,轉恐多所遺漏,常爲歉然。及讀此卷爲之一快,惜不得搜至全書一爲印證耳。

載《實學》第七期第五十六至五十七頁一九二七年。

《續封泥考略》序

周君志輔輯所藏封泥而爲考，既成，以示余命作序。余受歸細讀之，其於漢世官制、地理，蒐訂勤矣，後有言漢制者，固將有取於是也。考古之學，世遠則愈精，以其不滯於一隅也，然亦愈難，以其遺迹日且湮毀也。近古以來，士大夫多喜藏古器物金石刻矣，而宋世所著録者，迄今數百年間，蕩然尠有存焉。即今世之收藏者，數世而後，亦且如是。甚矣，物之難聚而易散也。然宋人所著於録者，其物雖亡，而銘識尚以録而傳，其不著於録者，尚不知幾何？湮毀而無可考，是壽於梨棗者，轉久遠於金石也。夫古器物大抵商周秦漢所遺也，當其時，百姓日用而不之貴，乃其經兵火變亂之餘，又數千年，而僅出於荒丘敗隴之中，輾轉入於學士大夫之手，乃什襲而珍之，此固製器者所不及料，而庸俗耳目所震駭也。夫物之爲珍，非出製器者之本意，又非庸俗之所能賞，則其不能久存宜也。昔之君子，知其如是，故存之於著録，乃始無虞其湮毀矣。夫學士大夫之有貴於古器物者，豈僅以其稀有而珍之哉。以其猶足籍以考往世之制度文爲於亡逸之中，雖存者不過億萬之一二，然亦嗜古者所樂聞也。數十年間，古物日出，自殷虚甲骨以至流沙竹簡，齊魯封泥類，皆昔儒所未見，好古者以之相矜，而輯以爲録，以爲蒐訂往世制度文爲之具者蓋寡，而志輔獨孜孜焉從事於此，殆亦有見於古物之易於湮毀者哉。昔許叔重得見孔壁古文，及山川間出之古器，盡著於《説文》，以今觀之，頗有誤者。蓋去古近，古器物之藏未盡發，傳拓之法未行，無有著録其文字者，則即偶獲一二器，亦未必能盡釋其義也。然釋古器文字者，大要不能離焉，則以所載者爲小篆，上承殷周，爲可由流以溯源也。往者收藏之家，每拙於徵古，劉貢父謂弭伯爲張伯，《詩》言「張仲孝友」，當有兄也，爲世所笑。至於輓近，稍精密矣，然簋之爲敦，盨之爲簋之類，猶習而不察，則其所考之往世制度文爲難悉據依矣。夫述古而不詳備者，限於見聞也；徵古而不精確者，滯於玩好也，有一於此，非真嗜古者也。今志輔之爲考釋至精而確，且又將輯諸家著録爲《再續封泥考畧》，欲以集大成，可謂詳備矣，粗而且詳，可謂真嗜古矣。苟擴其道於古鉥印、泉布之屬，更由小篆以上溯殷周之文字，存其銘識而考其制度文爲以傳來世，我知志輔之力，綽乎有餘裕也。倘肯從事於此哉，余安敢辭其言之蕪邪！丁卯十二月，唐蘭序。

作者自注：寫成於一九二七年十二月。

載《續封泥考略》周明泰（至輔）輯北京京華書局排印一九二八年。

又《歷代金石考古要籍序跋集録》卷四第一八八四頁至一八八六頁

一九二八

《白石道人歌曲》旁譜考

宋姜夔《白石道人歌曲》六卷，宋嘉泰壬辰錢希武刊本，元陶南村抄校者，清乾隆時有陸鍾輝、張奕樞兩刊本。又有江研南乾隆二年手録本，近朱古微先生刊於《彊村叢書》中。三本同出一源，並附旁譜，雖小有出入，大致略同也。姜詞旁譜，除《越九歌》及《琴曲》外，悉爲宋俗字譜，前人未有識者，蘭尋繹數四，幸能得之，因作此篇。

一　宋燕樂曲譜

詩餘之起於唐，人知之矣，實則不如名之爲曲之爲當。蓋《花間集》所載唐五代詞之調名，幾全見於唐崔令欽《教坊記》所載曲名中，是當時固以爲曲也。五代時始有以令併入曲者，如李後主《小重山令》之類，宋孔方平集《蘭畹曲令》一書，〔一〕則其時曲令尚可分也。曲之有慢近，不知始於何時，宋柳耆卿、張子野輩始盛爲之，〔二〕歐晏集中不過一二闋耳。至蘇東坡又稍以琴曲附益之。〔三〕合此諸者而宋詞之範圍定，然概而言之，則大抵皆燕樂曲也。〔四〕

唐燕樂曲譜今國内無存者，〔五〕宋曲譜之存於今者，據余所知，除《白石道人歌曲》外，僅史浩《鄮峯真隱漫録》，〔六〕及明王驥德《曲律》，略存一二耳。而《白石集》中，載旁譜者，凡十七闋：用仙吕調、高平調、商調、中吕宮、正平調、越調、仙吕宮、黄鍾宮、〔七〕黄鍾角、黄鍾徵、雙調，計宮調凡十一。則欲窺宋譜體製者，舍此莫屬，誠詞曲史上之瓌寶矣。

王驥德《曲律》卷四云：「予在都門日，一友人攜文淵閣所藏刻本《樂府大全》，又名《樂府混成》一本見示，蓋宋元時詞譜。（原注：即宋詞，非曲譜。）止林鍾商一調，中所載詞，至二百餘闋，皆生平所未見。以樂律推之，其書尚多，當得數十本。所列凡目，亦世所不傳。所畫譜，極與今樂家不同。有卜算子、浪淘沙、鵲橋仙、摸魚兒、西江月等，皆長調，又與詩餘不同。有嬌木笪，則元人曲所謂喬木查，蓋沿其名而誤其字者也……以是知詞曲之書，原自浩瀚，即今曲當亦有詳備之譜。一經散逸，遂併其法不傳，殊爲可惜。今列其目並譜於後，以存典型一斑：〔八〕

林鍾商調	隋呼歇指調	
娋聲	品有大品小品	歌曲子
唱歌	中腔	踏歌
引	三臺	傾盃樂
慢曲子	促拍	令
序	破子	急曲子
木笪	丁聲長行	大曲
曲破〔九〕		

蘭按：據此説，則宋燕樂曲譜明人已不能識矣。故清《四庫全書總目提要》云：「莫辨其似波似磔，宛轉欹斜，如西域旁行字者，節奏安在？」蓋其時元抄本《詞源》尚未出，館臣且不信此僅存下卷，而易名《樂府指迷》者，爲張玉田作，則無怪其不能識宋俗字也。嘉慶庚午，秦恩復始刊《詞源》，其上卷有《管色應指字譜》，於是世咸信《白石集》旁譜爲可識。戴長庚著《律話》，竟盡易以今譜。〔一〇〕不知《詞源》幾經謄寫，於字譜舛誤極多，不能深據也。陳澧著《聲律通考》，張文虎著《舒藝室餘筆》，皆嘗研討及之，亦不能盡通也。

沈子培先生嘗謂：「凡此旁譜皆可識。」蓋據日本本《事林廣記》中有《管色指法》也。後因造紙廠造新紙，因試用印張本《白石道人歌曲》，卷後以《廣記》此篇附之。則但有指法而無音節，即指法與《白石譜》亦微有不同。不知先生所釋，與蘭今所推考者爲何如？惜不能起先生而一問也。

余方童時，得石印本《白石集》，見字譜而異之。又讀《四庫提要》謂爲不可識，則强探力索，幾廢寢食。其後見《詞源》

又曾考之。客歲借得周君叔弢所迻録鄭叔問校本《詞源》，因再考之，終不能通。頃因輯《唐宋燕樂曲集》偶有所悟，列表尋繹，無不可通，欣喜極矣。

二　管色應指字譜

《詞源》所載字譜，爲戈順卿所校，舛誤頗多。張文虎、鄭文焯皆曾校正之。今並《事林廣記》及《白石旁譜》列表於下：

《詞源》	《廣記》	《白石旁譜》
幺 六	久 音六	久攵 並六
リ 凡	リ 音凡	リリ 並凡
フ 工	フ 音工	フ 工
人 尺	人 音尺	人 尺
ㄅ 上	ㄴ 音勾	ㄴ 勾
二	𠃊 音上	㔾么厶 並上
マ 四	丶 音一	一
ㄴ 勾	マ 音四	マ又 並四
亼 合	厶 音合	厶 合
万 五	𠀇 音五	𠀇 五
𠀇 尖一	𠀇 尖五	𠀇 尖一
𠀇 尖上	𠀇 尖上	𠀇 失上
𠀇 尖凡鄭文焯校改凡爲尺	𠀇 尖人	𠀇 尖尺
	𠀇 尖工	𠀇 尖工

大住
小住
掣
折
大凡
打

四宫清聲

六
下五
五
高五

尖凡
大凡

六
五
高五
尖五

尖凡
小住
掣
折
大住
打
反
拽

高五

說明

「六」《詞源》作「幺」，非是。「久」，「ㄡ」，皆「六」之俗寫。

「凡」「工」「尺」「勾」 三書並同。《詞源》「勾」次「四」下，非是。

「上」《詞源》作「ㄣ」，脱一筆；當以作「ㄥ」爲正。乃「上」字之草書或作「ㄊ」，傳寫又或作「么」耳。

「四」「合」 三書並同。

「五」《詞源》作「万」，誤。「万」乃「高五」，又稱「緊五」。或《詞源》原本於此「五」及「緊五」並列，傳寫有脱譌耳？

「尖一」 《詞源》作「ゆ」，誤。當作「ㄅ」，凡從「ㄅ」旁者，《廣記》並同，而白石並作「ㄅ」旁。或兩者中有一傳譌？或當時兩體通用？未可知也。然《白石譜》中，唯以從「ㄅ」之五字爲難認。前人多誤以「ㄅ」爲音節，《舒藝室餘筆》《鬲溪梅令》

一條云：「緑旁『ㄅ』，即『一』字『折』，後仿此。」殊不知《白石譜》於音節，除「拽（丿）」有時有記聲旁者，其餘皆記於聲下，如「一」字「折」，即當作「一ㄅ」，見《長亭怨慢》譜中。則凡此記於旁之「ㄅ」，斷非音節可知。余因此尋繹久之，忽悟「ㄅ」與「ㄉ」旁，必屬同字。求之譜中，則「尖一」、「尖上」、「尖尺」、「尖工」、「尖凡」五字，正與《廣記》合。於是譜中聲字盡可識，所推求者唯音節矣。「尖一」蓋即「下一」，以「下五」《廣記》稱「尖五」可證。

「尖上」　《詞源》作「妁」，誤。當同《廣記》鄭文焯校改作「仂」。

「尖尺」　《詞源》作「冋」，誤。當作「ゆ」。又注「尖凡」誤。疑本有「尖工」「尖凡」二字，傳寫脱之，遂誤注此爲「尖凡」耳。鄭文焯校改「凡」爲「尺」字。《廣記》注「尖人」，「人」即「尺」之俗字。

「尖工」「尖凡」

「大凡」　《詞源》誤作「大住」。後「大住」又誤作「大凡」。蓋校者見此下爲「小住」，因臆以此爲「大住」，而誤改之耳。字從「大」從「〢」，「〢」即「凡」字。

「小住」「掣」

「折」　作「ㄦ」者，蓋「斤」字之草書。

「大住」　《詞源》誤作「大凡」，今改正，説見「大凡」條。《詞源》作「人」，蓋即「ㄉ」之形誤。鄭文焯校改作「八」，以合「大凡」。更非。

「打」　《詞源》作「ㄦ」，與「折」字無别。今正作「ㄒ」，蓋即「丁」字。

「反」　《詞源》《廣記》所無。按《詞源·謳曲旨要》云：「反掣用時須急過。」則音節中當有「反」字。此作「フ」字，例以折之爲「ㄦ」，打之爲「ㄒ」，則必「反」之簡字，無可疑也，今補。

「拽」　《詞源》《廣記》所無。按《謳曲旨要》云：「折拽悠悠帶漢音。」又《音譜篇》曰：「丁抗掣拽。」是音節中當有「拽」字。此作「丿」字。《説文》：「厂拽也。」則「丿」乃「拽」之簡字，無可疑也，今補。

「六」　見前當作「久」，二書並誤。

「下五」　即「尖五」，當作「ㄉ」，二書並誤。

「五」　見前，當作「ㄉ」，二書並誤。

「高五」 當作「ゟ」,二書並誤,《白石譜》不誤。

右列三書,唯《白石譜》最準確。雖數刊本稍有出入,參互比較,無不可釋之字。蓋陶南村跋所謂將善本勘讐,方可人意,固與《詞源》之經臆改,及《事林廣記》之爲俗刻不同矣。徒以聲節並書,人多視爲畏途,晦塞至今,良可歎耳。

三　音譜

唐宋人詞之分宮調者,僅《金奩》、《樂章》、《安陸》、《片玉》、《于湖》五集。其餘《白石》、《夢窗》、《草窗》等集及各選本,亦時綴宮調。《碧雞漫志》,言之亦詳。然詞調千餘,有宮調可稽者,不及其半,餘則不可究詰矣。若謝氏《碎金詞譜》,乃取諸清《九宮大成》者,不足信也。〔一一〕

樂曲之分宮調,即今樂之翻調,稍解吹管者,無不能之。特宋樂聲字中,比今多一勾字耳。其《宮調應指譜》詳見《詞源》,〔一二〕今不贅。

樂曲之屬於任何宮調者,其用聲字,亦有限制。今列表如左:

黃鐘　宮俗名正宮　商俗名大石　角　徵〔一三〕　羽俗名般涉

合　四　一　勾　尺　工　凡　六　五　凡九音

大呂　宮俗名高宮

合　下四　下一　上　尺　下工　下凡　六　五　一五即高五　凡十音

太簇　宮　商　角

下四　四　一　勾　下工　工　凡　下五　五　凡九音

夾鍾　宮俗名中呂宮　商俗名雙調　羽俗名中呂調

合　四　下一　上　尺　工　下凡　六　五　一五　凡十音

姑洗

下四　下一　一　勾　下工　下凡　凡　下五　一五　凡九音

仲吕　宫俗名道宫　商俗名小石　羽俗名正平
合　四　一　上　尺　工　凡　六　五　凡九音
蕤賓
合　下四　下一　上　勾　下工　下凡　六　下五　一五　凡十音
林鍾　宫俗名南吕　商俗名歇指　羽俗名高平
下四　四　一　勾　尺　工　凡　下五　五　凡九音
夷則　宫俗名仙吕宫　商俗名商調　羽俗名仙吕調
合　四　下一　上　尺　下工　下凡　六　五　一五　凡十音
南吕　商
下四　下一　一　勾　下工　工　凡　下五　一五　凡九音
無射　宫俗名黄鍾　商俗名越調　羽俗名羽調
合　四　一　上　尺　工　下凡　六　五　凡九音
應鍾
下四　下一　上　勾　下工　下凡　凡　下五　一五　凡九音

立宫起調之法，明季已不可究詰，清《九宫大成譜》引騷隱居士説，至謂「既以黄鍾爲宫，何以又有正宫」云云，其陋可謂極矣。今《白石譜》已可譯出。苟得知音者按譜而歌，更由歌而定新譜，則凡有宫調之詞，無不可歌矣。今舉白石二譜爲例。

《鬲溪梅令》仙吕調

上折　工尺上反合一上折六折五六掣　一上六工尺上折尖一四合反一
好　花不與　殢香人韵浪　粼粼韵　又恐春風歸去句　緑　成陰韵玉
尺上反尖一上折　上折工尺上反工尖凡六掣　六折五六掣一
鈿何　處　尋韵　木　蘭雙槳　夢　中　雲韵〔一四〕小　横陳韵漫

上六工尺上反尖一四合反一尺上折尖一上折

向孤山山下句 覓 盈盈韵翠禽啼 一 春韵

《揚州慢》中吕宫

六凡工尺 六凡高五六 一尺凡一上一大住 尺工尺上合 一反

淮左名都句竹西 佳 處句解鞍少駐初程韵 過春風十里句盡

上尺折尖工尺大住 一工尺六尖凡尺六反凡六高五六 尺上一合

薺麥 青 青韵 自胡馬窺 江 去後句廢池 喬 木句猶厭言兵韵

一凡尺小住六尖凡六尺 上一大住 上一大住 合拽上反工尺拽一

漸黄昏 清 角 吹寒句都在 空城韵 杜 郎 俊賞句算

工尺凡合上一大住工尖凡六五六 凡拽尺合尖一 上尺折工拽尺

而今重到須驚韵 縱 豆 蔻詞工句青 樓夢 好句難賦 深 情

大住 一尺凡六高五六反凡六一尺上工勾反一工尺反六尖凡 六拽

韵 二十四橋 仍 在句波心蕩冷月無聲韵念橋邊 紅 藥 白年

尺上一大住 上一大住

年知爲 誰生韵

按《仙吕調》「上」字結聲，用「合」、「四」、「下一」、「上」、「尺」、「下工」、「下凡」、「六」、「五」、「一五」十音。今《鬲溪梅譜》唯不用「一五」及「下工」，而用「工」，又「一」及「下一」並用爲異。中吕宫「尺」「一」雙聲結，用「合」、「四」、「下一」、「上」、「尺」、「工」、「下凡」、「六」、「五」、「一五」十音。今《揚州慢》譜惟「一」與「尖一」，「凡」與「尖凡」並用爲異。又有一「勾」字，則恐是傳寫誤也。《曲律》所載《歇指調》《嬾聲譜》《小品譜》三段，譜字與《白石》略同，唯有「下五耳」，今具録之。

《嬾聲譜》

一一乚勾ㄎリ凡ㄔ尖工

《小品譜》

一一フ工乚勾ㄅ五リ凡乚勾乚勾一一マ四フ工乚勾ㄌ五ㄣ尖尺

正天氣淒涼嗚幽砌向枕畔偏惱

リ疑亦凡リ凡一一ㄥ勾ㄣ尖尺ㄣ尖工

愁　心　盡　夜　苦　吟

又

一一乚勾ㄣ尖尺ㄣ尖工フ工乚勾ㄌ下五リ凡ㄣ疑亦尖工乚勾一一マ

戴　花　殢　酒　酒　泛　金　尊　花　　　枝　滿　帽

四乚勾ㄅ五フ工リ凡ㄣ尖工一一乚勾ㄣ尖尺ㄣ尖工

笑　歌　醉　拍　手　戴　花　殢　酒

按《歇指調》用「工」字結聲，此用「尖工」結。當用「下四」、「四」、「一」、「勾」、「尺」、「工」、「凡」、「下五」、「五」，九音，此微參差，兼恐有傳誤，然不用「六」、「合」、「上」等音，固可信也。

四　指法

宋世除大曲法曲雜用箏琶諸樂器外，小曲率用簫和。故白石詩曰：「自譜新詞韵最嬌，小紅低唱我吹簫。」又《角招》自序曰：「予每自度曲，吟洞簫，商卿輒歌而和之。」皆是也。〔一五〕

唐承隋用燕樂八十四調，而宋人則只二十八調。其故由於唐用琵琶，而宋用管，管音不備故也。今考二十八調所屬之宫爲正宫、高宫、中吕宫、道宫、南吕宫、仙吕宫與黄鍾宫，所用應指爲「合」、「下四」、「一」、「上」、「尺」、「下工」、「下凡」等七字；正以管音惟七，不能如弦音之可全用十二律耳。

《事林廣記》所載管，按有「官笛」、「羌笛」、「夏笛」、「小孤笛」、「鷓鴣」、「扈聖」、「七星」、「横簫」、「竪簫」九名。竪簫當同今簫，餘未能輒定。其所載指法，爲欲歌宋詞者所必需，今録於下。

六	○●●●●●	
凡	○●●○○●	
工	●○○●●●	
尺	●●○○●●	
勾	●●○●●●	
上	●●●○○●	
一	●●●●○○	
四	●●●●●○	
合	●●●●●●	
五	○●●●●○	
尖一	●●●●○○	
尖上	●●●○○●	
尖尺	●●○○●●	
尖工	○○○●●●	疑當作●○○●●●
尖凡	○○●●○○	
大凡	○○○○○○	此與尖凡疑並有誤
簫管六	○●●●●●	
巵聖鷓鴣工	●○●●○●	
巵聖鷓鴣合	○●●●●●	

據此則宋時指法與今相近。簫管「六」字，即今之小工調耳。所謂移宮，即今翻調，依此表推之可也。

宮之不同者，聲有高下也。至於調者，又依本宮而爲高下。故自「六」至「尖凡」共十五音，以七調翻之，共得一百五音。《事林廣記》所載《總叙訣》云「宮分四十八調，閏分一百五音」是也。今簡言之，則如同爲四字調者，苟用「合」、「四」、「一」、「勾」、「尺」、「工」、「凡」、「六」、「五」九音，爲大石調。若易「勾」爲「上」，即是正平調矣。餘依此類推。

五　犯

白石《淒涼犯》序云：「凡曲言『犯』者，謂以宮犯商，商犯宮之類。如：道調宮『上』字住，《雙調》亦『上』字住，所住字同，故道調曲中犯雙調或於雙調曲中犯道調，其他準此。唐人《樂書》云：『「犯」有正、旁、偏、側，宮犯宮爲正，宮犯商爲旁，宮犯角爲偏，宮犯羽爲側。』此說非也。十二宮所住字各不同，不容相犯，十二宮特可犯商角羽耳。」今依姜說列表如下。

正宮	中吕調	越調	並合字
大石調	高宮	正平調	並四字
般涉調	歇指調	仙吕宮	並工字
中吕宮	高平調		並一字
雙調	道宮	仙吕調	並上字
小石調	南吕宮	羽調	並尺字
商調	黄鍾宮		並凡字

凡住字同者可相犯。

《淒涼犯》張本及江抄本並不著宮調，陸本注仙吕調犯商調，乃本《中興絶妙詞選》而增。今以上表例之非也，當從明抄本《夢窗詞集》作仙吕調犯雙調爲是。然仙吕調雙調用字略同，所異者僅「工」及「下工」耳，而白石此譜，無「尖工」字，不知二調之別何在？豈傳寫有譌誤耶？

詞中多有八犯四犯之名，如：《八犯玉交枝》《四犯翦梅花》之類。〔一六〕今按《事林廣記》有《八犯訣》及《四犯訣》，並載於下。

《八犯訣》

宮商角羽宮商羽　三出逆八七歸祖　商宮角角羽商宮　四出逆八八歸宗　羽角宮商復再動　三四五六逆八用

《四犯訣》

宮角羽商　商羽角宮　羽角宮商

按《八犯訣》無可考，第三句角角，殆是羽角之譌。《四犯訣》與《詞源・律呂四犯》，可相發明。彼文如：黃鍾宮犯無射商，再犯夾鍾羽，再犯無射角，由角歸本宮，周而復始，與此訣正合。然黃鍾宮，無射商，夾鍾羽，皆「合」字結聲，固可相犯，而無射角是「上」字結聲，與姜説不合。又云：正犯、側犯，正姜氏所非者，不能盡明也。

六　雜記

詞之可歌與否，全賴乎拍，拍即今所謂板也。《詞源・拍眼》一篇，及《謳曲旨要》，言之詳矣。近人皆言白石詞譜無拍不可歌，殊不知宋曲譜不必畫拍，以一句爲一拍也。白石《徵招》叙曰：「舊曲正宮《齊天樂慢》前兩拍是徵調，故足成之。」今依其説尋之，《徵招》首二句曰：「潮回卻過西陵浦，扁舟僅容居士。」與《齊天樂》首二句「庾郎先自吟愁賦，淒淒更聞私語」全同。則知兩拍者，特兩句耳。又《詞源・拍眼篇》云：「大曲《降黃龍花十六》，當用十六拍。」此謂一曲前後用十六拍也。又云：「前衮、中衮，六字一拍。煞衮，則三字一拍。」此則皆謂一句中用字多少也。其餘令、引、破、近之別，官拍、艷拍、大頭、疊頭之分，名目雖繁，然以句爲拍，固無可疑。正如北曲之散拍，南曲之引子，此南北曲中所有者，即宋時小唱之法之遺留者矣。宋人按拍，當極舒遲，而纏令則拍極碎，此蓋後來拍眼繁促之所由始。

《事林廣記》有《總叙訣》及《寄煞訣》，並録於下。

《總叙訣》

五凡尺工上　四六一勾合　律呂一十二宮　三宮別分清濁　宮分四十八調　閏分一百五音　折聲上生四位　掣聲下隔一宮　反聲宮閏相頂　丁聲上下相同　正旁偏側和諧　近代知音者少　或正宮使上字　或小食使下凡　或雙調使

高六　或射羽使下工　堪嗤晚長村蠻　皆是愚蒙無識

蘭按：正宫使「上」字，則成仲吕徵。小食使「下凡」，則成羽調。射羽使「下工」，疑犯商角。雙調使「高六」，未詳。「折」、「掣」、「反」、「打」四句，蓋吹法，待考。

《寄煞訣》

土五金水八　木六火無憑　輪頂兩斯頂

折掣四相生　譜中無亂筆　敦指依數行

蘭按：土宫、金商、水羽、木角、火徵，其説未詳。《廣記》及《詞源》並云「今樂色管色並用寄四宫清聲煞」。所謂四宫清聲者，「六」字黄鐘清聲，「下五」大吕清聲，「五」字太簇清聲，「高五」夾鍾清聲。〔一七〕

七　結論

宋曲譜湮晦久矣，即元曲之法，今亦蒙昧。言曲者，最高取法於《九宫大成譜》，其書大抵以意爲之。宫調配月，則以高宫、正宫相合；道宫，歇指，隨意裁併。又以般涉各家附於正宫，謂「循名核實，自當歸入黄鍾宫」。殊不知黄鍾宫乃無射宫之俗名，正宫乃黄鍾宫俗名也。又南北譜，俱有仙吕入雙調，正承宋詞犯調之法。編《大成譜》者竟指爲訛傳。凡自《輟耕録》《中原音韵》《太和正音譜》以來，所載宫調曲牌，多所紊亂，古法盡斁矣。

大抵今之顧曲家，皆舍譜而言唱，故譜學不明。古者曲有定譜，譜有成法，故調多流美，乖戾淫佚之聲不得施焉。余以爲欲曲學之昌明，必先以能製譜始。

今國中有劇曲而無歌曲。所謂歌者，非取裁於異國，即俚調耳。然宋曲譜，皆歌曲也。苟能一一布諸管絃，其於吾國音樂界，必能開一新紀元無疑矣。

此篇旅次所成，參考材料甚少，於音律又非所嫻，幸有達者，引而正之，固所願焉。

〔一〕《碧雞漫志》卷二云：「蘭畹曲會孔寧極先生之子方平所集。」南詞本《南唐二主詞》作《蘭畹曲令》。王静安先生云：「作令爲長。」蘭按：王説是也。蓋令字極似草書會字，故《漫志》傳刊本誤作會耳。《草堂詩餘》及《歐陽文忠近體樂府》作《蘭畹集》。

〔二〕《宋史》一百四十二《樂志》十云：「太宗洞曉音律，前後親製大小曲；及因舊曲創新聲者，總三百九十。……又民間作新聲者甚衆，而教坊不用也。太宗所製曲，乾興以來通用之。……其急慢諸曲幾千數。」此則慢曲自太宗時已有之。今據作詞之始者，故以柳、張爲始也。又柳、張所作調名，除《傾盃樂》外，與太宗所製新曲，幾無合者，殆所謂民間之新聲也。

〔三〕如《遥池燕》、《醉翁吟》之類。

〔四〕凡燕樂曲皆用八十四調，見《宋史·樂志》。

〔五〕憶最近《現代評論》有歐陽予倩君《遊日本》一文，言唐代大小曲曲譜，尚有存於彼土者，如《蘭陵王》之類。日人田邊先生云，將印行云云。

〔六〕朱古微先生《鄮峯真隱大曲詞曲校記》云：「《柘枝舞歌頭》及《柘枝令》有旁譜。」按朱所引者，爲繆小珊藝風堂所藏天一閣本，惜其未將旁譜刊出。今繆氏早故，書亦流散，此書不知歸何許矣。

〔七〕原書詞序作無射宫，此乃其俗名也。

〔八〕此林鍾商，俗名歇指調。考柳永《樂章集》歇指調有《卜算子》、《鵲橋仙》、《浪淘沙》三慢曲。《張子野詞》亦有《卜算子》一曲。而王氏謂與詩餘不同者，蓋明季曲行而詞廢，所習見者，皆《卜算子》等之小令耳。《樂章》、《安陸》等集，皆久湮没，故王氏不知宋詞中原有此數調也。

〔九〕目中有今所不知者，其小品則姜白石有《醉吟商小品》，中腔則王安中有《徵招調中腔》，踏歌見朱敦儒《樵歌》、《三臺》，舊曲甚多；促拍，如《促拍滿路花》之類；破子，如《後庭花破子》之類。其他引、令、序等，皆常見，惟屬於歇指調者，可考甚尠。

〔一〇〕戴書，余未見。此據《聲律通考》，蓋陳氏亦頗不滿其書也。

〔一一〕沈雄《柳塘詞話》云：「家詞隱先生作《古今詞譜》分十九調：一黄鍾、二正宫、三大石、四小石、五仙吕、六中吕、七南吕、八雙調、九越調、十商調、十一林鍾、十二般涉、十三高平、十四歇指、十五道宫、十六散水、十七琴調，一按舊例所輯……」詞隱者，當是沈際飛，其書未見。毛先舒填調名解多本之。大概從《樂章》、《清真》諸集輯成者。今觀所載目録，併仙吕宫、仙吕調爲一，中吕宫、中吕調爲一，又以林鍾商爲林鍾，則其於宫調，蓋茫然無所知也。

〔一二〕宫調應指譜，即結聲，如今樂所謂一字調、凡字調之類。凡結聲，則一調之末一字，必用此聲殺。如商調リ字結聲，則末一字必是リ字殺住也。仙吕宫フ字應指，《詞源》誤作ㄣ。高宫ㄚ字、道宫ㄥ字、大石調ㄚ字、般涉調フ字、仙宫調ㄉ字、中吕調ㄙ字、雙調ㄠ字，凡此諸字，《詞源》並誤，今正之。

〔一三〕十二律吕八十四調，宋時僅行七宫十二調。今所注有黄鍾角及徵，又太簇宫及商角，又南吕商者，以余所集有曲名屬此宫調也。

〔一四〕轉頭第一句，「雲」字注「掣」，與前段注「折」不同，必有一誤。

〔一五〕明代南曲尚用簫和，見《度曲須知》。又宋詞亦有啞篳篥吹者，亦見姜詞。

〔一六〕《四犯剪梅花》見《龍洲詞》，又稱《錦園春三犯》，見《蒲江詞稿》，然則《夢窻》之《渡江雲三犯》，亦即四犯耳。

〔一七〕此依《詞源》《廣記》作「五」字大吕清聲，「高五」太簇清聲，「尖五」夾鍾清聲。「尖五」即「下五」也。

十七・九・十一・成於天津。

作者自注：寫成於一九二八年九月十一日。

載《東方雜誌》第二八卷二十期第六五至七四頁一九三一年十月。

記南開之《爭强》

南開大學這一次總算是破天荒的盛舉，才有這男女合演話劇的一回事。開幕前一位張先生上去致辭，真是趣語環生。湊巧有兩位女性在那裏呫囁私語，他隨後就説：「剛才有兩位太太説話，我們真不好怪她們；因爲中國人是享自由慣的，在大鑼大鼓的唱京戲時候，兩個朋友見了面就是『噲！老兄。吃了飯没有？』都没要緊。但是看這種話劇，是要受些別扭的，非但説不得話，而且連欬嗽都不能……」我想那説話的女客聽了，一定要無地自容吧？但因此以來，場中畢竟静謐了一些。《爭强》是高爾斯華綏的劇本，名家手筆，究竟不凡，一共是四場，就是第二場下半段太沉悶一些。第一場是在吴鑛長飯廳里。萬家寶飾安敦一像老人的聲態，在全劇最爲出色。其次張平群飾羅大爲，那種激烈的樣子，也很相宜。伉乃如飾魏瑞德，活畫出一個自私自利的市儈。吕仰平飾施康伯，那種顢頇的樣子，也很受觀衆歡迎。在這一幕裏所表示不過是一個鐵鑛罷工以後，勞資兩方都受極大損失，一般人都想妥洽，只有資方首領安敦一和勞方首領羅大爲還在堅持。

第二場（即第二幕第一場）在羅大爲家中。先是陶亨利之女在譏諷羅大爲有病的妻子，因爲羅大爲的緣故，接着吴鑛長的妻子（安女）來看她的朋友羅妻的病，陶女當面給他搶白，才走了出去。不多一會，羅大爲回來，搶白她。在這一段裏，王守媛女士飾吴安綺麗這一角極好，她明明曉得工人病苦，是他父親應負責任，但又不肯承認。她受了人家的搶白，很想抵抗，而又怯懦，王女士很能把這種心理體貼入微。吴妻走後，羅大爲又去開工會，陶亨利女兒來運動魯家治等反對羅大爲，這陶美芝一角是沈希詠女士飾的，説到「你要和我好……」壹下哄然大笑。羅大爲的妻是張英元女士所飾，裝重病的樣子，也很動人，在人面前總是幫着丈夫，到獨自對丈夫説時，也在埋怨他，這都是劇本很細緻的地方。到後來羅妻快死了，這一場才完結。

第三場在鑛區檻前開會，這場的上半節和上場下半節同時，所以合爲一幕。這場裏面當然是羅大爲一角最重要，起先反對派很得勢，到後來被他戰勝了，到工衆一致舉手喊羅大爲的時候，可以説他的堅持政策幾乎要完全成功了，但給陶美芝來説他的妻子死了，他就很頽喪地回去，於是給陶美芝一挑撥，全局就反轉，反對黨得全勝，決議讓中央工會調解。

第三幕在吴鑛長家的客廳裏，這時幾位董事把董事長安老先生攻擊得體無完膚了，安老先生憤而辭職，於是董事方面也接受了中央工會的調解。等到羅大爲趕來，兩邊早已妥洽，但他還不曉得。在揭穿了以後，他真難過。在他痛罵他同輩的人格卑污和出賣他的時候，安老先生倒反覺得對他有同情了，就跑去和他握手，在這時候中央工會代表叫他回家去吧。他慘叫着「家！我的家在哪裏？」就是這樣閉幕。

這一個劇本從大體説來，總算很好，所包含的意義也很廣，高氏的意思，在描摹兩個走極端的主角，在他們本身的立足點看來，所爭的都很對。其餘人卻都是外強中幹和虎頭蛇尾的一班庸人，還有幾個是投機者，所以鬧了許久，兩邊都受了絶大的犧牲，卻都在緊要關頭，自己内訌起來，變成妥協的局面，終於没有得到徹底的解決，而以後的爭端也就方興未艾了。

此次南開公演此劇，上臺的有五六十人，在學校演劇中總算很少見，配搭也還整齊。星期六夕再作最後公演云。（十月十九夕觀劇後記）

載《北洋畫報》第三八九期一九二九年十月二十六日第三版

關於《孔子學說和進化論》一文的回響(續)

——青松先生來函的答覆

原文見本刊第三期至第四期　附答函(續第七期)

「範疇」這一個名詞，大半是起於嚴幾道，是從《洪範》「九疇」借用來的，在西洋哲學裏是類似於部屬的意思的術語，這雖然是大多數人所共曉的，但爲避免誤會起見，還是解釋一下。

我所常說的孔子學說中的範疇，這是要拿整個孔子學說貫串起來才能發現的，因爲他雖然應用這個範疇來形成學說，卻沒有把這個範疇的形式詳細寫出來告訴我們，所以他的話大多好算和範疇有關，而話的本身卻不是範疇。

在他的話裏，最重要的怕要算《說卦傳》的「立天之道，曰陰與陽」，「立地之道，曰柔與剛」，「立人之道，曰仁與義」。《說卦傳》是有後人羼入的文字，但首兩節確是孔子的話。（陰陽，剛柔，仁義，那都是他的重要的範疇）

在他常說的話裏邊，像仁和知，禮和樂，好和惡，學和思之類，全是對立的，在相異的範疇下面的；但是在《乾文言傳》又把仁義的範疇來分成四個，來配元亨利貞，《孟子》也承用這四德的範疇。

假使我要想把孔子學說的範疇說得完全，那就無異於說完整個的孔子學說，這個工作只好留到我所作的《孔子傳》裏面去做了。但是我在這裏可以說明，這一種範疇是包括了動和靜、常和變、道和器、空間和時間、智識和行爲；以及真和僞、善和惡；因爲我們中國的學說是「聖法天」，所以這是一個無論宇宙中哪一個現象，或哪一個概念，都可以包羅進去的範疇。

或者先生又要說「越發迷糊」了，也許是我的說明力太薄弱吧，那真是沒有法子了。暫時我只得止住，一方面我再極力想法使我的話容易理解，在《孔子傳》裏再見面吧。

（丑）春夏秋冬和生長老死，我的確没有拿來當作孔子學説的範疇，我是不過拿來借喻的。但是那種範疇既然是無所不包的，那末説這兩種現象都和它相應，也没有什麽不可以；非但這樣，假使我們借這兩種現象來作它們中間一部分的名詞，也是可以的。至於那範疇，雖然我也是從孔子學説裏邊發現出來的，我卻不敢説完全是孔子自己發現的，「仲尼祖述堯舜，憲章文武」，就是完全是學來的，也還無礙其爲仲尼。

對於（寅）點，先生説「四時行焉……」拿來作孔子的生命進化觀則可。我以爲這和「吾無行而不與二三子者」的一章略同，是講行爲的，所以説「予欲無言」。他的意思是摹仿自然，在「行爲」上和絶對的真理相合；用古話來説，就是「不言而信」。與進化簡直不相干，和範疇的關係也很有限。（我本來没有引到這一節，這是先生舉出來的）。

一毫也不致矛盾，關於這一節先生所駁我的話是因我説「孔子學説中的範疇，可以包括各種學説的長處，一毫也不致矛盾」，而同時又説「我很崇信孔子學説……雖然發現有九百九十九分的崇信，但剩餘一分還是懷疑的。」在先生看來以爲是自己矛盾的，所以説前邊那句話大謬不然。其實，這裏面怕先生有些小小的誤會，因爲前一説是完全用推理方法得來的，而後一説是夾着感覺説的。這正像我們明明曉得某字是怎麽寫法，而有時自己也疑惑它不成字；又像我們已經數過幾百根柱子的數目，而一種感覺還叫我疑惑所數的不確實，以致重複數至四五遍。

講到絶對的真理時，矛盾和錯誤也是它的一部分，等到我們去描寫真理的狀態，我們摹仿自然的時候，矛盾和錯誤才漸漸消失，這消失的程度，是要以我們的學力的程度爲比較的。

所以我承認我是矛盾的，在這點我承認狄慈根的話，不能用亞里斯多德的三段論法來講的。我們的思想，在某一境界上，是矛盾的，而同時又是非矛盾的，這因爲基於上面所説的原因。

至於先生所懷疑孔子學説中的範疇的一部分話，我現在不想多説了。不過我的意思應用這範疇是可以包括一切學説的長處，或者説「宇宙」或「絶對真理」；但是不能説這範疇等於一切，更不能説孔子的學説等於一切。這三者是有區别的，要請先生注意到，那末或者可以誤會减少些。

先生所提出討論的三項，總算答完了。雖然還不能完全答出我的意思，也已經盡力爲之了。先生説還有《思辨的領域》一文，那我熱誠地想拜讀一下，能早一些脱稿嗎？我在這文裏所説有不對的地方，請再嚴加批評，我如有所曉得的，也一定不客氣地奉答，我們的辨難，以學理爲主，想你總不致於以我爲不可教的。此復即請著安。

唐蘭頓首 十一月十八日。

載《商報·文學周刊》第八期一九二九年十一月二十六日。

《古籀類編》序

《易象》傳曰：「天與火同人，君子以類族辨物。」夫物生有類，天之則也，類物者，人之道也。天之生物也，因時而變革，動而不窮，雜而不亂。人之類物則不然，就其所能見與聞者而類之，推之而窮，雜之而亂。時異俗遷，昔者列爲近族，今者別之遠區，昔者渺不相接，今焉密合無間，要之以利於用爲主。鄰水李直繩將軍躭古籀垂數十年，蓋得力於吴清卿氏者爲最多。先乎吴氏之作古籀體書者，既多不識其字，從心附會，但好奇而已。及吴氏而稍稍以六書之法繩之，頗有新解，確不可易，於是以嚮之類小篆者類之，區爲五百四十部，一依許叔重《説文解字》之例，曰，《説文古籀補》。蓋由此書作，益可以推見文字之始原，間亦足以正許氏析部之誤，非僅臨池之助也，故學者咸舉習之。然其書既早出，輓近所流傳之古世器物與夫龜甲獸骨，諸有文字者遺落尚多，而書中所叙録者，其釋之亦頗有誤。既無以饜好古者之心，而有待於後作。即學書者又畏其以古法繩今世，依許氏分類爲不便於用。蓋工書者未必明古，明於古者又不盡能書，其各有利否，宜也。直繩將軍方壯時既逮從吴氏遊，得其説而又擅於書，比年歎書家之不習於古，而又恨吴書之未賅備，乃取古籀之可信者，手自模寫以充擴之，輒得三倍，而別以《字典》分部之法類焉，曰，《古籀類編》。其《字典》所析之字，有甚不合於六書，則復依《説文》別著於本部爲重見。蓋既便於學書者所取用，又蘄弗忘文字之始原，蓋一舉而二便俱存焉。《易傳》又曰：「上火下澤睽君子以同而異」。用此書者既不同其程度，則以淺近之法施之，何必泥古哉。要之使學書者先識其字，不復驚眩其奇怪，此亦引而進之之一道也。且近世所發見古器物之文字既多，乃知許叔重所分之部爲未盡，推之而窮，雜之而亂者，殆亦非尠。而許氏之書亦既不行於今俗，自《玉篇》以下，至於《字典》，分部之法依隸楷，人頗習之矣，然則分部從《字典》爲便。蘭昔者頗不自揣，治古文字學，思窮文字之源而溯其變，頗取於吴氏及近世各家之説，就《説文》而增益改正之，己亦偶有所獲焉。以好之之不篤，未幾而廢棄，然每見之輒又色然而作，怦然而心動耳。將軍好學不倦，其爲此書也，亦積十餘年，故能裒然成爲巨帙，以視蘭之進鋭退速，不覺其自慚之深已。秀水唐蘭謹撰。

載《商報·文學周刊》第九期一九二九年十二月三日。

關於林語堂先生底《關於子見南子》的話

（原文見《語絲》第五卷第二十八期）

關於「子見南子」，我曾經在《商報》上做了兩個批評——一次是在去年冬間，一次是在此番曲阜公演以後——似乎不必儘是絮絮叨叨的了。但是在最近的《語絲》上，看見林先生又寫了一篇文章，所説的話實在太妙了，又引起我好説話的壞脾氣來。

林先生的原文是爲着「答趙譽船先生」而作的，雖然我們不曉得那位趙先生是什麽人，他的「太迂腐」的大文（登在海報上的），也没有讀過，但就林先生所引的話看來，似乎他所看見的和舉以爲批評根據的，不過是一部《孔子家語》，那就無怪博覽古籍的林先生要説「聖學淪亡，可勝浩歎」的話來了。

我始終是欽仰林先生的，因爲他在方言或音韻學上所表見的顯著的成績。我也相信他是博覽古籍的，而且他老先生也是以此自負的，比如：

在此年頭，連儒者都不大看經書。——《語絲》五卷二十八期四十五頁

衛道先生自己未讀過《孔子家語》（恐怕是《孔子世家》吧？蘭注），這才真正是聖學淪亡的實證啊，可勝浩歎！——同書四十六頁

儒者讀書如此，聖學寖微，有何足怪？——同書四十七頁

儒者也未免烏煙瘴氣，孔教日暮途窮，儒生山窮水盡，不亦宜乎？——同書四十八頁

最後我還想説幾句，就是勸儒者多讀儒書，靠一本繪圖通俗的《孔子家語》來衛道是衛不起來的。——同書同頁

假使我做那位趙先生的話，倒是狠願意領林先生教誨的盛情。真的，能够看一些古書的人，對於這種狠有關係的問題都置諸不問（因爲這是違背現在潮流的）。一班自命爲「衛道先生」的人，又是兩眼漆黑，所謂「孔教日暮途窮」，倒也是真情實話哩。

但是我們回頭來看林先生的原劇「子見南子」吧。

例如桀王自圖尋樂，把褒姒關起來做玩物，褒姒是個規規矩矩的女子，無淫蕩之行，不好言笑，桀王一定要她笑，自己𪀚個像三歲童子似的去放烽火當玩意，須知褒姒是笑你們男子之愚，並不是笑烽火，後來家破國亡，由男子批評起來，反而歸罪褒姒……——《奔流》第一卷第六期九百四十二頁

我們真太孤陋寡聞了，不知這位博學的林先生是在哪兒找到這種材料的（桀王和褒姒會在一起）；倘然説是手民之過吧，何以這樣湊巧地弄成一個似通非通？或者是他自己的筆誤吧，何以隔了一年，還没被他自己發覺？也許文學家是不妨造一些謠言的，假使林先生能這樣切實地説話，那我們也將承認文學作品在某種範圍以内，有些無心或有心的錯誤，是用不着指摘的。但是他是十分認真的在掉書袋，似乎他所説的話都是和他所講的方言區域一樣地清楚、真確、萬無疑義，那我們也要勸他幾句，請他不要變成一面鏡子，只照見人家的醜態，而永遠看不到自己。

關於孔子本身的批評，是另一個問題，我不想在這裏多説。就是有一千個一萬個林先生説「孔子没有人格」，也何傷於日月之明，就是有一千個一萬個趙先生來講求孔子的身份，也何補於日月之明？

不過我狠有些疑惑這位博學的林先生的讀書方法，他是明白書有真僞的，可以下幾句話做證：

《孔子家語》是一本僞書，趙先生要辯證就辯證，爲什麽偏引一本僞書呢？——《語絲》五卷二十八期四十六頁

可是他卻不管事實的真僞，如下例：

請問孔子見陽虎，「卻行白汗交流」論衡獨立東郭門外，「纍纍若喪家之狗」，孔子自己承認。見《史記》——同書四十八頁

關於這一類的僞造的事實，《莊子》上最多，《盜跖》一篇的描寫，總遠勝《言毒》篇的「白汗交流」吧！但是林先生不引，這是最乖巧不過的事情，因爲《盜跖》篇提到柳下惠，狠容易教人斷定它是僞造的，在《論衡》，他卻可以説成是真實的材料。比如，好像是王充親眼見過孔子那樣似的。

假如林先生博覽羣書而所用的讀書——或是採輯做文章的材料——的方法不過如此，那我真想請他多看一本《魯濱孫的新史學》，或者林先生是早看過的，但我勸他不妨多看幾遍，那末對於古書記載的真確與否，總還可以考究一下。

就是我們丟開這些，聲音訓詁應該是林先生的拿手戲了。我們只要看那種三句不離本行的話：

謁與敗韻，依王念孫發明古祭、泰、夬、廢無平上，與入聲月、曷、末等同用，敗古讀入聲，故與謁韻。——同書四十七頁

但是最奇怪的是在這上面林先生也鬧起笑話來了。像得：

去齊則接淅而行。（白話謂之「戀棧」）——同書四十五頁

在我們不很懂得音韻學的人，第一就先得看訓詁，據《説文》，淅是汰「米也」，（或者據《廣雅·釋詁》，淅是「洒也」，或者據《士喪禮》的「祝淅米於堂」，或者據《淮南子·兵略訓》的「淅米而儲之」。又滰下云：「浚乾漬米也。從水，竟聲。《孟子》曰：『夫子去齊，滰淅而行。』」那末許叔重所據《孟子》是「滰淅」；趙歧注《孟子》：「淅，漬米也。不及炊，避惡亟也。」没有解到「滰」字，似乎所見的本子已是「接」字了；但是無論如何，「淅」字的解釋總還是一致的，説是浚乾了汰米的水，或説是「不及炊」，同樣是要緊走路的表示，也是無可疑的。

除去了訓詁，再就文義上看。《盡心篇》説：

孟子曰：「孔子之去魯，曰，遲遲吾行也，去父母國之道也。去齊，接淅而行，去他國之道也。」

這明明白白是一種對照的寫法，「接淅而行」，當然是指走得快而説的，所以《孟子》在旁處又説孔子是「可以遲則遲，可以速則速」。

但是林先生卻要把那兩個字弄成「戀棧」的解釋，那真不敢恭維。就是創造奇迹的人，也不能把《孟子》已經説出的話再追改它的意義吧？但是林先生這樣解釋了，或者遍世界只有林先生一個人能够讀古書—經書—的緣故吧？

但是這樣説來，就犯了林先生的專門學問了，或者將有幾千百條音韻學上的新材料給我們看，那我們對數量之多，一定將佩服，但是總希望少把古人的話弄糊塗，那是最要緊的。

最後，還有一個管見，我以爲人們做文章，至少要有一些道德觀念，要故意把文字來詆毁一個人是違犯法律的，我們所以承認這種法律，就是因爲——個人固然要自由，卻也要尊重公衆的自由——這一時代的公衆的道德觀念是不容許那樣做的，但是詆毁稍古一些的人，法律就因没有告發的人而不發生效力，於是就樂得多詆毁些，我以爲這種取巧的人是狠卑鄙的。

林先生是一個學者，或者不是那種利用時機而投井下石的人，我也不過偶然想到，隨便在這裏寫幾句罷了。

載《商報·文學周刊》第九期一九二九年十二月三日。

書羅叔蘊先生所著《矢彝考釋》後

第八期所載考釋二十一行下，脱器文「眔諸侯，侯、田、男，舍四方命；」及考釋文「『侯、田、男』，侯服、甸服、男服也。『舍四方命』，謂舍王命公尹四方之命於外服各君長。」凡二行。鈔寫不慎，以致斯謬。附此聲明，並致歉意於著者及讀者。

器　文

隹八月辰在甲申，王命周公子明，保尹三事四方，受卿事寮。〔一〕丁亥，命矢告於周公宫；公命徣同卿事寮。〔二〕隹十月月吉癸未，明公朝，至於成周。徣命舍三事命，〔三〕眔卿事寮、眔諸尹、眔里君、〔四〕眔百工；眔諸侯，侯、田、男，舍四方命；既咸命。甲申，明公用牲于京宫，〔五〕乙酉，用牲于康宫，咸既。用牲于王。〔六〕明公歸自王。明公錫太師鬯、銷、牛，曰，「用禘」；〔七〕錫命鬯、銷、牛，曰「用禘」。迺命曰：「今我唯命女二人，太眔矢，夾⿱大言右於乃寮，〔八〕乃以友事。」作册命敢揚明公尹人宧，用作父丁寶尊彝；敢追明公賞于父丁，用光父丁。册。

矢彝或稱王命明公尊，蓋不知作器者誰氏也，得羅先生此文，乃知作册命與矢爲一人，然後得名從主人矣。惟校録之餘，於其他所釋，頗多疑義，間有發明，謹書其後，或亦好古君子，所樂聞焉。

〔一〕銘云：「王命周公子明保尹三事四方，受卿事寮。」羅先生據《洛誥》《多方》而以「子明保」爲讀。竊以爲非辭也。《洛誥》曰：「公明保予沖子！」公明當爲讀，保猶輔也！言以公之明，輔予沖子也；《多方》曰：「惟夏之恭多士，大不克明；保享于民，乃惟胥虐于民，至于百爲，大不克開。」則當以「大不克明」爲句，與「大不克開」之辭相比：言夏之恭多士，大不能明，安享于民，而虐于民，其百爲大不能開，文義始豁然也。然則「明保」二字本非成語，冠以「子」字，更不能通矣。余謂此句當於「明」字作讀，「周公子明」謂周公之子名「明」也，故下文曰「明公」，别「周公」也。（名明而曰「明公」者，猶匡章之爲「章子」也）。其曰「保尹三事四方」者，「保尹」爲連綿字！猶《禮記·聘義》之「孚尹旁達」是也！「保」訓如「安」見《毛傳》，「尹」訓如「治」見《説文》，則猶言安治三事四方耳。周公子明疑即伯冏！《説文》「冏讀若明」，古金文「明」並從冏！《尚書序》曰：「穆王命伯冏爲周太僕正，作《冏命》。」此器下云：「用牲于康宫。」蓋在康王以後，時代略相當也。（《史記》冏作臩，《説文》臩下引《周書》曰「伯臩」古文，臩古文冏字）

〔二〕銘云：「公命徃同卿事寮」釋云：「徃未詳。」按此字聲義，雖未能辯識，此文所用，則人名也。此公疑周公也。

〔三〕銘云：「徃命舍三事命」，釋云：「『舍命』猶將命。」按「舍」之訓將，乃所未聞。當訓爲叙，聲之轉也。

〔四〕銘云：「罘里君」，釋云：「謂卿大夫在鄉里者，《酒誥》作『里居』，字之譌也。」又羅先生作史頌敢跋云：「此敢有『友里君百生』語，吴愙齋中丞曰：『里即理，君百姓當讀羣百姓。』案此説誤也。《周書·酒誥》『越百姓里居』，即此敢之『里君百生』特經文誤『君』爲居，……傳：『於百官族姓，及卿大夫致仕居田里者。』……經字雖誤，傳説固未誤矣。然傳釋里居爲居田里，足徵君之譌居，由來已久，今得據此敢正之。……按《酒誥》之誤，羅説是也。惟過信《僞孔傳》，未免小疵，《僞孔》既不知里居之爲里君，其説又安得不誤哉？余考《禮記·雜記》：『妻之黨，雖親勿主，夫若無族矣，則前後家、東西家，無有，則里尹主之。』注：里尹，閭胥、里宰之屬。」里尹當即「里君」，是足證《酒誥》及此二器之文矣。

〔五〕銘云：「甲申，明公用牲于京宫」。釋云：「殆鎬京之宫。」按此固假設，然其誤甚易見也。上文云：「癸未，明公朝，至于成周。」成周，洛邑也，甲申之去癸未，才一日耳，豈能即至於鎬京哉？余謂「京宫」者，太王、王季、文、武、成王之廟也，故乙酉更用牲于康宫矣。蓋周之初也，《詩》曰：「篤公劉，逝彼百泉，瞻彼溥原，迺陟南岡，乃覯于京，京師之野……」又曰：「篤公劉，於京始依。」則本名「京」也。及「古公亶父，來朝走馬……爰及姜女，聿來胥宇」。而見「周原膴膴，堇荼如飴」。遂「築室于茲」。乃更號曰「周」。故《思齊》之詩曰：「思媚周姜，京室之婦。」正以太王始興周室，故太姜雖稱「周姜」，而太任猶是「京」室之婦之舊稱也。故《大明》之詩曰：「摯仲氏任，自彼殷商，來嫁于周，曰嬪于京。」又曰：「有命自天，命此文王，于周于京，纘女維莘。」周京對言，舊名猶未廢也。及既有天下，而號曰「周」，而以「京」爲都邑之稱，「宅是鎬京」是也。然猶不忘其本也，故名先祖廟爲「京」；《文王》之詩曰：「侯服于周，天命靡常，殷士膚敏，裸將于京。」言助祭則當于廟也。所謂「京」者，殆立於成王之時，故曰：「下武惟周，世有哲王，三后在天，王配于京。」又曰：「王配于京，世德作求，永言配命，成王之孚。」所謂「三后」者，太王、王季、文王也；「王配于京」者，指武王也；及康王作《下武》而祀成王，殆亦配于京矣。故余謂「京宫」者，太王、王季、文、武、成王之宫也。

〔六〕銘云：「用牲于王。」釋云：「饗王也。」按此説甚誤，若謂被饗則不當云「用牲于王」，若謂以臣朝王而饗王，則所未聞也。蓋此「王」字應指昭王，昭王已崩而未祔於廟，故别告也。稱昭王爲「王」者，猶《詩·下武》言王配于京之爲武王宫也。何以知爲昭王也？頌敢曰「王在周康邵宫」，此銘但云「康宫」，故知必爲昭王矣。

〔七〕銘云：「明公錫太師鬯釆牛，曰，用⿰示茶。」釋云：「釆，疑金。⿰示茶，未詳。」按釆，從金，小聲，銷之省也。《文選·七命》注引許叔重《淮南·氾論訓》

注云：「銷，生鐵也。」□字從「示」、從□聲。□，從「□」、從廾，（捧字從此）蓋即《爾雅》「拜，商翟」之拜字之本字——讀當如拜，疑作祓義，《詩》「勿翦勿拜」之拜，正與拔字義同也。

〔八〕銘云：「夾旮右于乃寮。」釋云：「奭未詳。」按銘文作□，當釋作夾，《說文》「從亦有所持」者是也。夾與從二人之夾字不同，夾乃人之兩旁挾持我者，夾乃懷物也。此字殷虛文字屢見，羅先生並釋作赫字，讀若奭，然其所引惟一字從二火，其他十數字各不同，且有從二口者，決非從火可知，自當釋爲夾字爲直接了當也。由懷物之義而引申，則有並持兼取之義，故曰「夾旮右于乃寮」，猶兼助乃寮也。

其餘諸字，尚微有不可曉者，仍附蓋闕之義。

己巳初冬唐蘭識。

作者自注：寫成於一九二九年初冬

載《商報・文學周刊》第九期一九二九年十二月三日。

附：羅振玉《夨彝考釋》原文

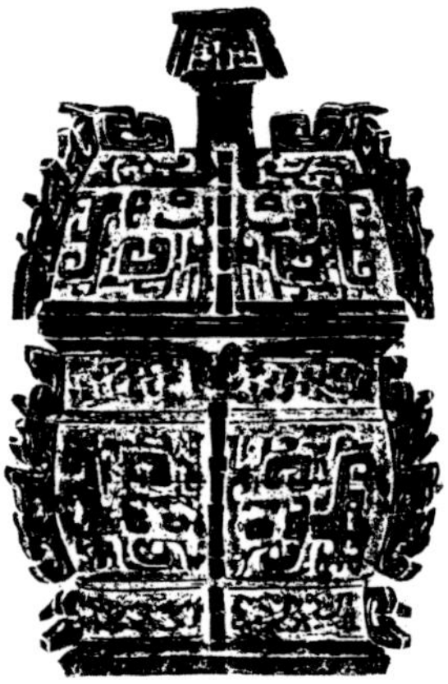

夨彝全形

夨彝蓋文

夨彝器文

唯八月辰在甲申王命周公子明保

周公者周公旦之後世爲王卿士者。《史記・魯周公世家》索隱：周公元子就封於魯，次子留相王室，代爲周公。子明保猶《洛誥》言明保予冲子。《多方》言大不克明保亯于民命。周公子明保蓋命周公掌邦治。

尹三事四方

尹，正也。「三事」猶《詩》言「三有事」，國之三卿：司徒、司馬、司空也。「四方」，四國也。內正三事，外正四方也。

受卿事寮

受，相付也。卿事即卿士。《詩・小雅皇父》箋謂卿士兼擅羣職，蓋冢宰也。同官曰僚，卿士寮蓋謂三事及亞旅諸臣皆統於卿士。

丁亥命矢告于周公宫

命，王命也。矢，史官名。周公宫，周公旦之廟。

公命𢓊同卿事寮

𢓊未詳。同，合也。公既爲冢宰，乃集合其寮屬。

唯十月月吉癸未明公朝至于成周

月吉，月初吉也。明公周公也。公既受命，乃朝王於洛邑。

𢓊命舍三事命

舍命猶將命。曶鼎，父曶舍命。克鼎，王命善夫克舍命于成周。《詩》舍命不渝，舍三事命。謂舍王命周公正三事之命。

眔卿事寮眔諸尹眔里君眔百工

眔，及也。諸尹，庶尹。里君，謂卿大夫在鄉里者。《酒誥》作里居，字之譌也。史頌敦，友里君百生。百生即百工，謂百官也。此言舍尹三事命於內服諸臣寮。

眔諸侯侯田男舍四方命

侯田男，侯服、甸服、男服也。舍四方命，謂舍王命公尹四方之命於外服各君長。

既咸命

咸，皆也。既皆舍命於内服外服也。

甲申明公用牲于京宮乙酉用牲于康宮

用牲，告廟也。京宮，殆鎬京之宮。告武王康宮殆告康王。康宮屢見古禮器。揚敦，王在周康宮。鬲攸从鼎同。君夫敦，王在康宮太室。頌敦，王在周康卲宮。寰盤，王在周康穆宮。均謂康廟。

咸既

皆已事。

用牲于王

饗王也。

明公歸自王

自洛邑。

明公錫太師鬯余牛曰用禄

余疑金，禄未詳。

錫命鬯余牛曰用禄

命，殆即夨也。以下言女二人，太眔夨及作册命知之。

迺命曰今我唯命女二人太眔夨

太謂太師。太師爲三公，不知何以受卿事錫命，殊不可曉。

奭𡗜右于乃寮乃以友事

奭，未詳。𡗜即左字。古馬銜銘，左字作右，左右字本作𠂇又，或作右左，今右存而右廢矣。此𠂇下从言者，古从口从言不别也。左右友均助也。命太師眔夨匡輔卿事寮、太史寮執事諸臣也。知爲太史寮者，夨官作册，蓋史官也。古卿事寮、太史寮並重。毛公鼎、番生敦均以卿事寮、太史寮並舉知之也。

作册命敢揚明公尹人宧

作册亦稱内史，其長曰内史。尹亦曰作册尹。見古禮器款識《洛誥》之作册逸，作册其官，逸其名也。《顧命》之作册度。

《畢命》序之作册畢皆然，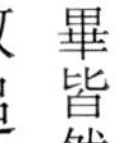，未詳。

用作父丁寶尊彝敢追明公賞于父丁用光父丁

言以周公所錫作先考尊彝，以爲前人光。

册器文多一册字

未詳。

右矢方彝蓋，器同文，蓋百八十五字，器百八十六字。文字之精且多，不下盾、盂諸鼎，不僅爲近世出土諸器之冠也。予乍讀其文，見王所以命周公者，至尹三事四方，疑爲命公旦攝政。既見成周及康宫字，乃知爲成康以後物，文中之周公蓋公旦後人之爲卿士者。卿士之職，不見《周官》。始見于殷虚卜辭及商乙未敦，其文作卿事。毛公鼎及番生敦亦有卿事，《詩·大雅》百辟卿士，《小雅》皇父卿士，其文始作卿士，即卿事也。《詩》皇父卿士。箋：朋黨於朝，皇父爲之端首兼擅羣職，故但目以卿士，則卿士者百寮之長，殆如《周官》之冢宰矣。此周公蓋爲王卿士者，即《史記》索隱所謂相王室也。此彝乃周公錫作册矢[illegible]□牛，矢遂用作父丁彝。其名前稱矢，後兩稱命，初以爲疑，而與此彝同出土之矢敦一百有八字其文曰作册矢命尊俎于王姜，姜賞命貝十朋，臣十家。亦前稱矢後稱命，故遂確定爲一人。此彝中有數字不可識，謹守蓋闕之義，不敢强解。蓋文末有鳥形字，下有册字，器文末則兩册字平列，中夾鳥形，字音義亦不可曉也。

己巳七月既望上虞羅振玉書於遼東廣居。

又案：作册之官名位甚尊，《書·畢命》序：康王命作册畢。《史記·周本紀》作「命作策畢公」。分居里，成周郊，作《畢命》。是時畢公與召公率諸侯相康王，其位甚尊，而兼作册，則作册之尊可知。故周公命矢左右乃寮。傳不知作册爲史官，而曰命爲册書以命畢公。正義引申之，曰：命作册者命内史爲册書，以命畢公。沿誤既久。亡友王忠慤公作《洛誥解》始據古金文訂正之。古金文之有裨於經史，此其一事也。振玉又記。

梁實秋的論思想統一

「思想統一」是近來極流行的一個口號，然而那種方法的實行，在我們國裏也實在好算極古舊的事情了。當秦始皇併了六國以後，這班戰勝的威權者，第一件大事情就是統一思想。李斯説：

……異時諸侯並爭，厚招遊學。今天下已定，法令出一，百姓當家則力農工，士則學習法律辟禁。今諸生不師今而學古，以非當世，惑亂黔首。丞相臣斯昧死言，古者天下散亂，莫之能一，是以諸侯並作，語皆道古以害今，飾虚言以亂實，人善其所學，以非上之所建立。今皇帝并有天下，別黑白而定一尊。私學而相與非法教，人聞令下，則各以其學議之，入則心非，出則巷議，誇主以爲名，異取以爲高，率羣下以造謗。如此弗禁，則主勢降乎上，黨與成乎下。禁之便，臣請史官非秦紀皆燒之。非博士官所職，天下敢有藏《詩》《書》百家語者，悉詣守尉雜燒之。有敢偶語《詩》《書》棄市。以古非今者族……若欲有學法令，以吏爲師。——《史記·秦本紀》

這不是實行「統一思想」的很早的一個好榜樣嗎？

梁實秋先生説：「儒家思想雖然是正統……可是各種派別的思想究竟不曾遭遇嚴厲毒狠的壓迫。」大抵梁先生忘卻了這一回「焚書坑儒」的大典，這位荀卿的弟子要把「法後王」的思想造成統一的企圖。

思想是難得統一的，這一層我和梁先生的意見是相同的。但是真理的本身是没有變動的，合於真理的思想，才好算真正的思想，否則只好叫作胡思亂想——自然，胡思亂想的人比較是最多。真正的思想雖然出發點不同，但是走到了靠近真理的路上，就會不期然而然地碰在一起了。這正像《易繫辭傳》上所説：「天下同歸而殊塗，一致而百慮。」所以我以爲思想是可以一致的，只要我們不是胡思亂想，總有一天把許多不同的思想諧和而成爲一致的。最重要的是，我們要自己在思想上去用工夫來求一致，卻不要去統一別人的思想，至於那種用威權和誹謗去統一思想的企圖者，我想他們最好把《李斯傳》和《商君傳》看一下吧。

不過我仍然不贊成統一思想，對於國家和社會方面□□□同樣的不贊成。人工整治的園圃，至少要和荒地上是不同的。思想有時候可以放燦爛的鮮花，有幾種卻是殺人的毒草，一個政府應當怎樣加以裁制呢？

害人的思想不是没有的，而且有時會像剛開闢的澳大利亞的兔子一樣特别地發達，把人們喫的東西都喫光了，所以我不主張思想自由，這是我和梁先生意見不同的地方。我也要學一學羅蘭夫人的話，「自由呀！有多少罪惡，將假汝美名以行」。

至於灌輸式的教育，我也是反對的。近代的教育所薰陶成機械式的羣衆，這是何等可憐！「會喊口號，會貼標語，會不求甚解的説一大串時髦的名詞，但是不會想，不會懷疑，不會創作」。像這一類的人，真是「我見亦多矣」。但是關於教育的問題是很複雜的，這一種現象怕不單爲要統一思想而造成的吧？

載《將來月刊》第一卷第一期一九二九年九月。

附：梁實秋先生來函

唐蘭先生：

我讀過了「將來」第一期上的書評。秦始皇焚書坑儒，本是愚民政策，並非是儒家壓迫別家思想，也不是真的要思想統一。這一點不知尊意以爲然否？先生不贊成統一思想，同時又說不主張思想自由，我覺得態度不很徹底。我是主張容許各種思想自由發表，因爲（一）人受了教育之後應該分辨什麼思想是害人的，所以我們提倡教育即是抵抗害人的思想最有力的方法了。（二）何種思想是害人的，很難定，若加取締，便易流于武斷。（三）單是思想害不了人，由不正確的思想所引起的不正當的行爲，可由法律及社會勢力制裁之。既然反對思想統一，所以不能不主張思想自由，我相信人是有理性的，正當教育可以發展理性，可以使人有辨別是非的能力，所以我想思想自由是不會有害的。尊意如何？梁實秋頓首　十月五日

本刊主張對一切學術思想作公開的討論，所以把梁先生來函披露。我的復信並未留稿，大旨説焚書坑儒固然不是儒家壓迫別家思想，但卻近於思想統一，這在李斯一班人的心裏是以爲如此，到了旁觀的眼裏，自然就是愚民政策。又我以爲有些思想是不可任其自由發表，因爲「發表」已是行爲，不是純粹思想的範圍了。　唐蘭記。

載《將來月刊》第一卷第二期一九二九年十月二十八日。

近時中國學術界的迷惘

一 迷惘的現象

崇拜外國人呀！崇拜外國人呀！當我想到近時的中國學術界時，總像覺得有這一種狂喊的聲音——這是無上的命令，不成文的憲法——在我耳際震蕩着。但是愚蠢和狂惑的我，卻常是接着這樣想：是只要外國人説的話，做的事，就可以崇拜嗎？外國人值得崇拜嗎？

如果有人敢説没有人——或是狠少人——在崇拜外國人，那末我相信他在略略地觀察一下以後，一定得自己打自己的耳光，他是如何的粗忽呀！事實是明明地放在這裏的，當我們隨便踏進那一個學校，或者翻着那一家書店的刊物來時，我們還能找出一個重要的學科，一些重要的思想和材料，是出在本國的嗎？真可憐的狠，連中國哲學史，中國文學史……一類的東西，還是讓日本人在一本一本的做，再由我們的學者，一本本的搬譯到國内來。

我每逢看到日本人所做——摹倣我們的——詩文裏面的拙劣字句，再想着他們會代我們來作文學史，那是何等滑稽的事情呀！但是譯書的先生們管這些嗎？他們譯了，給不懂文學的人看了，横豎無論是誰的心目中，總横着一個成見：外國人！外國人是準不會錯的！所以有許多譯本上簡直不用寫出書的原名，和做書人的原名，只要是譯來的就够了，只要是外國人做的就够了。在一般人的心裏，實在太信仰，太崇拜外國人了啊！

也許有一班先生們，也不以這種崇拜爲對的。他們不是每個外國人都崇拜的，他們在一個不覺的境地中間，深深地崇拜一個外國人，和他的學説。他們的態度，或者自以爲不是盲從的，和崇拜偶像的，或者也會有人承認他們是這樣。但他們好像一個空椀一樣，偶然碰見一勺海水，一下子就裝滿了。假使在那時候裝了河水呢？也是一樣。這樣説來，還是無意識的崇拜。

在這個時候的一班老先生們呢？大概有三派吧！摇頭擺腦的八股先生，代表了反對外國人的——雖然有少數是例外——但是科學發明的便益是不能不承受的，外國人的比我們强盛是不能否認的，他們自己還有什麽思想呢？他們所崇拜的孔子的偶像是被打破了——實在呢，他們只曾崇拜了八股，而八股又早廢了。他們的環境變的這樣地快，他們的智慧，不能使他們再來崇拜一個新的偶像。他們在這個新奇的世界，和異鄉飄零者一樣，他們只好喃喃地咀咒着，和無聊地希望着。他們腦庫裏只貯藏些高頭講章，有什麽法子呢？總有一天用了八股，天下才太平哩！洋鬼子是要給天消滅的！他們當然這麽想。

書院派的經生呢？恨不得有一本宋本——就是明刻本也將就了——不管有用無用，做一個校勘記，或者把幾千年前一個人名或祭祀的儀節，不管有多少真確性，只要能考出一些。自然，老式一些的，在現在早被淘汰了，最時髦的，能够彷彿着外國人所提倡的考古學，就將爲崇拜外國人的人們連帶上崇拜了。

策論派的洋務先生們是讀熟了《泰西時政綱要》一類的書，他們相信與崇拜外國人的是：聲、光、化、電、輪船、鐵路。他們也許就是以送留學生爲目的，手造成一班「只讀外國書的中國人」的主動人物。

在新的方面，不崇拜外國人，是會失了立脚點的，因爲他們所學的只有外國。

在老的方面，反對外國人的，不過是些八股先生，經生家是照例不管閑事的，但是他們雖只崇拜供給他們的材料和方法，有時卻沾着外國人的餘光，被人崇拜，洋務家是和現時的知識界更接近了。

所以在這個國度裏，思想的權威，幾乎完全給外國侵佔去了。

我們的崇拜是盲目的，反對也是盲目的，但是潮流總是有一個方向的，現在就在崇拜的一方面。

假使外國人真是該崇拜的，那我還要説什麽呢？可惜我們從來都没有想到該不該上去哩。一個會寫字的人，總會做好詩吧！一個會織布的女人，總會耕田吧！假使有一個人是這樣想，而且他去崇拜那書手的詩，和那織布娘的耕植，這不是一個大傻子嗎？外國人的科學的確有些值得欣羡的，所以連他們一切的思想、事業都崇拜了，誰知道我們是不是傻角兒呢？

崇拜是人類的本能，能使我們由摹仿而進步，不能説崇拜是我們的劣根性，但是崇拜是需要選擇的，因爲生物要從有益方面進展，不能老是把錯誤聚集起來的。外國人是不是值得崇拜，讓我留在後邊再説吧！但是我們的崇拜外國人，實在是受了環境的影響，而不是經過選擇的，那末環境也會欺騙我們哩！

一個鄉下人，種田是他的本行，忽然的一天，有一羣的賈客經過他的村落，這羣賈客的繁華，是够他羡慕的，他就丢了他的本行像墜落一隻破襪子一樣，但是他不久就覺得這是錯誤了，雖然是繁華，精神和身體卻處處吃虧，而且那種繁華經慣了也是平常的很——自然這已經是頂聰明的人了——於是他回了轉來，但是他的房屋是没有了，田是變了鄰家的牧場了，誰教他在起先没有選擇呢？

有人會駁我，種田的人根本上没有經商的常識呀！他不會在這兩者之間選擇哩！但是，經驗會告訴你呀！一個真有經驗的農夫，他的一生，斷不致輕易被吸引的，只有他能選擇自己該做的事情。譬如説學詩吧！我可以今天崇拜這個詩人，明天崇拜那個詩人，因爲我不懂得，我總是莫名其妙的崇拜，或是反對，但是我果然死心塌地的學了一家，由這一家，我就可以懂得許多了，我可以指出這個好那個壞，也可以選擇我第二步的崇拜者了。

其先我總盲信着，爲什麽呢？我是缺乏經驗呀！是迷惘着呀！中國這幾十年來學術界的現象，我怎麽形容它呢？我想除開迷惘一類的字面，是無法使它再適當了。

（第一節完）

載《將來月刊》第一卷第一期一九二九年九月。

近時中國學術界的迷惘（續一）

二　我們的呼聲

我對於近時中國學術界的現象，很傷心地加上一個迷惘的字眼，但爲什麼有這種現象呢？我想一定有許多人要急於曉得這現象的原因。

説到所以迷惘的原因，是有兩方面的：第一由於本國學術思想的衰落。第二呢，關乎時代底急劇的變化也受到莫大的影響。

崇拜外國的先生們或者要説中國是根本上不配説有學術思想的——也許這種話是對的，我們只要常常聽到禹不過是動物，孔子是好做官（見《子見南子》一劇，林語堂教授作）。而且好説假話（僞託堯舜），墨子是印度人之類，真要會相信中國人不配談到學術思想——那我們中國人只好一輩子跟着外國人走，一輩子在學術思想上做外國人的僕隸；這裏面，崇拜外國的先生們當然是「首先孝順」的「順民」，和蒙古旂、漢軍旂一樣，假借外國人的餘威來嚇自己人。但是中國人有的是醒着的，有的是不願做順民的，因爲中國自有它自己的學術思想，雖然這是崇拜外國的先生們所做的夢裏邊没有想到過的。

照目下看來，真像中國從亘古以來没有學術思想一樣，這是什麼緣故呢？這是因爲目下是崇拜外國人，努力外國化的時代，要外國人講過的學術思想，才有人去探求，而外國人又絶少講到中國的學術思想的緣故。過去時代的中國人，是會得思索的，因爲那時候不曉得崇拜外國；現在是會崇拜了，但是不會思索了，現在我們是没有學術思想的國家了。這樣，是不是可憐呢？

外國人所以不大講到中國的學術思想，是因爲没有懂；因爲中國語和歐洲的言語文字既然「鑿枘不相容」，没有法子迻譯得真確；又因爲各種「根深蒂固」的民族性，不屑研究到這老大、貧弱國家的文化。所以在他們普遍的觀念中，不是以爲中國人全是盗、賊、煙、賭，和製造内亂的軍閥，就以爲全是迷神見鬼，小脚、垂辮等類的古董；他們中間稍稍明白一些的，自然説中國是有學術思想的，但是就他們的一知半解，被自己民族的眼光把學術的真相矇住了；他們會説老子的主要學説是「恕」，中國民族所有的是「享樂主義」。

但是，中國的學術思想是不是一定要外國人講過才算存在呢？

我們假使翻開歷史來瞧瞧，至少要覺得我們這班近代人是太没有出息了吧？在過去的時代，中國也曾給强族侵襲——或竟是霸佔過的，而且外國的學術思想也曾流傳進來，和中國所固有的互相敵對過的；但是中國的精神，永遠没有屈服過。

現在呢，很像被屈服了。但我敢説：這不是真正的屈服，這僅不過是一種迷惘。不過這真是可怕的迷惘啊！也許我們重新見到光明，也許我們所得的永遠只是黑暗了啊！

當我每天清晨起來，我想這是晴天了吧？但所見的還是重重疊疊的黑雲。當我撑起耳朵聽學術界的消息，我想總該有一個人在提倡中國思想了吧？但所見的還是可憐又可怕的迷惘——我們對着自己的祖宗真應該慚愧吧？我們中國的精神哪里去了呢？

給外國人侵佔的土地，誰都知道是應該要回來的；受外國人的不平等條約的覊束，誰都要要求脱離的；等到學術界插遍了外國的旗幟，反而倒是歡歡喜喜的順受；這是我們應該做的嗎？這不是太可耻了嗎？咳！我願意這只是暫時的迷惘！

中國人啊！只要我們記得自己是中國人，就不該再迷信外國人了呀！我們要努力破除這一時代的迷惘！我們要恢復中國的精神！我們要在被外國學術征服的領域中解脱出來！

中國人啊！非但這樣，我們還要把自己的學術思想重新煊赫起來——在過去的時代，我們祖先所做過的，就在將來，也不是不可能的——我們不要忘卻自己！我們要奮力！我們要做崇拜外國的先生們所罵的開倒車，卻不做他們的追太陽！我們寧可到幾本破爛的舊書裏面去尋求整個的學術思想，而反對東抄西襲的，破碎的時髦學問！

中國人啊！我們現在該睡醒了吧？

最近的一百多年，中國學術思想的衰落是無可諱言的，正像抵抗力太弱的身體，各種病菌都滋長出來了，現在要撲滅病菌，當然第一要增長抵抗素，我們應當把中國學術思想的基礎重新建設起來。中國人啊！大家來幹呀！這不是少數人所做得到的呢！

（第二節完）

載《將來月刊》第一卷第二期一九二九年十月二十八日。

近時中國學術界的迷惘(續二)

三　中國所固有的學術思想

我在上邊很攻擊了那般以爲中國沒有學術思想的人，那末勢必致於有人將發問：「中國的學術思想到底是些什麼呢？」

自然，從我們上古到現在幾千年積累下來的智識——我們百千代的祖先們的經驗——在幾十年前尚爲一般人所尊敬的，在現在一提起來只取得了輕蔑和揶揄的代價；在這個時代，那種奇異的發問，當然是不能免的。

我雖然想答覆這一個問題，而且也很願意這樣做；但同時還要聲明，我的意思並不以爲我的話就可以代表中國的學術思想，我所能做的，只是勉强地努力地把這個固有的東西，加上一個説明；而且我的説明也不能説完全沒有錯誤，因爲我的目的，只是引導，指點着那邊還有這樣重要的東西，除了我應須證明這不是幻境以外，假使我的視覺還有些模糊不清，我就不敢説我所形容的已經是絲毫没有遺漏。

在自然的境界裏，不會有像化學所製成的那樣純質的水，但無論這水裏夾雜了哪幾種原質，我們還總叫它做水，因爲我們的稱謂是根據對象中的大部分的。我們對於學術思想也是這樣。在中國，孔孟是「祖述堯舜，憲章文武」，孔孟以後，是祖述孔孟，這就是所謂「正統派」——這誠然是現在人所痛罵的名辭，但事實上是如此——雖然有的是夾雜着老、莊、楊、墨、申、韓，以及佛教、回教、景教等等的思想，但我們總還要舉出孔孟底學説做中國的學術思想的代表。

那末孔孟底學説是些什麼呢？我現在所要做的，就是要批判這一個學説，重新估定這一學説的價值。

有些人們總喜歡説東方所有的是「精神文明」，西方所有的是「物質文明」，這種淺薄的觀察者卻以爲精神和物質是兩件獨立的東西了。我們現在要清晰地説：孔家的學説是從倫理出發，西洋的學説是從物理出發的。

我把倫理和物理來分别這兩種學術思想——或者也可以把前者叫社會科學，把後者叫做自然科學——是要避免着許多名辭的誤用；在很古的時代，兩方的學術思想是很有相像的，但也有很大的差異；在我們的祖先，正在研究行爲，他們卻開始尋求智識；從這裏起，就成爲兩條極大的歧路，一直到現在才又相聚。倘然我們把古舊的名辭舉出來，那末孔子學説是由「仁」和「義」出發的，西方的學説是由「智」出發的，我們的學説的對象是人事，他們的學説的對象是自然；我們就流動的、活的對象去求如何是善的行爲，他們就固定的、死的對象去求無窮的智識。

但是社會和自然是不可分離的，行爲和智識也是這樣；所以孔子的學説，也未嘗不尋求智識，西洋的學説，也未嘗不研究行爲，不過出發點不同，學説的形成就大不一樣了。

人們對於自己身上的事情，所感覺到的究竟比自然密切一些，當没有懂得「礎潤則雨」的時候，卻早已懂得飢和寒了。所以社會科學的形成，是遠在自然科學之前，我們的聖哲是從社會科學中所獲到的經驗，發見了一致的範疇，建成了我們的學説。假使拿西洋學説來比我們，那末我們是早熟的，而他們是晚成的；他們勤勞了幾千年，才能使自然科學得到鞏固的地位，也同時發見了一致的範疇，那就是説「唯物論的辯證法」。

這東和西隔絶着，各自有了幾千年歷史的兩大股學術潮流，在面目上儘管是極端的殊異，但這一個思惟的方法，卻可以把兩方的學説都溶解了。雖則我在這裏不想用了許多篇幅來指出這一個方法的相同的地方——因爲我以爲這是很顯著的事實——但還想把一個沿襲着所用的名辭的錯誤加以糾正。

那就是指「形而上學」的譯名，無論是英語的 Metaphysics，德語的 Metaphysik，這都是指超物理的，超感覺的系統哲學——我們且不要管它從希臘語所變化來的，和編輯《亞里士多德集》時所用的本來意義——把「形而上」去譯它，實在是很大的錯誤。假使「形而上者謂之道」是超物理的，那末「形而下者謂之器」，更是什麽呢？無論怎麽講法，我們總不能把一個對象（形），分作三截，説「道」是超物理的，而「器」又是一個超什麽的（或降什麽的）。

在這裏，我們可以明白，孔子學説是把精神和物質，在一個對象下面連鎖住的——既没有超越的精神，也没有主宰的物質——只有在對象裏面，由人的認識，在分别着這是「道」，這是「器」，但究竟是分不開的，所以只好説「形而上，形而下」。

把精神和物質隸屬在對象下面，成立了相對部分的新唯物論的近代西洋學説，攻擊唯心論者和舊唯物論者，以及基督教，把對象誤分爲兩個東西，以爲有在宇宙背後的一切之母的精神；這在我們孔子學説裏的學者也常常攻擊着老、莊和佛教，因爲他們想脱離了人事的經驗（孔子所謂學），只憑着玄想而要飛騰起來去把住那個「道」。

由前幾年中國學術界新舊兩派的大論戰——玄學與科學之戰——的影響，使孔子學説受了玄學的冤枉，當時參與的諸公是不能辭其咎的。

我們且放開這一層。當新唯物論者發見了「認識的曙光」和「哲學的果實」的時候，我們已經把這個方法應用了二千五百年了（也許還在以前）。我們從倫理研究的經驗，歸納出宇宙的一致的概念，我們是很早把握住這概念，所以我們承受智識，——不拘是哪一樣，只要是正確的智識，我們用的是綜合方法，越獲得新智識就越光大，但是它的本來的範疇，已經是顛撲不破的整個宇宙或真理的輪廓的寫照。但是西方的人們，他們的勞力用在物理的研究上，就不能像倫理研究一樣地領受那無限的、變化不居的經驗，於是他們所用的方法是分析的，固然愈分析所得的智識愈真確，但一方面被研究的對象卻愈狹小，他們的經驗也只是局部的，所以他們除了局部的經驗所得的真確智識之外，在其餘的部分，就完全付諸非科學的幻想。

當十九世紀的西方學術界，累積了不可計數的關於自然現象的智識——雖然，這種智識在自然領域中不過九牛之一毛——幾乎在現象的每一部分都開放了神秘的門户，他們才注意到這些門户原是互相交通的，這種互相的聯絡的新發見的學説，才第一步踏上了綜合方法的廣衢。

我並不打算在這兩大學説裏面，過分地軒輊，我只努力地説明我們從倫理研究的學説的範疇容易成立，而他們從物理研究的學説的範疇難於成立。但是我還要聲明，我們並不拒絶智識，對於自然科學的獲得，也萬分歡喜的領受；而我所要注意的是我們固有的學説在整個學術界上的地位。

他們的發見和發明，固然可以幫助我們使原來所認識的愈加清楚，原來的學説的範圍也可以膨脹起來。但我們能幫助他們的地方絶不止此，我們可以幫助他們認識更完全的宇宙，使他們溶解了各個局部的偏見，而綜合成整個的學説。

假使這個人的觀察是公平的，一定不會把中國學者在倫理上的研究的幾千年的歷史的那種經驗加以輕蔑，一定會承認中國學説的對象是行爲，和西洋學説的對象是智識；而且要辨明在眼前哪一方面是更重要。假使明白這重要的是中國人，我想他總不至於迷信外國學説而把已往的成績置諸腦後吧？

（第三節完）

載《將來月刊》第一卷第三期一頁至五頁一九二九年十二月十五日。

一九二九—一九三〇

孔子傳

一 引言

我要想做一篇《孔子傳》的志願，是起了很久很久的了，但總不敢動手。雖然説孔子也只是一個人，並不比我們多生了一個頭，或是一個心，但我每望着他底崇高的人格，總覺得自己是太卑小了，簡直是不配替他做傳。

我常這樣想，要拿我們的眼光來議論孔子一身的行事，和他們所有的思想，所組成的學説，那只是我們自己的議論罷了，好像山底下人在議論山上人一樣。除非我們真做到和孔子一樣的崇高，我們決不能清楚而且確切地知道關於孔子的一切。但是要做到和孔子一樣的崇高，是不容易的，而且也不敢有這個夢想，我現在只希望能瞭解多少是多少，正像爬山一樣，能多一步就多一步。

所以經過幾次的躊躇，畢竟要把我這個志願完成，雖然我自己知道得太少了，卻總算走了第一步，希望因此可以引出别人的幾篇好文章來，就是我將來倘然能再多知道一些，也可以隨時增改。

二 孔子的一生

在這一章的前面，不能不申説一下，因爲我現在所要做的，不單是史事的考據，關於孔子的生平，没有什麽新穎的材料發見，那是無疑的。

我們的大聖人，凡是中國字的書籍，十成中總有七八成要提起他的姓氏，或者援引他的言語和行爲。在這樣烜赫的盛名裏面，假託在他身上的故事，當然不在少數。我現在所叙述，竭力要避免那種東西，所以也許要犯太簡略的毛病。

甲　孔子的先世

從孔子的先世説起來，真是源遠流長了。始祖是契，就是孔子所稱引「舜有臣五人而天下治」的五人中的一人。從契到湯的世系，《史記》載得很詳細，大致都不錯，近時王静安先生曾把殷虛龜甲和獸骨所載的占辭來證明過。〔一〕從湯到紂見在《史記》上的一共是三十一世，這裏就有孟子曾説過的「賢聖之君六七作」。就是到了紂的時候，孔子還説：「殷有三仁焉」。這三仁裏面的微子，就在周成王時候有了宋國。

微子的兄弟是微仲衍，衍的兒子是宋公稽，稽的兒子是丁公申，申的兒子是湣公共——湣一作閔——和煬公熙，〔二〕湣公生弗父何和厲公鮒祀，所以孟僖子説：「孔丘聖人之後也，而滅於宋，其祖弗父何以有宋而授厲公……」〔三〕弗父何生宋父，大概和釐公舉同時。宋父生世子，大概和惠公覸、哀公同時；世子生正考父，孟僖子説：「及正考父，佐戴、武、宣，三命茲益共。故其鼎銘云：『一命而僂，再命而傴，三命而俯，循牆而走，亦莫余敢侮。饘於是，鬻於是，以糊余口。』其共也如是……」；還有《國語》載閔馬父説：「昔正考父校商之名頌十二篇於周太師，以那爲首……」從此兩端，可以想見正考父是長於文辭的。〔四〕

正考父生孔父嘉，《左傳》説：「宋穆公疾，召大司馬孔父而屬殤公焉……」〔五〕後來宋戴公的孫子華父督「見孔父之妻於路，目逆而送之，曰：『美而艷！』」於是就「攻孔氏，殺孔父而取其妻。公怒，督懼，遂弑殤公……宋殤公立，十年十一戰，民不堪命，孔父嘉爲司馬，督爲太宰，故因民之不堪命，先宣言曰：『司馬則然』……」〔六〕《左傳》的記載像從兩節傳説湊合起來的，一節是督要攘孔父的權，又一節是督要奪他的妻子，我們現在很難斷定他的誰是誰非來，也許是兩方面都有關係。〔七〕

孔父嘉的兒子是木金父，從前是世卿，因爲孔父給華督殺了就絶了世，木金父因此「降爲士」。〔八〕木金父大約當莊公馮和湣公捷的時候。他的兒子叫祁父，〔九〕大概當桓公禦説和襄公茲甫的時候。祁父的兒子是防叔，《世本》説：「爲華氏所逼，奔魯，爲防大夫，故曰防叔。」。〔一〇〕防叔大概和成公王臣同時，從成公元年到平公二十四年孔子生，一共是八十五年，防叔奔魯以後，生了伯夏，〔一一〕伯夏生叔梁紇，叔梁紇生孔子，在孔子前是三代，每代大約差三十年，年代是很相當的。

叔梁紇是一個有力的人——魯襄公十年《左傳》上説：「偪陽人啓門，諸侯之士門焉。縣門發，郰人紇抉之以出門者。」十七年又説：「高厚圍臧紇於防。師自陽關逆臧孫，至於旅松。郰叔紇、臧疇、臧賈帥甲三百，宵犯齊師，送之而復。」——因爲他是郰邑的大夫，所以叫做郰叔紇。〔一二〕

當郰叔紇送臧紇出防以後的四年，就生了孔子，孔子字仲尼，仲是行二，《論語》上又説：「以其兄之子妻之。」可見孔子是有兄的；《檀弓》上説「我有姊之喪」，又可見孔子是有姊的。孔子生下來不久，叔梁紇就死了，所以《檀弓》上説「孔子少孤」，孔子的兄恐怕也是早死的，所以他的女兒還由孔子擇婿。〔一三〕

要詳細説到孔子的母，這真是很困難的事情：我們只曉得她名叫「徵在」，是見於《禮記·檀弓》的，〔一四〕其餘我們所曉得就很有限了，《史記》説：「紇與顔氏女野合而生孔子，禱於尼丘，得孔子。」這是采用兩説牽合攏來的，因爲要附會孔子名丘字仲尼，所以有禱於尼丘的一説，又秦漢間人都喜造那種荒謬不經的故事，所以有野合的一説。〔一五〕這兩説本都是不必相信的，但是孔子的母姓顔，或者近於事實——因爲漢朝人都這樣説，雖然每一個故事總是假的多，但有些故事中的人物，常常可以相信他們是真有的。

乙 孔子的誕生和幼年

孔子生在周靈王二十年己酉十月二十一日庚子，當魯襄公的二十一年，距離現在（己巳）是二千四百八十年，周曆十月當現在夏曆的八月。〔一六〕

我們現在乘津浦車經過鄒縣的時候，就會看見車站上屹然立着兩個大碑，一個是孔子誕生聖地，一個是孟子誕生聖地。中國人實在是太隨便，太不考究了吧？明明孔子是魯國人，孟子是鄒國人，卻如何會牽扯到一處去呢？

孔子的生地，據《史記》是魯，昌平鄉，陬邑，正和《論語》上説「鄹人之子」相符合，《左傳》上説到叔梁紇，一處是郰人紇，一處是郰叔紇，可見郰是紇所住的地方，那末孔子生在他父所住的邑中是無可疑的。但是郰邑究竟在哪裏呢？

許慎《説文》對鄒、郰兩字是分得很清楚的。邑部：「鄒，魯縣，古邾婁國，帝顓頊之後所封。」又「郰，魯下邑，孔子之鄉。」——他所説「魯縣」是指漢朝魯國的一縣説的，但「魯下邑」卻是指春秋時的魯國——一個是邾國變稱的鄒國，一個是魯國的郰邑，本來截然不能混合。

襄十年《左傳》杜預注：「郰邑，魯縣東南莝城是也。」他所指的魯縣當然就晉代說的，雖是「莝城」的名字，現在都不曉得了，晉代的魯縣卻和現在曲阜縣還相當，所以郰邑大概也在曲阜的東南。《説文》上的魯下邑，下邑兩字《説文》上常用——像「郤，邦下邑地。」「郰，魯下邑。」——不知怎樣講法？我以爲這不是普通的都邑而是很小的地方，因爲《史記》上孔子生地的叙法，和《老子傳》：「楚，苦縣，厲鄉，曲仁里人也。」《王翦傳》：「頻陽，東鄉人也。」《聶政傳》：「軹，深井里人也。」很相像，那末邑是比鄉小，或者竟和里差不多。[一七]

從曲阜到鄒縣，固然不過四五十里，但我們要曉得郰邑不過是一個小地方，附屬在昌平鄉，昌平鄉又是魯都的一部分，禁不起差十里二十里，何况四十多里，何况又换了一個國度。那末近世地志指鄒縣西北的東鄒村，西鄒集做郰邑的話決不可信，我們雖然也不能確指何處是孔子的生地，只要到曲阜城的東南，就不難想像這附近的地方，曾誕生過一位孔聖人。

孔子的相貌，没有一個真確的圖像傳下來——雖然有不少的後人所補畫的像。《荀子·非相篇》説：「仲尼長，子弓短。」又説：「仲尼之狀，面如蒙倛。」荀卿雖然離孔子時代很遠，因爲他是儒家，也許是相傳下來的老話，比讖諱和相家的話略爲可信些。如其真像臉上蒙着倛的樣子——倛和後世的面具差不多[一八]——也可以説是很醜的了。[一九]

無論哪一個偉大人物，在極幼小的時候，從外面看來，總也和常人一樣；當人類還在若干億年以前，也不過渾渾噩噩過那野獸生活，誰知道現在會和别種動物相差到這樣遠呢？我們推想孔子的幼年，父是早死了，孔氏從宋國逃到魯國，怕簡直没有什麽族人，雖則叔梁紇總算做過郰邑大夫，但是他一死也就完了，所以當孔子幼時，家裏的景况是不會十分好的。

但是一個偉大人物的本身，卻是從一起始就和尋常人不一樣。當孔子是童年的時候，大概已經是很好作深賾的思索了。他自己曾説過：「我嘗終日不食，終夜不寢，以思，無益，不如學也。」[二〇]可以想見他年輕時候的發憤情形，因爲他肯拚命的思，所以也能拚命的學，這就是造成這一位聖人的最大原因。

他雖然自己很謙抑地説：「我非生而知之者。」但至少也是天性相近吧？《史記》説他「爲兒，嬉戲常陳俎豆，設禮容。」雖然或者是後來人推測的話，但也很近情。而且他年輕的時候，的確有許多人都説他知禮，所以後來他「入太廟，每事問」，就有人誹笑他説：「孰謂鄹人之子知禮乎？」

[一一]詳王先生所著《觀堂集林》卷九的《殷卜辭中所見先公先王考》。

〔二〕以上見《史記》，閔公見《潛夫論・志氏姓篇》，煬公《家語》作襄公。

〔三〕湣公生弗父何是據《史記》，《詩經・商頌》疏引《世本》和《潛夫論・志氏姓》，湣公生厲公是據《史記》，《家語》作襄公熙生弗父何及厲公方祀。孟僖子語見《左傳》昭公七年。

〔四〕以下宋諸公世系據《史記》，孔子先世世系據《詩經・商頌》疏引《世本》，但《商頌》疏脱世子一代，據《潛夫論》補，因《潛夫論》和《世本》相同，是完全承用《世本》原文的。《家語》宋父作宋父周，世子作世子勝。閔馬父語見《魯語》上。

〔五〕見隱公三年。

〔六〕見《左傳》桓公元年及二年。

〔七〕《公羊》《穀梁》兩傳都是推測的話，《左傳》似乎比較可信。崔述《洙泗考信録》説：「左氏目逆之説，荒謬已甚。」但是他以爲「古者婦人車必有帷……督安得見之……」的議論卻是太迂拘了。

〔八〕以下孔子先世的世系見《商頌》和《左傳》桓元年、《穀梁》桓二年疏引《世本》及《潛夫論》。

〔九〕祁父《家語》作睪夷，《孝經》疏引《家語》臯夷父，恐怕應當作臯夷父才對，因爲臯夷兩字合起來，和祁字聲音很相像。

〔一〇〕梁玉繩《史記・志疑》卷二十五説：「夫孔父爲華督所殺，則孔氏應即避難出奔，奚待三世而後適魯？何孟春謂防叔避亂當在湣公末年，南宮萬弑湣公，殺華督，國亂之日，亦非也。汪氏《增訂四書大全》曰：『方督之見殺，是天假手於萬以雪孔氏戴天之大恥，何爲反避之他國乎？』惟杜注昭七年傳云『孔父嘉爲宋督所殺，其子奔魯』，最爲明確。」《路史後紀十》從之：「是始奔魯者，乃孔子五代祖木金父，防叔之祖也。」——梁氏的考據，實在是太任意了！爲什麽華督殺了孔父，孔父的子孫就一定要出奔呢？出奔不出奔要看當時的境地，我們生在幾千年以後怎麽能替他們硬斷呢？《世本》所載，雖然我們不敢説一定不會錯，但究竟是秦漢間的古書，比之錯誤很多的杜預《左傳》注，當然可以多相信些；況且《史記・孔子世家》一開頭説：「其先宋人也，曰孔防叔……」司馬遷不從孔父嘉或木金父説起，卻單從孔防叔説起，可見他也是采用《世本》的，《潛夫論》也是采用《世本》的；杜預的一説，卻一無所本，大抵只是隨經作注，沒有細考的緣故，因而弄成正和《漢書人表考》把方叔當做孔父嘉的兒子一樣的錯誤了。崔述《考信録》又疑「孔父爲華督所殺，其子避禍奔魯，可也。防叔其曾孫也，其世當在宋襄成間，於時華氏稍衰，初無搆亂之事，防叔安得避華氏之禍而奔魯乎？……」——崔氏的話是爲《家語》發的，他不曉得《家語》是襲《世本》的，《世本》的本文是爲華氏所逼，並不是避華氏之禍；按文七年《左傳》正義引《世本》：「督生世子家，家生華孫御事。」又文十六年傳「華元爲右師」。杜預注：「督曾孫。」文九年傳有華耦，杜注：「華父督曾孫」——華耦就是十五年的司馬華孫，那末華督的曾孫在宋國還是做他的右師和司馬，他的逼防叔——孔父的曾孫——不是不可能。而且單是逼，不一定要作亂，那末《世本》的原文，本來一無可疑，所以招出疑問來，全是《家語》去改成「避華氏之禍」的五字而引起來的。

〔一一〕《禮記・儒行》疏云：「孔子曾祖防叔，防叔生木金，木金生伯夏……」這是錯的，既然説防叔是孔子曾祖，就不應該再有木金一代。

〔一二〕見《潛夫論・志氏姓》。

〔一三〕《家語》説：「叔梁紇雖有九女，是無子，其妾生孟皮，字伯尼，有足病。」——《史記》索隱及正義引《家語》説娶魯之施氏，生九女，比今本完備，但《家語》的説話，不可信的太多，所以没采用。

〔一四〕《檀弓》雖然有羼進許多漢人杜撰的東西的地方，卻因爲是一篇記録的文章，每節都各自起止，不能因爲一節假就説全篇都假。這裏面儘有戰國時所記的東西，是很可貴的史料。崔述把它一筆抹殺，是没有把一手造成的僞書，和經後人竄改的半真半僞的書分清楚的緣故，這種辦法，我認爲太過狹隘。

〔一五〕《論衡·實知篇》：「孔子生不知其父，若母匿之，吹律自知殷後宋大夫子氏之世也。」王充記和這一説相類的幾條，加上一個案語説：「此皆虛也。」可見漢時這種俗説是流傳得很多的。大概這一説的起源，就由於《檀弓》所記「孔子少孤，不知其墓」而起來的，他們因爲孔子不知父墓，就會説成孔子不知父。但太史公卻明明曉得孔子世系，所以到他書裏就變成野合的一説。後來鄭康成注《禮記》承用了野合的一説，王肅要駁難他，就在《家語》裏大造假文章：「……求婚于顏氏，顏氏有三女，其小曰徵在，顏父問三女曰：『陬大夫雖父祖爲士，然其先聖王之裔；今其人身長十尺，武力絶倫，我甚貪之。雖年大性嚴，不足爲疑，三子孰能爲之妻？』二女莫對。徵在進曰：『從父所制，將何問焉。』父曰：『即爾能矣。』遂以妻之。徵在既往，廟見，以夫之年大，懼不時有男，而私禱尼丘山以祈焉。」這一段文字中間，有許多錯誤的地方：叔梁紇的祖防叔是大夫，他卻説父祖爲士；叔梁紇見於《左傳》是襄十年和襄十七年，生孔子的時候是襄廿一年，假使生孔子以前已很老，那末爲什麽少年的時代不見於傳？人的力氣只有在老年退減，不會少年時默默無聞，到衰老了忽然有起勇名來的，所以叔梁紇生孔子的時候，年齡大概不很大，而他卻説年大。而且只要看這段一些不像周秦人説話的文字，就可曉得出於假造是無疑的。後人又因僞《家語》的話對野合二字生了許多穿鑿的假設，説老夫少妻不合禮才叫野合，這更不足辯了。

〔一六〕關於孔子的誕生，《史記》比《公》《穀》差遲一年，而且没有月日。《公羊》十月今本誤爲十一月；我另有《孔夫子的生日》一文，考得很詳，現在相承説八月二十七日孔子誕日是錯的；因已載在天津《商報·文學旬刊》第一號，這裏不再贅列。

〔一七〕《史記》索隱没有明白文法，所以把郰邑倒在昌平鄉上去講。又按杜預《左傳》僖二十九年注：「魯縣東南有昌平城。」這昌平城大概就是昌平鄉的遺址，和莝城是郰邑的遺址一樣，（莝郰聲之轉）可是現在都無從查考了。

〔一八〕楊倞《荀子注》引《慎子》：「毛嬙，西施，天下之至姣也，蒙之以皮倛，則見之者皆走也。」可見倛好蒙在臉上。《説文》：䫏「醜也，今逐疫有䫏頭。」䫏倛通。

〔一九〕此外像《路史後記十》引《世本》説：「圩頂，反首，張面。」《論衡·骨相篇》説：「孔子反羽。」這一類話是很多，但都不甚可信吧。

〔二〇〕見《論語》，以後凡逢引《論語》的話，不再注明。

（此節已完，全文下期續登）

載《將來月刊》第一卷第二期第四至十四頁一九二九年十月二十八日。

孔子傳(續一)

丙　孔子的所學和他的早年——喪母——娶妻

孔子自己曾説「我十有五而志於學」，他所志於學的是什麽呢？這是我們所應該研究中間的最要緊的一件事。假使像以前人把古禮的十五入大學來一搪塞，那我們對於他底學説的來源，永遠都不會領會了。

倘然我們能仔細地把古書辨別一下真假，就會曉得在孔子以前的書籍，確是極少。黄帝、神農的書是戰國時候才有的，孔子的時候，大概只有《詩》、《書》和《禮》的儀節、《樂》的音譜、《易》的繇辭，此外就是各國史籍；這是可以在《論語》裏面所引用的説話裏面看出來的。

六經的名字，最早見在《莊子》上，但《易》和《春秋》是在孔子以後，才被人看重，在孔子以前，一般人所學不過是《詩》、《書》、《禮》、《樂》罷了。《禮記・王制》説：「樂正崇四術，順先王《詩》、《書》、《禮》、《樂》以教士。」我們雖然不能説《王制》確是周朝的制度，但周時的士子所學是《詩》、《書》、《禮》、《樂》的一點，確是可以相信。所以伯魚——孔子的兒子——趨而過庭，孔子就問他學了《詩》没有，伯魚説没有，他就説：「不學《詩》無以言。」後來又問了，「學《禮》乎」？伯魚又説没有，孔子説：「不學《禮》，無以立。」孔子和伯魚説這話的時候，伯魚大概還總青年——我們可以從子禽和伯魚問答的語氣裏面看出來，孔子既然拿這個來教伯魚，那麽他自己年輕時候，所學的當然也是這個了。

孔子説：「興於《詩》，立於《禮》，成於《樂》。」這裏很像包括了一個爲學的程序；他又説過「小子何莫學夫《詩》」。小子的稱謂，也似乎是加在年輕的初學的身上；我們更看他教伯魚在學《禮》之前，可見學《詩》的時候，總比較年輕些；就以我們現在的眼光，也是學《詩》比學《禮》容易領會，比較於年輕人更爲相宜。

我們固然不能指定孔子「十五而志於學」的時代所學的就是《詩》，也不能説「三十而立」是「立於禮」，但這個程序大概是不錯的；孔子早先學的總是《詩》，——或者還有《書》——後來又學了《禮》，這一件事很使他出名，到他三十五歲的時候，孟僖子要兩個兒子跟他學《禮》。

孔子早年對於學問上的進展，使我們可以想象到是很迅速而廣大的，但他的境遇是很不好，本來魯國這時候的政治很壞，一切的政權都在大夫和陪臣手裏，他這樣一個邑大夫的孤兒，當然是很難出頭的。

做官既然不行，他就把這閒工夫更無所不學起來，在他後來的説話裏就常常見到，譬如説「我少也賤，故多能鄙事……」「吾不試，故藝」；所以達巷黨人的恭維他説：「大哉孔子！博學而無所成名。」

孔子的博學，並不像別人那樣亂雜無章，所以他曾經對子貢説：「賜也！女以予爲多學而識之者與？」子貢説：「然，非與？」他説：「非也！我道一以貫之。」他在旁的時候又説過「志於道，據於德，依於仁，游於藝」的話；那末他雖學了許多，卻始終依着本來的志願，決没有因爲學了旁的而有所牽動，這是我們可以斷言的。

孔子的博學，除了《詩》、《書》、《禮》、《樂》以外，御馬是他自己很有把握的，所以他説「吾執御矣」；關於射，他也常講到，當然是懂的；樊遲曾經要跟他學稼和圃，可見他也是懂的。當時孔子博學的聲名是盛極一時的，所以就有種種的傳説，像《國語》和《説苑》、《論衡》幾本書裏面，把孔子説來好像後世民間故事裏的識寶太師，已經夠荒唐了，到後來愈加利害，就變成讖緯的一大部分，索性滿紙都是神話了。

有一個時候，這位博學的少年，因爲窮的關係，也曾出來做過小事情，《孟子》上説：「孔子嘗爲委吏矣，曰會計當而已矣；嘗爲乘田矣，曰牛羊茁壯長而已矣。」《論語》上還説：「『子入太廟，每事問』。或曰：『孰謂鄹人之子知禮乎，入太廟，每事問。』子聞之曰：『是禮也。』」可見他也曾入廟助祭過。我們没有法子曉得孔子在那時做這些事——自然總在早年，但我們可以曉得就是不做事，他也決不因窮和賤而有過一些煩惱，他曾説過：「飯疏食，飲水，曲肱而枕之；樂亦在其中矣。不義而富且貴，於我如浮雲。」又説道：「富而可求也，雖執鞭之士吾亦爲之。如不可求，從我所好。」

窮和賤是他所不放在心上的，他一天到晚所用心的只是學，所以説：「德之不修，學之不講，聞義不能徙，不善不能改，是吾憂也。」他的學不但是書本的説話，而是重在要躬行的，所以又説：「文莫吾猶人也，躬行君子，則吾未之有得。」

孔子的躬行，門弟子在《論語》上記載得很詳，我在後邊當再細講；只是孔子最講孝弟，卻没有一個人講到孔子自身的孝弟，這是很可怪的；〔二一〕我以爲孔子母和兄的死，還都在早年一般人没有注意到他的時候——雖然他在喪母的時期裏，已經有了門人，但等到集《論語》的時候，這般早年時的門人大概都早喪逝了——所以對他養生送死的大事，一些没有講到。

我在上文已經辯過關於孔子的母的謡言了，倘然要去求這個謡言的來源，自然是因爲孔子不知父的墓；《史記》上就這樣説：「丘生而叔梁紇死，葬於防山，防山在魯東，由是孔子疑其父墓處，母諱之也。」但《史記》的話是講不通的，假使孔子果像《史記》所説野合而生，那末他就不能拿孔做氏，他母要隱諱，就應該隱諱他父的名氏，不應單諱一個墓啊！

太史公往往麤忽地把很好的史料都攪成一團糟，鄭康成也跟着他瞎説，這都是不足憑信的；但爲什麽孔子會不知其墓呢？陳澔很疑心過，他説：「顔氏之死，孔子成立久矣；聖人人倫之至，豈有終母之死，不尋求父葬之地，至母殯而猶不知父墓乎？」〔二二〕

許多學問家總是心裏先横着一個成見，再硬把事實來俯就成見，所以把一切事實都要成一個定型，不肯去推求真相，關於這一節就是其中一例。現在我們得謹慎地把《檀弓》上的話看過：

「孔子少孤，不知其墓；殯於五父之衢，人之見之者皆以爲葬也；其慎也，蓋殯也；問於郰曼父之母，然後得合葬於防。」

我們第一要問防在什麽地點：《史記》把防解釋成防山，説在魯東，防是不是防山呢？（以文義論，防山似乎不應該單稱防）。在魯東是魯東的哪一處呢？

防山没有在旁的古書上見過，不知當時有没有這個山——雖然太史公到過孔子故里，但因它對於史料的取用太不確實，我們總不敢輕信——即使是有，也不見得孔子的父真是葬在那裏。〔二三〕我在前邊説過，孔子的曾祖防叔從宋國奔魯，是做宋大夫的，據《左傳》上防是臧氏的食邑，那末孔氏的奔魯是依着臧氏的；所以襄公十七年齊高厚把臧紇圍在防邑，叔梁紇就也是被圍在裏面的一人，而且和臧疇、臧賈衝破齊兵，把臧紇送出去，我們只看臧疇和臧賈全是臧氏的人，那末叔梁紇在當時也還隸屬在臧氏是可想見的；叔梁紇既然還隸屬在臧氏，他又幫着守防邑，防邑又是他祖——防叔——的所治，那末他死了以後就葬在那裏，大概是可以無疑的。〔二四〕

因爲防邑離魯都很遠，所以去的機會是很少的又加着孔子既然「少孤」，在葬的時候，就算去了也是不會曉得；那末他的不知父墓，並不是怎麼奇怪事情——因爲一個没有堆高的墓是容易湮没的，就算種了什麼樹，也是容易迷惑的，就算有守墓的人，這人也許恰巧死了，那末只要隔了十年八年以後，就再不容易找着了。這個把父墓迷失了的事情，是在他喪母以前就發覺，或是在以後，我們是没法曉得的；古人除了出國境是不大上墓的，所以也許是到母喪才覺得的，但是即使他早發覺而早訪求，訪得着訪不着也得靠機會，不見得一尋求就有人來告訴的，那末到母喪裏還没有知道也是極平常的事。

他既找不到父的墓，母的棺到了三個月又不能不葬——三個月裏面是暫埋在家裏的——他没有法子了，〔二五〕只好暫時先埋在五父之衢——這是魯都東門外的一條大路，他埋得很謹慎，〔二六〕所以人家看見了，都以爲是葬。

從殯在五父之衢以後，隔了多少時才遇見郰曼父的母，我們又無從曉得了。我們只曉得他在「既祥五日，彈琴而不成聲，十日而成笙歌」。——這也是《檀弓》上的話，因爲關於他母喪，只有這一條記録，〔二七〕所以我很疑惑在那時候孔子還没有弟子；或者那時候他不過二十歲左右。

孔子弟子在《史記》上有年歲的，像仲由比孔子小九歲，有若小十三歲，閔損小十五歲，還有曾點似乎比仲由的年紀略小些，〔二八〕這都有在孔子早年時受業的可能性；《左傳》魯昭公二十年「琴張聞宗魯死，將往吊之，仲尼曰：『齊豹之盜，而孟縶之賊，女何往焉……』」女是很不客氣的稱謂，《孟子》又説：「如琴張、曾皙、牧皮者，孔子之所謂狂矣」。可見琴張也是弟子，昭二十年孔子只有三十一歲，他的一般早年的弟子也都很小——像仲由有二十二歲，閔損就只十六歲了——從他受業，也總在這時先後的幾年裏。

但是孔子從郰曼父之母那裏問得了墓地，去辦合葬的時候，卻有了門人了，所以我以爲殯母和合葬的兩節事情，是隔了好久的時間的。《檀弓》上説：

——「孔子既得合葬於防，曰：『吾聞之古也墓而不墳，今丘也東西南北之人也，不可以無識也。』於是封之，崇四尺。孔子先返，門人後，雨甚至。孔子問焉，曰：『爾來何遲焉？』曰：『防墓崩。』孔子不應者三。孔子泫然流涕曰：『吾聞之，古不修墓。』」

一開頭説「既得」可以想見得來是很不容易的，這時候孔子總在三十左右了——因爲他已經有替他修墓的門人，他在二十八歲這年，曾跟到魯國來朝的郯子學過古官制，〔二九〕這時大概正想到四方去遊學，所以説「今丘也東西南北之人也，不可以無識」。

因爲要遠遊，怕把墓址迷失，所以才用了「封」的禮； 誰知道剛碰着下大雨，這新堆上去的土就崩了——假使隔了幾天，土乾了，就不會崩了吧？——這當然是和人謀不相關的，但是他是「泫然流涕」了，因爲假使「墓而不墳」，是不會崩的——可見每一種禮，都有益處又都有弊病，不堆高呢，怕將來找不着，堆高了呢，又會出這樣一個亂子。

在孔子遊學之先，我還要抽空來補敘孔子娶妻； 孔子的妻的姓氏一切簡直不見記載，〔三〇〕不知是爲什麽？據《史記》伯魚年五十，死在孔子前，那末孔子的娶妻生子，總在二十歲左右——是喪母以前，還是除喪以後，我們是不得而知的了。《檀弓》上説：「伯魚之母死，期而猶哭，夫子聞之曰：『誰與？哭者。』門人曰：『鯉也。』夫子曰：『嘻！其甚也。』伯魚聞之，遂除之。」——這事不知是在什麽時候，或者也還在孔子早年。

〔二一〕《莊子·盜跖篇》説：「孔子不見母。」《盜跖篇》是戰國時人假托，完全不可相信。但是《檀弓》上是載了三段關於孔子喪母的話，一段喪姊的話，這也許是另外一般門弟子記下來的，的確是很好的記録，卻因爲後世人許多錯誤的解釋，弄到烏煙瘴氣，反而教有些人疑心這記録是假的了。

〔二二〕關於這一節，疑心的人很多，《孔叢子》的《陳士義篇》説是「虚造謗言」；《博物誌》引蔣濟、何晏、夏侯太初、王肅，皆云無此事，記者謬； 清代崔述也不相信。

〔二三〕《水經·泗水注》：「沂水出魯城東南尼邱山西北，山即顔母所祈而生孔子也； 山東十里有顔母廟，山南數里，孔子父葬處——禮所謂防墓崩者也。」——這段記載是很謬的，孔子父葬在防，没有葬在尼邱山啊！但是還没有防山的名字。《史記正義》引《括地志》云：「防山在兖州曲阜縣東二十五里，《禮記》云：「孔子母合葬於防也。」這就是合《史記》和《水經注》兩説而造成的，有了防山出來了； 到清顧祖禹《讀史方輿紀要》卷三十二云：「防山在曲阜縣東二十里，《春秋》僖十四年『季姬與鄫子遇於防』，《禮記》孔子父母合葬於防，今其墓在山北二十里。」於是又添出了季姬及鄫子的一事，似乎當時確有這防山了。 這樣一層一層積累上去，以訛傳訛的傳説，不知有多少，在山經地志裏，尤其「指不勝屈」。 我所以説那些傳説是錯的，是因爲《禮記》上單説防，没有説防山，假使防山可以簡稱「防」，那末泰山、東山、龜山，不要變做泰、東、龜了嗎？這是在文義上説不通的； 其次《水經注》上只説是尼邱山； 又其次，季姬和鄫子那一回會見，更不應在離開魯都只有二三十里的地方——本來《左傳》注疏對這防字没有下注解，可見他們的意思，也正是兩個防邑中的一個，決不是另外有一個防山——要曉得這事情是鄫子不朝魯，魯僖公生氣，在季姬來的時候留住她，她才到防去叫鄫子來，季姬去的實在是東防，在那裏和鄫國很相近，而且防是公族臧氏的食邑，所以她好借這個地方來叫鄫子來朝。倘然防在魯都附近幾十里，那末鄫子已經到了魯了，還用着她去叫嗎？可見把這樁事情硬砌到防山去的，是完全荒謬的。

〔二四〕《太平御覽》五百六十引《皇覽冢墓記》：「魯大夫叔梁紇墓，在魯國東陽聚安泉東北八十五步，名曰防冢，民傳曰防墳，於防地微高。」這很可證明我這説，因爲許多春秋時的邑名，在漢晉時都變成亭、聚的名（在《漢書・地理志》、《春秋釋例》等書裏，很多這種證據）。這東陽聚當然就是春秋時魯國的東陽邑，現在是費縣的境界（《讀史方輿紀要》云東陽城在今費縣西南七十里）。正和防邑相近（杜預《左傳》隱九年注云「防在琅琊華縣東南」）。按《方輿紀要》云：「華城在今費縣西北六十里。」兩邑的境界相接，所以到漢時就把防墓劃到東陽境裏去了。費縣離開曲阜三百多里，那末後世把防墓硬拉做曲阜境裏的荒謬，可以不用辯而明白了。

〔二五〕《檀弓》説：「夏后氏殯於東階之上……殷人殯於兩楹之間……周人殯於階之上……」可見「三月而葬」以前，在家裏也一度埋過的。

〔二六〕其慎也的慎字，鄭康成破做引字，我以爲應當照本字的意義講。

〔二七〕《史記》説：「孔子要絰，季氏饗士，孔子與往，陽虎絀曰：『季氏饗士，非敢饗子也。』孔子由是退。」這怕是不確實的。

〔二八〕曾點生曾參，曾參比孔子小四十六歲，在《論語》上曾皙序次在子路下。

〔二九〕見《左傳》昭公十八年。按郯子的話説，固然不見得可靠，這是那時説古代史事的通病，孔子去聽他講的一回卻也許是有的。

〔三〇〕《家語》雖説「十九歲娶宋之亓官氏，一歲而生伯魚」，但我們無法證明它的話是真的。

（本節已完　下節待續）

載《將來月刊》第一卷第三期七頁至十六頁一九二九年十二月十五日。

孔子傳（續二）

丁　孔子的遊學和壯年

孔子説自己「三十而立，四十而不惑」，這十年是他一生學問中最重要的時期，雖然他已有了具體的方向，但假使没有到不惑的地步，那末他的方向也許簡直是錯的？他要看清楚自己所學究竟有没有錯，那非得各處去搜採材料證明不可，所以我想他的壯年，或者是都用在這上面的。

我所以推測孔子的遊學時代在三十以後，第一是他在這時學問的基礎才立好，其次呢，當孔子三十一歲上子産死了，孔子很悲哀地説：「古之遺愛也。」但他没有見過子産——除了子産以外，當時的賢士大夫，孔子是大概見過的——可見他在三十歲以前還没有到遊學的時代哩。

我們看《論語》記他所説的話，「夏禮吾能言之，杞不足徵也；殷禮吾能言之，宋不足徵也……」再看《禮運》上記作「我欲觀夏道，是故之杞，而不足徵也，吾得夏時焉。我欲觀殷道，是故之宋，而不足徵也，吾得乾坤焉」。就曉得孔子是曾因爲學夏、殷禮而到過杞、宋兩國的，這大概是壯年的事情——後來雖然也曾到過宋國，卻給桓魋逼跑了，没有在那裏住下——我們對於孔子那時候的行事，所曉得很不多，除了杞、宋以外，只曉得他大概還到過周和齊。

當孔子三十一歲，是魯昭公的二十年，《左傳》上記着「十二月，齊侯田于沛，招虞人以弓，不進……」仲尼曰：「守道不如守官。」〔三二〕《史記》卻説這一年「齊景公與晏嬰來適魯，景公問孔子曰：『昔秦穆公國小處辟，其霸何也？』對曰，『秦國雖小，其志大……雖王可也，其霸小矣』。景公説」。孔子生平没有推重秦穆公過，這一段話又説得太過火，大抵是假的。卻是景公這一年有没有到魯去，倒是一個問題，《齊世家》和《年表》都有入魯的一回事，只不曉得《左傳》上的沛是什麼地方——杜預注是澤名，也不曉得在哪裏——假使在魯國邊境上，那末偶然孔子也在那邊，因而碰上了，也是可能的，因爲孔子也在那裏，目覩了虞人的事情，所以才有那樣説話，而且因此被記載下來。否則這事不很大，怕不會流傳到記載裏面，假使要記載，也還要敘得細密些——像虞人的名字之類。

《春秋》經傳都没有説到景公適魯，或者是因爲景公不過在魯國邊界上，並不是真正的到魯國。但是《史記》的話，根據着什麽書呢？我們對於《史記》所取的材料，真有些懷疑，所以不敢説景公和孔子一定有過這一回會見，只是事實上也許是可能的就是了。

《禮記·曾子問》記孔子的答辭裏有四處提到老聃，可見孔子的禮學，受他的影響很不少。但孔子在什麽時候跟他問禮呢？據《史記》説「南宫敬叔言魯君曰，『請與孔子適周』。魯君與之一乘車，兩馬，一豎子，俱適周。問禮，蓋見老子云」。《史記》把適周的事情敘在昭二十年以前，然而這一件故事不像是真的，太史公總是隨隨便便的脾氣，他會把昭二十四年的孟僖子死時的話，敘在昭七年孔子剛十七歲的時代，我們哪能把他的話當真呢。據昭十一年《左傳》的話南宫敬叔應該生在昭十二年，到孟僖子死的時候，還只十三歲，哪能對魯君請適周呢？在敬叔十四歲的時候，魯昭公就出國，又從哪裏去對魯君説呢？到魯定公的元年，敬叔是二十二歲了，但是孔子已是四十四歲，是不是還要遊學呢？〔三二〕

《曾子問》有孔子從老聃助葬遇日食一事，我們拿來查《春秋》經，昭公七年四月有一回日食，那時孔子只有十八歲，娶妻，生子，母喪，大概都和這一時期相近，怕不見得有工夫遊學。以後是昭十五年六月，昭十七年六月，一次是二十六歲，一次是二十八歲——就是郯子到魯國的一年；我疑心這兩年或者還不是遊學的時候。

我上邊推測過孔子的遊學大概在三十歲到四十歲的一個時期裏，在這個時期有三次日食，昭二十一年七月——三十二歲，二十二年十二月——三十三歲，二十四年五月——三十五歲。過了這個時期，只有三十一年十二月，那時已是四十二歲，再到定公五年三月，便是四十六歲了。孔子曾説過「後生可畏，焉知來者之不如今也。四十、五十而無聞焉，斯亦不足畏也已」。那末他大概不致在四十多歲還在趕來趕去問禮問樂，雖説他是「不知老之將至」。〔三三〕

魯昭公二十二年周景王崩，王室就亂起來，一直到二十六年才算暫定。正在這亂的時間，孔子怕不會跑到周去吧？所以照我的推測，或者當孔子三十二歲的時候，曾經遊過一次周，在那裏聽到老聃的講禮和萇弘的講樂。〔三四〕老聃的年齡料想已是不小，所以直呼孔子的名。〔三五〕

孔子從遊學回來，名望是一天大似一天了，所以孟僖子説「吾聞將有達者曰孔丘」，打算叫兩個兒子跟他學，這是昭公廿四年。明年，魯國「將禘於襄公，萬者二人，其衆萬於季氏。臧孫曰，『此之謂不能用先君之廟』」。於是魯昭公和大夫都怨季平子，〔三六〕《論語》也記孔子謂：「季氏八佾舞於庭，是可忍也，孰不可忍也？」

就是這年的九月，昭公攻季氏，卻是失敗了，跑到齊國。《孔子世家》：「其後，頃之，魯亂，孔子適齊。」〔三七〕孔子到齊國是無疑的，但太史公説的魯亂，到底在什麼時候呢？或者因昭公出奔，國裏没有主，有些擾亂，孔子就離開了，也是難説。《論語》説：「子在齊，聞韶，三月不知肉味。曰，『不圖爲樂之至於斯也』。」這時的韶樂大概也快要失傳了，〔三八〕所以倚相能識「三墳五典八索九邱之書」而不曉得祈招，獨是齊國卻還有徵招角招的新曲，〔三九〕孔子在齊國聽到了，因此後來又稱讚它説：「韶盡美矣，又盡善也。武盡美矣，未盡善也。」——武是他在遊周時候和萇弘講究過，而且在魯國就用八佾舞大武——又告訴顔淵「爲邦」説：「樂則韶舞。」可見他對於韶樂實在是推崇極了。

孔子在齊國，大概和晏子大抵很好，所以後來回憶起來，説「晏平仲善與人交，久而敬之」的話。〔四〇〕但是這時見了景公没有，我們卻不清楚，因爲《論語》上雖有一節和他景公的問答，卻像是往後去的事情。〔四一〕

魯昭公二十七年，吴公子季札出來行聘，《禮記·檀弓篇》：「延陵季子適齊。於其反也，其長子死，葬於嬴博之間。孔子聞之曰，『延陵季子吴之習於禮者也』。往而觀其葬焉……」嬴和博都是齊國的邑名，和魯國邊界很相近，所以哀十一年的《春秋經》説：「公會吴伐齊，及博，至于嬴」。從魯到齊是先博後嬴，從齊到魯是先嬴後博；孔子那時大概還在齊國，所以聽見這事。

孔子是什麼時候回魯國，又是無可考了。我以爲他在四十歲以前總還過到衛國，所以認識蘧伯玉。〔四二〕《論語》説「蘧伯玉使人於孔子」，伯玉的名字最早見在襄十四年《左傳》，那時孫林父要作亂，先見蘧伯玉，可見伯玉在那時名位都已很高，假設那時是四十歲的話，到孔子四十歲時候，已經是八十六歲，也許還要多些。蘧伯玉的使人來，至遲總在孔子四十歲左右，那末可以推測到孔子以前是去過衛了。孔子於蘧伯玉，年歲差得很遠，所以對使者也很恭敬。孔子問使者説，「夫子何爲」？使者説，「夫子欲寡其過而未能也」。八九十歲的老翁還要求寡過當然是難得的，所以孔子讚歎這使者的辭令。後來孔子還曾説過：「直哉！史魚，邦有道則矢，邦無道如矢。君子哉！蘧伯玉，邦有道則仕，邦無道則可卷而懷之。」

《論語》有「微生畝謂孔子曰：『丘！何爲是栖栖者與？無乃爲佞乎？』孔子曰，『非敢爲佞也，疾固也』。微生畝總是孔子的前輩，所以直呼他的名字，這或者也是四十歲前後的事情。

大抵孔子在三十歲到四十歲的一個時期裏，總跑了不少地方，當代的許多名人也都見過了。在這個時期裏所學的大部分是禮和樂，都能證明他的所志和所學並没有錯，使他毫無疑惑。後來「衛公孫朝問於子貢曰：『仲尼焉學？』子貢曰，『文武之道，未墜于地，在人。賢者識其大者，不賢者識其小者，莫不有文武之道焉。夫子焉不學，而亦何常師之有』」。這一節話可以做孔子遊學時代的實録。〔四三〕

〔三一〕《孟子·滕文公篇》：「齊景公田，招虞人以旌，不至，將殺之。『志士不忘在溝壑，勇士不忘喪其元』。孔子奚取焉？取非其招不往也。」

〔三二〕《説苑·雜言》云：「孔子曰，『自季孫之賜我千鍾而友益親，自南宫頃叔之乘我車也而道加行……』」這一段不像孔子的話，大概是後人假造的。

〔三三〕《莊子·天運篇》：「孔子行年五十有一而不聞道，乃南之沛，見老聃。」——按孔子五十一歲的一年，並没有日食，和《禮記》不合。春秋時也没有沛的地名。而且《天運》的後半段説「儒墨皆起」，明明是戰國時人的話，不足信。

〔三四〕《禮記·樂記》記孔子説「吾聞諸萇弘之言」。

〔三五〕見《曾子問》。

〔三六〕參看《左傳》和《公羊傳》。

〔三七〕《史記》又説，孔子「爲高昭子家臣，欲以通乎景公」。但《論語》等書，不見孔子有和高昭子來往的事情，怕是後來人造出來的。而且《史記》在前面説孔子已經見過景公，和這節也相矛盾。

〔三八〕據《左傳》襄二十九年似乎魯也有韶舞的，但孔子卻在齊國聽得，不知是什麼緣故？

〔三九〕見《國語》及《孟子》，招即韶，我以爲都是用韶樂的譜製成歌，就叫做某韶。現代戲劇和流行小曲裏都有小開門，又叫老六板，是最簡單古樸而又宛轉好聽的曲子，通常都用爲舞樂，相傳是虞舜的南風歌，又説是韶樂，或者竟是真的也難説。因爲好的樂曲是只有變，没有完全亡絶的。一個樂曲的初始，往往很簡樸，後來漸漸加繁，太繁了就不能通行，又回到那簡樸的老曲上，別尋一條新的路徑，樂曲的遞變大概如此，所以許多古曲，都有現在還存在的可能，不過我們没有法子找證據來指出罷了。

〔四〇〕《墨子》和《晏子春秋》上所載晏平仲毁孔子的話，大抵出於戰國時假造的。

〔四一〕我以爲孔子以後還曾到齊國，詳見後文。

〔四二〕《史記》在哀公時説孔子主蘧伯玉家，那時蘧伯玉怕要一百多歲了，不可信。

〔四三〕《史記·弟子列傳》說「孔子所嚴事」，除了老聃、蘧伯玉、晏平仲以外，還有於楚老萊子、於鄭子產、於魯孟公綽。老萊子在《大戴禮·衛將軍文子篇》上有孔子稱譽他的話，《莊子·雜篇·外物篇》有老萊子和孔子的談話，也許是有這一個人是孔子所見過的，但不敢深信。子產似乎孔子沒有見過他，孟公綽《論語》上提起了兩次，說孔子嚴事怕未見得的確。《吕氏春秋·當染篇》說「孔子學于老聃、孟蘇夔靖叔」，孟蘇夔靖叔大抵是兩人，别無所見。《莊子·徐無鬼》有孫叔敖市南宜僚，又《則陽篇》也有市南宜僚，叔敖時代不相接，宜僚也許曾見過。《莊子·則陽篇》有孔子問於大師大弢、伯常騫、狶韋。大弢又見《藝文志》，說「或曰孔子問焉」。伯常騫又見《晏子春秋·問篇下》，「伯常騫去周之齊，見晏子。曰：『騫周室之賤史也』」。那末這個人是周史而又和孔子同時，也許在遊周時候曾見過他（然據《莊子》以上的話，則在衛靈公身後所問答，不敢信）。狶韋待考。《史記》載學琴於師襄子，次在衛國的時候，又見《淮南·主術訓》及《韓詩外傳》。或者學琴是有這一回事，卻是《史記》的時代太後了，孔子哪能在五十幾歲才學琴呢？而且所說的話，也都出於後人附會，所以現在也不採用。此外像榮啓期、程本子、項橐，以及《莊子》上的漁父之類，大半是寓言，不很可信。

（本節已完，下節待續）

載《將來月刊》第一卷第四期一到十一頁一九三〇年二月。

孔子傳(續三)

戊　四十至五十歲間之孔子

每一個人的歷史裏,絶没有顯著的期限,我在這裏劃分出四十到五十歲的一時期,當然多少有些牽强,但是爲叙述便利,就不能不這樣做。

在這十年中,據我的推測,孔子大概是住在魯國教弟子的時間居多,他自己的學問在這時期裏,得到極大的進展。他以前已經絲毫不疑惑地去做該做的事情,現在卻更深刻了一層,他漸漸曉得爲什麽應該這樣和不能不這樣了,這是他一生學問中一個最大的轉捩的時期。他後來所説:「吾十有五而志於學,三十而立,四十而不惑,五十而知天命,六十而耳順,七十而從心,所欲不踰矩。」我們可以看出來,從志學到不惑是一大時期,從知天命到從心又是一大時期。孔子説「生而知之者上也」,又説「我非生而知之者」,我們固然得承認絶没有一個人可以不學而成聖人的,但我們要曉得他假使不是生知,哪能十五歲就志於學呢?那末知在學前是無疑的,但是他以前所知的只是應當這樣,所以從他志學起到不惑的時期,就好説撞住了。他限在這小小的天地裏,只奉行自然的命令,做應當做的事情,而不曉得爲什麽他應這樣做。

所以在他五十歲左右的一次「知」,是極重要的,假使他不曉得爲什麽應該這樣做,那末他所視爲極應該的事情,也許正是極不應該的呢?

在過去的時代,他把所有應該做的事情都學過了,而且也都在他的思慮中濾過,有一部分又都是實行過。他漸漸抽出許多的法則——就是存在於幾件或是更多的「應該做的事情」裏面的公共法則,這許多法則漸漸形成一個系統,他極自然地漸漸明白一切事物的所以然——爲什麽該這樣——在以前他雖然覺得到而總是糢糊不清的,到這時候,才算可以完全真確地知道了。

雖是他以前所學的本來有這一種趨勢，才能得着這種收穫，然而我們不要以爲他在這十年裏一些没有用力，而完全是「順水推舟」的時代，要是我們這樣想，那末免把學問看得太容易了。我相信他在這一個時期裏，才發見了《易經》的好處；他的思想和學説，固然已有二三十年的努力，大體早已形成，卻是要絲毫没有疵病，是學《易》以後才做到的。

他以前所學的是《詩》、《書》、《禮》、《樂》，這種都是一部分的思想，只能在每一種學問裏面去尋求更精密、更微細的片段的理，倘然要混合攏來去尋求一個囫圇的理，那就處處發見矛盾不相容的事實。《書》和《禮》裏面所有的不過是經驗，《詩》與《樂》裏面所有的不過是想象，人的經驗是有窮的，人的想象也是有窮的，但是宇宙是無窮的，一切事物是無窮的。

假使拿片段的理來應無窮的變幻，那末勢必要造成無數的極大的錯誤。這裏我們不要在枝枝葉葉的小處看，往小處看，反而並没有錯，所錯的卻是大處。因爲宇宙本是整個的，理也本是整個的，在整個理中間，各個片段的理都有它自己應佔的地位而又相互融洽的，假使一個人不能明白整個的理而只固執在他的片段的理，那末勢必侵犯别部的地位而造成大錯。

他在這個時候就發見了《易經》這一部書，這雖然本是一本卜筮書，卻是完全用推理的方法做成的唯一的書，把經驗或是想象得來的理、真的或假的、好的或壞的、有的或没有的，一起總攏來，推出一個完全的整的理來，代表着整個的宇宙。在這裏面，一切的事物都有它相當的地位，一切的變化，都有一定的法則；於是孔子就推想這部書是文王做的，他拚命的學他，説道：「加我數年，五十以學《易》，〔四四〕可以無大過矣。」這是他在四十多歲時候説的，他對學問總是「如不及」的樣子，所以説得這樣急迫，説能再加我數年，使我到了五十歲時完全學會了《易》，大概可以没有大錯了吧？這就是因爲從此可以發見整個的宇宙——整個的道理。

許多人都懷疑這一節《論語》。有些以爲聖人是無過的，何況大過呢；所以大過是指講《易經》的學派而説，程子就持這個議論。但是一定要把聖人説成無過，卻未免牽强。孟子不是説「君子之過，如日月之食」嗎？況且易家的講法即使不對，孔子要矯正他們，那何妨等做過了以後再説，像「我自衛反魯然後《雅》《頌》各得其所」一樣，又何必先説了出來，和他平日「先行其言而後從之」的話相矛盾吧？那末這一種解釋的不對是無疑的。

朱子據劉元城的話説古本「五十」兩字作「卒」字，這一説也不對。「卒」字草書固然很像「五十」二字，但我們所看見唐以前的卷子和簡札，全是用正書或隸書寫的，草書只適用於字書和簡牘——《流沙墜簡》裏的字書，間有用章草寫的——在事實上不容有從艸書傳訛的一回事情。況且劉元城生在北宋，那時也未必有什麽古本，他所見的恐怕不過是抄錯的本子罷了。

我上面已經把孔子爲什麽説這節話的理由加以解釋，關於後人所懷疑的最重要的兩點，也已經加以辨析，至於《易傳》是不是孔子所做，且留至後邊再剖明吧。

當這個時期中，魯國的政局，漸漸地趨入危險的境界。自然，這在表面上是看不出來的。季平子把昭公逐出以後，就一手握着政權。到昭公三十一年的時候，晉侯曾經想叫昭公回國，但是范獻子是受過季平子的賄賂的，[四五]暗下裏幫了季孫的忙，叫季孫到乾侯昭公住的地方去請罪，昭公的態度很決裂，於是就顯出這不是季氏的不好，而是昭公的不好了，因此季平子安然回到魯國去攝政，晉國不肯幫昭公了。等到第二年的十二月，昭公就死在乾侯，魯國立了定公，那時孔子四十三歲。又隔了五年，季平子才死去。

那時的季氏固然是聲勢赫赫了，昭三十二年《左傳》上説：「季氏出其君而民服焉，諸侯與之，君死於外而莫之或罪也。」可以看得出那時季氏的權力來。不過，這真是他的善於治國而人都服他嗎？那卻不是的。他所以能得這樣，全是時勢造成的。而他的權力下面，卻正伏着很凶的咒詛，只等着時候罷了。

在這種局面裏，孔子當然是不出來做官的。《史記》説：「魯自大夫以下，皆僭離於正道。孔子不仕。退而修《詩》《書》《禮》《樂》。弟子彌衆，至自遠方，莫不受業焉。」這自是當時的實録。[四六]《史記》上載年歲的弟子，像冉求比孔子小二十九歲，端木賜小三十一歲，商瞿小二十九歲，高柴小三十歲，巫馬施小三十歲，梁鱣小二十九歲，這幾個人都有在那時期裏從學之可能。尤其是商瞿，所以傳《易》的緣故，正因爲他是那一時期——孔子治《易》的時期——受業的緣故。此外像公西赤，雖然《史記》上説他比孔子少四十二歲，但那年歲怕有錯的，因爲他在孔子五十多歲的時候，曾被使到齊國去，假使他才十多歲，怎麽能被使呢？所以他大概也是這一時期的學生。

雖然孔子在那時没有出來，但是行道的心，是没有放下過的。在先到齊國的時候，他曾説過：「齊一變，至於魯，魯一變，至於道。」[四七]現在，有一天，「子路、曾皙、冉有、公西華侍坐。子曰：『以吾一日長乎爾，毋吾以也！』居則曰：『不吾知也。』如或知爾，則何以哉？」子路率爾而對曰：「千乘之國，攝乎大國之間，加之以師旅，因之以饑饉，比及三年，可使有勇，且知方也。」夫子哂之。「求，爾何如？」對曰：「方六七十，如五六十，求也爲之，比及三年，可使足民。如其禮樂，以俟君子。」「赤，爾何如？」對曰：「非曰能之，願學焉。宗廟之事，如會同，端章甫，願爲小相焉。」「點，爾何如？」鼓瑟希，鏗爾，舍瑟而作。對曰：「異乎三子者之撰。」子曰：「何傷乎，亦各言其志也。」曰：「暮春者，春服既成，冠者五六人，童子六七人，浴乎沂，風乎舞雩，詠而歸。」夫子喟然歎曰：「吾與點也。」三子者出，曾皙後。曾皙曰：「夫三子者之言何如？」子曰：「亦各言其志也已矣。」曰：「夫子何哂由也？」曰：「爲國以禮，其言不讓，是故哂之。」「唯求則非邦也與」，「安見方六七十，如五六十，而非邦也者」，「唯赤則非邦也與」？「宗廟會同，非諸侯而何？赤也爲之小，孰能爲之大」。[四八]看他們師弟中間的問答，就可以知道他們在那時候的志意了。

大概隔不了多少時間，子路、冉有就都在季氏做事情了，所以《論語》上有下邊的一段記載：

季氏將伐顓臾。冉有、季路見於孔子曰：「季氏將有事於顓臾。」孔子曰：「求，無乃爾是過與？夫顓臾，昔者先王以爲東蒙主，且在邦域之中矣，是社稷之臣也，何以伐爲？」冉有曰：「夫子欲之，吾二臣者皆不欲也。」孔子曰：「求，周任有言曰：『陳力就列，不能者止。』危而不持，顛而不扶，則將焉用彼相矣。且爾言過矣。虎兕出於柙，龜玉毀於櫝中，是誰之過與？」冉有曰：「今夫顓臾固而近於費，今不取，後世必爲子孫憂。」孔子曰：「求，君子疾夫舍曰欲之而必爲之辭。丘也聞有國有家者，不患寡而患不均，不患貧而患不安。蓋均無貧，和無寡，安無傾。夫如是，故遠人不服，則修文德以來之，既來之，則安之。今由與求也，相夫子，遠人不服而不能來也，邦分崩離析而不能守也，而謀動干戈於邦內，吾恐季孫之憂，不在顓臾，而在蕭牆之內也。」[四九]

季氏究竟伐了顓臾没有，因爲古書没有記載，我們不能曉得了。卻是孔子所説「季孫之憂不在顓臾而在蕭牆之內」，後來卻完全應驗了。

那時候，季氏的危機大概有兩方面，一方面是有一部分國人的不服，另一方面是陪臣的漸漸地驕横。

《檀弓》説：「季武子寢疾，蟜固不説齊衰而入見，曰：『斯道也將亡矣。士唯公門説齊衰。』武子曰：『不亦善乎。君子表微。』及其喪也，曾點倚其門而歌。」這「武子」二字是從「平子」弄錯的。[五〇]《左傳》定五年又説平子死了以後，陽虎要拿與璠來斂，仲梁懷不肯，說要「改步」才可以改玉。從這種地方就可以看見當時魯國人對季氏的不滿了。

但是這還不是真正的憂患，尤其重要的是家臣的一方面。所以孔子曾說：「天下有道，則禮樂征伐，自天子出。天下無道，則禮樂征伐，自諸侯出。自諸侯出，蓋十世希不失矣。自大夫出，五世希不失矣。陪臣執國命，三世希不失矣……」又說：「祿之去公室五世矣，政逮於大夫四世矣，故夫三桓之子孫微矣。」

當時的三桓差不多都受家臣的害，尤其是季氏。當昭公二十七年季平子把昭公逐出魯國的時候，陽虎就在《左傳》上出現了，他和孟懿子兩人去伐昭公所住的鄆，以一個家臣而和大夫同帶兵，他的權力也就不小了。到了季平子一死，只隔得三個月，就把桓子囚了起來。[五一] 後來雖把桓子放出，他已權傾全魯了。定公六年《左傳》：「侵鄭取匡，……往不假道於衛，及還，陽虎使季、孟自南門入，出自東門……」同年的夏天，「季桓子如晉……陽虎强使孟懿子，往執夫人之聘……」秋天，「陽虎又盟公及三桓于周社，盟國人于亳社，詛于五父之衢」。定公七年，「齊人歸鄆陽關，陽虎居之以爲政」。同年的夏天，齊伐魯，「陽虎御季桓子，公斂處父御孟懿子，將宵軍齊師」。公斂處父和季氏的別一家臣苫夷都反對陽虎，「虎懼，乃還，不敗」。

陽虎驕横的時候，也正是孔子的名聲一天大過一天的時候。子路、冉有已爲季孫所信用，而還受孔子的教訓，[五二] 所以季氏也推重孔子。「季子然問：『仲由、冉求可謂大臣與？』子曰：『吾以子爲異之問，曾由與求之問。所謂大臣者，以道事君，不可則止。今由與求也，可謂具臣矣。』曰：『然則從之者與？』子曰：『弒父與君，亦不從也。』」以子路、冉有的才具，在他們眼睛裏已經是了不起的人物了，何況那老師呢。

《孟子》上引陽虎的話：「爲富不仁矣。爲仁不富矣。」可見陽虎實在配得上稱一個小人，他的看人的眼力當然是好的，所以他也要想拉攏孔子了。「陽貨欲見孔子，孔子不見。歸孔子豚，孔子時其亡也而往拜之。遇諸塗，謂孔子曰：『來！予與爾言。』曰：『懷其寶而迷其邦，可謂仁乎？』曰：『不可。』『好從事而亟失時，可謂知乎』？曰：『不可。』『日月逝矣，歲不我與』。孔子曰：『諾，我將仕矣。』」

（本節已完，下節待續）

〔四四〕《經典釋文》引《魯論》把「易」讀作「亦」，但沒有說到《齊論》，可見《齊論》和古論是相同的，而且太史公也引作「易」，那末作「亦」的只是《魯論》學者的異讀罷了。作「亦」文義也不通，孔子十五志于學，爲什麼要到五十才講到學呢？

〔四五〕見昭二十七年《左傳》。

〔四六〕《史記》把這事實寫在陽虎囚季桓子後，這是行文便利的緣故，並不是因囚季桓子才不仕的。

〔四七〕因爲這一節的話，可以看出來孔子還没有做官，所以我以爲是在齊國時看見齊國的景況而説的。

〔四八〕《論語》文中用「夫子」二字，似乎是孔子已爲大夫，但這是出於後來追記的緣故。因爲孔子和子路、冉有、公西華等是同時做官的，在説這話的時候，顯然都還没有做官。

〔四九〕鄭康成注這一節説：「後季氏之家臣陽虎果囚季桓子也。」鄭氏所以把這事的發生列在陽虎囚季桓子前，大概基於下列二理由：（一）《論語》此章下接「孔子曰天下有道……」二章均在陽虎亂萌未兆時所説；（二）本文説「吾恐季孫之憂」乃測度的話，在陽虎已作亂後斷不能再説這話。從這兩層看來，鄭氏的解釋確可相信。朱子以爲在「子路從孔子自衛及魯再仕季氏」時的事情，又説「其後哀公果欲以越伐魯而去季氏」，這一説是錯誤的，因爲哀二十七年《左傳》明明説，「公患三桓之侈也，欲以諸侯去之，三桓亦患公之妄也，故君臣多間」。可見這是公與三桓的交惡而不是公欲單去季氏。那交惡的結果是哀公「孫于邾，乃遂如越」。哀公的兒子是悼公，《史記》上説：「悼公之時，三桓勝魯如小侯，卑於三桓之家。」可見那時三桓的勢力，決不能爲公室所摇動，季氏更用不着因此而發憂。假使在那時候，孔子還拿公室的話來嚇季氏，那太是笑話了。大概朱子所以改成這一説的原因，是爲冉有在哀公以前没有仕於季氏的痕迹。但是這不是完全没有痕迹的。「子華使於齊，冉子爲其母請粟」。可見孔子相魯的時候，冉有也已經用事，所以不聽孔子的話。只不過在那時還没做季氏宰就是了。

〔五〇〕《檀弓》還有兩處引季武子的話，大概因此把這一章的平子也弄成武子了。從曾點的年歲推起來（曾點至少比孔子小，季武子卒時孔子才十八歲），他所倚門而歌的決不會是武子，況且武子没有很大的惡行，所以這地方應當作平子是無疑的。

〔五一〕見定公五年《左傳》。

〔五二〕《論語》：「子路問：『聞斯行諸？』子曰：『有父兄在，如之何其聞斯行之。』冉有問『聞斯行諸？』子曰：『聞斯行之。』公西華曰：『由也問聞斯行諸，子曰有父兄在。求也問聞斯行諸，子曰聞斯行之。求也惑，敢問？』子曰：『求也退，故進之。由也兼人，故退之。』」這一段問答裏包含子路、冉有、公西華三人，和上面所引侍坐言志一章一樣，可以明白在這時代説的話，仲由還有父兄，可見還年輕，也是一個旁證。

載《將來月刊》第一卷第五期一至十一頁一九三〇年二月。

老聃的姓名和時代考

一直到最近，關於老子的事迹，還是没有新的確切的材料，近代學者的眼光依然給《史記》裏的《老子傳》限住，並没有深進一步去探索。

在好幾年前有一回，我反復讀那《老子韓非列傳》，覺得太史公對老子的事迹，所搜羅的材料，可以分成四説：（一）老子；（二）老萊子；（三）太史儋，「或曰儋即老子」；（四）「老子隱君子也，老子之子名宗，宗爲魏將，封於段干……」。

我當時曾寫過一條札記，「蘭按：《老子傳》史公凡四説，而以末一説『老子隱君子也』以下爲定。自老子至假（及漢文帝時），凡八世，而《孔子世家》孔子至鮒凡九世（及漢惠帝時），相差不甚遠，殆老子稍後於孔子者。且老子之書有『偏將軍、上將軍』之類，亦非春秋時所有也」。

後來我曾經拿這一説和同學吴君芷馨談過，他説這一説梁任公先生已經發明過，而且比較還要詳細。——關於梁先生的著作，我慚愧得狠，只細讀過他一本《先秦政治思想史》，那裏邊，我記得有一個小方框的夾注是提到老子的時代的，可惜已經忘卻他的意見，而那本書卻已給賊偷掉了。——所以我聽了他的話，就請他設法替我把梁先生所已發表的文章給我看一下，而我們的這位好友，疏懶是他的天性，所以結果我終於没有看到，過了一時，我也不讀《史記》了，這一件事便也淡然若忘了。

從我現在的考證看來，前日的偶然的意見，很有錯誤，所以又寫了這一篇文章。雖然梁先生的文章始終没有見着，其餘近來學者所討論的話，也因爲手頭書不够——天津又没有完備的圖書舘好查——所以也不能徵引許多，好在我並不注重在那一方面，我只想把古書裏的材料排比整理出來，使存在的老子底真的事實有幾處更加明顯一些。

一

老聃的名，見於《禮記・曾子問》、《莊子》、《韓非子》等，《吕氏春秋》《不二》及《重言》兩篇，聃都作耽，聃和耽本是音相近而假用的字。此外則《莊子》、《韓非》等書又同時稱他做老子。

在先秦古書上，我們找不出一些關於老聃的旁的名稱來——老萊子和老子是二人，那是狠明顯的——那末據當時人普通的稱謂，老聃的「老」字是他的氏族的名稱，因爲當時稱子的，像孔子、有子、曾子、陽子、墨子、孟子、莊子、惠子，以及其餘，都是在氏族下面加「子」字的，雖説有時也有變例，像匡章的叫章子（見《孟子》），冉有的叫有子（見《左傳》），拿字來冠在子上，但那是一種變例，是偶然地在言語中發見的，而且他的本來的名字依舊是匡章、冉有，和老子的叫老聃不同，而且古人拿字放在名上連稱的，像叔梁紇，孔父嘉之類，也是有一個慣例的，就是古人取字的法子是「曰伯某甫」，所以在名上的字，總是冠以伯仲叔季或孟字，或稱爲某甫或某父，而老聃二字又和那一個慣例不合，那末老聃應當是老氏是萬無可疑的。

但是我們假使翻開《史記》來看，《老子韓非列傳》一開頭就説：

——老子者，楚苦縣厲鄉曲仁里人也，姓李氏，名耳，字聃，周守藏室之吏也。

在《太史公自序》裏又説：

——李耳無爲自化，清净自正（今本《史記》又誤入《老子傳》末），韓非揣事情，循勢理，作《老子韓非列傳》第三。

《太史公書》是以爲老聃即是李耳，這是很可以懷疑的，老聃在古書中絲毫没有姓李的痕迹，或者就是《老子列傳》的本身吧？《列傳》上説：

——老子之子名宗，宗爲魏將，封於段干，宗子注，注子宮，宮玄孫假，假仕於漢孝文帝，而假之子解爲膠西王卬太傅，因家於齊焉。

我們倘然假定與太史公差不多時候的「假」與「解」兩人是姓李，那末老子是應該姓李了。但是這種理由很不充分，因爲：（一）究竟「宗」是不是老子的兒子，在太史公時代，已不能確切地知道。（二）「假」和「解」在漢興黄老之學盛極的時代，究竟是不是冒充老子的後世。

這兩層我們且擱下，先論姓李的問題，老子的世系——在現在我們找不出他們姓李的憑據的時候——不能證明老子一定姓李而古書上卻並不姓李的問題，和這問題的有重大的關係的是《老子傳》開頭這一條有可疑的地方。《禮記・曾子問》疏引《史記》作「老聃，陳國苦縣賴鄉曲仁里（當有人字）也」。孔穎達《禮記疏》是根據熊安生及皇侃兩疏做的，所以這一段所引《史記》大概還是六朝原本，陸德明《經典釋文序録》云「陳國苦縣厲鄉人」，正和《禮記疏》所引符合。今本「陳國」作「楚」，卻和葛洪《神仙傳》相合——章賢太子注《後漢書・桓帝紀》所引已與今本同——這是錯誤的一點，因爲當老子的時候，陳實在還不能稱爲楚。

而且今本《史記》在「名耳」以下作「字伯陽，謚曰聃」。《索隱本》本不如此，且說這樣是「非正也」，所謂非正的本子那正也是據《神仙傳》等書改的，那末這一條《史記》至少是經過兩次的改竄了，我們哪能十分地相信他呢。

再從反面看來，《禮記・曾子問》鄭注云：「老聃，古壽考者之號也，與孔子同時。」假使《史記》真有「姓李氏，名耳」，姓名如此其清楚，爲什麽這位博學的康成先生不引用呢？

所以從（一）古書上老子不姓李。（二）《史記・老子傳》經後人竄改。（三）漢人如鄭康成不用李耳的一説。這三點總攏來，《史記》上的「姓李氏，名耳」一説，大概是不可靠的。

所謂李耳的出處，大概是托始於道家或神仙家，我們且看漢邊韶的《老子銘》：

——老子姓李，字伯陽，楚相縣人也。

那裏面没有説到「名耳」，而《經典釋文序録》引河上公云「名重耳」（《漢書·藝文志》不著録）。雖然我們不能確切地知道河上公的時代，要是説他真是漢文帝時候人，那是誰也不會相信的，照那種玄言的格調看起來，頂早也不過魏晉間的東西，因此葛洪的《神仙傳》也就接着説「老子者，名重耳，字伯陽」了。

關於老子的一切荒誕無稽的事實是太多了，我們也不暇一一來辨正它，只有「李耳」兩字，因爲見於《史記》，一般學者都承襲着。依我的意見，在没有充分的證據可以證明這不是僞造的以前，我們只能依一般古書的稱謂即老聃或老子，無論如何總不致於上當吧。

至於「耳」和「聃」字義相應，那是不足爲一定名耳的證據的，在這裏也可以不必細辯了。

二

其次，就是老子的時代。近時人的意見，大都主張老子在孔子後，所根據的就是《史記》的世系——這是我以前也這樣假設過的。但有一樁最大的疑點，老子假使在孔子後，何以孔子又去向他問禮呢？

孔子和老聃的談話，見在《莊子》上獨多（一共有八處），固然是因各崇其師的緣故，對於他們兩人談話的記載全都難信，但其事實總是真的，何以莊子不寫成孔子見楊朱、墨翟而單寫見老聃，可見孔子是的確見過老聃的。

孔子和老聃講禮，見《禮記·曾子問》（凡四節），在我們援引它以前，就得先看《曾子問》那一篇書到底靠得住不。《禮記正義》引鄭《目録》云：「名爲《曾子問》者，……曾子，孔子弟子曾參，此於《别録》屬《喪服》。」據此是劉向《别録》已把這篇認爲《禮記》之一。又據《漢藝文志》：「《禮記》百三十一篇。」班固原注云：「七十子後學所記也。」錢大昕説：「鄭康成《六藝論》云：『戴德傳記八十五篇，戴聖傳記四十九篇。』此云百三十一篇者，合《大小戴》所傳而言，《小戴記》四十九篇，《曲禮》、《檀弓》、《雜記》皆以簡策重多，分爲上下，實止四十六篇，合《大戴》之八十五篇，正協百三十一之數……」錢氏這一段話很對，那末《曾子問》確是被戴聖採進《禮記》去的。

在《禮記》中的《曾子問》來源是很清楚的，但在《禮記》前的《曾子問》呢？我們曉得兩戴之輯《禮記》，實在是在先秦古書裏輯取那種有關於禮的一部分的一種工作，譬如因爲有「經禮三百，曲禮三千」的話，就去輯了一篇《曲禮》，這是最顯著的。此外像《月令》采於《吕覽》,《三年問》采於《荀子》,《樂記》采於《公孫尼子》,《中庸》、《表記》、《坊記》、《緇衣》采於《子思子》,《千乘》等篇采於《孔子三朝記》,《曾子》十篇采於《曾子》等,可以舉出來的就很不少,所以我們需要考察這篇書的被輯以前的來源。

《漢志》儒家《曾子》十八篇,現在見《大戴禮》的只有十篇,還少了八篇,這一篇《曾子問》雖然没有直接的證據,但是我們能假定它有本是八篇之一的可能性。因爲:(一)《禮記》全是采輯古書。(二)《曾子》有缺篇。(三)孺悲學《士喪禮》於孔子,而此篇係屬《喪服》。(四)這一篇顯然是屬於儒家,假使是後人僞託,決不會把道家的老聃拉來講起禮來,因爲此外更没有老聃善於禮的顯據。(五)老聃對孔子的語氣,和莊子相合。

從這五點理由看來,雖然是假定,差不多可以説十分近似於真確了,而據(三)和(四)、(五)三個理由,更可以充分地説這一篇裏所記的材料是靠得住的。

所謂老聃對孔子的語氣,和莊子相合的一理由,是根據這一節的:

——昔者吾從老聃助葬於巷黨,及堩,日有食之。老聃曰:「丘!止柩就道……」

既然孔子從老聃助葬,而老聃對孔子又這樣不客氣地直呼他的名,那末老聃和孔子同時而且比他年長的一層,是我們無論如何必須承認的。

但是,這樣就和《史記》的老子世系起了矛盾了。要承認了《史記》的世系,就得説老子在孔子後;反之,要承認了老聃長於孔子,那末就不能承認那世系。

因爲老聃在孔子前是必須承認的,所以有些人就主張講禮的老聃和做《道德經》的老子是兩人,我們且看這種講法能把矛盾消失嗎?

關於這一個問題,頂重要的材料是《莊子》,現在我所引就是那上面的關於老聃——或老子——的事實。

(一)「老聃死,秦失弔之,三號而出……」——《養生主》第三

(二)「魯有兀者叔山無趾踵見仲尼,仲尼曰……孔子曰……孔子曰……無趾語老聃曰:『孔丘之於至人,其未邪?彼

何賓賓以學子爲？……』老聃曰……」——《德充符》第五

（三）「陽子居見老聃曰：『有人於此，嚮疾强梁，物徹疏明，學道不勌，如是者可比明王乎？』老聃曰：『是於聖人也，胥易技係勞心怵形者也。且曰，虎豹之文來田，猨狙之便，執牧乘之狗來藉。如是者，可比明王乎』……」——《應帝王》第七

（四）「崔瞿問於老聃曰：『不治天下，安藏人心？』老聃曰：『女慎無攖人心！』人心排下而進上，上下囚殺，淖約柔乎剛强，廉劌彫琢，其熱焦火，其寒凝冰，其疾俛仰之間，而再撫四海之外，其居也淵而静，其動也縣而天，僨驕而不可係者，其唯人心乎！昔者黄帝始以仁義攖人之心，堯舜於是乎股無胈，脛無毛，以養天下之形，愁其五藏，以爲仁義。矜其血氣，以規法度，然猶有不勝也，堯於是放讙兜於崇山，投三苗於三峗，流共工於幽都，此不勝天下也。夫施及三王而天下大駭矣，下有桀跖，上有曾史，而儒墨畢起，於是乎，喜怒相疑，愚知相欺，善否相非，誕信相譏，而天下衰矣。大德不同，而性命爛漫矣。天下好知而百姓求竭矣。於是乎，釿鋸制焉，繩墨殺焉，椎鑿決焉。天下脊脊大亂，罪在攖人心。故賢者伏處大山嵁巖之下，而萬乘之君憂慄乎廟堂之上。今世，殊死者相枕也，桁楊者相推也，刑戮者相望也，而儒墨乃始離跂攘臂乎桎梏之間。意！甚矣哉，其無愧而不知恥也甚矣。吾未知聖知之不爲桁楊椄槢也，仁義之不爲桎梏鑿枘也。焉知曾史之不爲桀跖嚆矢也。故曰『絶聖棄智』而天下大治。」——《在宥》第十一

（五）「夫子問於老聃曰：『有人治道，若相放，可不可，然不然，辨者有言曰：離堅白若懸寓。若是則可謂聖人乎？』老聃曰：『是胥易技係勞形怵心者也。執留之狗成思，猨狙之便自山林來。丘！予告若而所不能聞與而所不能言者……』」——《天地》第十二

（六）「孔子西藏書於周室，子路謀曰：『由聞周之徵藏史，有老聃者，免而歸居，夫子欲藏書，則試往因焉。』孔子曰：『善。』往見老聃，而老聃不許。於是繙十二經以説。老聃中其説曰：『大謾！願聞其要。』孔子曰：『要在仁義。』……孔子曰：『中心物愷，兼愛無私，此仁義之情也』。老聃曰：『……夫子若欲使天下無失其牧乎？……夫子亦放德而行，循道而趨，已至矣。又何偈偈乎揭仁義若擊鼓而求亡子焉，意夫子亂人之性也。』」——《天道》第十三

（七）「孔子行年五十有一而不聞道，乃南之沛，見老聃，老聃曰：『子來乎？吾聞子北方之賢者也，子亦得道乎？』孔

子曰：『未得也。』老子曰：『子惡乎求之哉？』曰：『吾求之於度數，五年而未得也。』老子曰：『子又惡求之哉？』曰：『吾求之於陰陽，十有二年而未得。』老子曰：『然，使道而可獻，則人莫不獻之於其君……』」——《天運》第十四

（八）「孔子見老聃而語仁義，老聃曰：『……吾子使天下無失其朴……又何傑然若負建鼓而求亡子者邪？……』」——同上

（九）「孔子見老聃歸，三日不談，弟子問曰：『夫子見老聃，亦將何歸哉？』孔子曰：『吾乃今於是乎見龍，龍合而成體，散而成章……』子貢曰：『然則人固有尸居而龍見，雷聲而淵默，發動如天地者乎？賜亦可得而觀乎？』遂以孔子聲見老聃。老子方將倨堂，而應，微曰：『予年運而往矣，子將何以戒我乎？……』老聃曰：『……是以天下大駭，儒墨皆起……』子貢蹴蹴然立不安。」——同上

（十）「孔子謂老子曰：『丘治《詩》、《書》、《禮》、《樂》、《春秋》六經，自以爲久矣，孰知其故矣；以奸者七十二君，論先王之道而明周召之迹，一君無所鉤用，甚矣夫人之難説也，道之難明邪？』老子曰：『幸矣，子之不遇治世之君也……』」——同上

（十一）「孔子見老聃，老聃新沐，方將披髮而乾，慹然似非人。孔子便而待之。少也見，曰：『丘也眩與？其信然與？向者先生形體掘若槁木，似遺物離人而立於獨也。』老聃曰：『吾遊心於物之初。』孔子曰：『何謂邪？』曰：『……嘗爲汝議乎其將。……』……」——《田子方》第二十一

（十二）「孔子問於老聃曰：『今日晏間，敢問至道。』老聃曰：『汝齋戒疏瀹而心！澡雪而精神！掊擊而知！夫道窅然難言哉；將爲汝言其崖略……』」——《知北遊》第二十二

（十三）「老子之役，有庚桑楚者，偏得老子之道，以北居畏壘之山……庚桑子曰：『……吾是以不釋老聃之言。』……庚桑子曰：『……子胡不南見老子。』南榮趎贏糧七日七夜至老子之所。老子曰：『子自楚之所來乎？』……老子曰：『……若規規然若喪父母，揭竿而求諸海也……』……老子曰：『衛生之經，能抱一乎？能勿失乎？能无卜筮而知吉凶乎？能止乎？能已乎？能舍諸人而求諸己乎？能翛然乎？能侗然乎？能兒子乎？兒子終日嗥而嗌不嗄，和之至也。終日握而手不掜，共其德也。終日視而目不瞚，偏不在外也。行不知所之，居不知所爲，與物委蛇而同其波，是衛生之經已。』……」——《庚桑楚》第二十三

（十四）「柏矩學於老聃曰：『請之天下遊。』老聃曰：『已矣！天下猶是也。』又請之。老子曰：『汝將何始？』曰：『始於齊。』至齊……」——《則陽》第二十五

（十五）「陽子居南之沛，老聃西遊於秦，邀於郊，至於梁而遇老子。老子中道仰天而歎，曰：『始以汝爲可教，今不可也。』陽子居不答。至舍，進盥漱巾櫛，脱屨户外，膝行而前。曰：『向者弟子欲請夫子，夫子行不閒，是以不敢，今閒矣，請問其過。』老子曰：『而睢睢盱盱，而誰與居，大白若辱，盛德若不足。』陽子居蹴然變容曰：『敬聞命矣。』其往也，舍者迎將，其家公執席，妻執巾櫛，舍者避席，煬者避竈；其反也，舍者與之爭席矣。』」——《寓言》第二十七

（十六）「以本爲精，以物爲粗，以有積爲不足，澹然獨與神明居。古之道術有在於是者，關尹、老聃聞其風而悦之。建之以常無有，主之以太一，以濡弱謙下爲表，以空虛不毁萬物爲實。關尹曰……老聃曰：『知其雄，守其雌，爲天下谿；知其白，守其辱，爲天下谷。』人皆取先，己獨取後，曰受天下之垢。人皆取實，己獨取虛，无藏也故有餘，巋然而有餘。……關尹、老聃乎，古之博大真人哉！」——《天下》第三十三

一部《莊子》裏，顯明地説到老聃或老子的，就是這十六處。現在再審查一下《莊子》裏篇章本身的真僞和其時代。《漢書·藝文志》《莊子》五十二篇，據《釋文序録》所引司馬彪本，凡内篇七，外篇二十八，雜篇十四。《序録》又説：「後人增足，漸失其真，故郭子玄云：『一曲之才，妄竄奇説，若《閼弈》、《意脩》之首，《危言》、《游鳧》、《子胥》之篇，凡諸巧雜，十分有三。』……言多詭誕，或似《山海經》或類占夢書，故注者以意去取，其《内篇》衆家並同，自餘或有《外》而無《雜》。」據這話可知晉人已經對《莊子》的《外篇》、《雜篇》懷疑，對《雜篇》更疑得厲害，對《内篇》卻一致承認——以爲真是莊生作的。

但是《内篇》和《外篇》、《雜篇》的分别，是從哪裏來的呢？我以爲這分别是起於劉向删除複重的時候。我們且看《管子書録》：「中外書五百六十四篇，以校，除複重四百八十四篇，定著八十六篇。」《晏子叙録》：「凡中外書三十篇，爲八百三十八章，除複重二十二篇，六百二十八章，定著八篇，二百一十五章。」《孫卿書録》：「凡三百二十二篇，以相校，除複重二百九十篇，定著三十二篇。」從這幾個例裏，可以看出來，凡著録於《别録》的古子書，都經過他的删除重複的手續，才成爲《漢書藝文志》上所得的篇數，《莊子》當然是在這例内，所以我這個假設大半是靠得住的。

那末，所謂《内篇》七篇是真莊子書的一説，也不過承用劉向的意見而已，其實並沒有《内篇》一定是真和《外篇》、《雜

篇》一定是假的證據。我們現在還得每篇都審查一下。但是就《莊子》的體例看，卻每篇又往往有包含了好幾章的，而這幾章就不必出於一手。譬如《内篇》裏的《人間世》、《德充符》、《大宗師》三篇對孔子都稱仲尼，獨《大宗師》，子桑户死一章卻是例外地稱孔子，可見這一章是另一人的筆墨，而從這兩種稱謂看來，似乎道家的《莊子》不應跟着儒家稱孔子做孔子，那稱爲仲尼的倒是近情些；那末子桑户死一章大概不是《莊子》原文。但是同一例的《德充符篇》叔山无趾一章——見上文所引第二條——中間有兩個孔子曰，而同時也稱仲尼，那就很像是一種傳寫的錯誤。

在這一篇文裏，當然來不及把每篇《莊子》都加以辨别，但只能就所引的十六章的真僞分别一下。

（一）（二）（三）三條，就是所謂「《内篇》的一部分」。就文辭而論，我們也將承認爲真的，旁的方面，只有上面所説的第二條的兩個「孔子曰」有些可疑，但也許是一種錯誤。（四）條粗看似乎可疑，但「吾未知聖知之不爲桁楊椄槢也」的「吾」字是作文者的口氣，因爲上文還有「吾又何暇治天下哉」一語可以證明，此外像「曾史」、「桀跖」等話，也是和上文相應；那末老聃的話，大概只有「女慎無攖人心」一句——或者一直到「其唯人心乎」爲止，所以這條真僞不可定。（五）條的假是很顯明的，因爲「離堅白若縣寓」，斷不是孔子時的問題，又稱孔子作夫子，老聃的答語又和第三條相類。（六）條也很可斷爲假的，因爲繙十二經斷不是孔子的事，「兼愛」斷不是孔子説的話，而老聃也不應稱孔子爲「夫子」，還有「偈偈乎揭仁義若擊鼓而求亡子」的話，似乎是襲《天運篇》（見第八條）。（七）（八）（九）（十）四條同在《天運篇》，也像同出於一個人的筆墨，但是也極可疑，因爲（七）、（八）、（十）三條老聃稱孔子爲「子」，第（九）條又稱子貢爲「子」和《論語》時代的稱「女」不合。第（九）條老聃的話裏有「儒墨皆起」，還有子貢所説的「尸居而龍見，雷聲而淵默」，明明是襲《在宥篇》的。第（十）條孔子又自稱治六經，這種都是假的證據。（十一）條孔子稱老聃作先生，也有些可疑。（十二）條雖没有確可認爲假的證據，但從（九）到（十二）凡七條，對孔子都不稱「仲尼」而稱「孔子」，可見這七條都是差不多的時代的作品了。（十三）條的假，也是很清楚的，因爲老子不應稱南榮趎做「子」，老子的話裏有「規規然若喪父母，揭竿而求諸海」，又和《天運》及《天道》兩篇語略同，「衛生之經，能抱一乎」等話，又完全襲《道德經》而稍變其語。（十四）條，真僞兩方面，都没有證據可以證明。（十五）條雖没有證據可以確説它是假的，但在這十六條裏只有此條和（七）、（十）、（十三）三條，變老聃爲老子，究竟可疑。（十六）條真僞也難定。

那末在這十六條裏面，除了（四）和（十四）、（十六）三條是真僞未定以外，比較最可信的只有（一）、（二）、（三）三條，其餘十條是可斷定或可疑爲假的了。

但是，僞的《莊子》是怎麽有的呢？這是不消説得的，當莊子以後，一班門徒或者私淑莊子的人，大家做這一類文章，傳誦既多，就誤入《莊子》裏去，也許本不在《莊子》裏，而被秦漢間人因文體相類而采入的。所以這一類文字雖在《莊子》方面是僞的，在作者當時卻並不是存心作僞，而且這究竟是先秦的文字，所以就史料而論，也許有些靠得住的東西。雖然在這種東西裏找真確的史料是非凡困難的，但可以相信得的也未嘗没有。像孔子見柳下惠（《盜跖篇》），莊子見魯哀公（《則陽篇》）一類，時代顯然錯誤的且丢開了不算。《則陽篇》説「蘧伯玉行年六十而六十化」，《寓言篇》裏蘧伯玉變成了孔子，到底是哪個對，那是很難定規的，可是「行年六十而六十化」的話總有些來歷。（像前邊所説的「傑然若負建鼓而求亡子」的有兩三處相仿佛的話，也一定有一處是最先用的，其後經人仿傚，像後世用典一樣，就成爲濫調了。）

用這個例來推，那末我們不拘它們是真的《莊子》或假的《莊子》，在這十六條裏關於老聃的重要事實，可以總結出四點來：

（甲）老聃比孔子長，孔子曾學於老聃。（二、五、六、七、八、九、十、十一、十二。）

（乙）老聃和老子是一人。（七、十、十三、十五。）

（丙）老聃住的地方是沛。（七、十五。）

（丁）老聃就是今世所謂《道德經》的著者——至少是其中一部分的傳授者——的老子（十六）。

（甲）點雖然只有第二條比較可信爲《莊子》原文，但這事實正如前面所説過同樣又存在於《曾子問》裏，可以相信爲真確的事實了。（乙）點雖然都很靠不住是《莊子》原文，但可以看出先秦一班摹仿《莊子》的作家都明白老聃就是老子，這事實是我們不能因它們是假《莊子》而不承認的。（丙）點也是這樣，雖則居沛的事實向未經考證家注意過，但做這兩章《莊子》的人，似乎還不是亂造謡言，也許是可信的。（丁）點直接的證據雖只一條，而且真假未定，但這也是不能否認的事實，因爲還有後面所引的《韓非子》可證，就以本書論，第十三條的假託老聃的話，可以證明當時人就以《道德經》爲老聃著的。

照上面所説看來，關於《莊子》裏的材料的結論，正和近時人所假設相反，在事實上是老子即是老聃，也即是《道德經》的著者。

除開《莊子》之外，讓我們再看《韓非子》吧，《韓非子·内儲説下》的《經上》説：

——權勢不可以借人，上失其一，臣以爲百，故臣得借則力多，力多則内外爲用，内外爲用則人主壅，其説在老聃之言失魚也——《内儲説下六微第三十一》

同篇的解釋是：

——勢重者人主之淵也，臣者勢重之魚也，魚失於淵而不可復得也，人主失其勢重於臣而不可復收也，古之人難正言，故託之於魚。賞罰者利器也，君操之以制臣，臣得之以擁主，故君先見所賞，則臣鬻之以爲德，君先見所罰，則臣鬻之以爲威，故曰：「國之利器不可以示人」。——同上（《喻老篇》大同小異，唯引《老子》作「魚不可脱於深淵，邦之利器，不可以示人」。）

「魚不可脱於淵，國之利器，不可以示人」的兩句話，現在見於《道德經》，而韓非——至少也是韓非門徒——説是老聃，就可見《道德經》實是起源於老聃，而近人的假設根本失敗了。

假使要認定（子）老聃與老子是兩人，（丑）老子在孔子後，（寅）《道德經》和老聃無關係，假使要認定這三個假設的話，那末至少也得有老聃以外别有一個老子的證據，或《道德經》不根源於老聃的證據，但古書上卻絲毫影響都没有。而相反的一方面，《曾子問》、《莊子》、《韓非子》裏的材料，卻完全符合，可以證明下列的三點：

（子）老聃和老子是一人。

（丑）老聃較在孔子前。

（寅）《道德經》是老聃的遺言。

所以我在這裏敢下一個結論，説近時人的假設在事實上是不能成立的。

三

但是我們拿上邊的結論來看《史記》的老子子孫世系呢？那是正相反的，上邊的結論是老聃在孔子前，而《史記》上的世系卻是「老子之子名宗，宗爲魏將」，明明是老子在孔子後。

自然，假使要設想那世系是真正可信的話，我們也可以把來遷就上邊的結論，那就只要假定那「宗」是老子晚年的兒子，譬如老子比孔子大二十歲，而在他七十歲時候生的兒子，到孔子死時是二十四歲，到魏文侯元年是七十九歲，也許有爲魏將的可能？

不過事實上總是牽强的很，恬澹寡欲，清静無爲的老子，似乎不應七十歲還生兒子，七八十歲的老翁將兵也是很難能的事。而且，「宗爲魏將，封於段干」的話也很可疑，因爲當魏文侯的時候，正有「踰牆而避」的段干木，也以段干爲氏；拿用地名爲氏的例來推起來，像郰人紇的郰是紇的私邑，那末段干也應當是木的私邑，那末「過段干木之閭常式」和「見段干木立倦而不敢息」的魏文侯決不能奪他的私邑來給老子的兒子；如其説段干木和「宗」是一人呢，《淮南子》又説「段干木，晉之大駔而爲文侯師」，在古書上段干木和老聃不能發生絲毫關係；如其説「封於段干」的事，還在魏文侯以後，不用説那時代更相去太遠了。

所以要按照老聃在孔子前的結論，而同時又要承認《史記》的老子世系的一個假設是不能成立的。那末我們在這相反的兩説中，當然可以説《史記》的老子世系是假的，至少也是有錯誤的。

最後，我們所疑爲老子在孔子後的原因——比較最重大的原因——只是《道德經》的問題了。

在上邊，從先秦古書的記載裏，已經可以證明戰國時的老莊派和韓非子派都認爲《道德經》是老聃所著的了，可是我還要問，《道德經》究竟是不是老聃手著的。

近時人所致疑於老子《道德經》以爲在孔子後的原因，大概有四點：（A）《老子》的話和《曾子問》老聃的話不相應。（B）老子書中的「報怨以德」（六十三章），見在《論語》上；「不尚賢使民不爭」（三章），和《墨子》的「《尚賢》」相針對。（C）文辭不類，和「偏將軍上將軍」的名辭，不是老子時所有。（D）《墨子》、《孟子》都没有提起這一本書裏的話。

這四點裏，(A)和(B)兩點是不成問題的，因爲這種反證都不能積極證明《道德經》必出孔子後。就(A)點說吧：老子和孔子講禮的時候，孔子才不過三十多歲(請參看余在《將來月刊》發表之《孔子傳》)，就算老子比孔子大二十歲，那時不過五十多歲，在五十歲以後，思想變換方向，這是很可能的。而且老子《道德經》裏的思想，完全是從煩數的禮學轉變成的，我們只要看他在三十八章裏説：「上德不德，是以有德；下德不失德，是以無德；上德無爲而無以爲，下德爲之而有以爲；上仁爲之而無以爲，上義爲之而有以爲；上禮爲之而莫之應，則攘臂而扔之。故失道而後德，失德而後仁，失仁而後義，失義而後禮，夫禮者，忠信之薄而亂之首。前識者，道之華而愚之始。是以大丈夫處其厚不處其薄，居其實不居其華，故去彼取此。」他所攻擊的焦點只是「禮」，這就是因爲他所處的環境，是講禮的環境。

一到了墨子就不同了，墨子所處的環境，是在孔子後，孔子的門徒裏的身通六藝的末流，最講究的是喪禮，所以墨子要節葬，孔子很注重樂，所以墨子要非樂；從這一點，我們就可以證明《道德經》在孔子前了。

至於(B)點，《孟子》裏面就没有提到《易經》不能説孟子時《易經》不存在，《墨子》、《孟子》裏的没有提到《老子》也不能説那時候没有這本書。

但是我們可以推測爲什麽没有受到影響的原因，這大概是這樣的：老子是南派，墨子、孟子是北派；當墨子的時代，和老子時代很接近，兩派還都不很盛，所以没有互相接觸；孟子的時候，老子的弟子楊朱(就是《莊子》上的陽子居)的學派正盛行，反把老子掩住了。

老子學説的所以能盛行，那是不能不歸功於莊子的，那末未經莊子表彰以前，没經過北方學者的注意，那是了不足奇的。

(B)點所提出的懷疑的證據，雖然是直接的，但是極不充分。「報怨以德」，固然可以説《老子》引用《論語》，卻也可以説《論語》引用《老子》，(《論語》引用《詩》、《書》成語，往往不寫出原書的名字，像「巧言令色」，「蓋有不知而作」之類。)也許是一句古話，兩家都引用了；無論如何，這是不能作爲在孔子後的證據的。「不尚賢使民不爭」，更是與《墨子》的《尚賢》不相干，「賢」字是當時一個流行底題目，和「道」、「德」、「仁」、「義」、「名」、「實」一樣，各家的學説裏都要討論一下，決不能説某書是受某書影響的。

(C)點最爲一般人所重視，但單説文辭不類是很空洞的，我們姑且分析成兩點來看。倘然説春秋時代不應有這樣長的文章呢，卻是殷朝中葉的《盤庚》已有了一千二百多字，到周朝中葉衍成二三千字一篇的文章，也不好算很長，況且《老子》並不是有章法結構的整的文字，只是一節一節地續起來的文字，和《論語》差不多，而《論語》比它多四倍了。倘然説文體和孔子、墨子所著的書不同呢，那又要説到南北派的不同了；（在《詩經》裏有《周南》、《召南》，孔子曾説過「南人有言曰」，《莊子》裏有「子北方之賢者也」，《孟子》裏説到「北方之學者」，都可以看見當時南北的派别。）老子是南派，當然和孔墨的北方派不一樣。老子喜歡用「分」字，又大都每句用韻，這是從詩體蜕化下來的證據，和純乎北方派的墨子、孟子等完全不同，只有孔子是很受南方派影響的，所以《易象傳》也是用韻的。從這一派文辭的演化，就有了《楚辭》出來。還有《老子》常用「是謂」二字（像「是謂天地根」），這是莊子所常套的調子，又喜歡用排句（像「有無相生，難易相成，長短相形，高下相傾，音聲相和，前後相隨」），也是莊子所常用的，這正是南方派自有一種獨立的文體的證據。

這兩點都還没有「偏將軍上將軍」的名辭和時代不符的一點來得重要，但《老子》這一章顯然是後來攙入的；我且引他的原文：

——夫佳兵者不祥之器，物或惡之，故有道者不處。君子居則貴左，用兵則貴右。兵者不祥之器，非君子之器。不得已而用之，恬澹爲上，勝而不美；而美之者，是樂殺人。夫樂殺人者，則不可得志於天下矣。吉事上左，凶事尚右。偏將軍居左，上將軍居右；言以喪禮處之。殺人之衆，以悲哀泣之；戰勝，以喪禮處之。——三十一章

我們只要看「君子」二字，已經曉得這不是《老子》原文了，因爲《老子》上是没有「君子」二字的（只有傅奕本二十六章有「君子」二字，别本都作聖人），何況王弼注本原没有這一章呢。

對於《道德經》懷疑它的時代的四點，既然不够證明它是後於孔子，適得其反地，我所提出的，老子只攻擊禮，可見當時的環境只有禮的一點，卻可以直接證明老子的書著在孔子學説盛行之前。

那末，老子《道德經》除了有一部分後人攙入錯亂以外（除了第三十一章以外，還有許多可疑的地方，譬如「聖人」在《老子》裏凡二十九見，足見老子是推崇聖人的，而第十七章卻説「絶聖棄智，民利百倍」，自相矛盾，那一節怕也有後人攙入的）。

我們可以信爲是老聃手著的。

前邊從古書所得老子即是老聃，也就是《道德經》的傳授者的結論，本是無可疑的，在這裏又獲到了這樣一個結論，關於老聃的時代問題，大概不用再取懷疑的態度了吧？

連載《商報·文學周刊》第十三期一九二九年十二月三十一日、第十四期一九三〇年一月七日、第十五期一九三〇年一月十四日。

又《古史辨》第四册下編第三三二至三五一頁一九三三年三月（删節了原文開頭部分十九行文字）。

本書用《古史辨》上海古籍出版社一九八二年重印本爲底本，並用《商報·文學周刊》第十三期補足該文篇首十九行文字。

《三傳經文辨異》手稿本節録

一、《三傳經文辨異》手稿

江都焦廷琥著　唐蘭節録

卷二

夷儀　陳儀　僖元年

聲有陰陽，可以對轉，脂爲真之陰聲。《盤庚》：「爾謂朕曷震動萬民以遷。」蔡邕《石經》「震」作「祗」。《皐陶謨》：「日夜祗敬六德。」《無逸》：「治民祗懼。」《史記》皆作「振」。《禮記·内則》：「祗見孺子。」鄭注：「祗或作振。」《詩》：「無思無憂，祗自疷兮。」《張平子賦》：「思百憂以自疹。」《廣韻》十六軫有「眂」字。《論語》：「今也純。」鄭注：「純讀爲緇。」此皆脂真互轉之事，可爲「夷」、「陳」通用之證。《禮記·喪大記》：「奉尸夷於堂。」釋文：「夷，陳也，尸也。」《説文》：「尸，陳也。」《左氏哀十年》：「薛伯夷卒。」《公羊》作「寅」，則脂、真互轉無疑。

偃　纓

《襄三十年》：「天王殺其弟佞夫。」《公羊》作「年夫」。「年」可通轉「佞」，「偃」亦可通轉「纓」。

酈　犁　麗

《禹貢》：「厥土青黎。」《史記》作「其土青纚」。《廣韻》：「鸝與鵹同。」《少儀》：「犁而不提心。」釋文：「犁本作離。」《廣雅·釋言》：「麗，離也。」

下陽　夏陽　僖二年

「下」、「夏」音同。《西京賦》：「大厦眈眈。」薛注：「屋之四下者爲厦。」

首止　首戴　僖五年

《唐韻》七之、十六咍、六止、十五海、七志、十九代古音本爲一部。故從「止」，從「異」，本同音也。《臯陶謨》：「載采采」，《史記》作「始事事」，載、始同音，采、事同音，猶止、戴同音也。《詩》：「我送舅氏，悠悠無思。縱我不往，瓊瑰玉珮。」「思」與「佩」爲韻。「飲之食之，教之誨之，命彼後車，請之載之」。「食」與「誨」、「載」爲韻。可爲「止」、「載」同音之證。

二、《三傳經文辨異》手稿（七）

盂　霍　雩　僖二十一年

《唐韻》九魚、十一模、八語、十姥、九御、十一暮、十九鐸、二十陌、二十二昔，古音本爲一部。《白虎通》曰：「霍之爲言護也。」《御覽》引《三禮義宗》：「霍，護也。」《左哀四年經》「公孫霍」，傳作「公孫盱」，注：「盱即霍也。」此「盂」、「雩」、「霍」同昔之證，《公羊》疏以爲有誤，非也。《唐韻》十九鐸有「膜」字，十一模亦有「膜」字。《閔元年》「盟於洛姑」，《穀梁》作「路姑」。《詩・斯干》閣、橐與除、去、芋爲韻。《説文》洛、賂、輅皆以「各」得聲。《哀四年》「亳社災」，《公羊》作「蒲社」，《書序》「成王既踐奄，將遷其君於蒲姑」，《史記》作「薄姑」，《管子・內業篇》「必寬必舒，必堅必固，守善而舍，逐淫澤薄」，薄與舒、固爲韻。《詩・六月》「玁狁匪茹，整居焦穫」，魚、模、語、姥、御、暮、鐸、陌、昔同音，此爲證矣。

夔隗　二十六年

《中山經》「岷山多夔牛」，注「夔牛」即《爾雅》所謂「魏」，「夔」作「隗」，音相同也。

垂隴　垂歛　文二年

「隴」、「歛」音之轉，《水經・河水注》：「隴水，即《山海經》所謂濫水也。」《左宣十四年傳》「鄭昭宋聾」，注「聾，闇也」，「闇」、「濫」、「歛」皆同音也。

麇　卷　十一年

《説文》：「麇，麞也。」《釋獸》釋文引《字林》：「麇，麞也。」《廣雅》及《文選·蕪城賦》注引《公羊》劉兆注並同。《左氏哀十四》釋文「麇，獐也」，「麞」以「章」得聲。《大司樂》「雲門、大卷」，賈疏「大卷即大章」，此「麇」、「圈」可通之一證也。《説文》：「麇從鹿，囷省聲，籀文麢，不省。」《漢·地理志》安定郡眴卷，注引應劭云：「卷音箘簬之箘。」則古音真與先、仙同韻，於此益見顧氏合先、仙爲一，是也。孔巽軒謂先、仙不可併，「肩」、「儇」同韻，唐人誤以「肩」入一先，則仙、真非一類，其説異於顧。然《凱風》三章「爰有寒泉」與「有子七人」，則仙、真隔句韻矣。《采苓》首章「首陽之巔」與「舍旃舍旃，苟亦無然」，則仙、先同韻矣。《巷伯》四章「緝緝翩翩，謀欲譖人」，《大東》三章「有洌氿泉，無浸穫薪……哀我憚人」，則先、真同韻矣。《崧高》首章「崧高維嶽，駿極于天，維嶽降神，生甫及申，維申及甫，維周之翰，四國于蕃，四方于宣」。則先、真、仙同一韻矣。「卷」有「箘」音，可爲仙、真同音之證。《考工記》「鮑人卷而摶之」，《左哀二年》「羅無勇麇之」，《八年傳》「麇之以入」，杜氏注「麇，束縛也」，則「卷」、「麇」之義亦同。

三、《三傳經文辨異》手稿（八）

叔仲彭生　公、穀作叔彭生　文十一年

《漢·五行志》、《水經·陰溝水注》並引作「叔彭生」，然叔仲氏與叔氏異，彭生之後，爲叔仲氏，出於公子牙，後有叔仲昭伯帶等。叔氏乃宣公母弟叔肸之後，有叔輒、叔鞅等。彭生爲叔仲氏，非叔氏。公、穀無仲字，自是闕文。釋文「本或作叔彭生，仲衍字」，非也。

大室　世室

十三祭、十四泰古音本同，故「世」、「大」可通也。

郪　犀　師

「妻」、「犀」同音，《詩》：「齒如瓠犀。」《爾雅·釋草》注引作「齒如瓠棲」。「師」亦同音，古文、齊通用也。

聲　聖

《白虎通》：「聖者聲也。」《古今人表》「衛聲公」，索隱作「聖公」。

崇　柳

「柳」在有韻，「崇」在冬韻，孔巽軒曰：「冬爲幽之陽聲……」

四、三傳經文辨異手稿本（十）

亳　京　襄十一年

《左襄十一年傳》：「諸侯伐鄭。齊太子光、宋向戌先至於鄭，門與東門。晉荀罃至於西郊，東侵舊許，衛孫林父侵其北鄙。六月，諸侯會於北林，師於向，右還次於瑣，圍鄭，觀兵於南門，西濟於濟隧。鄭人懼，乃形成。秋七月，同盟於亳。」鄭都在新鄭，即今許州府新鄭。北林在中牟西南，於鄭都爲東北，向在尉氏西南，於鄭都爲東，瑣在新鄭之北，由向左還次於瑣。杜氏云「北行向西爲右還」是也。既觀兵於南門，又西濟於濟隧，《水經注》：「濟隧上至河水於卷縣北河南，逕卷縣故城東，又南逕衡雍城，西與出河之濟會，又南會於滎澤。」濟隧在滎澤之北，滎澤在新鄭京索之北，既濟濟隧，不得又反渡滎澤而南盟京城也。」偃師之亳，西亳也。西亳屬鄭，偃師在鄭西，西濟濟隧而盟於偃師之亳城北，於傳文爲合。亳作京者，形之誤也。惠氏《古義》舉京城大叔爲京城之證，謂亳城無考；偃師西亳屬鄭，何無考也。

五、《三傳經文辨異》手稿（續）

卷四

罕　軒

「罕」從干得聲，「軒」亦從干得聲。《左昭四傳》注：「鄭渾罕字子寬。」《莊子·天地》：「君子不可不刳心焉。」釋文：

「軒，寬悅之貌。」《內則》：「細者爲膾，大者爲軒。」寬之義亦通於大，《說文》：「寬，屋寬大也。」

賴　厲

「賴」從貝，刺聲。《唐韻》「刺」在五寘，「厲」在十三祭。顯寧人謂寘韻之半，與祭韻同用。《葛屨》「提」、「辟」、「揥」、「刺」爲韻，此寘、祭同用之證也。孔廣森分寘、祭爲二，非也。

意　隱

《楚世家》：「願有進隱。」集解云：「隱爲藏其意。」《文選・赭白馬賦》注引《國語》賈注云：「隱，私也。」《呂覽・圜道》：「分定則下不相隱。」注：「隱，私也。」《史記・司馬相如傳》：「《春秋》推見至隱。」索隱引李奇曰：「隱猶微也。」《說文》𠬪部云：「㥯，所依據也……讀與隱同。」《孟子》：「隱几而卧。」趙岐注云：「隱倚其几而卧。」「隱」、「依」、「倚」義同，亦「隱」、「意」可通之證。

朝吴　昭吴

《春秋繁露・諸侯篇》：「朝，召而問之也。」《楚辭・遠逝》：「朝四靈於九濱。」注：「朝，召也。」「朝」與「鼂」古字同。《說文》：「鼂，匽鼂也。讀若朝。」《文選・上林賦》「鼂采」，注「鼂采，玉名」。《淮南・泰族訓》：「贈以昭華之玉。」注：「昭華，玉名。」按：「昭華」即「鼂采」也。

戎蠻　戎曼

「蠻」、「曼」音同。《禹貢》：「三百里蠻。」王注：「蠻，曼也。禮儀簡慢。」《職方氏》：「又其外，方五百里爲蠻服。」注：「蠻用事差簡慢。」「蠻」有「曼」義。

間　姦

「間」、「姦」音同。《漢・嚴助傳》：「而間獨數百千里。」注：「間，中間也。」《管子・內業》：「充攝之間，此謂合成。」注：「間猶中也。」《說文》：「姦，私也。㚣，籀文從人中女。」《後漢・鄧禹傳》注、《橋玄傳》注並云：「間，私也。」《管子・制分篇》：「築堵之情，十人之牆，日五間之。」注：「間謂私候之。」

郁釐　鬱釐

「鬱」、「郁」音相近。《詩》：「六月食鬱及薁。」傳：「鬱，棣屬。」《文選・閒居賦》「杏梅郁棣之屬。」注：「郁，今之郁李。」

《司馬相如傳》：「隱夫薁棣。」集解引郭璞云：「薁，車下李也。」

六、《三傳經文辨異》手稿

卷　四

鄟(鄟)　剸

「鄟」、「剸」皆《説文》所無。《左襄九傳》：「門於鄟門。」《公羊》昭二十六年：「盟於鄟陵。」釋文並云：「鄟本作專。」《漢・蕭何傳》注、《叔孫通傳》注並云：「剸、專聲之急上者也。」《司馬相如傳》注：「乃使剸諸之倫。」注：「剸與專同。」是「鄟」、「剸」皆與專同。「鄟陵」本作「專」也。

臯鼬　浩油

《周禮・太祝》：「臯舞。」司農注：「臯當爲告。」《説文》下引《周禮》，訓曰：「臯，告之也。」

柏舉　柏莒

《范雎蔡澤傳》：「而從唐舉遊。」索隱引《荀卿書》作「唐莒」。《顔氏家訓》：「北人之音，多以舉莒爲矩。」

安甫　窐

「安甫」無考。疑「窐」字上下與「安甫」二字之形相似，故傳寫有誤耳。

渠蒢　蘧蒢

《荀子・修身》：「有法而無志，其義則渠渠然。」注：「渠讀爲遽。古字渠遽通。」《方言》：「杷，宋衛之間，謂之渠拏，或謂渠疏。」

魏曼多　魏多

《公羊》以爲譏二名。《左哀(定)六年》「仲孫忌」，杜注：謂無何字爲缺文。按文武賢臣有「蘇忿生」，則古有二名。何休謂二名爲春秋之制；然定哀之際，宋有「樂祁黎」矣，又有「樂世心」矣。衛有「石曼姑」矣；蔡有「公孫歸姓」矣。陳有「夏彄夫」矣，齊之君，且名「杵臼」矣；名「陽生」矣，即魯亦有「叔孫州仇」矣；皆見於經，何獨於「何忌」、「曼多」譏之。且定六年、八年、十年、十有二年皆書「仲孫何忌」矣；何獨於圍鄆譏之。哀七年亦書「魏曼多」矣；何獨於哀十三年譏之。説不可通，乃知杜闕文之説爲當。

丙寅初夏，書賈以此手稿本詣叔弢處求售三百金，余向叔弢借録大概，其書頗出朱氏之外，然若單敷述訓詁，余亦不甚録。以時甚匆促，擇録未甚精，然其佳處，大略盡之矣。焦論音喜承顧氏，而不贊孔廣森説，中有二條，一謂魚模虞侯，孔分爲二有不合，一謂顧氏謂支脂之皆灰咍同用爲是，分之爲非，今皆未録，故著其説於此，第三卷則芸閣代録也。

四月八日唐蘭記

整理説明：卷四文中第一字郼乃鄣之誤；魏曼多文中「左哀六年」乃「左定六年」之誤。

一、載《商報·文學周刊》第十期卷二（七）一九二九年十二月十日
二、載《商報·文學周刊》第十一期一九二九年十二月十七日
三、載《商報·文學周刊》第十三期（八）一九二九年十二月三十一日
四、載《商報·文學周刊》第十六期（十）一九三〇年一月二十一日
五、載《商報·文學周刊》第二十期卷四（續）一九三〇年二月二十五日
六、載《商報·文學周刊》第二十一期一九三〇年三月四日。

關於塔爾海瑪Thalheimer論《古代中國哲學》的討論

一

這裏所説的《古代中國哲學》是指李達先生譯塔爾海瑪所著的《現代世界觀——或辯證唯物論入門》，崑崙書店一九二九年九月出版——裏面的第十四章和第十五章的標題。據李達先生的序上説，有好些學者們指摘這本書的缺點，以爲論印度哲學幾章的分量太多，似乎没有絶對的必要；而李先生的意思，以爲就東方人看來，這不是缺點——因爲這是就東方的哲學開始作辯證唯物論的研究，也帶着感覺到興趣。

我也和李先生感覺到同樣的興趣，不過另外還有些意見，雖然塔爾海瑪對關於古代中國的知識，實在還狠有限，但是比到不讀中國書的中國人，卻至少好算得「殫見洽聞」的了。因爲是這樣，我想一定有許多人將要以爲他的話有重大的價值而可以依據的，在這種似是而非的場地，卻不能不費幾句話來討論一下。

塔爾海瑪所討論的問題是：

古代中國哲學對於現代世界觀和辯證唯物論究有什麽關係？我們能夠從古代中國哲學採取辯證唯物論的建築材料麽？我們能夠變更古代中國哲學的形式，加以改革，拿來和辯證唯物論調和麽？或者我們有和它根本分離的必要麽？爲了這些目的，所以設定了下面三項問題，來加以詳細之研究。第一，古代中國哲學和宗教有什麽關係？第二，古代中國哲學，根源於怎樣的經濟的和社會的關係？它的歷史的作用又是怎樣？它在今日還發生怎樣歷史的作用？第三，古代中國哲學在一般歷史上的地位怎樣？它代表了怎樣哲學上的根本傾向？它實現了怎樣不變的結

果?(李譯第二一二頁)

從上邊所引的文句裏,顯然他是從他底辯證唯物論的立場來觀察我們底古代哲學,而不是對我們底古代哲學的深切研究,那末,他以後所叙述的意見,我們可以認爲是他的主觀的意見,而並不是客觀的實在地研究。

他雖把他底目的分了許多層次,但歸結起來,他不過想在這一部分的古董裏找尋些有益于他的材料。他在這裏,造成了一個極大的謬誤,就是他以爲理解中國哲學也和理解他們自己的哲學一樣,他忘卻了一種事實——那歷史學家可以告訴他的——中國和西方在歷史上經過很長久的隔絶,兩方面的學術、思想、語言、文字,以至於政治、經濟、禮儀、風俗等,處處有極多的不諧合的地方。

他用研究西方哲學的方法來研究本來方法不一樣的中國學術,已經是枘鑿不相容了;何況他的目的,並不是純正地研究,而只是先有了成見然後來有所取去。

而且,因爲這個不幸的舊國的近世的子孫,並没有能把他們的祖先底遺産好好地整理,於是一位在極短時期内旅行世界一週的外國先生,就將爲偶然地瞥見我們的貧乏而歎氣,他——一個吃面包的人——隨便跑到一家小鋪子裏去吃幾個窩窩頭,就在大發其關於中國人的食物問題的議論。

無論是「唯物辯證法」,或者是「辯證唯物論」,總得承認一個原則,就是木匠是真懂得木匠的事,鞋匠真懂得鞋匠的事,「鋸木」的一個名辭,在鞋匠聽得了,斷不能有木匠那樣的清楚。所以在目前,還没有一個人能把中國的古代哲學整理出一個頭緒來的時候,還没有真懂得中國古代哲學而把它大都理解了的時候,把那種哲學加以批判,把不懂的地方掩藏起來,似乎真懂的樣子——我們所謂充内行——這實在是非科學者,是和辯證法相反的,從這一點,我很疑惑他底全部的理論,因爲在這兩章的話,已經够使他喪失了他自己的立場。

二

現在,讓我們看他對這三項問題的研究吧。

他的第一項問題，是古代中國哲學和宗教的關係的問題。我且把他的討論的原文一字不易地抄了下來。

在這一點，古代中國哲學和古代希臘哲學，和古代印度哲學的一部分，都有些根本上的差異。在古代希臘中，在古代印度一部分中，所謂哲學都含有開始批評民族宗教和試用自然的唯物論解釋世界的意義，尤其古代希臘是這樣。即在印度，我們也曾看出它的唯物論哲學流派的發展狀況。若在古代中國，雖然有楊子可稱爲理論的實踐的唯物論者，但那也只是例外的現象，究竟没有形成學派。所以除了楊子以外，中國古典哲學，並没有觸犯着民族宗教和國家宗教。至於孔子，只不過把民族宗教和國家宗教當作統制政治生活和社會生活的手段看待罷了。他在這一方面所確定的事情，是崇拜祖先和自然的儀式，是傳統的宗教習慣和儀節。老子的哲學的思索，是從《易經》中所含有的預言的傳説，以及從《易經》所發展的哲學（這可説是世界哲學的萌芽）開始的。不過這裏我們應當注意的，我們研究中國民族宗教和國家宗教的最古觀念時，切不可以牽强附會，把一些實際上没有的事情隨意加進去——李譯第二百十三頁

這裏據他的意見顯明地有可以注意的四點：（一）古代中國哲學和希臘或印度不同，因爲它没有批評宗教。（二）楊子在古代中國哲學裏是一個例外的唯物論者，除了楊子以外，没有觸犯着民族宗教或國家宗教。（三）孔子不過把宗教當做統制政治生活和社會生活的手段，他確定了宗教的儀式。（四）老子哲學是從《易經》來的。

無疑地，他對於古代中國哲學，不過是道聽塗説地浮薄的觀察罷了。

因爲要研究古代中國哲學和宗教的關係，那末一定要有兩個先決問題，第一是中國哲學，第二是中國宗教。這一篇文字既然是屬於討論哲學方面，所以屬於宗教一方面，應當先提出來研究一下。

中國古時是没有宗教的，當就宗教二字狹義的講法的時候，我們可以簡捷地説出來，而且這是萬無疑義的。但是，假使把「宗教」的意義，看得廣泛一些，就是説對未知的事物而加以信飭，那末不但古代中國可以説有宗教，實在是全世界全人類無論何時何地都脱不了宗教的。

這話是什麼意思呢？

「宗教立脚於信仰，科學立脚於知識」。我們承認塔爾海瑪這兩句話，但宗教和科學並不是完全相反，而實在有歷史上的聯繫的，簡捷一些説：常常有些科學跟在宗教後面的。

他又説：「若説宗教和科學完全相反，祇是自由空想的産物，没有已存的經驗要素，那也是不對的。宗教的空想和其他一切空想一樣。一切空想，一切虛構，都自有其變成空想的一定的經驗基礎。科學雖同樣有經驗基礎，但科學和宗教不同，不是由空想造出經驗基礎，而是由論理，由實驗，由思想整理出來的結果」。——李譯本第十三頁

他底話是對的，我們可以看出宗教和科學的一致來，那是什麼？那是經驗。

古代人類因爲經驗薄弱的緣故，同時也爲要急遽地認識周圍的一切事物的緣故，就憑着模糊的記憶而對某種事物生出畏或敬的情感，或者有種欲望，這是一切宗教的起源。至於科學呢，那不過是人類底記憶日漸加多而明晰，經驗比以前豐富，對周圍的事物漸次獲得了認識的方法，於是以把握所認識的真相代替了畏或敬，以從此得來的應用方法來滿足欲望而不再用祈禱。

這是人類歷史中的兩葉，前者是錯誤的，後者是合理的，但是這後者是繼續前者的，我們必須要記得，這兩者是相連的。

所以在原始民族裏面，以爲雨是有神靈或奇異的動物管着，而且可以用一種手段，要求或逼迫，使雨下來。到科學家的範圍裏，雨就成了氣象學的研究的一對象。究竟，這兩者的不同，只是進化的先後。宗教雖然常是幻妄的，卻也常是科學的前驅。

所以有時當實驗的時候，一個原始民族的信仰者或者可使科學家驚駭，就是有許多是科學家所做不到的，即如氣象學者要看了儀器才能決定下雨時，那奸猾的預言者卻早知道而且託於神明而説出來了。在這種境地，我們常看見有許多科學家往往變節而從事信仰。其實呢，那種巫者所憑的不是信仰而不過是一種特殊的經驗，震於他們的神異的人，實在是受騙罷了。但是，只要這一種經驗合乎實用，那末比那種不能實用而號稱爲科學的，當然更好算得科學了。

同樣，假使一種科學是不能應用的空想的主義而加以信仰，那末我們能不叫它做宗教嗎？

那末，總結起來，宗教和科學的不同，實在只是經驗多少的關係所造成的認識的不同，就是關於對象的真相能把握與否的不同。所以我説在全人類中無論何時何地都脱不了宗教，因爲除開現代狹義的宗教以外，拿空想的科學來比原始的

宗教，只有程度的差異罷了，那完全或多或少立脚於信仰的一點，總是相同的。

其次，我們再來看中國古代的宗教，到底是些什麽？

塔爾海瑪説：中國人最古的宗教觀念，……是崇拜祖先，即崇拜精靈。這好算是近似的，在中國古時就是有鬼神的信仰，這種證據是很多的，在《周禮》上有天神、地示、人鬼，普通把山川等也稱爲神，在《論語》：「敬鬼神而遠之」。就用鬼和神來賅括着。

那末，中國哲學何嘗没有批評宗教呢？我們只要看《墨子・明鬼》一篇是完全屬於擁護世俗的鬼神見解的，而孔子卻「不語怪力亂神」，又説：「精氣爲物，遊魂爲變，是故知鬼神之情狀。」可見他是反對世俗的鬼神見解的。

三

説古代中國哲學没有批評——或者説觸犯——到宗教，那當然是不對的，除非只把宗教儀式當作宗教。我們敢這樣斷言着。

第二點，塔爾海瑪説「在古代中國，雖然有楊子可稱爲理論的實踐的唯物論者……」我們真不懂他立説的根據是從哪裏找來，敢説到這樣確實。

他所謂楊子當然是楊朱了，他稱楊朱爲理論的實踐的唯物論者，或者是本於《列子》的《楊朱篇》吧？但是不幸得狠，那是十足道地的僞書。

在近代中國的學術界，對於《列子》是僞書的意見，差不多是無條件地接受了。本來這書的作僞的痕迹——只要於古代中國歷史有一些研究的人——是很容易找到的，就拿《楊朱篇》來説吧。《楊朱篇》説：「楊朱見梁王，言治天下如運諸掌……」這一段文字是勦襲《説苑・政理篇》的，我們且看楊朱能見着梁王嗎？孟子説「楊朱墨翟之言盈天下」，凡是《孟子》上並稱二家的地方都是楊在先墨在後，拿堯舜或禹湯或湯武來比較——凡是並稱二人的文辭，總是年代較前的人在前——那末楊朱的時代大概在墨翟前。（但據《淮南子・汎論訓》説：「夫弦歌鼓舞……孔子之所立也，而墨子非之。兼愛尚賢，右鬼非命，墨子之所立也，而楊子非之。全性保真，不以物累形，楊子之所立也，而孟子非之。」又像楊子稍在墨子後，或則竟是同時，故可以互相顛倒着説，也難説）。所以要曉得楊朱的時代，就先得曉得墨翟的時代。墨翟的時代，大概和三家分晉的時期相當，孫詒讓的《墨子年表》裏最後的一年是魏武侯十一年，從這一年起到梁惠王的改元稱王（惠王三十六年改元，見杜預《左傳後序》引《竹書紀年》），隔了五十二年，那末先於墨翟——或是和他同時的人——的見不到梁王，而且《説苑》的記載的有錯訛，都是無可疑的。那作爲《列子》的人，既造了楊朱和禽滑釐（墨子弟子）的問答，似乎也知道楊墨是何時人了，而又用這見梁王的話來和自己矛盾，這種粗疏的作僞的痕迹是顯然的。

但是除了《列子》呢，我們對於楊朱的思想所曉得的實在是太有限了。在這裏且抄一段唐鉞先生的文章吧。

——先秦書中的確確指記楊朱言行者，只有《孟子》《荀子》《韓非子》《呂覽》四書。孟、呂二書説他爲我，這是很清楚的。至於怎樣爲我，大體如《淮南子》所説「不以物累形」罷了。《韓非子》説他責其弟不應自己「白而往，黑而來」而反怒其犬之逮吠，《荀子》説他哭衢途（《呂覽·疑似篇》以屬《墨子》）。若我們空要闡明這兩事所含的思想，那末，或者可以説楊朱於貴己之外還主張貴一，作事前後一致，不涉歧途。我們説到這樣而止，已經冒了一點險。至以楊朱爲主張一味縱欲的人之説，先秦書中苦無確據，我們寧可闕疑，不敢多説。或者有人引《法言》「莊楊蕩而不法」爲證。但揚雄所謂「蕩」，非恣肆逸樂之謂，看他把莊楊並稱就知道了——《楊朱考再補》見北京大學研究所《國學門月刊》第一卷第二號一七二——一七三頁。

我們可以承認唐鉞先生的話，要從僅存的一些些言行中間去推求楊朱的思想是危險的，那末，塔爾海瑪的對於楊朱的稱爲唯物論者，假使不是根據僞造的《列子》，其危險性是可想而知的。

至於第三點，他説「孔子不過把民族宗教國家宗教當作統制政治生活和社會生活的手段看待罷了。他在這一方面所確定的事情，是崇拜祖先和自然的儀式，是傳統的宗教習慣和儀節」。我們從這裏更可以看出他對於古代中國的知識是太不夠了。

四

這幾點也許類似當時的一部分的事實，我們且擱開，再看他下文所説的話。

先説比較古的哲學家老子，老子哲學在社會上和政治上的中心，是無爲。無爲是任其自然不加干涉的意思，也就是國家儘可能的不干涉農民大衆的關係和血族村落自治的意思。老子反對都市文化，反對在一定關係下非剥削民衆不能成立的智識和學問；换句話説，便是贊成原始的生活。——李譯本二二〇頁

關於老子哲學中的討論社會政治一部分的話，我們可以在兩卷的老子書中看見，是不是像他所説呢？

不尚賢，使民不争。不貴難得之貨，使民不爲盗。不見可欲，使民心不亂。是以聖人之治，虚其心，實其腹，弱其志，彊其骨，常使民無知無欲。使夫知者不敢爲也，爲無爲則無不治。——今本《老子》第三章

天地不仁，以萬物爲芻狗。聖人不仁，以百姓爲芻狗。——第五章

愛民治國，能無知乎？——第十章

故大制不割，將欲取天下而爲之，我見其不得已。天下神器，不可爲也。爲者敗之，執者失之。……是以聖人去甚，去奢，去泰。——第二十八——二十九章

以道佐人主者，不以兵强天下，其事好還。師之所處，荆棘生焉。大軍之後，必有凶年……物壯則老，是謂不道，不道早已。——第三十章（第三十一章乃後人攙入，今不取。）

道常無名樸。雖小，天下不敢臣。侯王若能守之，萬物將自賓。天地相合以降甘露，民莫之令而自均。——第三十二章

執大象，天下往；往而不害，安平泰。樂與餌，過客止。——第三十五章

將欲歙之，必固張之；將欲弱之，必固强之；將欲廢之，必固興之；將欲奪之，必固與之；是謂微明。柔勝剛，弱勝强。魚不可脱於淵，國之利器，不可以示人。——第三十六章

道常無爲而無不爲。侯王若能守之，萬物將自化。化而欲作，我將鎮之以無名之樸。無名之樸，夫亦將無欲。不欲以静，天下將自定。——三十七章

聖人無常心，以百姓心爲心。善者吾善之，不善者吾亦善之，德善矣。信者吾信之，不信者吾亦信之，德信矣。聖人在天下，歙歙爲天下渾其心；百姓皆注其耳目，聖人皆孩之。——第四十九章

使我介然有知，行於大道，唯施是畏。大道甚夷，而民好徑。朝甚除，田甚蕪，倉甚虚；服文采，帶利劍，厭飲食，資貨有餘，是謂盜夸，非道也哉！——第五十三章

以正治國，以奇用兵，以無事取天下；吾何以知其然哉？以此。——第五十七章

天下多忌諱，而民彌貧；民多利器，國家滋昏；人多伎巧，奇物滋起；法令滋彰，盜賊多有。故聖人云：我無爲而民自化，我好静而民自正，我無事而民自富，我無欲而民自樸。——同上

其政悶悶，其民淳淳；其政察察，其民缺缺。——第五十八章

治人事天莫若嗇。夫唯嗇是謂早服，早服之謂重積德，重積德則無不克，無不克則莫知其極，莫知其極，可以有國。有國之母，可以長久。——第五十九章

治大國若烹小鮮。以道莅天下，其鬼不神；非其鬼不神，其神不傷人。非其神不傷人，聖人亦不傷民。夫兩不相傷，故德交歸焉。——第六十章

古之善爲道者，非以明民，將以愚之。民之難治，以其智多。故以智治國，國之賊；不以智治國，國之福。——第六十五章

是以欲上民，必以言下之；欲先民，必以身後之。是以聖人處上而民不重，處前而民不害。是以天下樂推而不厭。——第六十六章

民不畏死，奈何以死懼之？若使民常畏死，而爲奇者我得執而殺之，孰敢？常有司殺者殺，夫代司殺者殺，是謂代大匠斲；代大匠斲，希有不傷其手矣。——第七十四章

民之饑，以其上食稅之多，是以饑。民之難治，以其上之有爲，是以難治。民之輕死，以其求生之厚，是以輕死。夫唯無以生爲者，乃賢於貴生。——第七十五章

天下莫柔弱於水，而攻堅强者，莫之能勝，其無以易之。弱之勝强，柔之勝强，天下莫不知，莫能行。是以聖人云：受國之垢，是謂社稷主；受國不祥，是謂天下王；正言若反。——第七十八章

五

我們只要看「不尚賢使民不爭，不貴難得之貨，使民不爲盜，不見可欲使民心不亂」的話，究竟是站在貴族的立場説的呢，還是在民衆方面呢？那使民怎麽樣怎麽樣的是貴族在那裏使呢，還是民在那裏使呢？我們曉得老子是要「常使民無知無欲」的，那末還能説他是革命家嗎？

倘然要多引一些證據，那末我們請問「國之利器不可以示人」，究竟是代哪一方面打算呢？「善者我善之，不善者我亦善之」，「信者我信之，不信者我亦信之」，他爲什麽要把明明是善或不善和信或不信的區分弄渾呢？爲什麽他要説「古之善爲道者，非以明民，將以愚之」呢？爲什麽他又要説「是以欲上民，必以言下之；欲先民，必以言後之」呢？

要答這幾個問題，必須先把老子的根本思想弄清楚，在這裏，我可以斷言他所有的完全是帝王的思想，而決不是革命家的思想。

所以，拿一本《老子》書翻開來，隨便哪一處都是張嘴就見喉嚨的。譬如説：「侯王若能守之，萬物將自賓」。「侯王若能守之，萬物將自化」。「以正治國，以奇用兵，以無事取天下」。「我無爲而民自化，我好静而民自正，我無事而民自富，我無欲而民自樸」。「受國之垢，是謂社稷主；受國不祥，是爲天下王」。像他這樣一個專説這一路話的人，而近代的學問家要代他加上一個革命家，破壞派的頭銜，不是一件太滑稽的事情嗎？

再看他所説的「民不畏死，奈何以死懼之」？和「民之饑，以其上食稅之多」的話，近人拿來當他做革命家的根據的話，我真不懂這一班學問家怎麽會把一個棗子囫圇吞下去的。《老子》書上明明説：「民不畏死，奈何以死懼之？若使民常畏

死，而爲奇者，我得執而殺之，孰敢？」以死懼民的人是誰呢？執而殺之的「我」又是誰呢？這不是代表着統治階級説的話嗎？

那末，他説「民之饑，以其上食税之多，是以饑。民之難治，以其上之有爲，是以難治……」也正是爲着統治階級怕民的饑和怕民的難治而説的，是爲統治階級籌劃補偏救弊的法子，或者説是探尋病源，而決不是代表被統治階級攻擊統治階級的。

就是他説「小國寡民」一節，一般人都以爲這是老子的理想中至治之國，不曉得這是老子的理想中的一種政治手段，我們只要看「使有什伯之器而不用」，「使民重死而不遠徙」，「使民復結繩而用之」，這三個「使」字，就可以充分表現出來在「民」的背後有一種主動的力，而不是社會上自然的變化，因此也就可以看出來，「小國寡民」四個字，應當解釋作小其國寡其民，就是説治天下者應當把大國分裂作小國，把廣民分裂成寡民；再減少他們的器用，蔽塞他們的聰明，那就達到他的政治手段的目的了。

假使一個人能仔仔細細地把《老子》研究一下，那末一定會相信他是完全站在統治階級方面，就是「侯王」和「萬乘之主」方面的，而決不是民衆方面的。而且他的政治手段決不是取干涉政策的反面——任其自然，而實在是比干涉政策還要進一步的愚民政策。

因爲他的宗旨，是要使統治階級和聖人合而爲一，使統治階級永遠是聖智，被統治階級永遠是愚民，那兩個階級裏才没有鬥爭。但是統治階級裏的人一有好惡，民衆一定就跟着轉，假如上邊的人尚賢，被統治的人羣中也就會有賢人出來，上邊人的好貨，被統治的人羣中也就會有好貨的人，這樣，民衆的竅一開，文明固然是進步了，可就引起了鬥爭了，就一切都會不安定了。所以他的政治手段是要使民衆的竅永遠不開，所謂「塞其兑，閉其門」，那末第一就要自己裝呆子，衆人説善的我説善，衆人説不善的我也説善，大家用心的地方，我總裝糊塗，讓大家都學我的糊塗樣，而暗底裏的我卻是頂聰明的，然後人都不能來和我爭，而我永遠保守這個高位。

他這種手段，表面上很像是消極的，所以説「無爲」、「好静」、「無事」、「無欲」，而暗地裏卻是最積極的，他所以「爲無爲」，正爲着要「無不治」罷了。

前邊所引塔爾海瑪的話，對於老子的思想，可以説完全錯誤。他以爲老子説無爲，無爲是「任其自然不加干涉」，卻不曉得這是老子的手段，要遏止文化的進展，正是和自然相反的。他又以爲這就是「國家儘可能的不干涉農民大衆的關係和血族村落自治的意思」，那就更不必細辯，一望而可知牛頭不搭馬嘴了。他又以爲「老子反對都市文化，反對一定關係下非剥削民衆不能成立的知識和學問」，不曉得老子是在怕民衆有了知識和學問以後更不好治。

從這種地方看來，塔爾海瑪所懂得的古代中國哲學，大概不過是研究過《中國哲學史大綱》一類的書罷了，這決不是我菲薄他，也許他也曾在老子和孔子的原書中用過心，可是他的眼光卻始終是胡適之先生等的眼光，他所批評的老子和孔子的思想，正是胡先生等心目中的老子或孔子。

以前，王静安先生和我談到胡適之先生，説他的考據學很不錯。我對胡先生的考據學也是很佩服的，不過這是限於像《我吾考》《爾汝考》以及《紅樓夢考證》那種文章的部分，至於《中國哲學史大綱》呢，實在錯誤的地方太多了。

還是拿關於老子的一部分講吧，他把老子看成一個革命家，在上文裏我已經辨明他的錯誤了。他又把「天地不仁，以萬物爲芻狗」，説成包含有天地不與人同性——或同類——的意思，那末請問「聖人不仁，以百姓爲芻狗」，也是聖人不與人同類嗎？他因爲要把老子的學説牽合到「天人同觀説」和自然哲學的分界上去，就會把本來一節的文字截成兩節，這不能不説是勉强附會吧？假使説他寫「天地不仁」的時候，就把「聖人不仁」忘去了，那末我想胡先生總還不至於這樣健忘吧？

但是他一方面又把「聖人不仁」做成他判決老子是最激烈的破壞派的理想者的主文中的一條罪案，那末他的意思很明白地是以爲老子在攻擊聖人了。

老子是不是攻擊聖人呢？我在本刊上發表過的《老聃的姓名和時代考》一文裏面曾略提過，我以爲老子是推崇聖人的，有許多朋友對這一説很懷疑，現在不妨再討論一下。在下面，就把《老子》裏關涉聖人的地方統寫了出來。

是以聖人處無爲之事，行不言之教……——今本《老子》第二章

是以聖人之治，虚其心，實其腹，弱其志，彊其骨，常使民無知無欲……——第三章

天地不仁，以萬物爲芻狗；聖人不仁，以百姓爲芻狗。——第五章

是以聖人後其身而身先，外其身而身存……——第七章

是以聖人爲腹，不爲目。——第十二章

絶聖棄智，民利百倍；絶仁棄義，民復孝慈；絶巧棄利，盜賊無有。此三者以爲文不足，故令有所屬。——第十九章

是以聖人抱一以爲天下式。——第二十二章

是以聖人終日行，不離輜重。——第二十六章

是以聖人常善救人，故無棄人，常善救物，故無棄物，是謂襲明。——第二十七章

樸散則爲器，聖人用之則爲官長。——第二十八章

是以聖人不行而知，不見而名，不爲而成。——第四十七章

聖人無常心，以百姓心爲心……聖人在天下，歙歙爲天下渾其心。百姓皆注其耳目，聖人皆孩之。——第四十九章

故聖人云：「我無爲而民自化，我好静而民自正，我無事而民自富，我無欲而民自樸」。——第五十七章

是以聖人方而不割，廉而不劌，直而不肆，光而不耀。——第五十八章

……非其神不傷人，聖人亦不傷民。——第六十章

是以聖人終不爲大，故能成其大。……是以聖人猶難之，故終無難矣。——第六十三章

是以聖人無爲故無敗，無執故無失。——第六十四章

是以聖人處上而民不重，處前而民不害。——第六十六章

是以聖人被褐懷玉。——第七十章

聖人不病，以其病病，是以不病。——第七十一章

是以聖人自知不自見，自愛不自貴。——第七十二章

是以聖人猶難之。——第七十三章

是以聖人爲而不恃，功成而不處，其不欲見賢。——第七十七章

是以聖人云：「受國之垢，是謂社稷主，受國不祥，是爲天下王。」正言若反。——第七十八章

是以聖人執左契而不責於人。——第七十九章

假使把這二十六條《老子》上的關於聖人的話，全部看完了，而還説老子是攻擊聖人的，那末除非這是没有腦筋的人了。（絶聖棄智一條，我很疑惑是後來攙入的，因爲《老子》上文説「六親不和有老慈」和這一節的「民復孝慈」矛盾，不僅是「絶聖」二字和全部《老子》矛盾哩。有人説，這是要去聖智仁義等名稱，只要得利或孝慈的實在；固然也講得通，畢竟嫌勉强些）。

本來，老子的説「聖人不仁，以百姓爲芻狗」，是推崇聖人的話，老子是反對仁義的，所以拿「不仁」來推崇「聖人」——他所謂聖人，正和拿「不仁」來推崇天地一樣，胡先生卻把「天地不仁」來做大道無知的引證，已經和老子的「天道無親，常與善人」的話衝突了，又把「聖人不仁」和「絶聖棄智」一樣歸到破壞派思想裏去，這種重大的錯誤和疏忽，是我們不能爲胡先生諱飾的。

胡先生的考證學在新時代的中國總算是矯矯者的了，尚且如此，塔爾海瑪只看了這一類的幾本新書，而要討論古代中國哲學，這是勢必至於上當的，他的歸結到完全錯誤，也是勢所必至的。

（未完）

一載《商報·文學周刊》第十期一九二九年十二月十日
二載《商報·文學周刊》第十一期一九二九年十二月十七日
三載《商報·文學周刊》第十二期一九二九年十二月二十四日
四載《商報·文學周刊》第十九期一九三〇年二月十八日
五載《商報·文學周刊》第二十期一九三〇年二月二十五日
（該文保存不全，一、二、三文字連續，爲開頭及前部，三與四之間有缺文，四後亦有缺文）。

跋《夨彝考釋質疑》

（器銘請參看本刊第八及第九期）

《夨彝考釋質疑》一卷，石印本，丹徒鮑鼎（扶九）著，友人陳君淮生見示。自羅叔蘊先生始爲《夨彝考釋》後，同好者對此均極注意。余既於本刊第八期發表叔蘊先生原文，又於第九期發表余所作《書羅叔蘊先生所著夨彝考釋後》一文；其後知同學吴君其昌亦有考釋之作，且聞搜羅材料至廣，惜未脱稿，無從窺見其内容；僅知其於「明公」二字，與余説異，而「京宫」一條則全採余説而已。最近乃得讀鮑君此書焉。

鮑君此書首有題語云：「今年（指去年——蘭注）夏，此器爲豫賈載來上海，猗文閣主人及余先得見之。主人首言其僞，謂其文字乃掇合各器之字而成。予以俗事倥傯，未遑致意，繼而羅雪堂（振玉）先生考釋出，介弟經之（振常）先生屬余書之，以付影印，因得玩索其辭，果多乖舛，始信猗文閣主人之言之不謬……」據此則鮑君乃疑此器爲僞者，而所以疑之之由，則發自猗文閣主人，主人者殆即陳淮生君也。陳君之疑，蓋以鑑賞家之眼光定之，而鮑君則佐以對銘文之考證上之懷疑也。

金石家與考古家固同以鑒别真僞爲第一義，然微有不同。以金石家所求者，乃器物或拓本之真僞，而考古家則必求其銘辭之真僞，此其不同也。金石家往往同時爲收藏家，鑑别器物，自有其特殊之經驗，爲我人所不及，然亦往往受紿，市儈取真古器物而刻假銘辭焉，文既不通，字亦惡劣，而收藏家方且寶爲奇珍，以其器之真也而並信其銘辭，此等事固數數覯也。若考古者則不然，往往僅覩拓本，未見原器，亦有僅見石印本者，亦有僅見翻刻本者，原器之真僞自無從知之，然及其考證精密謹嚴，則銘詞真僞，無所遁形，此金石家所不能及也。

蓋銘辭真僞，有時與器之真僞無關，譬之刻「宜子孫」三字之器遍天下，其銘辭固真，與器之僞無預；又若銘辭僞而器真，則有如上所言者；故考古者之職責，即在辨銘辭之真僞，苟銘辭而真，則此器雖假，必别有一真者在，決不失卻考古學上之價值也。

矢彝本身之真僞，余未之知。以余既未見原器，何敢妄斷；然就字形而論，似非後人之所能僞，謂爲掇合而成，乃無確據；然此乃金石鑑定家之事，且不贅論。以銘辭斷之，則必真無疑，蓋凡作僞者必有藍本（如以宋時出土之器之款識翻刻之類），不然，嚮壁虛造，無論其作僞者古學之程度深淺，要必有罅漏可尋耳。

鮑君於此器之銘辭，指爲僞造，其證凡六：（一）西周之時，王不應居洛邑。（二）謂當東周之時，則不應有康王之廟。（三）天子不應告祭諸侯之宗廟。（四）卿事不應告祭天子之宗廟。（五）饗王不應曰用牲。（六）矢爲史官，有功當賞於王，周公不能私賞。——凡此六事，鮑君固以考古之眼光舉出，則其考證之有無錯誤，我人願得與之商榷焉。

鮑君所疑（一）（二）兩事，其實即爲一事，僅反覆言之耳。西周之時，王固不居洛邑，然未可謂王不至洛邑，若《穆天子傳》所舉，王所至之處亦多矣（余之意見，此爲穆王時器），洛固周之東京，王至乃其常事也。顧此事於本器無關，本器乃無王居洛邑之事，特以「明公朝至於成周」一語所引起之誤會耳。蓋「明公朝至於成周」當併爲一語讀之，《召誥》曰：「越六日乙未，王朝步自周，則至於豐。」又曰：「越三日戊申，太保朝至於洛。」又曰：「若翼日乙卯，周公朝至於洛。」皆其例。然則「朝」當訓旦，非朝覲之朝也。明公之至成周，特爲祀廟而來，無朝王之事，則其時王不在洛邑可知。鮑説乃根據羅釋，讀爲朝覲（余前亦誤依考釋爲解，今附此訂正）。所以誤也。

載《商報·文學周刊》第二一期一九三〇年三月四日。

《切韻》中所見隋唐以前韻母考

一 《切韻》殘卷所存篇目表

陸法言《切韵》現在在中國没有一個完全的傳本（據説燉煌所出有五代刊本《切韻》，未見），我現在所用的是王静安先生手寫的巴黎國民圖書館藏燉煌本唐寫本《切韵》殘卷三種，其次參酌着我手寫的清内府藏唐寫本王仁煦刊謬《切韵》，其次再參酌蔣伯斧藏的唐寫本孫愐《唐韵》，必不得已，才採用《廣韵》，大要以得《切韻》的本來面目爲主。各本的存佚部分列下：

上平聲

（一東）	切二		王韻	（二冬）	切二		王韻
（三鍾）	切二	切三殘	王韻	（四江）	切二	切三殘	王韻
（五支）	切二殘	切三殘	王韻作（七支）	（六脂）	切二	切三	王韻作（八脂）
（七之）	切二	切三	王韻作（九之）下殘	（八微）	切二	切三	
（九魚）	切二	切三		（十虞）		切三	
（十一模）		切三		（十二齊）		切三	
（十三佳）		切三	王韻在下平作（四十佳）	（十四皆）		切三	
（十五灰）		切三		（十六咍）		切三	

（十七真）　切三

（十九文）　切三

（廿一元）　切三

（廿三唐）　切三

（十八臻）　切三殘

（二十殷）　切三

（廿二魂）　切三

（廿四寒）　切三

（未完）

載《商報·文學周刊》第二一期一九三〇年三月四日。

本文連載，此爲其首篇，後續諸篇尚缺。

桐城馬通伯先生七十壽序（代）

竊聞世外高人，抽書石室。朝中大隱，遊心青溪。詞潤金石，即金芝之無奇。才舒文錦，斯雲服而可御。是知振藻文塲，不待將迎而壽。懷蛟碧海，寧須食氣而神。此固彭祖所未聞，當亦邦人所樂道者也。曰若我鄉桐城馬通伯先生者，固始支裔，六安舊族。巍巍遠祖，挺拔於萬曆、天啓之間。穆穆嚴父，交遊有存莊植之之輩。淮海亂離，獨標松柏。文章流別，夙著淵源。所以韓康少時，已稱國器。黄童弱歲，故自無雙。受學吴張之徒，晞志方姚之列。蓋自梁陳文弊，韓公起之。元明辭陋，歸氏革焉。逮及望溪簡要，作一代之正宗。惜抱精深，啓百年之文路。陽湖近習，未足比倫。相鄉遠師，乃堪擬並。於是高文宏製，盡出公門，摯甫廉卿，抑其鉅者。先生薰習既久，揑染自深。加以高鳳好書，不知流麥。董生伏誦，未及窺園。故得德若金山，才如玉樹。龍文雕縷，飄忽有淩雲之氣。金沙披鍊，鏗鎗有擲地之聲。馬上具書，曹公橐筆，輠頭行炙，齊士失容。蔡伯喈之所書，金石是先。陸士龍之立言，警策居要。是以一篇方出，傅玄見而歎息。九吟既成，魏明異其文辭。況復博綜六藝，旁涉九流。非特文章領袖，抑亦儒林冠冕矣。會朝廷思賢，嶽臣舉士。未遂抱膝之志，方降側席之恩。因同德聖，議禮於石渠。遂及向歆，校書於天禄。實居芸閣，除爲蘭臺。時則宣統二年也。老聃明道，已涉衰周。子産定刑，偏逢叔世。季子論宫商之細，詩人悲抒柚其空。而上不知也，下益靡矣。譬之穴蟻銜泉，寧無遠慮。玄禽遇火，不識近憂。由是長沙太傅，痛哭於厝火之時。南昌文學，卜書於積衰之世。所謂事雖不足爲也，言豈可得已哉。迨夫鼎祚既終，歷數驟變。嗣宗入晉，與修魏書。隱侯遷梁，實成齊紀。遂因康樂之傳，宣聲音之鈐鑰。子長之序，析義法於毫芒。自入史館，十年於兹。朝市日變，滄桑歲移。周孔典型，漸見毁棄。夏商文獻，靡有孑遺。夫遷客爲文，惡時俗之工巧。哲人知樂，哀世運之陵遲。大雅之響已淪，青衿之刺未作。於是降而剽賊，頓思奴隸韓歐，昧厥本根，便欲衙官屈宋。一斑之豹，猶未盡窺。舉國皆狂，云何能淑。先生既憫兹薄俗，復志在斯文。以碩果之遺，作苞桑之繫。楊震講學，鱣爲落庭。羅含屬文，鳥能入夢。是以洛中目以言藪，天下恃爲文宗。樂石勒銘，咸資於上蔡。青編議謚，無過乎中郎。故雖泊守邱園，莫識草玄之志。而喧闐都邑，爭傳飛白之章。鼓鐘於宫，聲聞乎外。出言於室，朋來自遠，良有以也。且先生吞三爻於腹，曾親費易之傳。解多士之頤，夙會魯詩之旨。傳桐城之耆舊，桑梓敬恭。微楚十之謇修，文章楷式。金剛難壞，箋人我則相相無窮。王麈徐揮，談老莊則娓娓不倦。夙所著作，都若干卷。論難皤皤，杜終賈之口。文辭鬱鬱，卻班楊之旨。針庸俗之膏肓，張聖賢之耳目。不徒以雕蟲中誇一世，蠟風擅千秋也。徒勞心焦慮，未覩太平之時。而美意延年，當獲行仁之壽。是以黄中正體，美暢於四支；翠幹丹心，壽參於松柏。爰在甲子九秋之令日，實先生七秩之良辰。精力未衰，無異少年之樂。慨慷自遇，似忘大耋之登。李百藥金齒尚存，沈驎士方瞳猶昔。是固當世之休徵，而斯文之盛事也。□□等或生同里閈，久挹芬芳。或曾託門墻，向蒙隱括。聊申懷仁之願，愧無齊人之知。敢陳介壽之歌，竊效華封之祝。乃者桑弧初懸，艾壽可期。更望鶴算頻添，兕觥重獻。青藜所照，好修琬琰之文。絳縣續逢，待入神仙之傳。

《唐蘭集》十

載《商報·文學周刊》第二十一期一九三〇年三月四日。

王瑗仲兄婚禮序並詩

士年三十，可以有室矣。夫士之三十而娶者何？人生而有知，則情欲萌焉。蓋陰陽男女，爲生之樞機，肇於幺微，歸極於人類。此宇宙之所命，而孰能違之哉。人類由野而漸文，則知益崇，知益崇則情欲過，情欲過則禮生，禮義以檢其過，然後生生而不窮。故古人之制禮，必三十而後娶，二十而後嫁，則知禮義而不溺於淫志，筋骨堅固而後嗣壯實蕃衍，知學充達而可以爲人父母。然而文敝禮衰，則情欲熾，婚期乖，後嗣羸苶，淳俗降潰矣。吾友王君瑗仲，乃獨三十而始娶，適同乎古之制。余嘗謂古人治禮之精義，有質諸萬世而可無惑者，於今日乃鮮可與語；而每過君，輒傾晷移景，喋喋不能自休，以是於其嘉禮之成，序此意以進而卜其後嗣之必昌大也，並爲詩曰：

君與我同里，同門復同歲，我拙不知學，蒙君屢撥翳。半載與君違，歸來日數詣。論舊親肺腑，狂談以夕繼。匆匆又別君，不見作新壻。當此佳會日，遥祝得賢儷。後嗣其益昌，白頭長相繫。賀君應一笑，大言非常例。

《唐蘭集》十一

載《商報·文學周刊》第二十一期一九三〇年三月四日。

諛聞録

邵瑞彭次公著　唐蘭節録

歲陽歲名

《淮南・地形》注以「攝提」及「赤奮若」爲天神名，《吕覽・序意》注「誇（疑當作夷）人短舌不能言爲涒灘」，餘無可考。《御覽》八百八十六引《白澤圖》云：「故牧弊池之精，名曰髡頓，狀如牛，無頭。」《淮南・説山》亦有「髡屯犂牛」之語，疑即困頓。《左傳》四凶有「渾沌」，《莊子・應帝王》：「中央之帝名渾沌。」《海内經》有獸名「渾沌」，或即「困敦之同類」。《中山經》有「神𧓍圍」、「神計蒙」，疑即「憚閼」、「旃蒙」；圍是閼誤，計則汁誤，汁可通旃也。「强圉」或即「禺强」，見《山海經》、《淮南子》。「祝犁」或是「兆離」、「朱離」之聲，假夷樂之名，猶涒灘之稱短舌矣（《楚辭》「舜被服彊圉兮」，疑即此强圉）。

《易林》

《易林》非焦贛書，顧炎武、姚際恒、徐養原皆曾辨之。而《四庫提要》及梁曜北、左春谷之徒，頗持異議。或又以爲許峻所著。自牟庭相作《崔氏易林校正》，直以此書屬於王莽時崔篆。翟雲升作《焦氏易林校略》，備載牟説。王耕心作《新定周易林敘録》，持論多本牟氏。《書目答問》亦取牟説，改署崔氏撰。惟丁晏《易林釋文》書後力駁翟、牟，劉毓崧爲之跋，又衍丁説。今考《書抄》百四十四引崔灝云：「南歷五山，東入生門」一條（見今書頤、損、中孚三卦，文字微異。《御覽》八百六十一題作焦贛）。《秘府略》殘卷引崔贛《易林》離之大通一條，下一字作灝作贛，顯有錯誤，上一字固明明作崔。然則初唐時以此書屬崔氏，不僅《因話録》所舉，爲劉毓崧之反證也。《酉陽雜俎・貶誤篇》：「焦贛《易林・乾卦》云：『道涉多阪，胡言迷蹇，澤瘖且聾，莫使道通。』據梁元帝《易·連山》每卦引《歸藏》、《斗圖》、《立成》、《委化》、《集林》及焦贛《易林·乾卦》，卦辭與贛《易林》卦辭同，蓋相傳誤也。」今考《雜俎》必有誤字，《集林》及焦贛《易林》云云，焦贛當作崔篆，段意蓋以梁元帝所引崔篆《易林》與焦贛《易林》，卦辭相同，疑其傳誤。據此，梁時《易林》題崔篆名，唐時改題焦贛，實即一書。若《占經》屢引焦贛延壽説，《月令》正義引《易林》云「震主庚子午」云云，此或出真焦氏書耳。

父母

父本重唇音，魚麻韻。其後輕唇音起，父字失其本音，流俗乃造爸字，古音不殊也（肥從巴，亦輕唇音）。皤，波（《宋景文筆記》：「蜀人謂老爲皤，後有賊王小皤作亂，國史乃作小波，非是。」），罷，（顧況詩「即罷」）皆父之同音字，轉入舌頭音，乃爲爹、箸、叟等字。母字亦重唇音，由明紐轉幫、滂、並紐，則有妣、婢等字，又轉舌頭音，則有姐、媞、社、侈、她（從也，亦入喉音）等字，而嬭、娘等字，則在疑、尼、娘、日紐，舌頭淺喉之間，若媽字則母之異文，猶父爲爸也。

蓬累

《老子傳》：「不得其時，則蓬累而行。」諸説皆不諦。「蓬累」即《釋蟲》之「蛂蠃」，與吴語之「蒲蠃」，《淮南·俶真》注之「薄蠃」，《中山經》之「僕纍」，《管子·地負》之「僕累」，《西山經》注之「蝶螺」，《易林·需卦》之「蝠螺」，《説文》䖝解之「復絫」，同是一物也。「蓬累」以行遲爲喻（嵇康《養生論》：「昌容以蓬藟易顔。」）。

俗字

俗字昉於漢氏，盛於六朝。若《説文·敘》、《家訓·書證》、《史記正義論例》，均有記述。唐以來，官文書俗字已少，而民間尚有沿襲及妄製者。其風以南粤爲厲。《履齋示兒編》引陳曄《瑣碎録》（《書録解題》云：「温革撰，陳曄增廣之。」）

云：「《南粤志》載嶺南字，𡈁音匾，𡘙音矬，𡘫音穩，似此皆以意爲之。」《桂海虞衡志》云：「邊遠俗陋，牒訴券約，專用土俗書，桂林諸邑皆然。今姑記臨桂數字，雖甚鄙野，而偏旁亦有依附。𡘙音矮，不長也。閪音穩，坐於門中穩也。𡘫亦音穩，大坐亦穩也。仦音嫋，小兒也。奀音勒（今本誤動，從《賓退録》引）。𤯨音終，人亡絶也。孬音攏，不能舉足也。𡚸音大，女大及姊也。𥑮音譀（當作磡），山石之巖窟也。閂音𢬵（當作擐），門横關也。他書不能悉記。」《嶺外代答》曰：「𡚸姊也，又氽音魅，言没入水也。閄和馘切，言隱聲忽出以驚人之聲也。𣬏音鬍，言多髭也。丹東敢切，以石擊水之聲也。」以上皆宋人所記，其風至今未易。《觚賸》云：「粤中俗字，穩坐爲𡘫，音穩。人物之短者爲𡘙，音矮。人物之瘦小爲奀，音芒。山之巖洞爲𥑮，音勘。水之機激爲泵，音聘。蓄水之地爲氹，音甘。通水之道爲圳，音侵。水之曲折爲𠃵，音囊。路之險隘爲卡，音汊。」《思益堂日札》引王衍梅《論正粤俗訛字書》，又有華爲蕐，誕爲誔，鄰爲僯，循爲𤞤，聞爲𦔮，牢爲𥧊諸字。及𠆳𠘧二字。今俗刻招子庸《粤謳》，有《方言・凡例》，凡單字重言七八十條，其中如冇音母，無也。𧉮銀去聲，牽扯不斷曰𧉮。（按：靭之俗字）塙爲俗字。餘若「咁」即楊雄《方言》或如是之㴴，「嚟」即來之音轉，唔即無母莫勿之音轉，皆有訓義可得也。余閲《龍龕手鏡》、《四聲篇海》諸書，凡粤中俗字，往往在焉。行均、道昭皆是北人，則遼、金之間，俗字不獨行於嶺南。《能改齋漫録》云：「婺州下俚有俗字，如以𡘙爲矮，𡙇爲齋，訟牒文案亦然。」知宋時諸郡邑，皆行俗字也。吾鄉以「𤯓」爲木根株之株，此乃武后所造仁字，見《後山叢談》。借爲株無義，又以𣏟爲叢，讀如蓬，考龜甲文金文從𣏟之字，往往作𣏟，𣏟叢義近，且陽東聲轉，尚存古意，不當詆爲俗字矣。

堯誅丹朱考

《書》：「無若丹朱傲，惟慢遊是好，傲虐是作，罔晝夜頟頟，罔水行舟，朋淫於家，用殄厥世。」《論語》：「羿善射，奡盪舟，俱不得其死然。」依《書》釋文及《説文》，則傲奡字通也。傲，《漢書・劉向傳》、《論衡・譴告篇》作敖，《管子・宙合》云：「若敖之在堯也。」尹注：「敖堯子丹朱。」是知丹朱與敖即是一人，疑丹朱敖與象敖同義，楚人謂尹曰敖，是以朱封於丹，象封於有庳，皆在南服，乃獲敖稱。《大戴禮記・帝繫》象敖與重華並舉，《劉景升與袁譚書》亦然。以辭例推之，必是稱謂也。

哀六年《左傳》孔子引《夏書》曰：「維彼陶唐，帥彼天常，有此冀方，今失其行，亂其紀綱，乃底於亡。」此即《五子之歌》所本，陶唐以失行亂紀而亡，明指丹朱。證之一。

《莊子・盜跖》：「堯殺長子。」釋文引崔譔云「長子考監明」，蓋即「胤子朱啓明」之譌。《路史・國名紀》言監明先死不得立。古微書且誤以爲中侯文。（《緯攟》糾正之。）皆誤會崔説也。按《吕覽・去私》云：「堯有子十人。」《求仁》云：「臣以十子。」而《孟子》言「九男」，《尚書大傳》、《淮南・泰族》言「九子」，其一蓋即丹朱，丹朱不終臣舜，故但云九也。《莊子》所謂長子，即《書》所謂胤子，實指丹朱。證二。

《齊物論》：「堯問於舜曰，我欲伐宗膾胥敖。」《人間世》：「堯攻叢枝胥敖，國爲虚厲，身爲刑戮。」胥敖即敖（宗即崇，叢崇音近。膾者，《周書・史記篇》重氏所伐之鄶，重黎復育於堯，見《楚語》。當是堯命重氏伐之，膾音在泰部，轉入支部，爲枝，古音皆淺喉，《管子・度地》之枝水，即《虞書》之澮也）。證三。

《韓非・説疑》「堯誅丹朱」與「五觀管蔡」並舉。證四。

《吕覽・召類》、《淮南・兵略》並云堯戰於丹水之浦。《論衡・恢國》：「堯有丹水之師。」《劉子・兵術》：「堯戰丹水。」按《漢律曆志》云：「堯讓天下於虞，使子朱處於丹淵，爲諸侯。」丹淵蓋即丹水。《史記・五帝紀》正義引《荆州記》云：「丹水縣在丹川，堯子朱之所封也。」

《海内南經》注引《竹書》云：「后稷放帝朱於丹水。」（《今本》在帝堯五十八年）蓋既放而後伐之。證六。

《鶡冠子・世兵》：「堯伐有唐。」按《史記・五帝紀》集解引譙周云：「以唐封堯之子，是知有唐即丹朱之封號。」《路史・國名紀》分唐爲三，不足據也。證七。

驩兜即丹朱。證八（蘭按此條未敢信，以《書》及《山海經》，丹朱與讙兜，確是二人也）。

《莊子・盜跖》：「堯不慈。」《鶡冠・世兵》：「堯有不慈。」《吕覽・當務》、《淮南・汎論》、《越絶・吴人内傳》俱云：「堯有不慈之名。」《劉子・妄瑕》：「堯有不慈之誹。」《楚辭・哀郢》：「堯舜之抗行兮，瞭杳杳而薄天。衆讒人之嫉妒兮，被以不慈之僞名。」凡所謂不慈，皆指殺朱事也。證九。

由上列諸證觀之，丹朱見殺，殆無疑義。然堯之爲此，亦豈本懷，《史記・五帝紀》正義引《竹書》云：「舜囚堯，復偃塞丹朱，使父子不得相見。」可知丹朱之亡，乃舜矯堯命行之。

如淳音

《地理志》：「樂浪海中有倭人。」如淳曰：「如墨委面。」師古曰：「如墨委面，蓋音委字耳。此音非也。倭音一戈反。」按如音委，乃涹之叚借，義與污同。《廣雅·釋詁》云：「涹，濁也。」王逸注《九歎》云：「淈涹污薉也。」墨委面，猶云墨污面矣。

難字古文

《説文》鷬重文四，末一字作䧳，學者多不得其説。按《説文》艱古文囏，疑古人艱難字均從堇，從喜，艱作囏，減爲艱或囍，鷬作鸛，後減爲鷬，難或爲䧳，䧳從壴，疑即喜省耳。

蘢

章氏《新方言》四，以眉把爲陰器，（眉見《説文》）若尾云尾把也。竊疑把當爲蘢，《爾雅·釋器》：「旄謂之蘢。」郭注：「旄牛尾也。」《周禮·春官·序官》：「旄人。」鄭注「旄牛尾，舞者所持以指麾。」王紹蘭《説文段注訂補》以爲《楚辭·禮魂》之傳芭，即此蘢字。蓋舞者所持牛尾或香草，通謂之蘢，蘢有尾義，故謂尾曰尾蘢。尾即是蘢。今人語緩，故重復言之。陰器亦蒙尾稱，則亦可謂之蘢矣。

赤張滿稽

《莊子·天地篇》：「門無鬼與赤張滿稽，觀於武王之師。」赤張滿稽疑借用内縣臣之赤章曼枝，門無鬼則託於楚莊王臣之文無畏也(鬼司馬本正作畏)。

曾子自盡

邯鄲淳後漢《鴻臚陳君碑》:「雖大舜之終慕,曾參之自盡,無以踰也。」《宋書·文九王傳》劉璡上書曰:「臣聞曾子孝於其親……」

載《商報·文學周刊》二七期 一九三〇年四月十五日。

(該文已佚,此據作者殘存手稿録之,文不全。)

乞漿記

「家近旗亭酒易酤，花時長得醉工夫。伴人歌笑懶妝梳，户外緑楊春繫馬。牀頭紅燭夜呼盧，相逢還解有情無。」此晏叔原之詞也，余友壯慧嘗和之云：「玉頰添毫嬌問畫，銀燈摇影倦呼盧，別來還憶此情無。」二詞蓋各有本事，然文人往往深秘其情，至秘之不得，而宣於章句之間，僅矣。往歲冬盡，余晤慧於旅中，慧歡然張臂而呼曰：「汝來耶，得汝三人，消此殘臘，復何憂吾囊歉哉。」余驟見故人，固喜，然殊懵然，莫知其所謂。以余所稔，余友蓋羈零之士，懷負卓絶之才，而無以自見，則湛浮於庸俗之中，以取譏貶，跅弛自憙，不事修飾。年垂三十而未娶，亂髮過耳，衣垢不湔，而眸子灼灼，似洞人肺腑者。時已過午，彼乃方起。所居室方廣不及丈，而書籍占其半地，亦無庋藏之架，臨牖一几，堆置如山，僅空其一角，爲作書之用。猶有數椅亦爲所佔，乃肅客坐牀上。然牀中亦多書，被褥復淩亂，又時見蝨蚤跳踊其間，蓋非故人鮮有能忍此者。余識彼久，每來必挾蚤以去。然其人識至超，學又淵博，與之言，往往竟日。或抵足而眠，亦不復憚利喙矣。嗣余以事與之睽隔幾半年，不知吾友消息，此來至突然，故我二人之喜愉，有不可名者。而吾友述一事，滔滔汩汩至於不可究詰，至其興盡，已迫黄昏。余蓄疑於三人之言，屢欲扣而未果，浸且忘矣。翌晨，余早起，計慧此時尚未起也。獨居無俚，則閒步於廛市間，忽見一豆漿肆。往時無所有也，余性嗜此，每晨必罄一碗。舊但爲豆腐肆兼製之品，有擔者售之，雜以蝦米紫菜之屬，亦殊悦口。頃者醫術日進，知其物益人頗多，或有設公司以製之者，此肆之設，亦投時好也。肆中一女，年十六七，姿容佚麗，世所鮮覯。鬈髮爲盤龍髻，曳茜紗之裾，舉動綽約，行止若仙。余目眩久之，遂入肆據一座，座近櫃而麗人在櫃内也。坐定命侍役以漿至，時座客殊少，女時時流目盼余。因思逗之作閒語，而苦無辭。忽見座旁粉壁，漬以墨書，諦審之，即吾友迹也。其詞曰：「吴市吹簫行已慣，齊宫彈鋏思無窮。玄霜更恐成虚語，何必人間訪薛公。」乃指詢之曰：「此繫誰所題者？」女眉微蹙，旋笑曰：「此人莫識其爲誰，顧常來，來即索漿狂飲盡三四椀。衣服頗襤褸，惟目光殊可畏，然未嘗與人交一語，至今未知其爲誰也。」言時作怒目以狀我友狀，殊滑稽。因笑應之曰：「以汝所言，殆我友也。」女聞言似小驚曰：「先生友耶，何乃友此人？」又屈身注目余面曰：「不類也。」余笑曰：「女士何疑我言耶？」曰：「此也未見有可友者，先生殊修飾，安可與之友？」余曰：「然則女士專以修飾論人乎？須知余貌雖修飾，而腹中之草草甚也。」女似薄愠然，亦笑曰：「先生黠哉，吾口拙不能勝先生。然夕陽西下時，想可一來訪所謂我友者。」余笑曰：「女士似頗不滿其人。」曰：「奚滿者，人既骯髒，口中又時吸吸作聲擾人聽。」余大笑曰：「殆吟詩耳。」女微搖其首曰：「時時索紙筆亂塗，塗後輒撕去。壁新刷。又涴矣。」余曰：「然則不可使其莫來耶？」曰：「是奚可，我設肆，焉能禁其來，矧……」余曰：「何耶？」曰：「不能禁其來也。」余曰：「何不以冷淡示之，使自絕。」女曰：「彼未嘗與我輩周旋，冷淡彼又奚知者。」余曰：「難矣。」女亦曰：「難哉！」

語已，二人皆默。余啜漿，漿適微温。偶矚女，女俯首若有所思，爲狀至美。忽舉目見余注視，急微迴其首，似羞赧者。曰：「先生言先生友耶，我思當非是。」余曰：「蓋想象耳。」女笑曰：「我知非先生友也，先生讆言耳。」余微笑曰：「然壁上所題。實我友之迹也。」女嗔曰：「是誠若友耳，何想象者。」余益笑曰：「奈女士必謂非我友也。」女亦不期失笑，復作怒目狀。曰：「若非佳人，我不與若言，然必告我以若友爲誰。」余仍笑曰：「女士不與我言，我又焉敢告女士者。」女又笑曰：「言也，速告我。」余曰：「女士既惡彼，言之何爲。」女亢聲曰：「我欲知之，瑣瑣何爲者。」余曰：「其人實績學之士陳壯慧也。」忽內室門呀然闢。女亟呼曰：「姊速來聽，彼骯髒而口咿唔者，乃陳姓，此先生之友也。」言時以指指余。其姊適自內出，即迴眸着余曰：「此先生爲誰？」女慚曰：「不知也。」余欠身曰：「僕莊行方也。」女躍起曰：「莊先生耶！我思見先生久矣。」其姊以色止之，即向余略頷其首曰：「先生勿笑，小妮子顛狂矣。」余方欠身。女抗言曰：「誰則顛狂者，姊平日豈不思見先生，今日乃作此態向人。」其姊仍謂余曰：「妹言確也。我儕耳先生名，乃於説部。然我思閨閣中人，曾讀先生書者，殆未有不思見先生也。」余執筆久，時得稱譽，頗自憙。顧是時反侷促甚。謝曰：「女士過譽矣。」應對間，余乃熟睹其姊之貌，美麗與女等，惟稍碩，長女約三四年。偏髮爲辮，衣布衫裙。姊靜謐而妹跳盈，殆生性然也。時女羼言曰：「先生乃太謙，余姊妹豈妄譽人者。矧我閱説部多，亦頗能爲之，特不欲居作者名，非不知甘苦也。」余曰：「若是則更形我劣，且我尚未知二君邦族，欲以爲請。」其姊曰：「我儕柳姓，實川產，僑居此土，逾十稔矣。」復微視女曰：「我妹憨甚，好以言忤人，迹愈親則忤益甚，願先生勿更與言。」言已輾然，女方以指掠鬢，目則矚余而微笑。笑其姊之言耶，抑別有所會，則不能知也。余亦笑曰：「我滋願人之忤己。然君姊妹何名耶？」其姊大笑曰：「佳哉！妹大可從先生去，免得終年惡作劇惱阿姊也。」女薄愠曰：「汝則從去耳。」又迴顧余作巧笑，余幾爲之惑。因他顧而問曰：「君姊妹究何名乎？」其姊曰：「君亟亟詢我等名何爲者，豈欲以之實説部耶？顧我不許君作狡獪。」余亟曰：「不，乞速告我。」女笑而儳之曰：「即不，亦不能告君。」余曰：「我若不知，何以稱二君？」女曰：「柳大、柳二，任君呼耳。」言已衆皆大笑。余彊忍言曰：「我殊欲以馬牛呼君也。」女笑曰：「無傷也，若君乃似鼠。」余曰：「君乃不畏鼠牙耶？」又皆大笑。時適有熟識過肆，聞余笑聲而入，遂匆匆偕去。

（未完）

載《一爐半月刊》第一卷第一號一九三〇年四月一日。

一九三二—一九三三

《尚書》新證（《古籍新證》之一）

曰若稽古（《堯典》《咎繇謨》）

《堯典》「曰若稽古」，昔人多連下文，讀爲「曰若稽古帝堯」，非也。「帝堯曰放勳」爲一句，《大戴禮·五帝德》：「宰我曰：『請問「帝堯」。孔子曰：「高辛之子也，曰放勳」。』」即據此篇，彼時句讀尚未誤也。《咎繇謨》「曰若稽古」，《僞孔傳》亦誤連下文讀爲「曰若稽古咎繇」；不知「咎繇曰」爲一句，乃記咎繇暨禹問答之辭，《尚書正義》引鄭注固不誤也。《周書·武穆解》：「曰若稽古，曰，昭天之道，熙帝之載，揆民之任，夷德之用。」亦以四字爲句。

「曰」字，《文選·東都賦》及《魯靈光殿賦》注並引作「粵」，薛季宣《書古文訓》同。蔡沈集傳曰：「曰，粵，越通，古文作粵。」《說文》：「粵于也，宷慎之詞者。從亏，從宷。《周書》曰：『粵三日丁亥。』」孫星衍《今古文注疏》曰：「《說文》不引《虞書》，則此作『曰』，古文也。」按孫說誤。小盂鼎「雩嵒翌乙酉」，作册麥尊「雩嵒元矦見于宗周。……雩嵒翌早」，是周時以「雩」爲之，「粵」爲「雩」之形誤，「曰」、「越」則「雩」之聲近通用字也。（《周書·寤儆解》：「奉若稽古」，「奉」疑亦「雩」字之誤。）

「雩若」，詞也。《漢書·律曆志》引《武成》：「粵若來三月。」（《周書·世俘解》，「粵」作「越」）又《召誥》亦云「越若來三月」，以及前所引小盂鼎之文，並以此一詞繫於月日之上，《武成》、《召誥》，作於周初，小盂鼎當康王時，則此乃彼時慣例也。至乍册麥尊，約當穆主之世，其用法已較廣泛。至《堯典》、《咎繇謨》、《武穆解》，同用「曰若稽古」之文，又出其後矣。

桓譚《新論》：「秦延君能説《堯典》篇目兩字之説，至十餘萬言。但説『曰若稽古』三萬言。」其説雖不傳於後，然可見漢世章句之學，支離破碎，至此，極矣。《魏志·少帝紀》：「帝問曰：『鄭玄曰：「稽古同天，言堯同於天也。」王肅云：「堯順考古道而行之。」二義不同，何者爲是？』博士庾峻對曰：『先儒所執，各有乖異，臣不足以定之。然《洪範》稱「三人占，從二人之言」。賈、馬及肅，皆以爲「順考古道」，以《洪範》言之，肅義爲長。』帝曰：『仲尼言：「唯天爲大，唯堯則之。」堯之大美，在乎則天，順考古道，非其至也。今發篇開義，以明聖德，而舍其大，更稱其細，豈作者之意耶？』」按《僞孔傳》亦同賈、馬諸説；而清代學者，則頗有主鄭説者，其實皆非也。賈、馬諸説，據《爾雅》訓「若」爲順，而不知「曰若」實爲一詞；又誤以「稽古」爲帝堯之事。若鄭氏則訓「稽」爲同，又以「古帝」連讀，故訓爲天——鄭箋《詩·玄鳥》之「古帝命武湯」，亦以古帝爲天——若以《咎繇謨》相校，則其失自見矣。今謂「稽古」，乃後世作《堯典》、《咎繇謨》二篇者之辭。古文《尚書》於商以前總稱曰《虞夏書》，此又明；有「稽古」之語，則本非當時史料，而爲後人追述者也。

乃命羲和　分命羲仲　申命羲叔　分命和仲　申命和叔　汝羲暨和（《堯典》）

《堯典》：「命羲和。」馬融曰：「羲氏掌天官，和氏掌地官，四子掌四時。」（見釋文）鄭玄曰：「高辛氏之世，命重爲南正，司天，黎爲火正，司地。堯育重黎之後，羲氏、和氏之賢者，使掌舊職。亦紀於近，命以民事，其時官名，蓋曰稷，司徒。」（見《周禮》疏）《僞孔傳》亦曰：「重黎之後，羲氏和氏，世掌天地之官，故堯命之。」按此諸説，皆誤也。《吕刑》：「皇帝哀矜庶戮之不辜，報虐以威，遏絶苗民，無世在下。乃命重黎，絶地天通，罔有降格。」按《吕刑》所謂「皇帝」者堯也。（下文云「乃命三后」，爲伯夷、禹、稷，三人，可證。）故《楚語》記：「昭王問於觀射父曰：『《周書》所謂重黎實使天地不通者，何也？』」又記觀射父之對曰：「及少皞之衰也，九黎亂德，民神雜糅，不可方物。……顓頊受之，乃命南正重司天以屬神，命火正黎司地以屬民，使復舊常，無相侵瀆。是謂『絶地天通』。其後三苗復九黎之德，堯復育重黎之後，不忘舊者，使復典之。以至於夏商。故重黎氏世叙天地而别其分主者也。其在周，程伯休父其後也，當宣王時，失其官守，而爲司馬氏。」堯復育重黎之後，而《吕刑》逕謂之重黎者，古代簡質，父子同號，與《胤征》之羲和，即《堯典》羲和之後正同。然重黎之後，與羲和實不相涉。《鄭語》：「……且重黎之後也。夫黎爲高辛氏火正，以淳燿敦大天明地德，光照四海，故命之曰祝融。……其後八姓，於周未有侯伯。佐制物於前代者，昆吾爲夏伯矣，大彭、豕韋爲商伯矣，當周未有。己姓昆吾、蘓、顧、温，董，董姓鬷夷、豢龍，則夏滅之矣。彭姓彭祖、豕韋、諸、稽，則商滅之矣。秃姓舟人，則周滅之矣。妘姓鄔、鄶、路、偪陽，曹姓鄒、莒，皆爲采衛，或在王室，或在夷狄，莫之數也，而又無令聞，必不興矣。斟姓無後。融之興者，其在芈姓乎？芈姓夔越，不足命也，閩芈蠻矣，惟荆實有昭德，若周衰，其必興矣。」周人言重黎之後世者，莫詳於此，可知羲和實非重黎之後。《吕氏春秋·察傳》：「昔者舜欲以樂傳教於天下，乃令重黎舉夔於草莽之中而進之，舜以爲樂正。」是堯舜時實有重黎之人，非羲和也。蓋馬、鄭諸家。見《堯典》有「乃命羲和」之文，《吕刑》又有「乃命重黎」，故不惜爲之牽合。不知羲和自主授時，與重黎之世叙天地者迥異也（按《漢書·律曆志》：「堯復育重黎之後，使纂其業，故《書》曰：『乃命羲和……』。」班氏此文，乃本諸劉歆，則以重黎爲羲和，其誤實始於劉氏，而馬、鄭並承其説耳）。韋昭注《楚語》，僞孔作《吕刑傳》，亦同其説，並失之矣。

《山海經·大荒南經》：「東南海之外，甘水之間，有羲和之國，有女子，名曰羲和，方日浴于甘淵。羲和者，帝俊之妻，生十日。」郭璞注云：「羲和蓋天地始生，主日月者也。故《啓筮》曰：『空桑之蒼蒼，八極之既張，乃有夫羲和，是主日月，職出入，以爲晦明。』又曰：『瞻彼上天，一明一晦，有夫羲和之子，出于暘谷。』故堯因此而立羲和之官，以主四時。其後世遂爲此國，作日月之象而掌之，沐浴運轉之于甘水中，以效其出入暘谷，虞淵也，所謂世不失職耳。」按《山海經》所載，蓋取諸圖象，故有羲和生十日之説。其實因自甲至癸十日之號，爲羲和國所發明，而羲和國有女爲帝俊妻，由是誤合爲一耳（古代有十日並出之傳説，按殷世甲骨文字稱十日爲旬，即自甲至癸也。然則初民以爲每旬之中，共有十日，以次相代，周而復始也）。又《山海經》但以羲和屬日。故《離騷》云：「吾令羲和弭節兮，望崦嵫而勿迫。」《天問》云：「羲和之未揚，若華何光？」並以羲和擬日神。而郭注所引《歸藏·啓筮》，則謂爲兼主日月。《山海經·大荒西經》：「有女子方浴月。帝俊妻常羲生月十有二，此始浴之。」郝懿行箋疏云：「《史記·五帝紀》云：『帝嚳娶娵訾氏女。』索隱引皇甫謐云：『女名常儀也。』今按常儀即常羲，羲儀聲近。與羲和當即一人。」按帝俊即帝嚳，郝説當是也。謂常儀生月十二者，亦是發明自子至亥十二月之號所誤耳。羲和之國，益始發明十日及十二月之號，而曆數之術以興，故《尸子》曰：「造曆數者，羲和子也。」（見《藝文類聚》卷五引）帝嚳娶常儀，則曆數之術，因以傳布，故堯時得有羲和爲授時之官，《論語·堯曰》：「堯曰『咨爾舜。天之曆數在爾躬。允執其中，四海困窮，天禄永終。』舜亦以命禹。」可見堯舜之時，以授時爲唯一之要政。而《書序》云：「羲和湎淫，廢時亂日，胤往征之，作《胤征》。」《史記·夏本紀》次於帝中康時，則羲和氏固世掌日官者矣（《舜典》疏引《世本》云：「容成作曆，大撓作甲子。」《史記·曆書》索隱云：「《系本》及《律曆志》，黄帝使羲和占日，常儀占月，臾區占星氣，泠倫造律吕，大撓作甲子，隸首作算數，容成綜此六術而著調歷。」《吕氏春秋·勿躬篇》云：「大撓作甲子，黔如作虜首，容成作曆，羲和作占日，尚儀作占月，後益作占歲。」按傳説有以黄帝爲作曆之始者，《漢書·藝文志》有《黄帝五家曆》

三十三卷。容成氏亦見《莊子・胠篋》，與大庭氏，伯皇氏，中央氏，栗陸氏，驪畜氏，軒轅氏，赫胥氏，尊盧氏，祝融氏，伏犧氏，神農氏等並稱，似非黄帝之臣。大撓則《吕氏春秋・尊師》以爲黄帝師，《新序・雜事》五引吕子作大真，《漢書人表》作大塡，《御覽》四百四引《韓詩外傳》作大顛，則與文王時大顛同名矣。竊疑當以大撓爲正，大撓即堯也。堯時羲和始創甲子，故亦歸之堯。而傳説推曆數爲黄帝時造，故以大撓爲黄帝師，又牽合帝俊時之羲和及常儀，舜時之后益，以及不知何時之容成，遂紛亂不可究詰矣。自甲子之發明，至曆數學之完成，自非一時一族之事，容成造曆，或亦有所根據，第終不如羲和與曆數之關係密切耳）。

《堯典》：「分命羲仲。」鄭玄注：「仲叔亦羲和之子。堯既分陰陽四時，又命四子爲之官，蓋春爲秩宗，夏爲司馬，秋爲士，冬爲共工，通稷與司徒，是六官之名見也。掌四時者字曰仲叔，則掌天地者其曰伯乎？」（引見《周禮疏序》）孫星衍《今古文注疏》：「知主方岳之事爲四岳者，《大傳》云：『唯元祀，巡狩四嶽八伯。』其下有羲伯、和伯等樂，與陽伯、夏伯、秋伯、冬伯爲六。《周禮疏序》引鄭注云：『堯始得羲和，命爲六卿，其主春夏秋冬者，並掌方嶽之事，是爲四嶽，出則爲伯。後稍死，鴅吺，共工等代之，乃分置八伯。』又注《大傳》儀伯云：『儀當爲羲，羲仲之後也。羲伯，羲叔之後也。和伯，和仲之後也。不及和叔者脱文。』此鄭據《大傳》爲説。」蘭按鄭氏以《大傳》之儀伯，羲伯、和伯爲羲仲、羲叔、和仲、和叔之後，又以此例，推《尚書》羲和爲羲伯、和伯也。然古書之言羲和者，多單稱，而《尚書》及《大傳》，則離爲二，故學者咸疑之，以爲《堯典》後撰之證。余謂《堯典》非先周舊文，灼然無疑，其出殆當在春秋以前，故《孟子》已引用之矣。以羲和爲二人者，猶重黎之或以爲一人，或以爲二族也。傳世周代銅器有兮白吉父盤（見《攈古録金文》三之二卷六十七葉，《奇觚室吉金文述》八卷十九葉，《愙齋集古録》十六册十三葉，《周金文存》四册二葉），兮中簋（見《積古齋鐘鼎款識》六卷五葉，《攈古録》二之二卷十四葉，《從古堂款識學》三卷二十九葉，又八卷三十二葉，《奇觚室》三卷十三葉，《匋齋吉金録續篇》一卷三十四葉，《愙齋》十册五葉，《文存》三卷八十五葉），兮中鐘（見《筠清舘金文》五卷二十三葉，《攈古録》二之三卷四十一葉，《奇觚室》九卷六葉，《愙齋》一卷五葉，《文存》一卷六十二葉）等器，兮白、兮中蓋同爲氏族之名，與虢中、虢叔、虢季相類，而古無以「兮」爲氏者，「兮」當即經傳之「羲」也。徐同栢云：「兮猗古通。《路史》：『河東猗氏，夏世侯伯國。』兮中蓋其後。或釋兮羲省，堯時羲伯、羲仲、羲叔後姓。」（見《從古堂》三卷二十九葉）劉心源云：「兮羲省。《廣韻》：『羲，堯卿羲仲之後。』此兮中正如虢叔後又有虢叔，周公後又有周公也。或曰，兮肸省。」（見《奇觚室》三卷十四葉）按徐氏前説，本於阮元，而《路史》

之書，本難信據。劉氏後説，亦無佐證。兮羲聲近，以兮白、兮中之名考之，當以羲伯、羲仲之説爲最可信矣。兮伯吉父即尹吉甫，當宣王時，兮中或尚在其前。然則周人習見兮氏有兮伯、兮中等族，故其爲《堯典》也，遂有羲仲、羲叔、和仲、和叔四人，而鄭玄所推測之羲伯、和伯，蓋實作此篇者之本意矣。

宅嵎夷曰暘谷　宅南交　宅西曰昧谷　宅朔方曰幽都（《堯典》）　嵎夷既略（《禹貢》）

《堯典》：「宅嵎夷。」（「宅」字《今文尚書》作「度」，詳段玉裁《古文尚書撰異》）《史記・五帝本紀》作「居郁夷」，「嵎」、「郁」蓋聲之轉也。《夏本紀》索隱：「嵎夷，《今文尚書》及《帝命驗》並作禺鐵。」《堯典》釋文：「《尚書考靈曜》及《史記》作禺銕。」（據燉煌唐寫本《尚書》釋文似所引「銕」字本作「夷」）《尚書・堯典》目録正義：「夏侯等書，宅嵎夷爲宅嵎鐵。」然則《古文尚書》作嵎夷，《今文尚書》作禺銕，「銕」爲「夷」之借字，《説文》以爲鐵字重文，故或作「鐵」耳。《説文》：「堣夷，在冀州陽谷，立春日，日值之而出。從土，禺聲。《尚書》曰：『宅堣夷。』」（冀字疑有譌誤）蓋用《古文尚書》説，而「嵎」作「堣」。又暘字解云：「嵎銕，暘谷也。」則同於《今文尚書》説。

《堯典》馬融注：「嵎，海隅也。夷，萊夷也。」（見釋文）蘭按馬説本諸《爾雅》及《禹貢》，《爾雅十藪》：「齊有海隅。」而《禹貢》下文云：「萊夷作牧。」故馬氏析嵎夷爲二名，然《禹貢》之稱「夷」者，如：島夷、嵎夷、萊夷、淮夷、和夷之屬：皆夷名也。則嵎夷自是夷之一種，馬説誤也。《史紀・夏本紀》索隱：「《今文尚書》及《帝命驗》並作禺鐵，在遼西。」《説文》：「暘山，在遼西。一曰，嵎銕，暘谷也。」蓋今文家並以嵎夷爲在遼西也。《後漢書・東夷傳》説「夷有九種」云：「昔堯命羲仲，宅嵎夷，曰暘谷，蓋日之所出也。」則以爲遼東、樂浪、三韓諸地。此並非作《堯典》及《禹貢》者之本意也。蘭按近出小臣謎簋（見《貞松堂集古遺文》六卷六葉）云：「叡東尸（夷）大反，白懋父目殷八𠂤（師）征東尸（夷）。唯十又（有）一月，遣自□𠂤（師），述東陕，伐海眉（湄）。雩氒復歸，才（在）牧𠂤（師），白懋父承王令，易（錫）𠂤（師）逵征自五齵貝。」所征者東夷，而又云逵征自五齵，則五齵當爲東夷部落之稱。「齵」字不見字書，《禹貢》云：「嵎夷既略，濰、淄其道，厥土白墳，海濱廣斥。」《説文》：「東方謂之斥，西方謂之鹵」，然則「齵」字之所以從鹵，正以「海濱廣斥」之故，而當爲「嵎夷」之本字矣。五齵爲海湄之東夷，與《禹貢》青州嵎夷之説合，則可知周時無遼西之解，而《今文尚書》説爲出於漢人之推衍，至范曄之説，更不足辨矣。

《堯典》言「宅南」(説見下文),「宅西」,「宅朔方」並以方位爲言,而獨於東方言「嵎夷」,其故安在耶? 蘭按《王制》:「東方曰夷。」《説文》:「羌,西戎牧羊人也。 南方蠻,閩從虫,北方狄從犬,……西方羌從羊,此六種也。 西南僰人,焦僥從人,蓋在坤地,頗有順理之性。 惟東夷從大。 大,人也,夷俗仁,仁者壽,有君子不死之國。 孔子曰:『道不行,欲之九夷,乘桴浮於海。』有以也。」按「夷」字於周代金文中,並作尸,即「人」字之異形,象「夷俟」之形。 而甲骨及殷代金文則每逕作「人」字。 此可知夏民族開化以前,東方已有自稱爲「人」之民族,故雖自稱爲夏,稱西、南、北諸方爲戎、蠻、狄,而終不能不承認東方之爲「人」也。《山海經》謂東方有大人之國,故卜辭云:「癸亥卜寅,貞王勹(旬)亡猷。 才(在)九月,正(征)人方,才(在)雇。」(《殷虛書契前編》二卷六葉)又云:「癸巳卜,貞王勹(旬)亡猷。 才(在)二月,才(在)齊餗,隹(唯)王來正(征)人方。」(又二卷十五葉)又云:「癸酉卜,才(在)攸。 辰貞王勹(旬)亡猷。 王來正(征)人方。」(又二卷十六葉)而小臣艅尊亦云:「丁巳,王省夔且,王易(錫)小臣艅夔貝。 隹(唯)王來正(征)人方,隹(唯)王十祀又五,彡(肜)日。」(見《攈古録》二之三卷四十六葉,《愙齋》十三卷十葉《奇觚室》五卷十二葉,《殷文存》上卷二十六葉。)與卜辭相似,蓋殷器也。 乍册般甗云:「王俎人方,無敄咸。 王商(賞)乍(作)册般貝,用乍父已障。 來册。」(見《攈古録》二之二卷八十六葉,《澄秋舘吉金圖》十一葉《殷文存》上卷十葉)此則以「作册」爲周官,故知爲周初之器也。 自殷迄於周初,並有人方之稱,至周則僅有東夷、南夷,而無人方矣。 據卜辭所言征人方者,凡有雇、齊餗、攸三地。 雇蓋即《詩·長發》「韋顧既伐」之顧,在今山東濮縣附近。 齊餗即周世以封齊國者。 攸疑即條,《孟子·離婁下》云:「舜……卒於鳴條,東夷之人也。」《書序》:「遂與桀戰于鳴條之野。」《天問》:「何條放致罰。」條即鳴條也。 然則此三地皆東夷之地也。 小臣艅尊出土於壽張梁山下,(見《函青閣金石記》。)與上述顧地最近,亦在東夷。 然則人方者,即夷方,而爲東夷之地可知也。 古既以東方民族爲「夷」,則人方亦可代表東方,王來征人方,即王來征東方,猶俎子鼎之「王令俎子迨西方也」(見《殷文存》上卷八葉)。 故作《堯典》者以「宅嵎夷」代宅東,用當時之慣例耳。

《堯典》:「曰暘谷。」《史記·五帝本紀》索隱:「《史記》舊本作湯谷,案《淮南子》曰:『日出湯谷,浴于咸池。』則湯谷亦有他證,明矣。」(案所引《淮南子》見《天文訓》,今本作暘谷)蘭按《山海經·海外東經》:「下有湯谷,湯谷上有扶桑,十日所浴,在黑齒北,居水中,有大木,九日居下枝,一日居上枝。」又《大荒東經》:「大荒之中,有山名曰孽摇頵羝,上有扶木,柱三百里,其葉如芥,有谷曰温源谷。 湯谷上有扶木,一日方至,一日方出,皆載於烏。」則周以前已有日出於湯谷之傳説矣。《楚辭·天問》：「出自湯谷。」《大招》：「魂乎！無東！湯谷宋寥只。」《遠遊》：「朝濯髮於湯谷兮，夕晞余身兮九陽。」是先秦古書，並作湯谷，《堯典》作「暘」者，當是後人以日出之義改之耳。《説文》：「暘，日出也。從日，易聲。《商書》曰，『暘谷』。」王筠《説文句讀》引楊峒曰：「此引《洪範》『八庶徵曰暘』之文，後人以爲《堯典》，加『谷』字，或又改『商』爲『虞』也。」楊説甚是，《説文》叒字注亦只云湯谷，可知暘谷之名非古有也。至《説文》崵下引作「崵谷」，則又後出之假借字矣（「暘」爲「昜」之孳乳字，「湯」實亦「昜」之假借字：暘谷與昧谷對文，本取日出之意也）。

《堯典》：「宅南交。」鄭玄曰：「夏不言曰明都，三字摩滅也。」（見《堯典正義》）王肅以「夏無明都，避敬致」（同上）。《僞孔傳》曰：「南交言夏與春交，舉一隅以言之。北稱幽則南稱明，從可知也。」然則諸家並以爲「宅南交」下，當有曰明都三字，第或謂摩滅，或謂避省耳。《史記》索隱，曰：「孔注未是。然則冬與秘交，何故下無其文。且東嵎夷，西昧谷，北幽都，三方皆言地，而夏獨不言地，乃云與春交，斯不例之甚也。然南方地有名交阯者，或古文略，舉一字名地，南交則是交阯不疑也。王引之《經義述聞》：「宅南交當以『宅南』爲句『交』上『南』下，有『曰大』二字，『宅南』猶言『宅西』、『宅朔方』也，『曰大交』猶言『曰暘谷』、『曰昧谷』、『曰幽都』也。《通鑑前編》引《書·大傳》『中祀大交』，與『秋祀柳谷』、『冬祀幽都』對文，鄭注曰：『南稱大交，書曰，「宅南交」也』。《大傳》所稱，皆《今文尚書》，鄭注《大傳》，所引皆《古文尚書》，是古文作『交』，今文作『大交』也。以『曰暘谷』，『曰昧谷』，『曰幽都』例之，則大交上亦當有『曰』字，《古文尚書》脱去『曰大』二字耳。幽都山名，見《爾雅》，大交與幽都對文，則亦山名也，其山蓋在南裔交阯之地。……山名大交，已與幽都相對，則無事別求其地，以配幽都矣。……極南之地，無所謂明都者，豈得以北有幽都，而强立明都之名乎？且明都乃豫州之藪，亦非極南之地。」蘭按：小司馬及王氏駁正舊説，皆是也。第王從《大傳》，補爲「曰大交」，大交之名，他無所見，必非《堯典》之舊。余謂當云「宅南，曰交」，交即交阯也。《墨子·節用篇》：「古者堯治天下，南撫交阯，北降幽都，東西至日所出入，莫不賓服。」《韓子·十過篇》：「昔者堯有天下，其地南至交阯，北至幽都，東西至日之所出入者，莫不賓服。」《大戴禮·少間篇》：「昔虞舜以天德嗣堯，朔方幽都來服，南撫交阯，出入日月，莫不率俾。」此三者皆本之《堯典》，僅易「湯谷」、「昧谷」爲「日所出入」耳，而皆以南爲交阯。《淮南·主術訓》：「昔者神農之治天下也，南至交阯，北至幽都，東至暘谷，西至三危，莫不聽從。」又《修務訓》：「堯西教沃民，東至黑齒，北撫幽都，南道交阯。」又《泰族訓》：「紂之地，左東海，右流沙，前交阯，後幽都。」《大戴禮·五帝德》：「顓頊……北至于幽陵，南至于交阯，西至于流沙，東至于蟠木。」此四事，雖椎之神農、顓頊，及紂，又於東西二方，其説紛如，而幽都、交阯，固無異也(《大戴禮》「陵」字蓋誤)。然則自周迄漢，南曰交阯，實無疑義。《山海經・海外南經》：「交脛國(《交州記》引作「交脛人國」)在其東(按在貫匈國東)，其爲人交脛。」郭璞注：「言脚脛曲戾相交，所謂『雕題，交趾』者也。或作『頸』，其爲人交頸而行也。」蘭按郭氏後説誤，《淮南・墬形訓》：「自西南至東南方，結胸民、羽民、讙頭國民、裸國民、三苗民、交股民、不死民、穿胷民、反舌民、豕喙民、鑿齒民、三頭民、脩臂民。」高誘注：「交股民，脚相交切。」《淮南》此文，乃本諸《山海經》，交股民即交脛人耳。又《吕氏春秋・求人篇》云：「禹，東至榑木之地，日出、九津、青羌之野，攢樹之所，搢天之山，鳥谷、青丘之鄉，黑齒之國。南至交阯、孫樸、續樠之國。丹粟、漆樹，沸水漂漂、九陽之山，羽人、裸民之處，不死之鄉。西至三危之國，巫山之下，飲露吸氣之民，積金之山，其肱、一臂、三面之鄉。北至人正之國，夏海之窮，衡山之上，犬戎之國，夸父之野，禺彊之所，積水、積石之山。」《吕覽》此文，亦略同《山海經》，而云「南至交阯」，《大戴禮・五帝德》：「舜，南撫交阯，大教(按疑即《尚書大傳》之「大交」，《史記・五帝本紀》作「北發」)、鮮支(《史記》作析支，上有西戎)、渠廋、氐、羌、北、山戎、發息慎、東長鳥夷、羽民。」(《史記》無羽民)亦作「交阯」，「交脛」、「交股」，皆即「交趾」之異稱耳(作「阯」者，乃「趾」之假借)。《説文》：「交，交脛也，從大，象交形。」按謂象兩脛交之形也。然則《山海經》之書，本采圖象，其圖當直繪交脛人之形，其筆於書也，則有「交脛」、「交股」、「交趾」之歧，若正言之，當曰交國矣。《堯典》逕稱爲「交」，則殆其本名。今傳世銅器有交君子叕鼎(見《周文存補遺》及《集古遺文》三卷三葉)、及簠(見《周金文存》三卷一百四十葉及《集古遺文》六卷廿八葉)，則周時實有交國，其地雖未能詳，要爲南方，暑溼相蒸易得軟脚之病。《王制》所謂：「南方曰蠻，雕題交趾，有不火食者矣。」雕題交趾，與東方之「被髮文身」相類；則知「交趾」之名，乃緣習性而起，初本泛指南方之民族，其後遂爲國名，而要非秦漢以後交州之地也。《堯典》作「交」，而《墨子》以下，作「交趾」，則知《堯典》實出《墨子》之前，而秦以後《尚書》脱一「曰」字，故漢代經師，無能解此文者矣。

《堯典》：「宅西。」鄭玄注：「西者隴西之西，今人謂之兑山。」蔣廷錫《尚書地理今釋》：「西縣秦置，在今陝西鞏昌府秦州界，非以和仲宅西而名，『西』之不可爲『西縣』，猶『朔方』之不可爲『朔方郡』，皆不當專指一處。」蘭按蔣駁鄭説甚是。《史記》作「居西土」，徐廣曰：「一無土字。」

《堯典》：「曰昧谷。」虞翻别傳曰：「翻奏鄭注《尚書》違失四事，一曰：『古大篆卯字，當讀爲柳，古柳卯同字，而以爲「昧」，甚遠「不知蓋闕」之義。』」裴松之云：「翻謂『大篆「卯」字，讀當爲柳，古卯柳同字。』竊謂翻言爲然。與日辰卯字，字同音異，故劉、留、聊、柳，同用此字以從聲故也。」（並見《吳志・虞翻傳》注）蘭按據虞説知《古文尚書》本作「卯谷」，而鄭讀爲「昧谷」，卯、昧則雙聲也。《今文尚書》讀爲「柳」，故《堯典目録》疏云：「夏侯等書，昧谷爲柳谷。」《史記》集解引徐廣曰：「一作柳谷。」《尚書大傳》：「秋祀柳穀。」《周禮・縫人》注引《書》曰：「分命和仲，度西，曰柳穀。」正義：「『書曰』者，是濟南伏生《尚書》文。」則以柳從卯聲而假借，而伏生所傳，更假穀爲谷。古音柳卯同部，故石鼓文柳字從卯。魏晉之士，昧於古音，謂卯柳之音不同，故虞之譏鄭，以爲鄭誤讀柳音作卯。而後人遂妄造丣字，附於《説文》酉下，以應柳音。實則裴松之之時尚無丣字，故謂「與日辰卯字，字同音異」也。清儒多誤信今本《説文》之丣字，愈紛紜其説矣。《爾雅・釋地》：「西至日所入爲大蒙。」《楚辭・天問》：「次于蒙汜。」《淮南・天文訓》：「日……至于虞淵，是謂黄昏。至于蒙谷，是謂令昏。日入于虞淵之汜，曙于蒙谷之浦。」《漢書・郊祀志》：「東北神明之舍，西方神明之墓也。」注引張晏曰：「神明日也。日出東北，舍謂陽谷，日没于西，故曰墓。墓，蒙谷也。」然則蒙谷即書之「卯谷」，卯，蒙亦雙聲也。或讀蒙，或讀昧，要之昏暮之意，以與「暘谷」對文耳（《御覽》引《淮南子》作「日入崦嵫，經細柳，入虞泉之地，曙于蒙谷之浦。」《論衡》：「日入扶桑，暮入細柳。」則今文讀爲「柳谷」者，可以「細柳」爲注，然不如古文讀爲「昧」之合於「蒙谷」也）。

《堯典》：「宅朔方，曰幽都。」《爾雅・釋訓》：「朔，北方也。」蘭按《詩・出車》云：「城彼朔方。」與此均泛指北方之地，非以朔方爲地名也。《山海經・海内經》：「北海之内，有山，名曰幽都之山。」《爾雅・釋地》：「北方之美者，有幽都之筋角焉。」《楚辭・招魂》：「君無下此幽都些。」《淮南・地形訓》：「西北方，曰不周之山，曰幽都之門。」然則幽都之稱，亦周以前所傳説矣。

朞三百有六旬有六日以閏月定四時成歲（《堯典》）

《堯典》：「朞三百有六旬有六日。」《説文》：「稘，復其時也，《唐書》曰：『稘三百有六旬。』」是許慎所據本「朞」作「稘」也。燉煌唐寫本《堯典》釋文：「白本又作𣅀，皆古𣅀字。𠂇古有字。」蘭按「朞」作「𣅀」者，與晚周金文合（如沇兒鐘等），「有」作「𠂇」者，即「又」字，亦金文通例也。盂鼎：「鬲，自馭至于庶人，六百又五十又九夫。」其紀數之法，亦以「又」字間於每位之中，與此文全同，則知此爲周人詞例也。《説文》「十日爲旬」，以「旬」代十日者，如：《少牢饋食禮》「筮旬有一日」；《左宣十一年傳》「事三旬而成」；《孟子》「五旬而舉之」，亦並周人詞例。

《堯典》「以閏月定四時，成歲」，《爾雅·釋天》「載歲也。夏曰歲，商曰祀，周曰年，唐虞曰載」。蘭按卜辭用「祀」，金文則殷及周初用「祀」，其後用「年」。《爾雅》又云：「繹，又祭也。周曰繹，商曰肜，夏曰復胙。」則卜辭及殷代並作「彡日」，即書之「肜日」，而《詩》記周事則用「繹」。然則《爾雅》所記，以殷周制度推之，乃殊可信。而《堯典》此文則用「歲」，後文「歲二月」亦然。惟記數者則稱「載」，如「九載，績用弗成」，「朕在位七十載」，「三載，汝陟帝位」，「五載，一巡守」，「二十有八載，帝乃殂落」，「三載，四海遏密八音」，「三載考績」，「在位五十載」，均是也。蓋周人以歲爲通稱，故《爾雅》以「歲」釋「載」；《左哀十六傳》云「如望歲焉」，《孟子》「樂歲粒米狼戾」，「富歲子弟多賴」，其用之，與「年」字相近。故作《堯典》者用其字而不自覺，若作「成載」與「載二月」，則在彼時人視之，且以爲不詞矣。

《說文》：「餘分之月，五歲再閏，告朔之禮，天子居宗廟，閏月居門中，從王在門中，《周禮》曰：『閏月，王居門中終月也。』」王靜安先生《明堂廟寢通考》云：「於文，王居門中爲閏。《周禮·春官大史》：『閏月，詔王居門，終月。』《玉藻》：『閏月則闔門左扉，立於其中。』……《周禮·玉藻》之說，雖有可存疑之處，然文字之證據，不可誣也。」蘭按「閏月」之起，殆不甚早。《春秋文六年經》云：「閏月不告朔，猶朝于廟。」《左傳》云：「非禮也。閏以正時，時以作事，事以後生，生民之道，於是乎在矣。不告閏朔，棄時政也，何以爲民。」又《僖七年傳》云：「閏月惠王崩。」又《文公元年傳》云：「於是閏三月，非禮也。先王之正時也，履端於始，舉正於中，歸餘於終。履端於始，序則不愆；舉正於中，民則不惑；歸餘於終，事則不悖。」此蓋「閏月」之名見於經傳以始。先乎此者，殷虛卜辭於有閏月之年，書「十三月」，（見《殷虛書契前編》一卷四十五葉六版，二卷二十五葉三版，三卷二十二葉六版，四卷七葉六版，七卷五葉二版。參閱董作賓《卜辭中所見之殷曆》。）世銅器則稱「十又三月」，如：䞂尊（見《奇觚室》五卷十三葉、《愙齋》十三册十三葉、《周文存》五卷四葉、《集古遺文》七卷七九葉）。𣪘尊（《積古》五卷二葉、《攈古》三之一卷三十四葉、《愙齋》十三册十二葉、《周文存》五卷三葉）。中鼎（見《博古圖》十一卷十九葉、《嘯堂集古録》上卷十葉、《薛氏鍾鼎款識》十卷三葉）。牧簋（見《考古圖》三卷二十四葉、《薛氏款識》十四卷十七葉）是也。蓋閏之起源，由於歲與月之差，故五歲而再閏。然曆法初興，原難精密，古人未知每月有中氣之說，僅以閱三年則時差一月，故不得不設十三月以彌補之。閱五年則差二日，故古曆愆失之時有設十四月者，如：殷器之小子□彝之稱「十四月」（見余所輯古器物銘），周器之下蠚雒公諴鼎之稱「十又四月」（見《考古圖》一卷九葉、《博古圖》二卷三十三葉、《薛氏款識》十卷五葉），皆其證也（《薛氏款識》謂己酉戍命尊有「十九月」，則實「在九月」之誤）。《左傳》所謂「歸餘於終」

者，正謂歸餘日於歲終而成閏月，古之制也。及春秋之時，則《史記·秦始皇本紀》謂「宣公初志閏月」，按秦宣公之末年，當魯莊公之三十年，更十一年即爲魯僖公之七年，《左傳》所首紀閏月者，是閏月之起，當在此時。此時以前，非無「閏月」之實，特稱爲「十三月」耳。「閏」之初行，猶在歲終，故《僖七年傳》記「閏月」於「冬」後，不言閏某月也（秦制如是，漢初亦然）。然中氣之説已明，故文公元年，魯之曆官，遂遷繫閏於三月，而不復置於歲終。《左傳》譏其非禮，則以其背先王之制，而非謂其衍曆也。至文公六年，遂以閏非常月而不告月矣。以此推之，閏月之名，蓋理春秋初葉，則《堯典》之作，從可知矣。

《易繫辭上》：「大衍之數五十，其用四十有九，分而爲二以象兩，掛一以象三，揲之以四以象四時，歸奇於扐以象閏，五歲再閏，故再扐而後掛。乾之策，二百一十有六；坤之策，百四十有四，凡三百有六十，當期之日。」此紀數之法，曰「二百一十有六」，而不曰二百有一十有六，似出《堯典》之後。此以三百六十，當期之日，與《堯典》亦不同，則因總計乾坤之策之結果，以比附曆學，故只舉其大數，非其時之曆，只三百六十日也。

《堯典》以三百六十六日爲一歲，而實際則太陽一周天爲三百六十五日又四分日之一。凡《尚書考靈耀》、《易乾鑿度》、《洛書甄耀度》諸緯書皆然，是西漢，人無異説也。王肅《堯典》注，曰：「四分日之一，又入六日之内。」是謂其已智行之度，特舉全數以言者也。近人則多疑古時只知三百六十六日爲一歲者，蘭謂此皆不然，古代數學，尚未發達，故不能有精密之曆法。其時曆術，蓋取諸實驗。後世有告朔之禮，然占時則惟有候朏、望，以及生魄、死魄，具見於《尚書》及周世金文，三日爲朏，則晦朔易知，月之大小亦易知也。而其所籍定一歲之長短者，厥爲「日至」，《孟子》所謂「苟求其故，則千歲之日至，可坐而致也」。是戰國時已可以籌策求日至，而在古時則未免勤勞以候之也。此兩種經驗所積稍多，則知月行恒縮，日行恒贏。而既以冬至建始爲子月。則積三年必餘三十三日弱，而次年之冬至，將在丑月，故於此一歲之終爲十三月。又積二年則又餘二十五日弱，而又爲十三月。此閏月之制，實由自然而産生者也（若第一次失閏，則第二次遂十四月）。故《左襄二十七年傳》云：「十一月乙亥朔，日有食之，辰在申，司曆過也，再失閏矣。」又《昭二十年傳》：「春王二月己丑，日南至。」周建子，則二月爲丑，是失閏也。而傳於其年記「閏月」於八月之後，蓋當時司曆者以此救其失也。《哀十二年傳》：「冬十二月螽，季孫問諸仲尼，仲尼曰：『丘聞之，火伏而後蟄者畢，今火猶西流，司曆過也。』」説者亦以爲失閏，是矣。然則古之曆法，但存於測日占星之流，置閏之術，僅屬萌芽。故知爲五歲再閏，則謂一歲爲三百六十六日（每歲贏十二日，故五歲再閏），本無四分之一日之説也。然其實施之際，固又別以測日觀星之法，故不失閏，即司曆偶愆，則至多亦不過再失閏，而冬至已誤在建寅之月，不得不爲十四月以救其失矣。若只知三百六十六日爲一歲，則每四十年而愆一月，一百二十年而愆一季，而又無他術以糾正之，則以夏爲春矣。此決非古曆之實際情況也。

帝曰（《堯典》《咎繇謨》）　師錫帝曰　帝乃殂落　熙帝之載（並《堯典》）　惟帝其難之　禹曰俞哉帝　共惟帝臣惟帝時舉　帝不時敷　帝其念哉　帝庸作歌曰　帝拜曰（《咎繇謨》）　皇帝哀矜庶戮之不辜　皇帝清問下民鰥寡（並《呂刑》）　昔在帝堯（《堯典序》）　帝釐下土方（《汩作》《九共》《槀飫》序）　帝舜申之（《大禹》《咎繇謨》《棄稷》敘）　帝使其子九男二女百官牛羊倉廩備以事舜於畎畝之中　舜尚見帝帝館甥于貳室亦饗舜（並《孟子・萬章》）

《尚書》於《堯典》稱堯爲帝，而於「帝曰俞咨禹」以下，又以舜爲帝。至《咎繇謨》所稱帝，則皆舜也。（昔人以「惟帝其難之」爲指堯，非是。放驩兜，竄三苗，並舜事）。《書序》之「帝釐下土方」，在《舜典》之後亦當爲舜。至《孟子・萬章》所引，則殆逸《舜典》文，其稱帝者爲堯，無疑也。

欲問堯舜之何以稱帝，當先知帝之何以爲人君之稱。《爾雅・釋詁》云：「林、烝、天、帝、皇、王、后、辟、公、侯，君也。」（按林，烝當訓大，蓋下句脱簡在此）徵之古史，則有三皇五帝之傳説。《莊子・天運》云：「故夫三皇五帝之禮義法度。」《呂氏春秋・貴公》云：「……此三皇五帝之德也。」《用衆》云：「夫取于衆，此三皇五帝之所以大立功名也。」《孝行》云：「夫孝，三皇五帝之本務，而萬事之紀也。」所謂「三皇」者何？《史記・秦始皇本紀》云：「昔者五帝地方千里，其外侯服夷服，諸侯或朝或否，天子不能制。今陛下興義兵，誅殘賊，平定天下，海内爲郡縣，法令由一統，自上古以來未嘗有，五帝所不及。臣等謹與博士議曰：『古有天皇，有地皇，有泰皇；泰皇最貴。』臣等昧死上尊號，王爲泰皇。」據此則秦時博士所謂三皇，實爲天皇，地皇，泰皇三人。泰大古通用（説文泰字從大聲），而大與人二字，本同象人形。故漢世緯書，多有天皇、地皇、人皇之説。（《易通卦驗》云：「天皇之先，與乾曜合德。」《春秋命歷序》云：「天皇氏以木王，地皇氏以火紀。」又云：「人皇氏駕六蜚鹿，政三百歲。」《尚書琁璣鈐》云：「人皇氏九頭駕六羽，乘雲車，出谷口，分九州。」）是蓋戰國時鄒衍一派之遺説，欲以三皇配五帝也。然其作此説也，初亦有故。《山海經・海内經》云：「大皞生咸鳥，咸鳥生乘釐，乘釐生後照，後照是始爲巴人。」又云：「少皞生般，般是始爲弓矢。」又《大荒南經》云：「有緡淵，少昊生倍伐，倍伐降楚緡淵。」又《大荒北經》云：「有人一目，當面中生，一曰是威姓，少昊之子，食黍。」又《大荒東經》云：「東海之外，大壑，少昊之國。少昊孺帝顓頊，於此棄其琴瑟。」《左昭十七年傳》云：「郯子來朝，公與之宴，昭子問焉。曰：『少皞氏鳥名官，何故也？』郯子曰：『我祖也，我知之。昔者黄帝氏以雲紀，故爲雲師而雲名。炎帝氏以火紀，故爲火師而火名。共工氏以水紀，故爲水師而水名。太皞氏以龍紀，故爲龍師而龍名。我高少皞摯之立也，鳳鳥適至，故紀於鳥，爲鳥師而鳥名。……自顓頊以來，不能紀遠乃紀於近。爲民師而命以民事，則不能改也。』」《尸子》云：「少昊金天氏，邑于窮桑。」（《御覽》三引。按帝王《世紀》云：「都曲阜，故或謂之窮桑。」）《周書·嘗麥解》云：「昔天之初，□作二后，乃設建典命。赤帝分正二卿，命蚩尤于宇少昊，以臨四方，司□□上天，莫成之慶。蚩尤乃逐帝，爭于涿鹿之阿，九隅無遺。赤帝大懾，乃説于黄帝，執蚩尤，殺之于中冀，以甲兵釋怒。……乃命少昊請司馬鳥師，以正五帝之官，故名曰質。」是則炎黄之際，當有大昊、少昊二氏，大昊之國邑未詳（或謂太昊即庖犧氏都陳，然未得確證），少昊之都曲阜，則當可信。（《田俅子》亦云：「少昊都于曲阜，鞬鞮毛人獻其羽裘。」）故《山海經》以爲東海之外有少昊之國，少昊孺帝顓頊而《吕氏春秋·古樂》云：「帝顓頊生自若水，實處空桑。」空桑即窮桑也。春秋時，郯子爲少昊之後，其居猶近曲阜，亦其證也。而炎黄之族，則來自西方，軒轅之國見於《海外西經》及《大荒西經》，是其明證。其族東遷，因與東方二昊之族，相爭於涿鹿，所謂蚩尤者，本亦少昊氏也。故《鹽鐵論》云：「軒轅戰涿鹿，殺兩皞蚩尤而爲帝。」雖出漢人，要本先秦古書，爲可信也。然則東方民族，稱其君主曰「昊」，而西方民族，稱以爲「帝」，其殊異也。《山海經》所載有炎帝、黄帝、帝江（蓋即《左傳》之帝鴻氏），帝顓頊、帝俊、帝堯、帝丹朱、帝舜，又郭注引《古本竹書紀年》有帝乾荒（疑即帝江，乾荒急讀，與江聲近），而太昊、少昊則稱「昊」，與夏民族之稱「后」，殷民族之稱「王」，各爲殊別之稱，無疑也。「昊」字或作皞，爲形聲字，後世所起。古文之作「昊」字，則但爲昊形（見石鼓。又單白昊生鐘作昊，譌從矢形。《説文》作昦。金文又有㚖字），象人顛有日之形。古代以人主爲日神，故古羅馬諸帝，咸爲日神，其像之顛，必有日形。太昊、少昊，其亦類此？《説文》：「暀，光美也。」其字本只作[古文字]，象日出之形，其後變爲㞷，象日自地中出而旺美之形。小篆乃變爲皇，誤從日爲從自矣。昊皇二字，古俱從日，戰國後遂稱「昊」爲「皇」，故變太昊而爲泰皇，《淮南子·原道訓》云：「泰古二皇，得道之柄，立於中央。」《謬稱訓》云：「昔二皇，鳳凰至於庭。」舊注以「二皇爲伏戲、神農者非」，「二皇」即《鹽鐵論》之「兩皞」耳。戰國後人，習見三代之稱，思爲三皇，以配五帝則因泰皇之稱，而配以天地二皇，以示天地開闢之義。至漢世則俱覓其人以實之，以伏犧、神農爲三皇之二，蓋被《易繫辭》之影響使然，猶缺其一人，則或曰燧人，或曰祝融，或曰女媧，無定説矣。西方民族，稱君爲「帝」，帝之字，本象根蒂，古器有▼己且丁父癸鼎及卣吴大澂曰：「諸侯不祖天子，此器獨於祖父上加▼字，其爲帝字無疑。」（見重訂本《説文古籀補》）據《國語》云：「有虞氏禘黄帝而祖顓頊。……夏后氏禘黄帝而祖顓頊。……商人禘舜（當作嚳。）而祖契。……周人禘嚳而祖稷。……」則「祖」上爲「帝」，吴説是也。卣文作▽，其後變爲不，則柎之本字也；爲□，則蒂之本字也；故不啻二字，古爲連語也。凡禘、郊、祖、宗、報，皆祭禮，禘者帝其祖之所自出，故始祖爲「帝」，此自根蒂之義所引申者也。古以人之始祖爲天，故亦稱天爲「帝」。《山海經》凡單稱「帝」者，皆天帝，其後則或稱「上帝」以别人帝。然則稱「帝」之民族，其異於稱「昊」者，蓋已有「天」之觀念。且其視天帝與人帝無異，有宫室、車馬、子女，等等，足以象徵全社會之文化，其爲較進化無疑。故後世之追溯，率以黄帝、堯、舜爲主，而罕及二昊也。自春秋以降，盛爲三五之説，後世則有三王五霸，古代則有三皇五帝。其實據《山海經》等書，古帝至少在八人以上，而後人必欲以五帝概之。《荀子》：「誥誓不及五帝，盟詛不及三王。」是儒家言五帝之始。《大戴禮・五帝德》及《帝繫》及《世本》並以黄帝、帝顓頊、帝嚳、帝堯、帝舜爲五帝，而《易繫辭》則叙述庖犧、神農、黄帝、堯、舜五氏，似以此爲五帝，蓋已不同。禮家所稱五帝之中，顓頊與嚳，事迹弗彰。易家所稱庖犧，則傳説所稱畫八卦者，神農，則《孟子》已謂有爲神農之言者，均較顯赫。然庖犧自古相傳，無帝之號也。春秋戰國之際，五行之説既興，則又以五帝爲青、黄、赤、白、黑，于是以太昊爲青帝，少昊爲白帝（《楚辭》謂之東皇，西皇），以配黄帝、炎帝，而缺黑帝，則借共工氏以補之。始見於《左昭十七年傳》郯子言官。而《吕氏春秋・十二紀》即承其説，不知共工氏既非昊，亦非帝也。然秦時尚只祠青、白、黄、赤四帝，《史記・封禪書》記漢高祖曰：『吾聞天有五帝，而有四，何也？』莫知其説。於是高祖曰：『吾知之矣。乃待吾而具五也。』乃立黑帝祠」。則知五帝之名，本後世所起以應三王五霸者，故或始黄帝而遺炎帝，或録炎黄而雜二昊，難得定論，其後又爲五行家所附會，而炎黄之稱，似天造地設爲五德終始之説矣（後世有以帝鴻、金天、高陽、高辛、唐、虞六氏爲五帝者，如鄭玄之類，又有以伏羲神農黄帝爲三皇，而加少昊爲五帝者，如《僞孔傳》之類。是并不知昊與帝，截然爲二事也）。

《大戴禮・五帝德》及《帝繫》，並託於孔子雖未可信。然春秋時，似確已有五帝之説。《左昭十二傳》謂楚左史倚相「是能讀三墳五典八索九丘」。《周禮・外史》：「掌三皇五帝之書。」鄭玄注云：「楚靈王所謂三墳五典是也。」今按三墳八索，俱無可徵。九丘似即今之《山海經》十三篇，凡東西南北中五山經，及海内外各有東西南北凡八經，若以海内外合計之，則正九篇也。五典爲帝之典，書載堯舜二典，殆即採之於彼。故《大學》引《堯典》，直稱爲帝典，而《書・堯典》之稱堯或舜，並第言帝，《孟子》引佚《舜典》亦然。夫商周相接，而商之文字，周世已多傳譌，況乎商以前。故倚相能讀古書，楚靈詡爲良史；而五帝典之傳，蓋在其時。學者雜采古事，而臆足之，固非信史，然亦非盡虛構也。儒家於五帝之書，以堯舜二典爲較可信而採焉。故《論語》《孟子》盛道堯舜，而不及黄帝顓頊帝嚳也。

胤子朱啓明　無若丹朱奡（《咎繇謨》）

《堯典》云「胤子朱啓明」，《史記》作「嗣子丹朱開明」，正義引鄭玄云「帝堯胤嗣之子，名曰丹朱開明也」。蘭按《說文》絑下云「虞書丹朱如此」，《淮南子·泰族訓》云「雖有天下而絑勿能統也」。注「絑堯子也」，是朱本或作絑，然《說文》中多有《字林》《玉篇》之語，此尤不類許說，未必孔壁《虞書》，即作絑字耳。

《史記》及鄭玄注並以朱即丹朱，故訓胤爲嗣。《僞孔傳》則云：「胤國，子爵，朱名。」正義申之云：「夏王仲康之時，胤侯命掌六師，顧命陳寶有胤之舞衣，故知古有胤國，胤既是國，自然子爲爵，朱爲名也。馬融、鄭玄以爲『帝之胤子曰朱也』，求官而薦太子，太子下愚，以爲啓明，揆之人情，必不然矣。」清俞樾《羣經平議》然之。云：「《說文》絑『虞書丹朱如此』；蓋《虞書》爲胤子朱之朱，有朱虎熊羆之朱，有丹朱之朱；許君謂丹朱如此，然則胤子朱與朱虎不如此，明矣。不然胤子朱之文最在前，何舍前而舉後乎？即此可見壁中古文，胤子朱與丹絑兩字不同，其非一人，明甚。」蘭按上古未有五等之爵，僅有稱伯者，如伯鯀、伯禹、伯夷、伯益、伯與諸人。其稱子及小子，始見於殷虛卜辭暨商周古器，故殷末有箕子、微子啓、王子比干諸人，寧得遠在夏商以前有國君爲子爵者，則《僞孔傳》之誤，殊顯然也。《說文》絑下，本非許說，何有於壁中。《淮南子》正以絑爲丹朱，可知不必定作丹絑。則俞說亦不然也。

鄭氏意謂開明爲丹朱之名，孔穎達則以爲「心志開達，性識明悟」。蘭按古多以二名兼舉，如《堯典》云「帝堯曰放勳」，《左傳》曰「咎繇庭堅」；而《天問》云「康回馮怒」，則似誤讀《堯典》「靖言庸回」之文，而遂以爲共工之別名，且康庸之字又歧異耳（《詛楚文》云「今楚王熊相康回無道」，足證《天問》以爲人名之誤）。此云「朱開明」，以文例校之，鄭說是也。

《書》又云「無若丹朱奡」，《山海經》亦數稱帝丹朱。以朱爲丹朱者，《海内南經》引《竹書》云：「后稷放帝朱于丹水。」《尚書》逸篇云：「堯子丹朱不肖，舜使居丹淵爲諸侯。」（《太平御覽》卷七十地部三十五引。疑秦漢間人說，非真《尚書》

也)《漢書・律曆志》云：「唐帝讓天下於虞，舜使居丹淵爲諸侯。」是丹爲地名，猶云唐堯、虞舜，無疑也。《吕氏春秋》云：「堯戰于丹水之浦，以服南蠻。」然則丹地爲堯時國境之極南。上古國君之子，率就封於外，故朱封於丹，而舜遂代堯。後世情勢既異，遂多推測之辭。《括地志》引《竹書》云：「昔堯德衰，爲舜所囚。」又云：「舜囚堯，復偃塞丹朱，使不與父相見也。」(並見《史記・五帝本紀》正義引)未必盡爲事實矣。

《山海經》稱帝丹朱(見《海内南經》《海内北經》)，《竹書》稱帝朱，是朱嘗稱帝也。書曰「丹朱奡」，奡者昦字之變，昦本作昊，通作皇。《吕刑》以堯爲皇帝，可知帝亦兼稱皇也。《論語》曰「奡盪舟」，則逕以奡爲丹朱之名。《管子・宙合篇》云「若敖之在堯也」，注云「敖堯子丹朱」，則又借敖字爲之。並非也。《左昭十三傳》云「實訾敖」，注云「不成君，無謚號者，楚皆謂之敖」。楚爲南方民族，蓋猶襲昊，奡之舊名矣。

驩兜曰　放驩兜于崇山(並《堯典》)何憂乎驩兜(《咎繇謨》)

《尚書》：「讙兜。」《汗簡》鳥部云：「鴅，讙字也，見《尚書》。」口部云：「吺，兜字也，見《尚書》。」《廣韻》二十六桓鴅注云「鴅兜四凶名，《古文尚書》作鴅」。《説文繫傳》吺字下，徐鍇曰「《古文尚書》驩兜字作吺」。是宋時所傳《古文尚書》以讙兜作鴅吺也。段玉裁以此爲「出于宋次道王仲至家之本，陸氏所謂穿鑿之徒，務欲立異，依傍字部，改變經文者」。又謂「鴅字見《管子・侈靡篇》：『鴅然若謞之静』，注：『鴅然和順皃』。作僞者謂古驩歡同字，鴅亦歡字，則假之。吺字則取諸《説文》，與兜同音，其不可信如此」。蘭按段説非是。漢鄭季宣殘碑云「虞放鴅吺」。唐寫本《經典釋文》殘卷亦云「鴅古驩字，吺古兜字」，則非宋人僞造也。段氏已引《管子》鴅字，又近出沈子它簋云「今乃鴅」正與《無逸》之「言乃讙」合，則鴅與讙，古實通借也。《山海經・海内南經》作讙頭，或曰讙朱國，而以爲「人面，有翼，鳥喙」。按《説文》「咮，鳥口也」，則正當作「朱」，以象鳥喙。《詩》「静女其姝」，《説文》引作㚣，聲相近，則「吺」乃「咮」之借。而作「頭」作「兜」，又皆同聲假借字耳。《玉篇》「鴅，鳥名也」，然則「鴅吺」也者，謂鴅鳥之喙，本神話中之人物，以鳥喙而獲此名也。

《山海經》别本作讙朱，而《尚書》或作鴅吺，今謂「朱」即「吺」，則當云鴅朱，其字與堯子丹朱幾無别矣。然《大荒南經》云：「大荒之中，有人名曰驩頭。鯀妻士敬，士敬子曰炎融，炎融生驩頭。驩頭，人面，鳥喙，有翼，食海中魚，杖翼而行。」《大荒北經》云：「顓頊生驩頭，驩頭生苗民。」按《世本》謂鯀爲顓頊子，是驩頭爲顓頊裔矣。

《堯典》記放驩兜之所爲崇山，而《周語》云「昔夏之興也，融降于崇山」，融即《山海經》之炎融也。《周語》稱鯀云「有崇伯鯀」，則知崇山實鯀之國邑。驩頭爲鯀之裔而非堯之子可知也。

《堯典》云：「流共工于幽洲，放驩兜于崇山，竄三苗于三危，殛鯀于羽山，四罪而天下咸服。」《孟子·萬章篇》同。《莊子·在宥篇》亦云：「堯於是放驩兜於崇山，投三苗於三危，流共工於幽都。」蓋並本諸《堯典》。然此只是後世追述，其實非一時事也。

《堯典》又謂驩兜薦共工於堯。共工者，治水在鯀之前，見於《周語》。驩頭者鯀之裔，已如上述。是則謂共工驩兜，同時流放，已違情實。又安能於鯀未治水之前，薦共工於堯前耶？

《堯典》、《咎繇謨》，並爲後世追述，而其中當有先世遺聞之存在。其所記問答之辭，較諸同篇中記事之辭，或猶近於事實，不能盡嚮壁虛構也。《咎繇謨》云「能哲而惠，何憂乎驩兜，何遷乎有苗」，此禹所無者，僅及驩兜、有苗，而不及鯀與共工；說者或以爲禹諱言其父之惡，顧何以不言共工耶？乃知鯀與共工，屬於治水時期，堯遜舜攝時事；驩兜、有苗，據《山海經》實爲父子，固遠在其後，當爲堯徂舜初之事也（《荀子·議兵》云「堯伐驩兜」，殆僅依《尚書》爲言，非別有據也）。

若然，則薦共工之人，必非驩兜，竊疑《尚書》本是丹朱。以其與鴅吺之文相溷，遂誤爲驩兜耳。

北京大學講義一九三一至一九三二年北京大學出版組鉛印（文不全，殘存二八頁，本文用第一至二七頁）。

又《中國哲學研究》一九八一年第一期第一一四至一二四頁。

嗚呼！土肥原的仁政

土肥原大佐既榮膺市長，於是大施其所謂仁政，遍貼告示，且用英文作布告，以求媚於西人，可謂無微不至。其所謂仁政：第一，趕緊修馬路，當然是好買賣。第二，日本軍拿錢給市政公所，這當然兩重收入，一批報銷（兩重收入者，一面就市政公所本有之款，一面又好向日本軍開一筆賬）。第三，放賑，那是拿糧秣廠搶完了的掩飾。於是叫人勸商店開門，並且加以恐嚇，不開要嚴重處置。但是開的還是百分之二三，全係南貨雜貨小菜等鋪及西貨營業。於是用汽車發公告，説治安是如何如何保全了，住户決不可驚疑跑走；但是跑走的還是盈千累萬，每天街上的馬車像排着隊伍似的。於是就弄出幾個毫無心肝的中國人來開個各方面團體聯合會，宣揚日本的德政。總之，這位土大佐大概熟讀了《官場現形記》很懂些做官訣竅了。至於那位本庄繁中將呢，口氣自然大些，因爲究竟是中將了。據他説膺懲遼吉二省長官，不知是誰給他們這樣責任的？而且偷偷摸摸地像打悶棍似的，剥事主衣服，那就算膺懲吧！今天又來了布告，説是救無辜伐有罪，欲實現善政之一部，把監獄統開放了，大概是爲省口糧起見吧？當初庚子聯軍的瓦德西回國去是受了軍事裁判的，這種遠東戰爭禍根的寶貨不知怎樣，我們瞧着吧！自衛警察先有六百，但不給吃，都逃跑了。現在又招了一千多，是由地方維持治安會籌款，還是徒手，所以土匪蠡起，大小南關一帶，槍聲徹夜。日報説是日軍不警備的原故。既然他們臨時佔領，爲甚麽不警備呢？至於北市場工業區一帶，高麗人的搶鬬，尤其利害。前天有人在北市場郵政總局取得匯款，路上給日軍翻查，就代爲保存了。至於到各公館去檢查，賞收些貴重物件，是不用説了。連日北寧路皇姑屯站上擠死的，車上出變故的，被人騙去搶去行李的，被拐帶的，不計其數。今天去看一個朋友，據説正聽落子去了。這種是智識階級，真把我肚子都氣破了。多數的人在天天望關内來一支兵，把日本人打敗，甚至於天天宣傳某處胡匪戰勝了日軍，那就其愚可恨，亦可閔矣！（廿七寄）

載《北洋畫報》一九三〇年十月三日。

西周紀年考

（古籍新證附録之一）

西周紀年，最難考校。《史記》闕共和以前年月，《汲郡竹書紀年》有之，而《竹書》又俄空。《史記・魯世家》具記魯牒，自伯禽以下，迄於共和，詳列年數；然劉歆《世經》，稱引魯歷，頗有異同。《尚書》叙武王伐紂，周召相宅，具繫月日，先儒推策，多據三統。然三統歷者，漢太初元年鄧平所作八十一分日曆也。以黄鐘初九自乘一龠之數爲日法，與古者殊。劉歆本之，以説《春秋》，更推之於上古，作《世經》。其説文王受命九年，自伯禽至春秋三百八十六年，與他傳記違異，難盡信據。且漢興承秦用顓頊曆，元用乙丑。及後用太初曆，東漢用四分曆，而民間猶傳黄帝、顓頊、夏、殷、周、魯六家之曆。宋祖冲之引劉向《五紀論》云：「黄帝曆有四法，顓頊、夏、周，並有二術。」又云：「夏曆七曜西行，特違衆法，劉向以爲後人所造。」《詩》正義云：「今世有周曆、魯曆，蓋漢初爲之，其文無遲速盈縮考日食之法，而年月往往參差。」又云：「劉向《五紀論》載殷曆之法，惟有氣朔而已。」按此諸曆，僅顓頊行於漢初，其術不可詳。祖冲之曰：「顓帝曆元，歲在乙酉，而《命曆序》云，此術設元，歲在甲寅。」是顓頊有二術者，其一與殷曆同。《漢・律曆志》言，張壽王所據黄帝調曆，乃太史官殷曆也。《續漢志》載蔡邕議曰：「孝章皇帝改從四分，元用庚申；今光（馮光）晃（陳晃）等以庚申爲非，甲寅爲是。案曆法黄帝、顓頊、夏、殷、周、魯凡六家，各自有之，光、晃所據，則殷曆元也。……太史令張壽王挾甲寅元以非漢曆，雜候清臺，課在下第。……延光元年中謁者亶誦亦非四分庚申，上言當用《命曆序》甲寅元，公卿百寮，參議正處，竟不施行。……《元命苞》、《乾鑿度》皆以爲開闢至獲麟，二百七十六萬歲。……而光、晃以爲開闢至獲麟二百七十五萬九千八百八十六歲……轉差少一百一十四歲。」又載劉洪上言曰：「漢（王漢）己巳元，則《考靈曜》旃蒙之歲，乙卯元也。與光、晃甲寅元相經緯，於以追天作曆，校三光之步，今爲疏闊。孔子緯一事，見二端者，明曆興廢隨天爲節。甲寅曆於孔子時效，己巳顓頊，秦所施用，漢興草創，因而不易。至元封中，迂闊不審，更用太初。……甲寅，己巳，讖雖有文，略其年數，是以學人各傳所聞。至於課校，罔得厥正。夫甲寅元，天正，正月甲子朔旦冬至，七曜之起，始於牛初。乙卯之元，人正，己巳朔旦立春，三光聚天廟五度，課兩元端，閏餘差自五十分二之三，朔三百四，中節之餘二十九。」然則顓頊乙卯，與殷曆甲寅，最爲相近。顓頊雖廢格，此兩術猶盛行於民間。而漢廷以附天密術爲尚，故自太初以下，縱挾讖緯之力，卒不得伸其説也。殷歷以九百四十爲日法（見《宋志》祖冲之議，《乾鑿度》謂八十一爲日法者，蓋用三統曆術也），古曆無不皆然四分之，爲章月二百三十五，故後漢四分術，號稱復古。黄、夏、周、魯，雖難徵信。顓頊與殷，要爲施用於秦漢之間，較之太初，實已近古。而劉歆反依太初新造之曆，上律古世。其比附經傳，無不適合，穿穴之精，自可觀歎。然鄧平之術，三百餘年而差一日；故建武以後，別立四分。學太初術者，因以爲百四十四歲當超一辰，百七十一歲當棄朔餘六十三，中餘千一百九十七。而劉歆之追按上古，時逾千載，不聞超辰棄餘之説，則其所謂密合者，正無一可信矣。

鄧平之初造太初術也，密合天行，故諸術遂廢。然諸術各有古代曆年，《世經》云：「自伐桀至武王伐紂，六百二十九歲，故傳曰：『殷載祀六百。』殷曆曰：『當成湯方即世用事十三年，十一月甲子朔旦冬至，終六府首，當周公五年』。則爲距伐桀四百五十八歲，少百七十一歲，不盈六百二十九。又以夏時乙丑爲甲子，計其年，迺孟統後五章，癸亥朔旦冬至也，以爲甲子府首，皆非是。」又云：「周公攝政五年，正月丁巳朔旦冬至，殷曆以爲六年戊午，距煬公七十六歲，入孟統二十九章首也。」劉謂殷曆後天一日，其所稱引，具表於下：

《世經》所引殷曆入蔀年表

甲子蔀	成湯十三年
癸卯蔀	
壬午蔀	
辛酉蔀	
庚子蔀	
己卯蔀	
戊午蔀	周公攝政六年
丁酉蔀	魯煬公二十四年
丙子蔀	魯微公二十六年

乙卯蔀　　魯獻公十五年
甲午蔀　　魯懿公九年
癸酉蔀　　魯惠公三十八年
壬子蔀　　魯釐公五年(《隋志》引《春秋命歷序》："魯僖公五年，天正壬子朔旦日至。")
辛卯蔀　　魯成公十二年(同上云："成公十二年天正辛卯朔旦日至。昭公二十年，天正庚寅朔旦日至。")
庚午蔀　　魯定公七年
己酉蔀　　魯元公四年
戊子蔀　　魯康公四年
丁卯蔀　　魯緡公二十二年
丙午蔀　　漢高祖八年
乙酉蔀　　漢武帝元朔六年
甲子蔀(紀首)漢元帝初元二年十一月朔旦冬至(蘭按：上皆正月，此十一月：以太初元年改之也。)

校劉氏所引，於春秋以下與《命曆序》合，《命曆序》言："孔子修春秋，用殷曆，使其數可傳於後。"雖是僞託，然其書所用，則必是當時共睹之殷曆矣。然劉謂周公攝政六年入戊午蔀，則實非殷曆。殷曆於文王受命，已入戊午蔀二十四年，較此實少四十七年，則劉氏以附會其所定曆年，故强不同以爲同也。

劉氏《世經》既緣太初曆而盛行於世，其言西周曆年，幾已定於一尊。然漢時治殷曆者所説，雖久湮晦，猶復可考。《乾鑿度》云"今入天元二百七十五萬九千二百八十歲，昌以西伯受命"，注云："受洛書之命爲天子，以曆法其年則入戊午蔀二十四年矣。"《乾鑿度》又云："入戊午蔀二十九年，伐崇，作靈臺，改正朔，布王號于天下，受籙，應河圖。"注云："受命後五年乃爲此。"(《大傳》及《史記》均謂六年伐崇。)《雒師謀》注云："數文王受命至魯公末年三百六十五歲。"(昔人謂當爲三百六十歲，蓋誤以入戊午蔀二十九年，爲文王受命之年也。)今計自入天元二百七十五萬九千二百八十歲，加受命後一年至魯惠公末年三百六十四歲，又加《春秋》至獲麟二百四十二歲，合爲自入天元至獲麟二百七十五萬九千八百八十六歲，則正蔡邕所議馮光、陳晃之説，亦即《續漢志》所謂"中興以來，圖讖漏泄，而《考靈曜》、《命曆序》皆有甲寅元，其所起在四分庚申之後百一十四歲，朔差卻二日，學士修之於草澤，信向以爲得正」者也。

圖讖緯候，雖並漢儒所託，然頗採當時重要發明以實之，天文地理曆數之類是也。讖緯用殷曆，而殷曆以文王受命至惠公末，凡三百六十五年，與《世經》四百一十二年者懸殊。則知漢時固不止《世經》一説；且以史實考之，則殷曆長於劉説多矣。

晉束皙引《古本竹書紀年》，自周受命至穆王百年。然則文、武、成、康、昭五世之曆年，頗可稽考，今尋檢行事，詳列如左：

周初諸王年表

文王二十三祀

《周書·酆保解》：「維二十三祀庚子朔，九州之侯，咸格於周，王在酆，味爽，立於少庭。」

三十五祀

《周書·小開解》：「維三十有五祀，王念曰，多□，正月丙子拜望，食無時。」

四十二祀文王元祀

《乾鑿度》：「今入天元二百七十五萬九千二百八十歲，昌以西伯受命。」

《書·酒誥》：「乃穆考文王，肇國在西土，厥誥毖庶邦庶士，越少正御事，朝夕曰祀兹酒，惟天降命，肇我民，惟元祀。」

蘭按：初改元也。元祀之義，在昔未明。王静安先生作《周開國年表》，始發明之。表文多誤，今擇善而從。

《尚書大傳》：「文王受命一年，斷虞芮之質。」

《史記·周本紀》：「詩人道西伯，蓋受命之年稱王，而斷虞芮之訟。」

二祀

《尚書大傳》：「二年伐于。」

《史記·周本紀》：「明年伐犬戎。」

三祀

《尚書大傳》：「三年伐密須。」（《周本紀》同）

四祀

《尚書大傳》：「四年伐畎夷。」

《史記·周本紀》：「明年敗耆國。」

五祀

《尚書大傳》：「五年伐耆。」

《史記·周本紀》：「明年伐邘。」

《乾鑿度》：「入戊午蔀二十九年，伐崇，作靈臺。」

六祀

《尚書大傳》：「六年伐崇。」（《周本紀》同）

七祀

蘭按：《大傳》《史記》並以爲七年而崩，殆非是。

八祀

九祀

《周書·文傳解》：「文王受命之九年，時維暮春，在鄗，召太子發。」

三統曆：「文王受命，九年而崩。」

蘭按：王静安先生曰：「《孟子・公孫丑》云：『文王之德，百年而後崩。』此謂生卒之年。《無逸》言：『文王受命，惟中身，厥亯國五十年，』謂在位之年。」

十祀　武王元祀

《周書・柔武解》：「維王元祀一月既生魄，王召周公旦。曰：『嗚呼！維在文考之緒功。』」

《周書・大開武解》：「維王一祀二月，王在酆，密命訪於周公旦。」

蘭按：《周書》於稱武王元年者，曰「王元祀」，稱文王受命十三年者，曰「十有三祀」。

十一祀　武王二祀

《周書・小開武解》：「維王二祀一月既生魄，王召周公旦。」

《尚書・泰誓序》：「惟十有一年，武王伐殷。」

《尚書大傳》：「唯四月，太子發上祭于畢，下至于孟津之上。乃告於司馬、司徒、司空諸節（蘭按：節當作吏，因古文而誤，可見此爲佚古文《泰誓》也），『亢才！（才即哉，王伯申説。亢爲允之譌）予矣知以先祖先父之有德之臣，左右小子，予受先公，戮力賞罰，以定厥功，明于先祖之遺。』太子發渡於中流，白魚入于舟，王跪取出俟以燎，羣公咸曰：『休哉！』」《竹書紀年》：「十一年庚寅，周始伐商。」（《唐書・歷志》所引。按：《竹書》甲子，多難信據）

十二祀　武王三祀

《周書・寶典解》：「維王三祀二月丙辰朔，王在鄗，召周公旦。」

《周書・酆謀解》：「維王三祀，王在酆，謀言告聞。王召周公旦，曰：『嗚呼！商其咸辜。維日望謀建功，謀言多信，今如其何？』周公曰：『時至矣！乃興師。』」

十三祀　武王四祀

《呂氏春秋・首時篇》：「武王不忘王門之辱，立十二年而成甲子之事。」

《尚書・多方》：「天惟五年，須夏之子孫，誕作民主，罔可念聽。」

蘭按：觀兵孟津在十一年，克商在十三年。《史記》牽合書序，以爲十一年一月師渡孟津，故以觀兵屬九年，非矣。克商日月，比次如下：

一月二日壬辰　《漢書・律曆志》引《尚書・武成》：「唯一月壬辰，旁死霸，若翌日癸巳，王朝步自周，于征伐紂。」

十六日丙午　《尚書大傳》：「惟丙午，王逮師。前師乃鼓鼗譟，師乃慆，前鼓後舞。」《周書・世俘解》：「維一月丙午旁生魄，若翼日丁未，王乃步自于周，征伐商王紂。」（蘭按：此與《武成》小異）

二十八日戊午　《尚書・泰誓序》：「一月戊午，師渡孟津。」（蘭按：《史記》作十二月者，周之一月，殷之十二月）

二月五日甲子　《漢志》引《武成》：「粵若來二月既死霸，粵五日甲子，咸劉商王紂。」《尚書・牧誓》：「時甲子昧爽，王朝至于商郊，牧野，乃誓。」《周書・世俘解》：「越若來二月既死魄，越五日甲子，朝至接于商，則咸劉商王紂。」又：「甲子夕，商王紂取天智玉琰五環自厚以自焚。」

八日丁卯　《周書・世俘解》：「太公望命禦方來，丁卯望至，告以馘俘。戊辰，王遂禦循，追祀文王。時日，王立政（蘭按：九日）。呂他命伐越戲方，壬申荒新至，告以馘俘（蘭按：十三日）。侯來命伐靡集于陳，辛巳至，告以馘俘（蘭按：二十二日）。甲申，百弇以虎賁誓命伐衛，告以馘俘（蘭按：二十五日）。」

閏月十一日庚子　《周書・世俘解》：「庚子，陳本命伐磨，百韋命伐宣方，新荒命伐蜀。乙巳，陳本、新荒、蜀、磨至，告禽霍侯、艾侯，俘佚侯、小臣四十有六，禽禦八百有三十兩，告以馘俘（蘭按：十六日）。百韋至，告以禽宣方，禽禦三十兩，告以馘俘。百韋命伐厲，告以馘俘。」（蘭按：克殷之歲，徵諸書傳，必閏二月；然殷周之際，歸餘於終，稱十三月，必無閏二月之理，嚮嘗疑之。頃始悟周之二月，則建丑也，是二月後有閏者，仍即十三月耳。）

四月七日乙未　《周書・世俘解》：「維四月乙未日，武王成辟四方通殷命有國。」

二十二日庚戌　《漢志》引《武成》：「惟四月既旁生霸，越六日庚戌，武王燎于周廟。翌日辛亥，祀于天位。粵五

日乙卯，乃以庶國祀馘于周廟。」（蘭按：辛亥二十三日。乙卯二十七日）

《周書・世俘解》：「時四月既旁王魄，越六日庚戌，武王朝至，燎于周，……燎于周廟，若翼日辛亥，祀于位，用籥于天位。越五日乙卯，武王乃以庶國祀馘于周廟。」

又：「辛亥，薦俘殷王鼎，……壬子，王服衮衣矢琰格廟。……癸丑薦殷俘王士百人。……甲寅謁戎殷于牧野。……乙卯籥人奏崇禹生開，三終，王定。」

《尚書・洪範》：「惟十有三祀，王訪于箕子。」又序：「武王勝殷殺紂，立武庚，以箕子歸，作《洪範》。」

《周書・大匡解》：「惟十有三祀，王在管。管叔自作殷之監，東隅之侯，咸受賜于王。王乃旅之以上陳，誥用《大匡》。」

又《文政解》：「惟十有三祀，王在管。」

十四祀　武王五祀（既克商一年）

十五祀　武王六祀（既克商二年）

《尚書・金縢》：「既克商二年，王有疾弗豫。……王翼日乃瘳。」

《周書・武儆解》云：「惟十有二祀四月，王告夢。丙辰，出金枝郊寶開和細書命，詔周公旦立後嗣，屬小子誦文及寶典。」

蘭按：《周書序》云：「武王有疾。」下已殘闕。案《文儆解》亦云：「維文王告夢，懼後嗣之無保，庚辰，詔太子發。」而序云：「文王有疾。」是告夢即謂有疾也。然此文次《大匡》諸篇後，彼已言十三祀，此不宜反爲十二祀，蓋二字爲五字之誤。

十六祀　武王七祀（既克商三年）

十七祀　武王八祀（既克商四年）

十八祀　武王九祀（既克商五年）

《周書·明堂解》：「大維商紂暴虐，脯鬼侯以享諸侯，天下患之。四海兆民，欣戴文武，是以周公相武王以伐紂，夷定天下，既克紂六年而武王崩。」

蘭按：此通克殷之年言之。

《管子·七臣七主》：「武王伐殷，克之，七年而崩。」

蘭按：此以始伐紂之年言之。

《周書·作雒解》：「武王克殷，乃立王子禄父，俾守商祀。建管叔于東，建蔡叔、霍叔于殷，俾監殷臣。王既歸，乃歲，十二月，崩鎬，肂于岐周。周公立，相天子，三叔及殷、東、徐、奄及熊盈以畧。周公、召公，内弭父兄，外撫諸侯。」

蘭按：乃疑六字之誤。

《尚書·金縢》：「武王既喪，管叔及其羣弟，乃流言于國曰：『公將不利于孺子。』周公乃告二公曰：『我之弗能，我無以告我先王。』」

蘭按：金縢本二篇，自武王既喪以下，別爲一篇。前武王之不豫既瘳，又踰三年而喪，非一時事也。《史記》混以爲一，大誤。

周公攝政元年　成王元年

《周書·作雒解》：「元年夏六月，葬武王于畢。」
《尚書大傳》：「周公攝政，一年救亂。」
二年　成王二年
《周書·作雒解》：「二年，又作師旅，臨衛，政殷，殷大震，潰降。辟三叔。王子禄父北奔。管叔經而卒。乃囚蔡叔於郭淩。凡所征熊盈族十有七國。俘維九邑，俘殷獻民，遷于九畢。」
《尚書·金縢》：「縢公居東，二年，則罪人斯得。」
《尚書大傳》：「二年克殷。」
三年　成王三年
《尚書·金縢》：「于後，公乃爲詩以貽王，名之曰鴟鴞。王亦未敢誚公。秋大熟，未穫。天大雷電，以風，禾盡偃，大木斯拔，邦人大恐。王與大夫盡弁，以啓金縢之書，乃得周公所自以爲功代武王之説。二公及王問諸史與百執事。對曰：『信懿。公命我勿敢言。』王執書以泣。曰：『其勿穆卜。昔公勤勞王家，惟予沖人弗及知。今天動威，以彰周公之德，惟朕小子其新逆。我國家禮亦宜之。』王出郊，天乃雨，反風，禾則盡起。二公命邦人，凡大木所偃，盡起而築之，歲則大熟。」

蘭按：此成王往迎周公于東也，因同踐奄。舊説多誤。

《孟子》：「伐奄，三年，討其君。」
《尚書大傳》：「三年踐奄。」
四年　成王四年
《周書·作雒解》：「俾康叔宇于殷，俾中旄父宇于東。」
《尚書大傳》：「四年建侯衛。」
五年　成王五年

《尚書・康誥》：「惟三月哉生魄，周公初基作新大邑于東國洛。四方民大和會，侯、甸、男、邦、采、衛、百工，播民和，見士于周。周公咸勤，乃洪大誥治。」

蘭按：此非《康誥》文，蓋錯簡也。

《周書・作雒解》：「周公敬念于後曰：『予畏周室不延，俾中天下。』及將致政，乃作大邑成周，于土中。」

《尚書大傳》：「五年營成周。」

六年　成王六年

《周書・明堂解》：「周公攝政，君天下，弭亂。六年而天下大治。乃會方國諸侯于宗周。」

《尚書・多方》：「惟五月丁亥，王來自奄，至于宗周。周公曰：『王若曰，……今爾奔走臣我監五祀。』」

《詩・豳風》：「我徂東山，自我不見，于今三年。」序：「周公東征，三年而歸。」

蘭按：踐奄至此凡三年矣。《多方》記王歸宗周，周公蓋同歸。

《禮記・明堂位》：「周公踐天子之位，六年制禮作樂。」

《尚書大傳》：「六年制禮作樂。」

七年

二月二十一日乙未　《尚書・召誥》：「惟二月既望，越六日乙未，王朝步自周，則至于豐。惟太保先周公相宅。」

三月三日丙午　《召誥》：「粤若來三月惟丙午朏。越三日戊申，太保朝至于洛卜宅。厥既得卜，則經營。越三日庚戌，太保乃以庶殷攻位于洛汭。越五日，甲寅，位成。」

十二日乙卯　《召誥》：「若翌日乙卯，周公朝至于洛，則達觀於新邑營。」《洛誥》：「予惟乙卯朝至于洛師。」

十四日丁巳　《召誥》：「越三日丁巳，用牲于郊，牛二。越翼日戊午，乃社于新邑，牛一，羊一，豕一。」

二十一日甲子　《召誥》：「越七日甲子，周公乃朝用書，命庶殷侯甸男邦伯。厥既命，庶殷丕作。」《多士》：「惟三月，周公初于新邑洛，用告商王士。」又云：「王曰：『昔朕來自奄。』」

《尚書·洛誥》：「王肇稱殷禮，祀于新邑，咸秩無文。予齊百工，伻從王于周，予惟曰，庶有事。今王即命曰，記功宗，以功作元祀。……惇宗將禮，稱秩元祀，咸秩無文。……戊辰，王在新邑。烝祭歲，文王騂牛一，武王騂牛一。王命作册，逸祝册，惟告周公其後。王賓，殺禋，咸格，王入太室祼。王命周公後，作册逸誥。在十有二月，惟周公誕保文武受命，惟七年。」

蘭按：昔儒謂命周公後爲伯禽，其實非也。伯禽之封，當在四年建侯衛時，此則與周公立後，繼爲周公耳。

《周書·明堂解》：「七年致政于成王。」（《尚書大傳》同）

《尸子》：「昔者武王崩，成王少，周公旦：踐東宮，履乘石，祀明堂，假爲天子，七年。」《韓非子難二》：「周公旦假爲天子七年，成王壯，授之以政。」

《淮南子·齊俗訓》：「武王既没，殷民叛之。周公踐東宮，履乘石，攝天子之位，負扆而朝諸侯，放蔡叔，誅管叔，克殷，殘商，祀文王於明堂，七年而致政成王。」

成王二祀

成王三祀

成王四祀

成王五祀

成王六祀

成王七祀

成王八祀

成王九祀

成王十祀
成王十一祀
成王十二祀
成王十三祀
成王十四祀
成王十五祀
成王十六祀
成王十七祀
成王十八祀
成王十九祀
成王二十祀
成王二十一祀
成王二十二祀
成王二十三祀
成王二十四祀
成王二十五祀
成王二十六祀
成王二十七祀
成王二十八祀
成王二十九祀
成王三十祀

蘭按：成王卒年，《史記》無明文。劉歆《三統曆》及皇甫謐《帝王世紀》並以爲三十年，今推之紀年，恰合，故從焉（皇甫謐説見《史記·魯世家》集解引云：「伯禽以成王元年封，四十六年，康王十六年卒，是謂成王爲三十年也」），連周公攝政凡三十六年。然鄭玄以爲武王崩時，成王十歲。服喪三年畢，年十二。明年周公居東，年十三。三年，成王年十五，迎周公反而居攝之元年也。七年作《洛誥》，伐紂至此十六年，時年二十一。即政時年二十二。即政二十八年而崩（見《金縢》及《顧命》注）。則連攝政凡四十年，與此不同。按鄭説多牽强附合。其謂文武受命皆七年，則謂文王崩六年而武王伐紂。此則又謂服喪三年而周公居東，殆非事實。其成王年數特長，則康王年數，殆將縮短，以爲調和。故今不從，而姑附其説於此。

《尚書·顧命》：「惟四月哉生魄，王不懌。甲子，王乃洮頮水。……越翼日乙丑，王崩。……丁卯，命作册度。越七日癸酉，伯相命士須材……」

康王元

二祀

三祀

四祀

五祀

六祀

《太公呂望墓表》引《竹書紀年》云：「康王六年，齊太公望卒。」

七祀

八祀

九祀

十祀

十一祀

十二祀

《漢書·律曆志》引《畢命》、《豐刑》：「惟十有二年，六月，庚午，朏，王命作策豐刑。」

十三祀

十四祀

十五祀

十六祀

蘭按：劉歆《三統曆》云：「成王元年，此命伯禽俾侯于魯之歲也。魯公伯禽，推即位四十六年至康王十六年而薨。」伯禽年紀，史無明文，劉氏當有所據。然其所推薨於康王十六年則非。劉因《洛誥》之文，謂復辟之年爲周公立後，不知彼自指繼爲周公之次子，非封魯之元子也。封伯禽殆當在踐奄之後，建侯衛之時，則伯禽之卒，不當在康十六年明矣。

十七祀

十八祀

十九祀

二十祀

二十一祀

二十二祀

二十三祀

盂鼎：「隹九月，王在宗周命盂。……隹王二十又三祀。」

二十四祀

二十五祀

盂鼎：「隹八月既望，辰才甲申，昧爽，三十三右多君入服酉。明，王各周廟。……告曰，王命盂以囗囗伐䰒方……用牲啻周王囗王成王……雩若翊乙酉……隹王二十又五祀。」

二十六祀

《太平御覽八十四》引《帝王世紀》：「康王在位二十六年崩。」

《史記·周本紀》：「成康之際，天下安寧，刑錯四十餘年不用。」（《文選賢良詔》注，《御覽》八十四引《紀年》並同，疑即《史記》之誤）

蘭按：成王三十年，康王二十六年，凡五十六年，而此云四十餘年者，成王初年，尚未臻治，康王末年，或已怠荒，故云「康王晚朝，關雎作諷」也。

昭王元祀

昭王二祀

昭王三祀

昭王四祀

昭王五祀

昭王六祀

昭王七祀

昭王八祀

昭王九祀

昭王十祀

昭王十一祀

昭王十二祀

昭王十三祀

昭王十四祀

昭王十五祀

昭王十六祀

《初學記》七引《竹書紀年》：「周昭王十六年，伐楚荆，涉漢，遇大兕。」（《天問》：「昭后成遊，南土爰底，厥利維何？逢彼白雉。」雉兕音近，殆即此事）

昭王十七祀

昭王十八祀

昭王十九祀

《初學紀》七引《紀年》：「周昭五十九年，天大曀，雉兔皆震，喪六師于漢。」

《太平御覽》八百七十四引《竹書紀年》：「昭王末年，夜清，五色光貫紫微。其年，王南巡不反。」

《左僖四年傳》：「昭王南征而不復。」

《吕氏春秋·音初》：「周昭王親將征荆，辛餘靡長且多力爲王右，還反，涉漢，梁敗。王及祭公抎於漢中，辛餘靡振王北濟，又反振祭公，周公（公字疑衍）乃侯之於西翟。」

蘭按：昭王卒年，據《竹書紀年》云「喪六師于漢」，是當在十九年，《今本紀年》亦同。而《御覽》八十四引《帝王世紀》：「昭王在位五十一年。」《外紀》引皇甫謐則云：「二年，年三十五。」《世紀》即謐所作，而兩説違異，蓋有譌字也。今據《竹書》前後互校，以十九年爲定（詳見下條）。至或引《廣宏明集十一》釋法琳所稱《周書異記》云「周昭王即位二十四年甲寅歲四月八日……五色光氣入貫紫微」云云，而以爲「聖人生於西方，故現此瑞」。或引《刀劍録》謂：「周昭王在位五十一年，以二年歲次壬午，鑄五劍。」而其銘乃曰：「鎮嶽尚方。」此皆齊東野人之所道，荒誕不可究詰矣。

《晉書·束晳傳》引《竹書紀年》：「自周受命至穆王百年。」

蘭按：文王受命凡九年，武王即位，四年克殷，又五年卒，周公攝政六年，成王三十年，康王二十六年，昭王十九年，合凡九十九年，至穆王元年，實爲百年。束晳親見汲郡古文，不容有誤。且引此以證《尚書》「享國百年」之語，其數字亦必不誤。然則或謂武王十一年克殷，又二年而卒；或謂昭王五十一年；並失之矣（《僞本紀年》以武王爲十九年，又於成王增一年，以增多者適九年，乃不得不改爲「自武王至穆王，享國百年」矣）。

穆王元祀

《穆天子傳四》注引《竹書紀年》：「穆王元年，築祇宮于南鄭。」（《漢書·地理志》臣瓚曰：「穆王以下，都于西鄭。」《御覽》一百七十三引《紀年》：「穆王所居，鄭宮，春宮。」）

二祀

三祀

四祀

五祀

六祀

七祀

八祀

九祀

十一祀

十二祀

十三祀

十四祀

十五祀

《藝文類聚》九十一引《竹書紀年》：「穆王十三年，西征，至于青鳥之所憩。」（《山海經・西次三經》引作：「穆王西征，至于青鳥所解。」）

蘭按：穆王西征之事，據《穆天子傳》，往來共二年餘。其歸在十七年，則其往在十五年；《類聚》所引十三年，三殆五字之譌也。至於青鳥之所憩，當在十六年，而西征之始則在十五年，引者連類及之耳。

《穆天子傳一》：「……戊寅，天子北征，乃絶漳水（蘭按：戊寅當爲季冬十日）……癸未，雨雪。……乙酉，天子北升于□，天子北征于犬戎。……庚寅，北風，雨雪，天子以寒之故，命王屬休。甲午，天子西征，乃絶隃之關隥。……」

十六祀

《穆天子傳一》：「辛丑，天子西征，至于鄘人（蘭按：辛丑當是孟春三日）……戊申，天子西征，鶩行，至于陽紆之山。河伯無夷之所都居，是惟河宗氏。河宗伯夭逆天子燕然之山。……乙丑，天子西濟于河。……丙寅，天子屬官效器……」

《穆天子傳二》：「……丁巳，天子西南升□之所主居（蘭按：丁巳蓋仲夏二十日也。自上卷丙寅至此，凡間一百十一日矣）……戊午，……遂宿于昆侖之阿，赤水之陽。……吉日辛酉，天子升于昆侖之丘，以觀黄帝之宫。……季夏丁卯，天子北升于春山之上。……孟秋丁酉，天子北征。……丁巳，天子西征。……乃遂西征。癸亥，至于西王母之邦。」

《穆天子傳三》：「吉日甲子，天子賓于西王母（蘭按：此孟秋二十八日也）……乙丑，天子觴西王母于瑶池之上（蘭按：此下凡缺百有二日）……丁未，天子飲于温山（蘭按：此殆仲冬十四日）……己酉，天子飲于溽水之上，乃發憲命，詔六師之人，□其羽。爰有□藪水澤，爰有陵衍平陸，碩鳥物羽，六師之人，畢至于曠原。曰天子三月舍于曠原。……」

十七祀

《穆天子傳三》：「己亥，天子東歸（蘭按：當爲季春六日）……辛丑，天子渴于沙衍（蘭按：當爲仲夏八日）……天子乃遂南征，甲辰，至于積山之邊。……乙巳，□諸飦獻酒于天子。……」

《穆天子傳四》：「庚辰，至于滔水（蘭按：庚辰當是季夏十八日）。辛巳，天子東征。……孟秋癸巳，天子命重䣜氏共艮天子之屬。五日丁酉，天子升于采石之山。……曰天子一月休。秋癸亥，天子觴重䣜之人鰥䲦。……乙丑，天子東征。……癸酉，天子命駕八駿之乘。右服驊騮而左綠耳，右驂赤蘁而左白儀；天子主車，造父爲御，㐭㐭爲右。次車之乘，右服渠黃而左踰輪，右盜驪而左山子；柏夭主車，參百爲御，奔戎爲右。天子乃遂東南翔行，馳驅千里，至于巨蒐之人。……乙亥天子南征陽紆之東尾，乃遂絕㺮瞀之谷，已至于鋑璃河之水北阿。……癸丑，天子東征，柏夭送天子至于䣙人。……曰天子五日休于澡澤之上，以待六師之人。戊午，天子東征，顧命柏夭，歸于丌邦。……孟冬壬戌，至于雷首，犬戎胡觴天子于雷首之阿。……癸亥，天子南征，升于髭之隥。丙寅，天子至於釿山之隊，東升于三道之隥，乃宿于二邊，命毛班逢固先至于周，以待天之命。癸酉，天子命駕八駿之乘，赤驥之駟，造父爲御。□南征，翔行，逕絕翟道，升于太行，南濟于河，馳驅千里，遂入于宗周。……庚辰，天子大朝于宗周之廟，乃里西土之叛。……吉日甲申，天子祭于宗周之廟。乙酉，天子□六師之人于洛水之上。丁亥，天子北濟于河，□羝之隊，以西北升于盟門九河之隥。乃遂西南。仲冬壬辰，至𥂴山之上，乃奏廣樂，三日而終，吉日丁酉，天子入于南鄭。」

《穆天子傳》注三引《竹書紀年》：「穆王十七年西征崑崙邱，見西王母。西王母止之。曰，有鳥𪂹人。」（《藝文類聚》七引至西王母止之。《史記·周本紀》集解、《太平御覽》卷三十八引至見西王母，西征下並有至字。《列子》周穆王釋文引至見西王母，脱崑崙邱三字）

蘭按：此乃引書者概括言之，其實事在十六年也。

《山海經·西次三經》注：「穆王十七年，西王母來見，賓於昭宮。」（本作五十七年，然《穆天子傳》注引作「其年來見」，與上文相連，則五字衍也。《列子》釋文引「賓於昭宮」句，亦在十七年下）

蘭按：據此知西征之還，必在此年也。

《山海經·大荒北經》引《竹書紀年》：「穆王北征，行流沙千里，積羽千里。」

蘭按：即十六年事也。

十八祀

十九祀

二十祀

二十一祀

二十二祀

二十三祀

二十四祀

二十五祀

二十六祀

二十七祀

二十八祀

二十九祀

三十祀

三十一祀

三十二祀

三十三祀

三十四祀

三十五祀

三十六祀

三十七祀

《文選·恨賦》注引《竹書紀年》：「三十七年，伐越，大起九師，東至于九江，叱黿鼉以爲梁。」（又《江賦》注、《藝文類聚》九、《初學記》七、《太平御覽》九百三十二、《通鑑外紀》三，並引作三十七年，而《類聚》、《外紀》作伐楚，疑誤。《御覽》三百五、《路史·國名紀》，均引作四十七年伐紂，紂蓋越之聲轉。《北堂書鈔》一百十四引作伐大越）

《修文殿御覽》引《竹書紀年》：「穆王南征，君子爲鶴，小人爲飛鴞。」（《抱朴子》：「穆王南征，一軍盡化。君子爲猿爲鶴，小人爲沙爲蟲。」）

三十八祀

郭璞《山海經序》曰：「穆王駕八駿之乘，周歷四荒，西燕王母之廬，南轢黿鼉之梁。」

三十九祀

四十祀

四十一祀

四十二祀

四十三祀

四十四祀

四十五祀

四十六祀

四十七祀

四十八祀

四十九祀

五十祀
五十一祀
五十二祀
五十三祀
五十四祀
五十五祀

《史記·周本紀》:「穆王立,五十五年崩。」

蘭按:《御覽》八十四引《史記》穆王在位五十五年,《帝王世紀》同。

《左昭七年傳》:「昔穆王欲肆其心,周行天下,將必皆有車轍馬迹焉。祭公謀父作《祈招》之詩以諫王,王是以獲没于祇宫。」

蘭按:據《周書·祭公》,穆王稱祭公謀父爲祖祭公,則周公之孫也。武王之孫爲康王,而伯禽猶及事焉;祭當爲周公幼子,故謀父及事武王之玄孫穆王矣。據《穆天子傳》知十七年西征,謀父實從,上距周公授成王政,凡九十二年,年略相當。

自上表所列,起文王受命,迄穆王之没,爲一百五十四年。其穆王以前,見於《竹書》,穆王在位,詳於《史記》,證據密合,可以無疑。若共王以下,迄於厲王奔彘,則年祀闕佚,良難稽考。

然猶有一説焉。《御覽》卷八十四引《帝王世紀》云:「共王在位二十年。」又引《史記》:「懿王在位二十五年。孝王在位十五年。」又於夷王引《帝王世紀》云:「十六年王崩。」此傳於今者最古之材料也。《通鑑外紀》引皇甫謐謂,共王在位二十五年,而《外紀》定爲十年,《僞本竹書紀年》以爲十二年,此其衆説紛紜,則近人郭沫若君所斷尚矣。據趞曹鼎云:「隹十又五年五月既生霸壬午，龔王在周新宮。」龔王即共王，是十年與十二年之説皆非，然二十年，或二十五年，猶未定也。懿王之年，未聞異説。孝王則《僞本紀年》以爲九年，夷王則《僞本紀年》以爲八年，而《通鑑外紀》以爲十五年，然此二書固同爲不可信者。《史記》於厲王云：「厲王即位，三十年，好利。……三十四年，王益嚴。……三年，乃相與畔，襲厲王。」是厲王在位，當得三十六年。而《僞本紀年》則以爲十二年，其妄正不必辨。

上述《御覽》所存共、懿、孝、夷之年，與《史記》所載厲王之年，雖同爲厪存之史料，而在今日固非出於一源。顧有一證可以聯貫之：《史記·秦本紀》正義云：「按年表穆王元年，去楚文王元年，三百一十八年。」正義所據之年表，固不詳其所出。然苟取《史記》所謂穆王在位五十五年，合共和元年至楚文王元年之一百五十二年，凡得二百零七年，則所餘一百一十一年，應爲自共至厲之都數。今試就上述年數計之。則當爲一百一十二年，此雖尚有一年之差，或爲計數之誤，要不可不謂爲吻合。此一證明，既可知共王之確爲二十年而非二十五年；又可知今日零星湊合之史料，在昔曾爲一致也。

前謂自文王受命至穆王之没，百五十四年，益以自共至厲，百一十二年，自共和至幽末七十一年，凡得三百三十七年。合以平王元年至魯隱元年之四十八年，則爲三百八十五年。而殷曆則爲三百六十五年，雖絀於史者二十年，則或當時別有年譜，固優於《三統曆》之嚮壁虚造也。

《三統曆》之《世經》，固自謂本諸《魯世家》，然與今《魯世家》不合也，今取二者較之如次：

《魯世家》	《世經》
伯禽	伯禽四十六年
考公酋四年	考公就四年
煬公熙六年	煬公熙六十年
幽公宰十四年	幽公宰十四年
魏公濆五十年	微公茀五十年
厲公擢三十七年	厲公翟三十七年
獻公具三十二年（正義引皇甫謐作三十六年）	獻公具五十年（此當依《世經》即合矣）
真公濞三十年	慎公執三十年

武公敖九年　　　　武公敖二年

（按《表》共和元年魯真公十五年，一曰十四年。依《年表》武公十年是真公爲十五年也，若依《世家》武公九年即當爲十四年矣，今考十四年爲是）

懿公戲九年　　　　懿公被九年

伯御十一年　　　　柏御十一年

孝公稱二十七年　　　　孝公稱二十七年

惠公弗湟四十六年　　　　惠公皇四十六年

據《史記》則自考公至春秋，凡二百七十五年，而《世經》則三百四十年，相差者凡六十四年，固以孰者爲是耶？即云劉氏所見《世家》實異於今本，而伯禽之年，則本不出於《世家》。故《世經》於考公以下，並引《世家》，於伯禽獨云：「推即位四十六年，至康王十六年而薨，故傳曰：『燮父禽父，並事康王』，言晉侯燮、魯公伯禽，俱事康王也。」則是劉氏以伯禽之受封爲成王元年，而其譜以成王元年至春秋爲三百八十六年，從而推知伯禽爲四十六年耳。此伯禽年數之信否，實繫於上兩事之確否。然《洛誥》於成王之祀，所謂爲周公立後，乃繼爲周公者，非魯侯也。魯侯之封，據《左傳》與康叔，唐叔同時，殆在周公殘奄之後，而建侯衛之際，其非成王元年明甚。而劉氏所定三百八十六年之數（按實當爲三百三十九年，劉又增多四十七年），則實先由曆術上假定之；其所摻之曆，又爲鄧平八十一分之術，其不足信，可無議矣。

《左傳》謂伯禽事康王，苟假定伯禽没於康王末年，則據前表所述，爲自周受命之八十年矣。《史記·魯世家》自考公以下，迄於春秋，爲年二百七十有六，合上爲三百五十六年，而與殷曆之「數文王受命至魯公末年三百六十五歲」，數頗相近。則殷曆者，殆真根據魯牒者乎？

《史記·周本紀》集解引《紀年》云：「自武王滅殷，以至幽王，凡二百五十七年也。」此必有誤字無疑。自周受命至穆王百年，見於《紀年》；穆王在位五十五年，厲王至幽，凡一百有八年，並見於《史記》；此皆至確實之史料，已有二百六十二年，去未滅殷以前十年（據《紀年》説），尚爲二百五十二年，寧得共、懿、孝、夷，四王僅歷五載？徵諸《紀年》本身，「夷王七年，冬雨雹，大如礪」（見《初學記》二及《太平御覽》十四），即知其不然矣。若如前所推定，則自十一年武王伐紂至幽之覆周，當爲三百二十七歲；而以殷曆計之，或爲三百零七歲。又若但以二爲三之誤字，而爲三百五十七歲，則其積年且多於劉氏。既苦無他證可資以明，其惟有疑以傳疑已（《僞本紀年》傳會此文，改易年數，不足信據）。

綜上所述，則西周歷年，凡有五說。劉歆《世經》以文王受命至幽王之末，爲三百六十五年，蓋由其曆術所假定者，一也。殷曆以文王受命至魯惠末爲三百六十五年，則迄幽王之末爲三百一十七年，二也。《史記・魯世家》以考公以下至於惠末，爲二百七十六年，較殷曆絀八十九年，而不詳伯禽年數，三也。《古本紀年》以自周受命至穆王百年，是已。而謂自武王伐紂至幽王二百五十七年，當有誤字，四也。新據《紀年》、《史記》，暨《帝王世紀》等僅存之史料，假定自周受命至幽王爲三百三十七年，五也。若《通鑑外紀》，皇極經也，《僞本紀年》之類，可無論焉。

第一說所恃之曆術本與古殊，自難置信。第二說與第三說或出一源；然前者但有總數，其可信與否，尚需證明。第四說既有誤字，但足以供參考。第五說則以雜湊史料而成，亦正待其他更有力之證據。

第五說中之最弱一點。則共、懿、孝、夷之年數也。此四王之年數，或徵之於《帝王世紀》；夫《世紀》固多採古書異說，而據《史記・周本紀》集解引皇甫謐曰：「周凡三十七王，八百六十七年。」乃與劉歆之說正合；苟非集解之文，爲後人所改，則謐書必一同劉說可知。苟如此，則共、夷二王之年，安知非彌縫劉說而爲之耶？然在今日，既無他種史料，而不得不取材於此。亦正以此之故，我人遂不能決然定此說爲是而斥殷曆之年數爲非。

昔之人，不欲於共和以前之年數有所論列則已；一有論列，殆無能出《世經》範圍之外者。《世經》之妄，人多知之，然卒無以易之者，以無他說也。殷曆年數，即云未必合符於古史，要亦漢人說也，而久湮於讖緯。且《紀年》所存，《史記》所載，古史遺迹，尚頗可尋，而人多弗信，此尤爲可異者。余故抉剔而出之，俾此二說，咸得昭明。至於孰爲真正之曆年，抑或其本來年數，尚在此二者之外，則有需於西周所用原曆，與夫地下或紙上之新史料之發見，非今茲所能也。苟赴以躁心，而期以必得，雖可假搆一系統，真相終於難明矣。

（完）

北京大學講義一九三一至一九三二年北京大學出版組鉛印。

中國文字發生史綱要

導　言

我在最近幾年中，常覺得要整理我國古代文字，非用歷史的方法不可。以前人們治文字學，總好像在古昔有一個時期，許多文字由那班「作者之謂聖」的手裏，同時產生下來，一直到現在，大體上還没有變動過。我們假使相信小篆以前，没有别種文字，或者許叔重《説文解字》裏所録的一萬多字，全部分，或大部分是倉頡手造，那麽，他們的信念是一些没錯。但事實不是這樣。在小篆以前的古文字，還有它們的很悠久的歷史，而且，它們是隨時産生，或滅亡，它們的形體也隨時變動。

在小篆以後，我們的文字，差不多已是統於一尊。雖説新的宗支也不在少數，但是，譜諜具在，檢查總還方便。一到了它們的老祖宗可就難了，搜集這一類材料的書籍，不是没有，有系統的研究，卻尚待開始。

這一本講稿，竭力想完成它的目的，至少，它可以指出一個研究中國文字學的新途徑。古代文字，一直到小篆才有定型，而在它以前，至少有一千幾百年，完全在發生的形態中。我們要用忠實的客觀態度——不盲從舊説，不臆造新義——去找出它們整個的歷史來。至於著者本身的錯誤是免不了的，那要請讀者諸君，一方面與以嚴格的批評，另一方面原諒我的學問太疏淺，不足以當此創始之責。

唐蘭十一五

第一章　中國文字的起源

在人類的進化史裏面，不用説是先有語言，後有文字。文字是傳播語言的利器，而語言永遠是文字的源泉。

中國文字，當然也起源於當時的語言，但是那種語言，又是哪裏來的呢？

我們相信人類的語言，和動物的鳴呼，只有程度的差别，而並不是根本殊異。人類原始的簡單呼聲，也不過拿來表示某種情感，和禽獸没有異樣，但因爲腦部之發達，所以語言的技能，高出於其他動物。

一般語言學者，都以爲「語言起始於各種自然聲音，其他動物聲音，及人類自己本性呼聲，更助以記號與姿態等等之模仿，與變更」（馬君武譯達爾文《人類原始及類擇》第一部第三章）。我們承認這種意見。

在中國語中，如：「哀」、「吁」、「愛」、「惡」之類，是表示情感的呼聲；「金」、「木」、「崩」、「瀑」之類，是摹仿自然的聲音；「雞」、「雀」、「羊」、「呦」之類，是摹仿動物的聲音。又如：「方、圓」，「長、短」，「大、小」，「濶、狹」，「上、下」等語，則似與唇之侈歛的形態相關；一、二、三、四、五等數目字，亦似以口吻之姿態顯出之。

人類由他們原有的「元音」，加上從自然界摹仿來的輔音，組織成一組聲音，一切思想，就由它們傳達出來，這就是語言。到思想繁複起來，一個聲音，代表無數的思想，勢必增加語言的繁複，而記憶它們，開始覺得困難了。

在别一方面，原始人類也曾用手或足來摹仿自然界的實物，畫成一種圖形。此種實物，在語言中已佔有位置，然皆爲經驗所得之知識，頗費記憶的力量，所以常常用簡單的圖形，來提醒某一事件。這一種圖形，在重新被注意時，即無異於語言。那麽，兩面的關係，自然密切，就成爲文字。

中國文字的基礎，就建築在這種圖形上。

第二章　從原始文字到小篆的形成

摹寫實物的形態的文字，現在多數人叫它做圖形文字，其實只是最原始的文字。

原始文字對於每一實物，用一種固定的形態摹寫出來。間或有一種以上的形態，如人的摹寫，有或，表示正面和側面的兩個形態。

原始文字裏，有一部分是摹寫人類本身，一部分是摹寫自然界，一部分是人類利用自然所製成的産物。

以前把這一類文字，叫做「象形」，我們還可以沿用。

還有一類，象「上」、「下」、「方」、「圓」、「一」、「二」，本不是實物，只存在於人類意識裏的物和物中間的互相比較的關係，而它們也具有一種形態，可以摹寫出來。前人有説這是「象事」，似乎比「指事」的名稱較貼切些，但是我以爲最好叫做「象意」。

人類意識裏所得到一切實物的動的形態，在文字中充分地摹寫出來。例如：「」是偏着頭，「」是曲着脚，「」、「」、「」是太陽的許多形態，「」、「」、「」是足的各種形態，以前叫做「象形兼指事」，或「象形兼會意」的文字，其實只是較單純的「象意」字。

表示物和物相聯繫的字，象：「」是人立在地上，「」是人荷着戈，「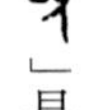」是手裏拿斧頭，「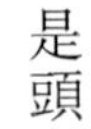」是頭上戴帽子，比上一類複襍了，但也還是「象意」字。

還有表示一物的部位的，象「」和「」都指示他的頭部，「」指示它的肱部，「」字指示這是株而不是本末，這一類當然也是「象意」字了。

「象形」字，是有固定的形態，只是代表它的本體的名詞。而「象意」字卻是人類意識的産物，大都假借一個象形字來，畧畧變動，或增損，就使它代表别一種意義。這樣，才使有限的「象形」字，得以廣泛的施用。

但是，語言是層出不窮的，原始文字無論如何也不會夠用，聲音假借是免不了的。應用文字的人，靠着「假借」來救濟它的貧乏，是最方便的。但讀者方面，常以同一字包藴許多意義的緣故，而覺得苦惱。

救濟這種缺點，只有多造新字。但在原始文字中，新字的出現，是有限量的。

因爲文字書寫時的方便，「上下」寫作「」，也省作「」，「上□甲」寫作「」，也省作「」，「五千」寫成「」，「十朋」寫成「」，雖然象一個字，讀的時候，還是有區别的，普通都叫它們做「合文」。

在某一時期，這種「合文」的方法，施用很廣。人二是「仁」，馬四是「駟」，工鳥是「鳿」，可水是「河」，爲女是「嬀」，這一類漸漸變成組織文字的新方法了。這類字除了少數例外的以外，都是由一個象形字和一個象意字，或假借字，合併起來，而只讀象意字或假借字的聲音，就成了通常所説的「形聲」字。

中國文字的構造，到了「形聲」字，可算「登峯造頂」，因爲可以應無窮的變化，一直到現代還可以造出「鉀」、「錳」、

「氫」、「粴」等字。這種方法，在殷世已被應用，到周初似乎曾憑藉它製造過大批新字。像關於網羅一類的字，在殷世尚用「象意」，而周初的《詩》和《爾雅・釋器》都用了「形聲」。《爾雅》這部書，除了《詁》、《言》、《訓》三篇外，每篇大都是新的「形聲」字。

西周的文字，雖畧有變異，象字變成字之類，但出入狠微。而東周以後的六國，變異得狠利害，這一種文字，在漢世被認做「古文」。秦國自從周朝東遷，承受了西周的文化，她的文字，被後人認作「籀文」或「大篆」。又積了若干年的變化，到秦併兼天下的時候，就成爲小篆。秦初罷六國文之不與秦合者，所以以後只有小篆的天下了。

從「形聲」字發達以後，差不多就規定了小篆了，這一段的變異，不算很多。可是形聲字以前，才是文字的原始，而這一段歷史是最難探考的。

第三章　周秦以後的文字學

對文字的起原，做探討的工作，大概是在春秋、戰國時代開始的。當東周以後，一般所用的，已都是形聲文字，但各地的文字，没有統一，摹寫的形狀不同，解釋的意義也不同，所以文字學就應當時的需要而産生。

春秋時人對文字的解釋，象「皿蟲爲蠱」，「止戈爲武」一類。一直到《韓非子・五蠹篇》所説：「倉頡之作書也，自環者謂之私，背私謂之公。」都可説是文字學的先導。《周禮・地官・保氏》説：「掌養國子以道，教之六藝，……五曰六書」，……但没有説明什麽是「六書」。

漢世的「古文學家」，像班固，在他的《漢書・藝文志》裏，——大概是原本劉歆《七畧》；許慎在他的《説文解字叙》，鄭玄在他的《周禮注》，同樣地舉出「六書」的子目，但我狠疑惑它們只是漢人的見解。

到漢世還流傳的《史籀篇》，相傳周宣王時代所做。秦初統一了文字，李斯搜集當時的小篆，做《倉頡篇》，趙高做《爰歷篇》，胡毋敬做《博學篇》，共三千三百字，近出《流沙墜簡》裏載有佚文，每句四字，和後來的《急就章》、《千字文》差不多。

最初的三倉，不過是便於記誦的字彙，漢世有一班人專講《倉頡》的訓故，而且到東漢時，又添了《訓纂》、《滂喜》等篇，加了許多新字。

在别一方面，因爲隸書的發展，小篆不很通行，講文字學的人，每根據着隸書，許慎很反對他們，因此做成《説文解字》，所根據的材料，是三倉和《訓纂》等所載的小篆，和孔子宅壁中所出六國時寫的古文經，和殘本《史籀篇》的九篇。在許書裏，解釋文字，完全依據小篆，同時也是漢世講文字學者的總成績。

《説文》所遺漏的古文字，見於三倉、《聲類》、《字林》、《廣雅》諸書（現在只有《廣雅》尚存），尚是不少，《玉篇》搜集的比較完備些，可惜現在流傳的不是原本。

雖是這樣，從漢朝到近世，再没有一本講文字的書趕得上《説文》的了。

第四章　關於古文字的新材料的發見和整理

許慎説「郡國亦往往於山川得鼎彝，其銘即前代之古文」，但是《説文》裏卻没有採録。晉代汲郡出土的魏安釐王時寫的竹簡，早多亡佚，只有寫成今隸的《穆天子傳》還存在。

在宋朝，劉攽創始做了一部《先秦古器記》，因此就開了研究古器物，和刊在它們上面的銘文的風氣，但是當時的辨識文字，很多隨便，不過剛有萌芽。不久，因爲元人的侵略這種研究就中絶了。

清中葉以後，這種研究又風行一時。到近時的陳壽祺、吴大澂諸家，所收藏的古器物，範圍比以前廣泛。吴氏所做的《説文古籀補》開始在《説文》以外，充分運用着新的材料來研究古文字。

少後一些，河南安陽的殷世卜辭出土，孫詒讓根據卜辭及金文，做了《名原》。

羅振玉、王國維研究卜辭的結果，商承祚用以編成《殷虚文字類編》。容庚編的《金文編》，只限於銅器，和吴氏的兼采石鼓、匋器、錢幣、璽印不同。羅氏的兒子羅福頤又編了一個《璽印文字徵》。

除了《名原》只是「發凡起例」外，其餘的編集，都是用《説文》的次序，雖然明知道它是一個千瘡百孔的東西。

第五章　新的途徑

《名始》上編

人部　（子女坿）

人儿象人之側立，具頭、身、臂、脛之形。《說文》：「，天地之性，最貴者也。此籀文人。」又云：「，古文奇字人也。象形。孔子曰：『人在下，故詰詘。』」蘭按人儿實一字，許歧爲二，非也。古者禽獸襍處，見同類而相親，故互呼爲人，故仁、恩、親、憐，聲皆相近也。《方言》十：「凡言相憐哀，……九疑湘潭之間，謂之人兮。」此古語之遺存者。《釋名》：「人仁也。」人㽙。人乍父戊卣。人乍父己卣。殷虛書契菁華五葉。龜甲獸骨文字一卷十一葉七片。以上殷時。井医彝。盂鼎。以上周初。成康時。矢盤。兮田盤。以上厲宣時。綸鎛。齊器。王孫遺者鐘。郳器。師鼎：「其萬年子子孫孫永寶用人。」蘭按字舊闕釋，今據六國時匋器、鈢印、貨布等文，人皆作，知即「人」字，然文不可通。古器多云「永寶用之」，豈古方音有讀如「之」者耶？叔角父簋：「其子孫永寶用人。」叔医父簋：「其子子孫孫永寶用。」郾王戎人矛。聖人鈢。耶人鈢。鈢印。偏旁多從。白人化。人字白人化。並右人明化。並人字化。蔓陽南里人絓殘匋。

從　《說文》：「从相聽也。从二人。」蘭按象二人相從之形。孳乳爲「從」字。《說文》「隨行也」。《龜甲獸骨文字》一卷六葉十五片。同上九葉一片。同上廿四葉十五片。同上十六片：「从至乘。」蘭按《說文》謂「反从爲比」非也。古文無正反，皆從二匕耳。然此二字形易相淆，當以文義別之。鬲攸从鼎　矢盤作迎罵。鬲从盨。

北　《說文》：「乖也，從二人相背。」蘭按乖背同義，故乖古作。北白卣（北爲國名，後世作邶。）北白鬲。北白簋。北子簋　以上初周器。卜辭作、等形。吴尊：「北鄉。」穆王或龔王時。小銅柱。六國時。北門鈢。北坚鈢。北里五殘匋。乖北匽布。北弁布。北字化。

从　《周語》：「人三爲衆。」蘭按先民以三爲多數，故作「又」、「止」之字，指不過三，而「羼」、「犇」、「驫」、「猋」等字，並只疊三形也。然亦有疊四形者，如卜辭有「䕷」字，則例之變也。《左隱元年傳》疏引石經古文「虞」作「㹜」，從四人，亦變例。孳乳爲「僉」字，爲「衆」字。《説文》：「讀若欽崟」，與「僉」音近。父癸卣字偏旁。

千　蘭按「千」即「人」字，古假白爲百，假人爲千，假蠆爲萬，並聲之近者也。《説文》以「秊」從千聲，而金文多從人；又「仁」字古文作「忎」，凡此皆可證人與千爲一字。《説文》謂「千」爲「從十，人聲」，今以卜辭金文考之，非也。爲一千，爲二千，則從一，非從十也。卜辭作、等形。盂鼎。此成康間器。矢盤。厲王時。宜又千萬鉩。千午鉩。千稂鉩。千萬鉩。千金鉩。冢千金鉩。千歲鉩。千稂萬世。昌鉩。千化。同。

手　蘭按爲二千。《殷虚書契後編》下卷四十三葉九片：「伐手六百五十六人。」魯白愈父鬲：「魯白愈父乍鼄姬手朕羞鬲。」蘭按手爲鼄姬之名。又簠文同手羊鉩　蘭按鉩文有字，疑即芉字，則「手」當讀「千」聲矣。手化。補鮢公簋：「鮢公乍王姬手簋。」

仁　《説文》：「仁親也，從人二聲。」蘭按古「仁」字蓋即「人」字，而注「二」字於旁，以明二人耳。《説文》又謂古文作「忎」及「𡰥」，「𡰥」即「仁」字，詳「尸」下。卜辭作。井仁妄鐘西周末年。

手　蘭按三千也。《殷虚書契後編》上卷十七葉一片。小盂鼎：「萬手八十一人。」

㐱　《説文》：「稠髮也，從彡，人聲。」蘭謂非也。從人從彡，以示三人耳。金文侃作，或作，作，作，疑是從口仁聲。或省作仁聲。㐱卣

手　蘭按四千也。《薛氏款識》弓鎛：「舍命女嗣辝釐遡或徒手。」

秊　蘭按五千也。《殷虚書契後編》下卷一葉三片　蘭按小篆有「伍」字，從人五聲，其原蓋亦人五二字合文。

氏久　劉心源曰：「自宋人釋乃，釋及，至今相承。余向亦沿譌。……《説文》：『氒，木本，從氏，大於末，讀若厥。』案《列子》：『若橜株駒。』殷敬順曰：『橜，《説文》作氒。』……知氒爲橜之古文。許所謂木本大於末，正指而言。……凡括、活、适、聒等字，皆從氒，隸書從千，而氒乃無人識矣。」容庚曰：「敦煌本隸古定《尚書》厥皆作氒，《史記》引

《尚書》多改作其。」蘭按劉心源始釋爲氒字，是也。然《説文》之釋氒字則誤甚。氒象人蹶仆之形，乃蹶之本字，非木本也。《説文》又云：「久從後灸之，象人兩脛後有距也。《周禮》曰：『久諸牆以觀其橈。』」按「久」即「氒」字，讀若橜杙之橜，《説文》歧之爲二，誤也。向卣：「向乍氒隮彝。」蘭按此周初器。《爾雅》：「厥其也。」此假借義。向彝　敔簋　舀乍氒卣。並周初。大保簋。成王時。盂鼎。康王時。静簋。趞尗簋。矢盤。此厲王時。周王㝬鐘。厲王。克鼎。厲王。井仁妄鐘。鼄公牼鐘。春秋時。鼄公華鐘。邾公釛鐘。以上邾器。攻吴王夫差監。吴器。姑□勾鑃。殆徐器。𪒠公簋。詛楚文「久」字與此同。

氏　蘭按「氏」亦「人」字之變。氒象蹶仆，氏則象手抵於地，「抵」之本字也。許叔重不得其説，故於《説文》載「氏」、「氐」二字。「氏」注云：「巴蜀名山岸脅之堆，旁著欲落㸐者曰氏。氏崩聲聞數百里。象形，聲。《揚雄賦》：『響若氏隤。』」又「氐」注云：「本也。至也。從氏下著一。一，地也。」今謂揚氏《解嘲》，「氏」乃作「坻」，《漢書》作「阺」。《説文》解「阺」爲「秦謂陵阪曰阺」，是其本字，氏乃借字耳。後世多以「氏」借爲姓氏之義，故以「氐」字别之，猶六國文字之「秊」或作「秂」，非二字也。貿鼎：「叔氏。」《石鼓》：「其䈞氏鮮。」小臣氏尹鼎。令鼎。以上周初。矢盤。克鼎。並厲王時。綸鎛。國差𦉜。鐘。以上齊器。陳侯因資𨪣：「合𤕾氏德。」「氏」讀若「氒」。田齊時器。格氏矛。盧氏布。盧氏涅金布。並《皮氏布》。王氏布。丝氏布。鄔氏布。補陳氏裔孫簋。

氐　《説文》無。蘭按以手抵地，蓋古禮，此象兩人爲之耳。鼎：「氐則卑，我賞馬。」蘭按「氐」當讀爲「質」，今世猶言質物曰抵押矣。鼎又云「效父卑，復氐絲以」，又云「迺」，皆讀如質，其字當釋䝷或𧷤，居遹㮚云：「君舍余三鏞，䞉貿余一斧，才錫，貿余一斧，𧶠貿余一斧。」亦謂君予之三鏞，而彼以質得三斧也。字從貝氏聲，《爾雅》所謂「貝餘賦黄白文」者，乃其本義（䝷𧷤乃其繁文），鼎及居遹㮚則用其假借義。昔人釋「貢」，或釋「負」，或逕釋「質」，皆非也。同上曰：「母卑戚于氐。」

匕　《説文》：「相與比敘也，從反人。匕亦所以用匕取飯也，一名柶。」蘭按許説凡有二誤，古文無正反，亦作，亦作，非反人爲匕也。又刀匕字古作，非且字。蓋皆小篆掍之，許沿襲而誤也。古文匕字，實象人之匍匐歸附手足並著於地之形，故「此」字古作，象以足踐其膝後也。《易》曰：「比輔也。下順從也。」卜辭多與干支合文，金文亦有等文。大豖匕辛彝借爲祖妣之義。木工册鼎：「匕戊」。亞其匕己觚。以上商或周初器。孳乳爲「妣」，爲「妣」，爲「祀」，爲「祉」，爲「牝」、「麀」、「雌」等字。

比　《說文》：「比密也，二人爲从，反从爲比。」蘭按古文無正反，許說非也。比從二匕，故「妣」或作「妣」。比彝補上行匕辛鼎。

尸　《說文》：「陳也，象臥之形。」蘭按許說誤。古讀「尸」字同「夷」，象蹲踞之形。《論語》曰「原壤夷俟」，後乃別造「屍」字（見《廣韻》），非矣。乍册般甗：「王圂尸方。」蘭按小臣艅尊云：「王來征人方」，卜辭亦數見此語，人方即尸方也。「尸」即「夷」。容庚曰：「《尚書・泰誓》：『受有億兆夷人。』敦煌本作𡰥。」按《漢書・樊噲傳》注「𡰥讀與夷同」，《孝經》「仲尼居」《釋文》：「𡰥古夷字」，《山海經》仁羿即夷羿。「尸」之爲「𡰥」，猶「人」之爲「仁」。《周禮・淩人》：「共夷槃冰」《注》：「夷之言尸也。」豐白鼎：「隹周公于征伐東尸。」蘭按此器近出，學者或致疑之。以詞例校之，尚似可信，故著録焉。小臣謎𣪕：「東尸（夷）。」寮鼎：「東尸」。以上周初。録卣：「淮尸」。師寰𣪕：「淮尸。」曾白霥簠：「克狄淮尸。」無㠱𣪕：「王征南尸。」競卣：「命伐南尸。」周王𤔲鐘：「南尸、東尸具見。」此厲王器。兮田盤：「至于南淮夷。」宣王時。虢中盨：「伐南淮尸。」師酉𣪕：「西門尸，㠱尸，秦尸，京尸，畁人（身）尸。」乍册睘卣：「尸白。」此周初器。豐兮尸𣪕。

卩　蘭按卩象手交膝而跪於地之形，蓋跪之本字也。《說文》：「卪瑞信也。」非是。又云：「卪卪也，闕」，亦非。古文無正反，即字。卩且乙爵。𠨍父戊觚「𠨍」字偏旁。

卯　《說文》：「卯二卩也，巽從此，闕。」蘭按新撰《字鏡》十二，《雜字》云：「巴，仕專反，巽字。」是「卯」即「巺」字。

𠨏　蘭按從三卩，《說文》所無。《殷虛書契後編》下卷廿一葉十六片「𠨏」字偏旁，「𠨏」當爲「選」之異體。羅振玉云：「從二人跽而相從之狀，疑即古文巽字。」《龜甲獸骨文字》一卷廿四葉九片同上十一片。

卯　羅振玉曰：「卯象兩人相嚮，猶北象兩人相背，許君謂爲事之制者非也。」宰甫𣪕「卿」字偏旁。

匕𠦒　蘭按《說文》：「勹，裹也，象人曲形，有所包裹。」又：「𠦒，相次也，從匕從十，鴇從此，一曰什。」「𠦒」即「勹」

字，誤歧爲二耳。「𠦒」之篆文當作□，如人之作□，後人不識，則以爲從匕從十，而或以爲從人從十；且從「𠦒」者厘一「鴇」字，而或從包聲作「鳵」，是可證「𠦒」即「勹」字矣。孟鼎「匍」字偏旁。

□□𠂆　蘭按《説文》無此字。「后」注云：「繼體君也，象人之形，施令以告四方。」今本又云：「故厂之，從一口，發號者君后也。」殆非許説。「司」注：「臣司事于外者，從反后，指事。」並非是。「司」從𠃛，「后」從𠂆，實一字，古文無反正也。金文常見「𤔲」、「□」、「□」三字，又有「□」口□鼎。「□」徐王義楚耑。「□」陳矦因資毁。「□」白□毁。「□」雖□毁等字，並從「𠃛」字，則「司」實從口𠃛聲也。□白毁之□字，又作□，則「𠂆」即「𠃛」字也。余謂「𠃛」當爲伺之本字，象伺察候視之形。古所謂「后土」、「后稷」者，即司土、司稷耳。《天問》云：「後嗣逢長」，「後嗣」即「后嗣」。後世則歧爲君后與有司，音義並異矣。孟鼎「嗣」字偏旁。□□白毁「□」字偏旁。

□□□　《説文》：「□，變也。從倒人。」又云：「殄，盡也。從歺㐱聲。□，古文殄如此。」蘭按□字舊所未詳，朱駿聲以爲「匕」之反文是也。《説文》：「真，僊人變形而登天也。从匕，从目，从乚，八所以兼載之。并古文真。」「真」爲匕之孳乳字，蓋即「殄」字之異構，猶「㐱」之或作「鬒」也。則□與□實鬒髮之㐱，當作㐱，《説文》誤。則□與□實一字無疑也。古文無正反。又按匕象倒人，人已死也。《孟子·公孫丑》：「且比化者無使土親膚。」《論衡》：「殄者死之比也。」小篆□與匕混。

□化　《説文》：「化，教行也。從人，從匕，匕亦聲。」蘭按非也。化當爲變化之本字，象一爲人，一已化去也。《殷虛書契菁華》六葉。

□兀万　《説文》：「高而上平也。從一在人上。讀若敻。茂陵有兀桀里。」蘭按許説非也。「兀」即「□」字，引「•」爲「一」，則成□字矣。古「□」字後變爲「□」，「□」字變爲「□」，其例正同。凡古文字首一畫，常疊爲二畫，故「兀」或作「元」。「兀」與「元」，示人首之形，猶「天」之爲「顛」也。《咎繇謨》：「元首起哉。」《左僖三十三傳》：「狄人歸其元。」《孟子》：「勇士不忘喪其元。」是古以首爲元之證。千万鉌。蘭按今俗以「万」爲十千字，六國及漢已然。「万」即「兀」字。北齊有「万俟」之姓，《廣韻》：「万，莫北切。」與萬聲近，故相借。□千万鉌。□百千万鉌。□万字齊去化。□左万明化。□右万明化。□□並万字化。補□，舟万父丁卣。

元　説詳上，《説文》以爲「從一兀聲」，非是。曆鼎：「曆肇對元德。」鼎「元年」。曾白霥簠。番生𣪘。虢叔鐘。鼄公華鐘「元器」。王孫鐘「元鳴孔煌」。沇兒鐘。秦公𣪘。黄韋俞父盤。鵙公殘劍。千元鉨　假「元」爲「萬」。

丮厈　《説文》：「丮，持也，象手有所丮據也。讀若戟也。」蘭按許以爲從手持，誤也。古文偏旁多作，象人形，示其手方執物也。此則像揚兩手之形。《説文》又云：「厈亦指也。從反丮關。」亦非。丮厈一字。《殷虚書契後編》十一葉二片。同上卅八葉八片。中盤。它𣪘。金文偏旁多作，亦有變爲、等形者。　補《龜甲獸骨文字》一卷二十八葉四片。

鬥　《説文》：「兩士相對，兵杖在後，象鬥之形。」羅振玉曰：「許君殆誤以人形之爲兵杖與？自字形觀之，徒手相搏，謂之鬥矣。」鬥徙爵。卜辭作、、等形。

身㐆　《説文》：「身，躳也，象人之身，從人厂聲。」又：「㐆歸也，從反身。」蘭按「㐆」即「身」字，古文無反正。「身」字象人形而肥其腹，以示人之身。許説誤。竝師酉𣪘：「弅身尸。」楀白𣪘。蘭按由字而鉤寫之，則爲，故盂鼎殷字從，其後乃增下畫，小篆又變爲。叔氏鐘。蘭按身又引申爲重身之義，故象其形。鼄公華鐘。叔向𣪘。彶身鉨。忻身鉨。弃身鉨。言身鉨。身鉨。身鉨。補二年口子鼎。六國時。

朘　《説文新附》：「朘赤子陰也，從肉夋聲。」《老子》未知牝牡之合而全作。《釋文》：「全如字。《河上》作峻，子和反。本一作朘，《説文》子和反，又子壘反。云：『赤子陰也』，子垂反。」蘭按甲骨有字，《金文編》旁有，皆即《説文》之屍字，詳後屍下。此作，則僅示男子之陰，當是朘之古文。疑朘字本作，漸變作，後世遂以爲從肉夋聲矣。戈爵。

企㱦　《説文》：「企舉踵也，從人止聲。㱦古文企，從足。」蘭按企字象人而特示其足形，其後乃爲「止聲」矣。《老子》：「企者不立。」蓋舉踵以俟，有欲行之勢。古書多以跂字爲之，《詩·河廣》：「跂予望之。」癸企爵。《殷虚書契前編》五卷二十七葉六片。同上　八片。

允　蘭按象蹲踞之形。古卩字或作形，見祁盉祁字偏旁，則知允本作，苟於其首部雙鉤寫之，即爲字，《説文》以爲「從人㠯聲」，誤已。孳乳爲「夋」字，《説文》：「一曰倨也」，倨當作踞。又作「逡」，字亦作「踆」，《莊子・外物》「踆乎會稽」，釋文：「古蹲字。」《爾雅・釋詁》：「允信也。」又：「誠也。」又：「佞也。」並假借義。盂鼎「畯」字偏旁。此字當以金文爲正，故首録之，而卜辭附焉。並《殷虛書契菁華》一葉：「允坐來媗。」又二葉：「允坐來媗。」又六葉：「允坐來自東」下缺。《薛氏鐘鼎款識》㝍磬：「□盉允異。」蓋周器。石鼓云「避隻允異」，允作，則與小篆合。

　補父乙毁冊。

夋　蘭按古文本當作，由允字而更示其足形。《説文》：「行夋夋也，一曰倨也。從夊允聲。」其實本是象意字也。王静安先生釋卜辭爲夋，誤。彼當爲夒。《薛氏款識》𧉮公鐘畯字偏旁。

皃　《説文》：「皃頌儀也。從儿，白象人面形。」或作貌，籀文作貌。蘭按古本作，變爲，則容皃之專字矣。皃斝。

兄　《説文》：「長也，從儿，從口。」蘭按本作字，變爲，字形更變而爲形。初爲兄長之義，金文或孳乳爲字。以其從口，而爲禱祝之義，孳乳爲祝字。大兄日乙戈《殷虛書契前編》三卷三七葉卅九葉一片：「貞于兄丁卯。」殷時。刺卣：「兄日辛」殷時𠷎斝：「兄癸。」史桒簋。字偏旁畧同。《龜甲獸骨文字》二卷廿五葉「乎兄」。

王鼎：「兄氏師眉」，疑讀爲祝。周初。姞毁。儔兒鐘：「父兄。」。綸鎛。

兓　《説文》無此字。兢注云：「從二兄，二兄競意。」蘭謂由變爲耳。鬲從盨[艹/兓]字偏旁。

囟兒　《説文》：「囟小皃。從人囟聲。詩曰：『囟囟彼有屋。』」蘭按非也。古字作，崽之本字也。其上半與𪕋字作，子字作之上半相似，象小兒之頭角也。《説文》：「𡿺頭會㛤蓋也。」古文作，蓋即之誤耳。則知囟象小兒之形。字一作崽。《方言》：「崽，子也。江湘間凡言是子謂之崽。」《説文》以爲形聲字誤矣。父辛冊囟鼎。囟尊。

兒　《説文》：「兒孺子也。從儿，象小兒頭囟未合。」蘭疑象齒形也。《詩・閟宮》：「黄髮兒齒。」女子小臣兒卣。《殷虛書契後編》下卷四葉十片：「□𡜎皆曰兒白……」，兒蓋讀爲郳。居𨑌彝：「𩑺此䜌兒。」㝯兒鼎。沇兒鐘。儔兒鐘。昜兒鼎。

兇　《説文》：「兇擾恐也。從人在凶下。」又云：「凶惡也。象地穿，交陷其中也。」蘭謂許説非是。兇上亦象匘蓋之形。與鼠字相似，故馬鬣亦曰騣也。秦汧陽刻石櫼字偏旁。

嵏夋　《説文》：「夋，斂足也。從夊兇聲。」蘭謂誤也。嵏即兇字，更象其足耳。《説文》：「夋匘蓋也。象皮包覆匘，下有兩臂而夊在下，讀若范。」蘭謂夋即嵏字之形誤也。《後漢書·馬融傳》：「楊金嵏而拖玉環。」注引蔡邕《獨斷》云：「金嵏者馬冠也，高廣各四寸，在馬鬉前。」又《輿服志》云：「金鍐。」注亦引《獨斷》。按嵏或作㚇者，猶或爲也。形脱誤爲夋，而許氏誤録之。且金嵏者，即毛公厝鼎之金嚻也。嵏鼠義相類。漢人讀鼠聲轉爲范，而許遂以誤合於嵏之譌體矣。同上。

畟鬼　蘭按《説文》無畟字。畟下云：「治稼畟畟進也。從田人從夊。」稷下云：「從禾畟聲。」古文作䄑，云「畟省聲」。不知䄑實從畟聲畟爲畟之或體也。畟之上半字，亦象人面之形。甶之古文，本象畟執攴，而甲骨文或從兄作，蓋當釋菟。然畟與兄皆象人形，則可知也。因畏義之引申，而爲鬼神之稱。《説文》：「鬼，人所歸爲鬼。從古文人，由象鬼頭也，鬼陰氣賊害，從厶」其説俱誤。作作，古固無別。六國時器如陳貯毁䰠愧二字並從，乃形之誤，後又誤形爲，故許氏附會爲説耳。魄魀䰩字偏旁。《殷虚書契前編》四卷十八葉三片：「多畟。」讀如鬼。《後編》下卷三葉十七片。

畟婁　此即《説文》之畟字。晚周文字，從中者多譌作中，與女字相亂。子禾子釜䙓字偏旁。

見艮　《説文》：「視也。從目儿。」蘭按見亦象人形，而特著其目，故有視義。追毁覞字作䚃則與皃通。玥鼎。匽矦旨鼎，周初。歸夆毁：「眉敖至見獻貴。」周王㝬鐘。覞　《説文》：「覞並視也。從二見。」古器物銘，未見此字，聊附録焉。

艮　《説文》：「艮很也。從匕目。匕目猶目相匕，不相下也。易曰：『艮其限。』匕目爲艮，匕目爲真也。」蘭按許説全譌。艮與見同義，第顧後爲異。故見之字作，而艮則作也。艮亦視也。孳乳爲眼字。《易》曰：「艮其背」，「艮其趾」，「艮其腓」，「艮其限」，「艮其身」，「艮其輔」，殆皆當以視訓之。稱後顧爲狼顧者，疑當爲很。《説文》：「𩔰，頮後也。」㝅艮𢐗𣪘。鼎限字偏旁。

𦣻 蘭按𦣻爲望之本字。象人舉目以望也。《説文》缺此字，而於朢下云：「月滿與日相望，似朝君也。從月，從臣，從壬，壬朝廷也。」又云：「𦣠古文朢省。」其説並誤。朢從月從𦣠。𦣠象人登土上以望也。《殷虚書契前編》七卷卅八葉一片

《龜甲獸骨文字》一卷廿六葉六片。

臥 《説文》：「臥休也。從人臣，取其伏也。」蘭按許説誤。臥象人屈伏之形。盂鼎臨字偏旁，頌鼎監字偏旁同。

覍 《説文》無此字。蘭按此見字之變，而特示其眉。老者眉恒長，故覍當訓老。《詩·七月》：「以介眉壽」，以眉爲之，《方言一》：「眉老也。」甲骨文蔑夢二字並從此，周世已不恒見，故《説文》失録。《殷虚書契》六卷七葉四片。同上十七葉二片。《後編》下卷卅二葉十八片。矢盤

耳 《説文》無此字。蘭按象人形而特示其耳，蓋𦔻之本字也。《説文》：「聽，聆也。從耳、㥁，壬聲。」又云：「聖通也。從耳呈聲。」其實聖者聲也，即古聽字。故卜辭作，示有口。方言説，而一人側耳以聽之。耳之爲𦔻，猶𦣻之爲𦣠也。自𦔻字孳乳爲聽字，而聖字借爲聖賢之義，隋唐以後，𦔻字雖存，然被認爲俗字矣。《殷虚書契前編》六卷十葉二片𦕒字偏旁。

補 媚夏 《説文》：「媚，説也。從女眉聲。」蘭按古從人之字，多變從女，羌，姜。兊，㛝。其例也。本非形聲字。《殷虚菁華》三葉。「媚子寅入囩羊十」。《殷虚書契後編》卅一葉七片。此字當補覍下。

欠 《説文》：「欠張口乞悟也。象乞氣從人上出之形。」蘭按小篆欠作，故許氏附會之。《詩·終風》：「願言則疐」，釋文作疌，引崔靈恩曰：「毛訓疌爲㰦，今俗人云：『欠欠㰦㰦』是也。人體倦則伸，志倦則㰦。」《玉篇》：「欠㰦，張口也。」㰦亦作呿，《莊子·秋水》：「口呿而不能合。」然則欠者欠㰦，張口也。故古作，象張口之狀。許氏以凵爲張口，實則凵是笑盧之狀，與口形無涉也。《殷虚後編》十五葉㱙字偏旁。師湯父鼎㱃字偏旁。㱃𣪘偏旁作，鬲從盨䁖字偏旁作。石鼓箙字及欿字偏旁並作。 魚鼎匕欽字偏旁又歎字偏旁。異中壺歐字偏旁。又毛公肇鼎字偏旁，蓋即字。金文孔字常作，蓋勞極則呿也。

旡 《説文》：「飲食乞屰不得息曰旡。從反欠。古文旡。」蘭按作者小篆之譌。當作。《詩·桑

柔》:「如彼遡風,亦孔之僾。」傳:「僾,唈也。」箋:「使人悒然,如嚮疾風不能息。」《説文》以僾從愛聲,愛從炁聲,炁又從旡聲。然則僾本作旡,有不能息之義。而古文作一人側口之形,許氏以爲飲食乞屰者,非已。《殷虚書契》四卷卅三葉五片「貞亾乍旡。」《後編》下卷四葉十四片。《前編》五卷廿五葉一片。

既 《説文》無此字。蘭按從二旡。矢盤:「我既付散氏田器」,又云:「我既付散氏溼田牆田」,既既二字,用法畧同,蓋借爲既也。

《説文》無此字。與字畧同,象兩人相嚮而坐,而俱側其口。《鐵雲藏龜之餘》二葉二片。 補𣄞《説文》無。按即旡字而更著其足,𣄞當從此。

頁 《説文》:「頭也,從𦣻,從儿。古文䭫首字如此。」蘭按象人形而特示其頭,然只是見字之變耳。克鼎顯字偏旁。此漸與小篆相似,而頗類從自矣。頌鼎頌字偏旁。 頁 《説文》:「選具也。從二頁。」古器銘未見此字。 補上行毛公鼎:「我弗乍先王頁」,頁當讀如憂。《説文》:「惪愁也,從心,從頁。」朱駿聲謂頁聲是也。古文或示手形,或畧之,無甚區別。此以手掩面,更顯愁義。

夏 《説文》:「夏,中國之人也。從夊,從頁,從𦥑,𦥑兩手,夊兩足也。」蘭按古夏字,象人側面之形,具有首、身、手、足,然僅見其一手一足也。夏者大也,與畧同。古者東方民族,自稱曰人,後世貶之爲夷。西方民族,自稱爲夏。書曰:「蠻夷猾夏。」又按夏即頁字,而更示其足者,故金文寬字從頁而與夏聲同也。頚顫二字又並從夏。無夏卣夏當讀如憂。憂本當從心從夏聲,《説文》謂「從夊惪聲」非。𣌭公𣪘 下當從,此笵有損。

䪼 《説文》無此字,頂或作䪼,云:「或從䪼作。」蓋即頁之别構也。卯𣪘:「卯𢷎手䪼手。」讀如䭫。𡧊鼎:「𡧊𢷎䪼首。」讀如䭫。蘭按《説文》:「頁,古文䭫首如此。」

須 《説文》:「須面毛也。從頁,從彡。」蘭按象面上有毛下垂之形。須炙生鼎。昜叔盨,須借爲盨。弭叔盨。

光 《説文》無光字。𢼸注云:「妙也。從人,從攴,豈省聲。」徐鉉云:「豈從𢼸省,𢼸不應從豈省,疑從耑省。」戴侗《六書故》引唐本在耑部,曰:「𢼸見其耑也。」蘭按諸説均誤。𢼸當從攴從光,光象人垂髮於背後之形。音轉如㕦(吠)、則孳乳爲髮字。轉如飄則孳乳爲髟字。而以絳微帛著於背謂徽，則與垂髮之義相近也。《殷虛前編》七卷卅二葉二片。同上四卷四十四葉四片。同上二卷七葉四片。同上八葉三片。公史微毁，微字偏旁。克鼎逬字偏旁。矢盤微字偏旁。補《前編》七卷五葉三片。《後編》下卷卅葉四片。

夫镸長　《説文》：「久遠也。從兀，從匕，兀者高遠意也，久則變化，亡聲。者倒亡字也。」蘭按許説舛甚。長象人首有長髮，手支短杖之形。凡長老兂諸字，支杖者，小篆並誤從匕。《殷虛後編上》十九葉六片。《龜甲獸骨文字》二卷廿六葉七片。寡長鼎。長隼鉩。長逐鉩。長吉鉩。長生鉩。

老　《説文》：「《老考也。七十曰老。從人毛匕，言須髮變白也。」蘭按許説迂曲。老上從毛，只象髮形。卜爲杖形，小篆誤爲匕耳。」《殷虛前編》二卷二葉六片。《後編》下卷卅五葉二片。卜辭耋從，與篆近。季良父壺。夆叔匜。綸鎛。歸父盤。老鉩。

先　《説文》：「先，前進也。從儿從之。」蘭按許説非也。先本作，象人首上髮形，與老字畧同。故《曲禮》：「從于先生」，注：「先生，老人教學者。」而《漢書·梅福傳》：「叔孫先」注：「先，猶言先生也。」先與老人義同，故六朝作老字，或爲兂，尚得古文之遺意也。因髮形之義，又孳乳爲毨字，《堯典》：「鳥獸毛毨。」變爲，則上似從之，其後又變爲，故有前進之義，非其夙訓矣。[illegible]毁。《殷虛書契後編》下卷二十六葉二片。《前編》二卷廿八葉二片「田于先厌」。二卷十八葉二片。五卷廿四葉八片。《後編》上卷五葉十一片。令鼎。盂鼎。䚄毁。毛公厝鼎。周王㝬鐘。虢季子白盤。補臣辰壺。《殷虛前編》二卷四葉三片。六卷五葉三片。四卷廿六葉二片。

兟　《説文》：「進也。從二先。贊從此，闕。」按古文未見此字。

兟　《説文》所無，象二先對坐。兟父己尊。

叒　《説文》：「叒日初出東方暘谷，所登榑桑若木也。象形。[illegible]，籀文。」蘭按許説誤。若象人形，散髮而揚兩手，順從之意。近羅振玉氏辨正之，是也。然羅以當《説文》艸部之若，亦誤，彼爲從艸右聲，與此實不相涉也。此字許君誤與桑字合，不知桑本作，自象柔枝之形，此則自象人形也。小篆誤爲，爲；而隸書又以若形爲之，與字相掍，愈滋迷惑矣。《釋詁》：「若，善也。」《釋言》：「若，順也。」亞若癸自乙受丁旋乙毁。亞若癸自乙受丁旋乙彝。亞叒癸自乙受丁旋乙尊。亞叒癸自乙受丁旋乙鼎。蘭按同時所作器凡十餘，而此鼎叒字獨異。吳清卿釋此爲每，讀爲母；因舉其餘若字，并以爲母，其失甚矣。亞㚔癸㫃乙戈。《殷虛書契前編》三卷。廿七葉四片：「貞不其㚔？」四卷十一葉三片：「己亥卜㞢貞㚔。」盂鼎：「王㚔曰」，又：「㚔兮乃正。」歸夆殷。毛公厝鼎。

卓帛 《説文》：「卓，高也。早匕爲卓，匕卩爲卬，皆同義。」又：「頃，頭歪也。從匕，從頁。」又歧注云：「匕頭頃也。」蘭按匕寧有頭傾之意，許説實殊牽强。今謂卓本作，即頁字之變，故盨字從頁而或從也。本象人形，其上作者，示其𡿺也。故卓有高義，猶兀之爲高矣。或省作，則但象一足，變而爲，更變而爲，則有似於「從匕從早」矣。然「早」當作，而此下直作形，是其異也。小篆作，失之彌遠。古文作，殆當作。或作，等形，變而爲，小篆作，是爲頃字。則知卓頃二字，古文一源，屢經變異，遂致歧出耳。𪓐殷盨字偏旁。並同上，作者亦象人面也。𡚱姞殷綽字偏旁。卓林父殷。

頃 釋已見上。然古文頃字，殊詭異，苟非偏旁，幾不可識。古文頁字作，而此作，故有頭不正之義。其下多詰屈者，蓋以𥁕字偏旁而然，𥁕象人在浴盆，則足必拳曲矣。沗白寺殷𥁕字偏旁。德殷𥁕字偏旁。白其父簠𥁕字偏旁。白家父殷𥁕字偏旁。

卬 《説文》：「卬望，欲有所庶及也。從匕，從卩。《詩》曰：『高山仰止。』」蘭按許於此字，亦未得其解。卬與卓頃二字相近，變爲，仰其腦，猶見變爲旻之舉其目也。小篆變爲，則難索其解矣。孳乳爲仰，猶卓之爲倬，頃之爲傾。或以昂字爲之。俎子鼎：「亞卬。」

《説文》所無，象飲之形。《殷虛書契精華》一葉字偏旁。又四葉歓字偏旁。 此字當補兄下

次㳄 《説文》：「次，慕欲口液也，從欠，從水。」然則本當作。惜古文未見。石鼓籃字偏旁。

尿㞙 《説文》：「㞙，小便也。從尾，從水。」蘭按古文象意，更爲切近。《殷虛書契菁華》五葉。同上。咢。

𡳐𡳐屎屎 《説文》無𡳐字。《詩・板》：「民之方殿屎」，《説文》引作：「唸吚」，呻吟也。又徙古文作𡳐，桂馥曰：「屎即𡳐之省文，借徙字也。」蘭按屎即𡳐字，古文少象沙形，而𡳐則象人大便之形，𡳐屎聲近，故相轉。《説文》：「菌，糞也。」乃後起之字。經傳多借矢爲之。然《莊子・知北游》：「道在屎溺」，固用本字，《詩》所謂「殿屎」，亦正謂臀着於屎耳。

從尸之字，或變從尾，故屎變爲屎，正猶屎之即尿也。古文經或借屎爲徙，《説文》因認爲徙之古文，而又誤□爲□。愈紛錯矣。《殷虛書契前編》四卷廿八葉七片。□五卷四十二葉六片。□《薛氏鐘鼎款識》十四卷師毁毁：「厚必彤屎」，即彤沙。□曾子屎簠□陳医因資鐘：「屎鈳趄文」，屎借爲徙，與《説文》合。按屎從米，似米而實非米也。《説文》：「糞，棄除也。從廾推𠦒棄采也。官溥説：『似米而非米者矢字。』」□《薛氏款識》廏字偏旁

□勼免　《説文》鞔、晚、晚、冕、絻、浼、鮸、鞻、挽、勉、輓等字，並從免聲，而不見免字。段玉裁訂入免部。容庚《金文編》云：「免從□從人，據魏三字石經古文作□，篆文作□，定爲免字。《説文》奪去，補附于此。段氏訂入兔部，非是。」蘭按前人皆謂《説文》脱免字，其實非也。免字《説文》作□，「覆也，從勹覆人。」《玉篇》：「亡粉切」，《廣韻》十八吻：「武粉切。」按《顔氏家訓·音辭篇》云：「《戰國策》音刎爲免。」又袒免之免，古讀若問。則知□即免字。而徐鉉本音爲「薄皓切」，于是段玉裁以爲抱之正字，桂馥以爲葆字，俱失之矣。古文□，象加冕服於人首之形，故孳乳爲冕、俛等字。□誤爲□，《説文》以爲從勹，□誤爲□，錢大昕段以爲即免矣。免毁。□免盤。□免簠。□史免簠。□叜免父鼎。

□克　《説文》：「克，肩也。象屋下刻木之形。」羅振玉曰：「象人戴胄形，古金文胄作□，作□，克本訓勝，許訓肩，殆引申之義矣。」大保毁。□《殷虛書契前編》三卷二十七葉三片：「貞，其克乎。」□同上三片：「口其弗克。」□《鐵雲藏龜》十二葉一片。□井医彝。□令鼎。□德克毁。□井尸（仁）妥鐘。□克鼎。□克盨。□曾白霥簠。□陪公克鐘。

□先　《説文》：「先，首笄也，從儿，匸象簪形。簪，俗先從竹朁。」白先父簠。

兟　《説文》：「兟兟鋭意也。從二先。」

□□　《説文》婚籀文作□，又□、□二字，並從□，□下云：「□古昏字。」□篆則誤作懮，段氏始訂正之。□字之解，昔所未知。據金文□字。婚字，則當作□，《説文》誤手形爲止，又誤耳旁爲已矣。按盂鼎：「我□殷述命」，□當讀爲聞，《説文》聞字古文作䎽是也。□字從耳，從□，當爲聞或䎽之本字。而毛公鼎則借□字爲庸昏之昏，殳季良父壺又借爲昏媾之昏，而諸畫輡之字，亦並從此。前人遂謂□爲昏字，誤矣。□既爲聞或䎽之本字，而又爲從耳從□之字，然□究何字與？昔人誤謂上從爵而下從女，蘭謂其下似女而非女，乃足形也。克盨作□，尚未譌。其上亦非

爵字。蘭謂象人載弁之形。《説文》：「冠也」，而金文作，蓋實一字。金文於字每變作，如放字以象勞極則呿之意。而古者有爵弁，《禮記·雜記》：「爵弁純衣」。故作字，與雀頭相似，或變作，又與形相似也。《説文》：「⿱弁土從土弁聲，讀若糞。」然則弁昏聲近，而《説文》作，殆即之變體矣。盂鼎字偏旁。白尊字偏旁。

釁　克盨字偏旁。番生殷字偏旁。歸夆殷字偏旁。毛公𢒭鼎字偏旁。

羌芍羙　《説文》：「羌西戎牧羊人也」。又云：「苟，自急敕也。從羊省從包省，從口。茍，古文苟不省。」蘭按二説並非。當從口羌聲，羌象人首戴羊角，未開化民族以此爲首飾。北京大學藏獸骨文：「甲午卜貞翌乙未屮于□，羌十人，卯宰之一牛。」蘭按羅振玉氏釋爲羊，謂是側視之形。容庚從之。據此云：「羌十人」，則非羊字，明甚。大保殷：「大保克芍亾遣。」芍讀如敬。盂鼎：「芍𢼸德巠敏。」又：「若芍乃正。」並當讀爲敬。㝨羌白鬲。《龜甲獸骨文字》二卷十四葉八片。凡從人之字，其末恒肥，如即旲字，其例也。亞乙㚚爵，㚚字偏旁。

羑羙　《説文》：「羑，進善也，從羊久聲。」又云：「羙，相訹呼也。從厶，從羑。」蘭按古羑當作，不從久聲。羙當作，或省作，亦非從厶。古之羌人，蓋爲俘虜，以索牽率。引申其義，斯爲訹誘矣。羌聲與□□□□□《殷虚書契後編》上卷廿六葉十片。廿七葉十片「弜羑叀牛」。廿二葉一片。下卷四十二葉六片。上卷三葉十八片「⿺辶羌甲。」《前編》一卷四十二葉一片「羑甲」。四片「羑甲」。四十一葉七片「⿺辶羌甲」。二卷三十五葉四片「才（在）⿺辶羌」。四卷卅七葉一片：「貞叀⿺辶羌」　蘭按⿺辶羌叚爲羌，故同片又云：「己酉卜𣪊，壬叀北羌伐。」《藏龜之餘》七葉一片「⿺辶羌方」。

姜　《説文》：「神農居姜水，因以爲姓。從女羊聲。」蘭按姜本羌之異文。巳医殷。己医殷。乍册睘卣「王姜」。王白姜鬲。鄦子妝簠。齊医𦎫。

堯　《説文》：「堯，高也，從垚在兀上，高遠也。」古文作𡉿。蘭按象人戴土之形，古文土作。《殷虚書契後編》下卷卅二葉十六片。

完冟冟　《説文》：「冟突前也，從見冂。」又：「冟犯而見也，從冃從見。」按見即形之變，其從冂，或從冃者，象帽形。金文冒作可證也。父戊冟匜。

完鼎。完壺。

𧯞 蘭按象人戴豆而行之皃。𧯞盦。

𡛱 蘭按象人戴皿而行之皃。𡛱爵。

戍 《說文》：「戍守邊也，從人持戈。」王筠曰：「持乃傳寫之誤。《廣韻》云：『從人荷戈也。』蓋據《說文》古本。」《句讀》廿四卷廿九葉。蘭按王說是也，古戍字象人荷戈形。戍戊𣪘。戍父癸寢罍。戍父癸寢鼎。並戍父癸寢觚。《殷虛書契後編》下卷廿二葉羅振玉釋「伐」誤。《前編》四卷十二葉二片。《龜甲獸骨文字》一卷廿葉九片。

何 《說文》：「何，儋也。從人可聲。」蘭按何本象擔荷之形，變而爲，或又從口作，小篆遂以爲可聲矣。《殷虛書契前編》五卷廿八葉一片。四卷四十一葉四片。並六卷卅葉七片。六卷十葉六片。㓐𣪘。同𣪘㓐字偏旁。㓐壺。《殷虛前編》四卷五十一葉一片。《後編》上卷八葉十一片。《龜甲獸骨文字》一卷二十葉八片。十三片。

尾 《說文》：「尾微也從到毛在尸後。古人或飾系尾西南夷亦然。」蘭按《山海經·大荒西經》：「有人戴勝，虎齒有豹尾，穴處，名曰西王母。」亦謂以豹尾爲飾耳。《殷虛書契後編》下卷廿葉十片有字，蓋從竟從，象糞除之意，（羅釋僕非）而竟字從尾者，亦象其飾耳。姑𠩍父𣪘「𠩍」字偏旁。

介 《說文》：「介畫也，從八從人，人各有介。」蘭按非是。羅振玉曰：「象人着介形，從者象聯革形。」《殷虛書契前編》一卷四十三葉四片。四十六葉二片。同上一片。四十五葉六片。

灮（光） 《說文》：「光，明也。從火在人上，光明意也。𤐫，古文。炗，古文。」蘭按火在人上，非確解也。古者山作，火作，形近而多亂，光本從山，非從火也。𢦔父庚鼎，𢦔字偏旁。

𢦔爵𢦔字偏旁。𢦔彝𢦔字偏旁。同上。𢦔觶𢦔字偏旁。𢽍尊𢦔字偏旁。𢽍爵𢦔字偏旁。《殷虛書契前編》四卷四十一葉七片。五卷三十二葉七片。八片。𣗋白彝。富鼎。尹灮鼎。𠨍𣪘：「王光商𠨍沚貝。」乍册矢彝：「用光父丁。」毛公𢉖鼎。虢季子白盤。補並灮父爵。

負 《説文》：「負，恃也，從人守貝，有所恃也。」蘭按非也。負爲負何，負擔之本字，在背曰負。象人負貝之形。亞負。負女鼎。負且癸爵。負父丁鼎。蘭按從天、天，從大，與從人無異，但示其正面耳。負父乙盤。

倲(東重) 蘭按《説文》無倲字。「重，厚也。從壬，東聲。」其實非是。倲象人背負橐之形，引申則有輕重之義。字或變作，更從土而爲重，非從壬也。倲爵。倲鼎。倲爵。倲父乙壺。倲父丙觶。倲父丙爵。己倲爵。倲觚。井医彝。

保(俘、孚) 《説文》：「保，養也。從人，從孚省聲。孚古文保。㑴，古文保不省。」蘭按許説誤。孚下云：「古文孚從古文保，保亦聲。」此安得更從孚聲。古文保作，象人保持其子之形，《召誥》曰：「夫知保抱携持厥婦子。」後世變爲，而小篆變爲，失之矣。又按保俘實一字，或變爲耳。保鼎。保鼎。保父丁毁。盂鼎。大保毁。傋鼎。沇兒鐘。陳曼簠。秦公毁。國差𦉜。陳医因資鐘鄦医毁。司寇良父毁。

弔(叔) 《説文》：「弔，問終也。古之葬者，厚衣之以薪，從人持弓，會毆禽也。」蘭按許説非也。弔實繳之本字，《史記・留医世家》云：「雖有矰繳」，實象于人身繳繞以矰繳之形，後世不識矰繳之制，故其本義久晦。小篆變爲，許遂以爲持弓矣。古多叚此爲白，中，弔，季之次，或又叚爲善義。漢時聲轉如叔，因別叚叔字爲之，除經傳「不弔」之文頗有遺留外，其餘悉改爲叔字，而弔遂爲「問終」之專字矣。然銅器文字以弔爲叔，説者以叔字爲之誤，蓋不知古自有「叔」字也。吴大澂謂「象人執弓矢形，男子生，桑弧蓬矢六，以射天地四方，故叔爲男子之美稱。」《古籀補》三卷 其説迂曲。羅振玉謂象矢，象隿射之繳，並是也。而以爲弓形，則誤甚。《殷虚書契前編》五卷十七葉二片：「弗弔」，猶弗淑也。乍父乙毁。戒叔毁。紷鎛。叔龜毁。此作與小篆正合。容庚《金文編》謂「[illegible]」二字，形似易譌」，不知其本一字也。又謂經傳「不弔」爲「不叔」之誤，亦非。

䀏([illegible]) 《説文》無䀏字，蘭謂與夙同意，日出而作也。讀若揚。《禮記・祭統》：「對揚以辟之。」仲叡父盤：「用䀏。」小臣宅毁。令鼎。叉卣。頌毁。婺，蘭按從女爲夂之誤。陳医因資鐘。

夙 《説文》：「夙，早敬也。從丮持事，雖夕不休，早敬者也。」蘭按許説未是。古者夕與月一字，夙與治興事，月猶未落，此象之也。盂鼎。《殷虚書契前編》六卷十五葉五片。十六葉五片。八卷一葉三片。《後編》下卷二葉二片。雁公鼎。曆鼎。

娶，蘭按從女亦夂之誤，歸夆毁。

⿰王丮⿰丰丮 《説文》無此字，當讀如揚，象人奉玉之形，⿰王丮毁。⿰王丮鼎。𢦏毁「䪨對⿰王丮王休。」蘭按金文對揚字或叚「⿰日丮」字，或叚「⿰王丮」字，或又合二字爲一，作「⿰⿱日王丮」，作「⿰⿱日丂丮」，作「⿰⿱日勿丮」，作「⿰⿱日⿱王勿丮」，作「⿰⿱日⿱一勿丮」。⿰王丮鼎，蘭按此與前鼎同文，乃不從玉而從丰，丰即玉之變體，羅氏釋爲⿰戈丮，誤亦甚矣。

⿰戈丮 《説文》：「擊踝也。從丮從戈。讀若踝。」蘭按古讀疑若揚，《詩·公劉》：「干戈戚揚」，傳：「揚鉞也。」段毁。

⿰木丮 ⿰𣴎丮改毁。林⿰戈丮彝。

⿰木丮⿰巾丮䝿埶 商承祚曰：「《説文解字》：『埶穜也。從丮坴，丮持穜之。』此從手持木之形，殆即埶字。石鼓作⿰坴丮，尚存古意。逮至許書，形益失矣。其從中與木同，蓋埶之言不專謂木也。《詩》：『我埶黍稷。』」《類編》三卷九葉。《殷虛書契前編》六卷十六葉一片。十五葉二片。三片。六片。八片。《後編》下卷廿五葉四片。《薛氏款識》中鼎：「埶王应」，又云：「䝿于寶彝。」

⿰丰丮 《説文》無此字。蘭謂當讀若奉，象人持之形。《殷虛書契前編》六卷十五葉一片。《後編》下卷卅葉十一片。《前編》二卷五葉三片。䝿乙二字合文作，商以爲一字，非。鬠白虎毁：「⿰丰丮⿰⿱日王丮」，猶奉揚也。舊釋對，非是。君夫毁⿰昜丮，叚姘爲之。

巩 《説文》：「巩褏也。從丮工聲。」蘭按貢之本字，象人獻工之形，後乃變爲形聲耳。毛公㾓鼎：「永巩先王。」

同上：「不巩先王配命。」

⿰言丮(孰) 《説文》：「食飪也，從丮𦎫聲。」蘭按，「孰」本非形聲字，象人持亯，將以亨也。金文𦎫或作，故知即字。《殷虛書契前編》六卷十二葉二片。

⿰䜌殳 白到毁。

⿰𩰪丮 《説文》：「設飪也，從丮食，才聲。」蘭按象人設食之形，後變爲形聲耳。卯毁「⿰𩰪丮乃先且考𠃧𤔲𤇾公室。」

⿰谷丮⿰去丮 《説文》：「⿰谷丮，相踦⿰谷丮也，從丮谷聲。」蘭按谷即去字之變，象人持去蓋即後世弆字，其本義當爲藏以爲形聲，蓋後起也。毛公䇷鼎聲字偏旁。

□郥　《説文》無。蘭按象人捧自之形。古有劓刵之刑，《説文》：「劓刑鼻也。」故捧鼻以爲獻。《説文》：「臬，射準的也。」其字從木從自。《易・困》：「劓刖」，《説文》引作槷魁，凡臬闑之字，經傳多作槷，《説文》䡇或從執聲。則郥當與埶畧同，而讀如臬也。《殷虚書契後編》下卷十六葉十片。

□　䀌欺䁛　《説文》無䀌字。蘭按象人持箕之形。或從欠，則即後之欺字矣。剌鼎：「䀌孫孫子子」，叚作語助。□□白毁：「䀌萬年。」□按此亦䀌字，變凡爲竞，而又以尾爲飾耳。人持箕者糞除之意，糞除者童妾之事，故從竞。其上似米而非米者塵穢也。《殷虚書契後編》下卷二十葉十片。

□　䫜䫜　蘭按此從夊尚未譌爲女，𪏽公毁。□不䫜毁。□王孫遺者鐘。□乙毁。

□䫜䫜䫜䫜䫜　《説文》無䫜字。蘭按井者青字之變。子申卣有□字，蓋即□（眚）字。《殷虚書契前編》三卷廿二葉五片有□字，當釋㱿。而静毁静字作□，免盤静字作□。可知作井或作□，並井之省耳。然則青之本誼，畧與彗同，故彗從□，而其古文作篲，從□，猶青之或從生，或從羽矣。從凡從井，象人擁篲之形。當讀如瀞，《説文》：「無垢薉也。」穽鼎：「𨟭中令穽䫜𠛬奠田。」蘭按讀如靖，《爾雅・釋詁》：「治也。」□諫毁。□番生毁。□毛公㾓鼎。□師兊毁。□克鼎。

□米䫜鼎。

□炽（熱、爇）　《説文》無炽字，「熱，温也。從火，埶聲。」又「爇，燒也。從火，蓺聲。」蘭按《説文》無「蓺」字，而「槸」或作「㯰」，是「蓺」當爲「埶」之或體，而「熱」與「爇」實一字也。殷虚甲骨文字作□，則象人持火炬之形，蓋「爇」之本字。後世變凡形爲埶聲，又孳乳爲爇字耳。商承祚謂即炬或苣《説文》：「束葦燒也。」之本字，義雖類似，形則迥異，失之矣。《殷虚書契後編》下卷卅七葉五片：「貞杞庆炽。」

□　釈䊮翻熘　《説文》無䊮字。蘭按象人舉炬熘燎之形。《説文》訓熘爲爇，此其本字也。□或作□，見於甲骨文字，即《説文》之釆丂二形，商氏以釈炽二字同釋爲苣炬，非也。《殷虚書契後編》上卷十四葉：「王其田宇䊮。」□下卷三十九葉十四片：「王其田□䊮亡哉。」□《前編》二卷二十七葉，四片：「王𡉚田䊮。」

𠬝耕耡耤　《説文》無𠬝字。按象人持之形。者徐中舒以爲即「犁本字爲利」是也。《説文》：「𪏽耕也。從牛，黎聲。」《海内經》：「稷之孫叔均，是始作牛耕。」郭注：「始用牛犁。」然則犁爲周民族所創始者，從牛黎聲之字之爲後起可知。《説文》：「耕，犁也」，《齊民要術》一引作「耕種也」，人耕曰耕，牛耕曰犁。」今此文則象人之耕也。《説文》又云：「耒，手耕曲木也，從木推丰，古者垂作耒梠，以振民也。」又：「梠，臿也。從木㠯聲。梩，或從里聲。」又：「枱，耒耑也，從木台聲。鈶，或從金。辝，籀文，從木，辝聲。」按枱梠實一字，而耒梠實一物，其合音即爲犁；故手耕謂之耒梠，而牛耕謂之犁也。《孟子》：「雖有鎡基」，鎡基實梠之轉音。三倉：「鉏，犁也。」《倉頡篇》：「鉏，茲其也。」《説文》：「鉏，立薅所用也。從金，且聲。」又：「耡，商人七十而耡，耡，耤稅也。從耒助聲。《周禮》曰：『以興耡利甿（萌）。』」按鉏與耡亦一字，其原始字當即字，象人兩手執耒梠，一足拒之，立而耕耨之形，後世省人形而存手形，轉爲力字，又轉爲助聲，遂成耡字耳。《孟子》云：「助者籍也。」先鄭注《周禮・里宰》云：「耡讀爲藉。」《説文》：「耤，帝耤乎畝也，從耒昔聲。」是籍（耤）亦耕也，耕者以足蹈之，故藉有踐蹈之意也。金文耤作，則從昔聲，蓋耡耤原本一字，聲既歧異，乃加昔聲也。《殷虚書契前編》七卷十五葉三片。羅釋埽字誤。《後編》下卷二十八葉十六片：「庚子卜貞王其萑耤叀𡉚十二月。」（觀耤甫往）《前編》六卷十七葉五片：「己亥卜令□耤臣。」六片：「己亥卜令小耤臣。」令鼎耤字偏旁。

仗　《説文》無仗字。「丈，十尺也。從又持十。」又：「杖，持也。從木丈聲。」蘭按從又持十，無義可言。古十作丨，則當象手持杖形也。古文本象人持杖之形，而後世省人，而仗字轉隱於俗字矣。《易・師》云：「師貞丈人吉。」隨云：「失丈夫。」均謂持杖之人，引申則有長老之義，舊解胥失之。子仗爵。兮觚。仗父辛尊　人形後附以手者，蓋扶持之義。

㫃旗旅　《説文》旅，軍之五百人爲旅。從㫃、從从。旅俱也，故從从。」蘭按象人執㫃之形。古者出行必載旌旗，故引申爲行旅之義。旌旗以進士衆，故引申爲旅衆之義。許説非本義也。旗毁。旗觚。旗觚。旗觚。旗卣。白㫃鼎。㕙白晨鼎：「㫃弓㫃矢」，即《左傳》僖廿八年之「玈弓矢」也。《書・文侯之命》：「盧弓一，盧矢百」，《三體石經》作「旅」。按「𩫖」字堇白鼎作，象人執旂在車上之形，亦旗即旅字之確證也。

𣃥旅　蘭按此象一人執㫃，招集衆人之形。今字實出於此，第省其執㫃之人耳。𣃥爵。𣃥父辛觚。

□父乙殷。且丁□甗。□父乙殷。廣殷。《鐵雲藏龜》九十葉一片。《殷虛書契前編》四卷卅一葉七片。《後編》下卷四葉八片。《前編》一卷、廿二葉六片。且辛爵。免盤。鬲朿盨。虢叔旅鐘。季念鼎。虢叔盂。君鼎。䑃侯盨。

覷醜　古器多覷字，按其字本當作，象人抱酒尊，注其酒於箕，縮酒之象也。小篆省其旁而變爲醜字，《説文》訓爲「可惡也。從鬼，酉聲。」失其朔誼矣。縮酒之字，小篆作莤。《説文》：「禮祭，束茅加于裸圭，而灌鬯酒，是爲莤。象神歆之也。從酉，從艸。《春秋傳》曰：『爾貢包茅不入，王祭不供，無以莤酒。』一曰，莤，榼上塞也。」按此非莤之本誼。《説文》：「湑，莤酒也。」《郊特牲》「縮酌用茅」，鄭注：「去滓也。」然則「莤」本去滓之義，束茅灌鬯，爲後起矣。《説文》又云：「釃，下酒也。」《詩·伐木》：「釃酒有藇。」傳：「以筐曰釃，以藪曰湑。」又：「有酒湑我。」傳：「湑，莤之也。」是可徵古者莤酒以筐籔，而古文從箕形者，正筐籔之類也。「釃」，「湑」，與「莤」，蓋聲之轉。「醜」與「莤」聲相近，醜義既舛，莤字代興，醉鄉故事，遂難徵矣。亞覷尊。亞覷鼎。亞覷父丁鼎。亞覷卣。亞覷殷。亞覷父辛殷。亞覷殷。者女觥。亞覷父丁觚。亞覷父辛鼎。亞覷盉。亞醜鐃。

酉　象人持酒尊之形，疑「傳」之本字。子酉爵。

匋　金文此字，奇詭難識。細思之，實匋字也。《説文》：「匋，瓦器竈也。從缶，包省聲。」又：「缶，瓦器，所以盛酒漿，秦人鼓之以節謌。象形。」蘭謂皆誤也。《考工記》：「搏埴之工陶旊。」鄭注：「搏之言拍也，埴黏土也。」《淮南子》：「陶人之克埏埴。」許注：「埏揉也。」然則匋之古文，實象匋人搏埴之形。手所持者杵也，其下器也。古匋字本讀如寶，缶之重脣音，亦即搏拍之轉語耳。匋卣。

畓父盤　此猶未離象形，可證上文之必爲匋字也。銘云：「乍丝女匋盤」，叚作寶字。禁白殷。筍白大父殷：「乍嬴妃盥匋盨。其子孫永匋用。」鵙公殘劍。

偁　《説文》：「偁揚也，從人爯聲。」又：「爯舉也，從爪從冓省。」蘭按偁本象人挈再之形，再者載重之器，或省人，旁而作爯耳，變爲，遂爲形聲。偁缶殷。或者鼎：「用白偁魯𢦚」。《殷虛書契前編》七卷卅七葉一片。蘭按偁或不著手形而逕作，其變體因作矣。偁父甲爵。串偁父癸爵。

遟舤父辛觶。

舤侜　《説文》無舤字，此象人持舟之形，舟者皿也。《説文》：「侜，有廱蔽也，从人舟聲。」殆即此字之變。

倗　《説文》：「倗輔也，從人朋聲。」蘭按本非形聲字，象人持朋之形。《殷虚書契前編》四卷卅葉二片。乖白歸夆毁。倗中毁。倗白毁。倗尊。叔䊷毁。格白毁。

瑻頊　《説文》：「頊，頭頊頊謹皃，從頁玉聲。」蘭按非是，本象人棒玉之形也。頊䋣盨。

䫌　《説文》無䫌字。蘭按象人奉器之形，者殆所以承盥也。番生毁「䫌遠能㹜」，䫌蓋讀如優，優柔也，猶言柔遠寧邇耳。舊讀作擾，非是，擾之字本從夒也。此銘鏽未剔盡，容庚《金文編》誤摹作，其左頗似函字，余頗訝其與克鼎、晉姜鼎不合，得精拓本，乃始辨焉。毫釐之差，常以千里，雖如容君之矜慎而專於此學。此類錯誤，且所常見，摹釋之難可知已。克鼎：「䫌遠能㹜」，此䫌字鏽泐更甚，然皿旁，固清晰可辨也。《薛氏款識》晉姜鼎：「用康䫌妥褱遠㹜君子。」

晛晛顯　《説文》無晛字。蘭按即晛字也。《説文》：「晛，日出也。從日、見，見亦聲。」此象人舉首見日之形。引申爲明顯之義，故孳乳爲顯，蓋從絲從晛，《説文》以爲從頁㬎聲者非也。又引申爲四時之夏之專字。《殷虚書契後編》下卷十八葉八片。上卷四葉十六片。盂鼎。頌毁。

暊㬐頣　㬐字《説文》所無。蘭按當釋爲暊，頁變爲皀，夂又變爲女耳。鉩印又變夂爲止，而爲頣字矣。暊爲春夏之夏之初字，後乃省爲夏。白㬐父鬲。頣医朘鉩。頣医鉩。

朢朢望　朢義已詳旲解，此象人朢月之形，猶得古意。㫐鼎。師望鼎　西周末年，誤𦣞旁爲𡈼，與聖同科。

師虎毁　此作，耳字之異構，近于亡字矣。休盤，變爲亡，小篆承之，遂歧爲朢望二字矣。

監　《説文》：「監，臨下也。從卧，㓻省聲。」蘭按誤也。監者鑒之本字，古者以水爲鑒，故象人以目視皿之形，故監有視義。及盤鑑興，遂失其本義矣。頌鼎。鄧孟壺。攻吴王夫差監。監者浴器也。《莊子・則陽》：「夫靈公有妻三人，同濫而浴」是也。

臨　《説文》：「臨，監臨也。從卧品聲。」蘭按許誤。《爾雅・釋詁》：「臨視也。」《詩・大明》：「上帝臨女」，《皇矣》：「臨下有赫」，則臨有自上視下之義。《説文》：「瀶谷也。從水臨聲。」疑本當作臨，象下臨深谷之形。此下從，堇臨鼎下從，義雖未詳，要非形聲字也。盂鼎。堇臨鼎。毛公燧鼎。

𤇺焌　《説文》：「焌然火也。從火夋聲。」蘭按卜辭此字象火燃於器，人在其旁之形。《殷虛書契》八卷五葉二片。

祁祁　《説文》無祁字，「祁，太原縣。從邑，示聲。」蘭按此後起義也。祁字象人跪於神示之前，有所祈求也，殆即祈之本字，《説文》：「祈求福也。」祁盉。

卸卸御禦　卸字《説文》所無。蘭按此御之原始字也。《説文》：「御使馬也，從彳從卸。」又：「卸，舍車解馬也，從卩止午。」皆非是。御當從辵卸聲，凡金文皆作可證也，小篆之卸，即御之省耳。卸字數見於卜辭金文，亦《説文》所考，余謂與此卸字，實一字也。野蠻民族，類爲生殖器之崇拜。丄者以象男子生殖器，故卜辭有牡，羊，豝，麀等字，並以示陽性。男子稱士，而陽性生殖器俗稱爲勢，蓋並太古之遺語也。古午字與丄相類，卜辭午或作，或作，或作，形俱相近，故後世遂變卸爲卸，卜辭卸爲祭名，小篆作禦，《説文》：「禦，祀也。從示御聲。」然禦爲何祀，則未有知者。《爾雅·釋詁》：「禦，禁也。」《説文》：「篽，禁苑也。」然則卸之祭，本爲生殖器之崇拜，而此祭地禁人窺視，遂引申爲禁禦之意。古俗久湮，經傳無考徵諸文字，猶畧得其髣髴矣。卸父毁。卸毁。山毁。《殷虛書契》一卷四十四葉五片。八卷二葉八片。一卷二十五葉一片。中白御人鼎御字偏旁。頌毁御字偏旁。不娶毁御字偏旁。簋鼎御字偏旁。　補卸小子句鼎。

祝禓　《説文》無祝字，舊釋爲祝，蘭謂非是。丮在金文同於䰜字，則祝者禓之本字也。象揚手奉祀之形。《説文》：「禓道上祭。」《殷虛書契》六卷十六葉六片。七片。三葉八片。《後編》下卷，廿三葉十七片。禽彝：「隹王伐楚厌，周公某，禽祝。」

祝　《説文》：「祭主贊詞者。從示，從人、口。一曰，從兑省。《易》曰，兑爲口，爲巫。」蘭按象示旁人向天禱祝之意。《殷虛書契》四卷十八葉七片：「王祝。」八片：「王祝。」七卷三十一葉一片。《後編》上卷十九葉十片。大祝禽鼎。

禩禩禩　《説文》以禩爲鬼之古文，蘭按陳貺毀同，六國時文字也。古文兒，後世孳乳爲畟鬼二字，其本義則僅象人形，特示其首而已。此狀人跽示前，與祝字相近，祝叟聲亦相近，然則此亦祝祭之意，其非鬼神之耑字也明矣。《殷虛書契》四卷十八葉六片：「叀王視」，蘭按此與同葉七片「叀王祝」，八片：「王祝」，詞例正同。陳肪毁：「䰟神。」子禾子釜：「禝月」，蘭按當讀禝月，以事言之。

祝禝　《說文》無祝字，蘭謂即禝字，象人跽於禾前，古有后禝之官，禝者五穀之祭也。上文視讀如祝，此則祝讀如禝，探索古文，要須通識，未可膠柱也。《殷虛書契》二卷三十二葉三片。

休（休）　《說文》：「休息，止也。從人依木。」《殷虛書契》五卷廿六葉三片。《殷虛書契後編》上卷十二葉七片。八片。《前編》五卷廿六葉二片　蘭按卜辭此字同爲地名，而此獨從禾，古木禾二字多亂，知非異字也。大保毁。師害毁。師嫠毁。椃白毁。遣叔毁

屖辟　《說文》：「屖，屖遲也。從尸辛聲。」蘭按許以爲形聲字誤也。屖遲《釋詁》作棲遲，息也。此象人在辛側止息之形。辛者薪也。《說文》：「辟法也。從卩，從辛，節制其罪（辠），從口，用法者也。」蘭按許說迂曲，辟當從屖聲，爲璧之本字，者象璧形也。屖又可有避義，故辟字從之得聲，孳乳則爲避字矣。《殷虛書契》四卷十五葉七片。七葉六片。二卷二十三葉一片。《後編》上卷十二葉一片。競卣。白頵父鼎。屖尊。郳公鉦。王孫遺者鐘。

甸佃　容庚曰：「佃甸爲一字，魏《三字石經》侯甸古文作佃。」蘭按佃象人方即田之形，故有「佃作」之義而治田之區曰「甸服」，其官曰「甸人」也。《說文》訓佃爲「中也，從人田聲。」訓甸爲「天子五百里地。從田，包聲。」並誤據後起之義。克鐘。[illegible]毁。格白毁。

[illegible]畯　《說文》：「畯，農夫也。從田，夋聲。」蘭按象農夫在田側之形，後遂爲形聲字矣。《北京大學藏甲骨卜辭》。《殷虛書契》四卷二十八葉五片。六片。《後編》下卷四葉七片。盂鼎。秦公毁。

邑　《說文》：「國也。從口，先王之制，尊卑有大小，從卪。」羅振玉曰：「邑爲人所居，故從口從人。」蘭按羅說是。甸，畯像人在田，邑象人在口。《北京大學藏甲骨卜辭》《殷虛書契》七卷廿一葉四片：「貞乎从𢦏取炋𤰈啚三邑。」四卷四葉三片：「甲戌上㱿貞我弓㞢丝邑㱿已乍。」十葉六片：「余其𢍰邑。」十五葉二片。邑爵。周卿毁。北白毁。鼎。綸鎛。

𨛜 《說文》：「𨛜，鄰道也，從邑從号。」蘭按當從二邑。格白毁𨛜字偏旁。

處凥処 《說文》：「処，止也。從夂，得几而止。處或從虍聲。」又：「凥，處也。從尸得几而止。《孝經》曰：『仲尼凥』，凥謂閒凥如此。」蘭按凥處古實一字，人古或叚虎爲之，如皆字秦權作𧇯其譌也。凥字本象人依於几之形或作，因變爲，非從虍聲也。小篆或省作処，䖏省作處，遂歧凥與処處爲二字非矣。井仁妄鐘。旨鼎。魚匕

疒 《說文》：「疒，倚也。人有疾病，象倚著之形。」蘭按小篆作，不見倚著之意。金文疕疻二字從，蓋字之變，反卜辭作可證也。卜辭有字，象人倚爿之形。《殷虛書契》一卷十二葉五片：「貞告疒于且丁。」二十五葉一片：「貞疒卬于父乙。」四卷四葉二片：「甲子卜㱿貞王疒隹闕」十葉七片：「癸酉卜貞𩫖其㞢疒。貞𠅃亡疒。」十八葉三片：「貞亞多兒疒，亾疒。」三十二葉二片：「貞子不其疒。」六卷三十八葉一片：「癸酉卜貞剛其㞢疒，貞亾疒。」八卷六葉一片。《後編》下卷十一葉八片：「貞帚好不延疒。」

㐁㐁㐁宿 《說文》：「宿，止也。從宀㐁聲。㐁古文夙。」又夙古文作㐁㐁。羅振玉曰：「古金文及卜辭，夙字皆从夕从丮，疑㐁㐁爲古文宿字，非夙也。」蘭按㐁㐁實當作㐁㐁，象人止宿於茵席之形，或從宀作宿，非異字也。後世或叚㐁與㐁爲夙，故《說文》誤以爲夙之古文矣。《鐵雲藏龜》二百廿九葉四片。《殷虛書契後編》下卷二葉三片。四片。

窒叔毁：「宿夜」，假爲夙。

郮（配） 《說文》：「配，酒色也。從酉，妃省聲。」蘭按非也。金文配字，不從己而從卩，本象人在尊旁之形。《公羊宣三年傳》：「王者必以其祖配」，注：「配配食也。」蓋其本義。毛公𢉅鼎。周王㝬鐘。《薛氏款識》䣄子聖𧫧。拍舟，此已譌從己矣。

即飤 《說文》：「即，即食也。從皀，卩聲。」蘭按非也，郶猶就，象人就之形。者豆之豐滿者也，或從而爲食字，象人就食，引申有食糧之義，許於食部又歧出飤字矣。《殷虛書契後編》上卷廿七葉十三片。下卷二十四葉一片。四十一葉三片。《前編》六卷五葉五片。《後編》上卷廿四葉三片。《前編》五卷十七葉三片。廿一葉五片。《後編》上卷十九葉三片。同。盂鼎。兮白吉父盤。須炙生鼎。内公鼎。𡨦兕鼎。

卿 羅振玉曰：「象饗食時賓主相嚮之狀，即饗字也。古公卿之卿，鄉黨之鄉，饗食之饗，皆爲一字，後字折而爲

三，許君遂以鄉𨛜部，卿入部，饗入食部，而初形初誼，不可見矣。」《殷虚書契前編》四卷廿一葉五片。廿二葉一片。廿一葉五六片。廿二葉二片。五片。三片。廿一葉七片。廿二葉四片。六片。宰峀毁。小子㪅毁。卿毁。𠨍毁。休盤。效卣。欮毁。遹毁。師虎毁。

旣　羅振玉曰：「旣，象人食旣。許君訓既爲小食，誼與形爲不協矣。」《殷虚書契前編》七卷一片。《鐵雲藏龜》百七八葉四片。百六一葉一片。《前編》八卷十葉三片。《後編》下卷八葉十七片。《前編》五卷廿四葉一片。小臣傳卣。庚嬴卣。師寰毁。豆閉毁。休盤。㝉鼎。㝅尊。

[illegible]　《說文》所無，舊釋鄉誤。疑亦是既字。《前編》四卷廿二葉七片。八片。

侸𡔷僖歖　《說文》：「侸，立也。從人豆聲。讀若樹。」蘭按《玉篇》云：「侸，《說文》作侸」，據卜辭，則侸先侸後也。象人在壴旁之形。壴者樹於豆中，可以承物，以祭祖先，是爲糦也。《說文》：「僖，樂也，從人喜聲。」又「歖，猝喜也。從欠，從喜，喜亦聲。」又喜之古文亦作歖，實皆侸之孳乳字也。《鐵雲藏龜》百七十二葉四片。百十五葉三片。《前編》五卷十八葉一片。

嬉嬉　《說文》無。蘭謂從人之字，多變從女也。《前編》七卷四十葉二片。《後編》十卷九葉一片。

盆盆　《說文》無盆字，盆訓「盎也，從皿分聲」，蘭謂從分者介之僞也。《說文》以𡨚爲從分聲，又以寡爲從頒省，古文並從頁，可爲證也。介八韵近，八分聲近，故盆得讀如盆。本象人在盆中振浴之形，省作，遂誤爲耳。《殷虚書契菁華》五葉羅釋浴非。《前編》一卷五十一葉一片：「貞于盆用。」《後編》下卷三十葉十三片。

卹侐　《說文》：「卹憂也，從血卪聲。一曰鮮少也。」又：「侐静也，從人血聲。」蘭按卹侐實一字。《詩》：「閟宫有侐」，傳：「清浄也。」然則卹之本義，乃象人就浴之形，故有清浄之意也。訓卹爲憂，字當爲恤，許説失之。師寰毁。

追毁。奄公𩁹鐘。邾公釛鐘。

𧷢頮湏（沬靧）　《說文》無𧷢字，沬「洒面也。從水未聲。」古文作湏，隸書作頮，靧，蓋一字也。羅振玉曰：「此象散髮就皿洒面之狀。」《殷虚書契後編》下卷十二葉五片。

顯䫂(沐)　《説文》：「䫂，昧前也。從頁㬰聲。讀若昧。」蘭按非也。䫂爲顯字之譌。象俯首之形，即《説文》之字也。與形相似，故易致譌。金文作者，象一人俯首就皿水而沐髮，一人側立之形。讀如昧者，蓋當如沐，然沬爲洒面，此爲沐髮，則當讀爲沐矣。儕孫殷穀盤：「顯盤。」魯白俞父盤。魯白俞父匜。

𧷸釁亹亹　《説文》無𧷸字。釁「血祭也。象祭竈也。從爨省，從酉，酉所以祭也，從分分亦聲。」蘭按釁即𧷸字之譌。古酉或作，與形似，又似，故有此譌。古𧷸字象一人方浴，一人兩手執覆皿𧷸之，水流下之形。《齊語》云：「三釁三浴之」，《周禮·女巫》：「掌歲時祓除釁浴」，是也。古讀𧷸如門，故《爾雅·釋艸》：「虋蘼虋冬」，即門冬也。《詩》：「鳧鷖在亹」，箋：「亹之言門也。」亹者𧷸之誤字也。《釋詁》：「亹亹，勉也」，則又轉讀如尾，故彝器款識多借𧷸壽以爲眉壽，舊遂以𧷸爲眉字者誤矣。頌鼎。頌殷。魯遼父殷。尌中殷。大師鼎。子中匜。魯医簋。善夫克鼎。中師父鼎。畢𦎫殷。嚚白盤。脺医盤。洪白寺殷。𧷸朕鼎。邾公釛鐘。王子甲盞盂。奄公華鐘。𥂴公簋。齊医𦎧。歸父盤。姞殷。番君簋。魯医簋。

令　《説文》：「令，發號也。從亼卪。」蘭按象人跽於屋下之形，蓋命令古一字，後乃沾口耳。令斧父辛卣。《殷虛書契前編》一卷四十四葉三片。七卷十葉六片。乍册睘卣。盂鼎。大鼎。補令彝。

命　《説文》：「命，使也。從口，從令，令亦聲。」蘭按口以示發命也。豆閉殷。

僉僉　《説文》：「僉皆也，從亼，從吅，從从。」蘭按當象屋下象人之形，變爲，遂誤以爲從吅從人矣。父癸卣。

宂宂宆　《説文》：「宂散也。從宀在儿(人)屋下，無田事也。」又曰：「完全也。從宀元聲。」又曰：「宆，冥合也。從宀丏聲。」蘭按三者實一字，許氏歧之，誤已。《説文》以「賓」從聲，其古文作，金文則作，知賓本從完得聲，完古讀如昆，亦相近也。元本人字之變，故卜辭賓字作完，亦作宂宂，人與宂，聲亦相近也。然則宂本象人在屋内閒散之意，變人爲，因爲完字，變如，因爲宆字矣。《殷虛書契前編》二卷四十五葉二片。

北平聚魁堂裝訂講義書局出版一九三二年。

驫羌鐘考釋

鐘銘凡六十一字，今見五器，四藏廬江劉氏，一在美國，並出鞏縣。同出者有驫氏鐘九枚，銘爲「驫氏之鐘」四字，一在美國，餘亦在劉氏（在美國之二器，僅馬叔平先生曾借得拓本，余所編《商周古器物銘》已印入）。二十年初秋，余自瀋水，暫來北平。孫君伯恒見謂近出驫羌鐘文辭古茂，惜未得一讀焉。及倭寇變起，隻身西返，困頓客邸；忽在錫永處，得展全拓，座尚有吴、劉二君。三人者咸博識多聞，精通義理。夜闌索車，歸徑隘岸，余呼二君，謂宜各爲考釋，以通其詁，皆諾之。翌日，又以請錫永。荏苒經月，劉考先竣，吴君踵之。俱致力精勤，考核邃密。而余因循怠忽，迄未削藁，僅曾畧記所知於近著《古樂器小記》中而已。既得讀二文，彌以增慚。余既寡學，重以喪亂孑遺，篋書淪墜，索居仰屋，有如盲瞽。然猶繼以有作者，踐宿約也。余文既後出，難免蹈襲二君之美，間或小有異同，要亦實事求是云爾。滬戰繼起，吾故鄉實鄰之，國家多難，未知曷已。援筆惕然，誦「武侄寺力」之銘，安得猛士以守四方哉！二十一年二月九日唐蘭記。（劉君節、吴君其昌二文見本刊第五卷第六號）

羌鐘图

羌鐘拓本一

羌鐘拓本二

唯廿又(有)𠕋(再)祀

𠕋字最奇古難認，蘭按：當是從二從冄，再之變體也。殷虛卜辭有冄字，羅氏誤釋爲冓，又有𠕋字，商氏入之《待問編》，實皆再字。再象覆甾之形，甾再聲之轉，《説文》以爲冓省，非是。冓象兩甾背疊之形，卜辭爯字作□、□、□等諸體。冓，作□、□、□等體，金文叔多父盤冓作□，又召白簋有□字，郾侯簋有□字，余均考定爲冓字。詳近著《名始》。據此諸字，推校其形，知□，再字之變，其上疊爲重畫者，古文字之例致多矣。再又從二者，或以再有二義，或爲繁飾，未之能詳。然其字要當讀再無疑也。《薛氏款識》載齊侯鎛云：「弓用或敢□捧䭫首。」舊釋□爲商，字形頗相混，然商捧無義，且商字上當從辛若辛，與此實非一字，今謂當亦再字。古人多再拜。《玉藻》「酒肉之賜弗再拜」可證。則□即再之變，復緟益口字耳。此云「廿有再祀」者，《周禮·巾車》云：「玉路，錫樊纓，十有再就，建大常，十有二斿，以祀。」鄭注：「十二就，就，成也。」則再即二，屬詞之偶變，「廿有再祀」之即「廿二祀」，猶「十有再就」之即「十二就」矣。廿有再祀者，周靈王之廿二年，晉平公之八年也。吴考以爲靈王二十三年，時代相當，而年曆微忒矣。

⿸广驫羌乍（作）伐氒（厥）⿰阝辛（辟）⿰𠦝丸（韓）宗敲（擊）

⿸广驫字《説文》所無，當爲從广驫聲。《説文》：「驫，衆馬也。」⿸广驫爲氏名，以同出之⿸广驫氏鐘證之可知。⿸广驫一作驫，羅氏《集古遺文》有驫𡚬鼎彝各一，並云：「驫𡚬乍寶隮彝。」驫亦氏名也。羅云：「彝出洛陽某村。」鼎所出當同。容君庚告余：「此鐘出鞏縣。」鞏、洛壤地亦相接也。劉考云：「《水經·沁水注》：『南歷陭氏關，又南，與驫驫水合，水出東北巨駿山。』或即驫氏所邑之國。」其言甚是。特此器之⿸广驫，但氏而非國名耳。水之名驫，或以産馬之故，故其山名巨駿；至氏以地名，則周人通例也。⿸广驫羌人名，⿸广驫氏羌名。銘曰：「⿸广驫羌乍□氒⿰阝辛⿰𠦝丸宗敲。」知⿸广驫羌者人稱，非國邑之稱也。□即伐字，人旁作□，乃筆畫違異耳。氏當讀厥。陳矦因資鐔：「合敭氏德。」亦借氏爲厥。古書多以氏爲是。《爾雅》以厥爲其。氏、是、其、厥，並聲之轉耳。⿰阝辛即辟，君也。⿰𠦝丸銘文作□，余舊釋旟，與劉、吳二君同，馬衡先生則據古印韓姓多如此作，謂當釋爲⿰𠦝丸，讀若韓。聞徐君中舒所釋同馬説，今按釋⿰𠦝丸是也。王孫鐘「中□叡旟」，沇兒鐘「中□劇陽」（又見薛氏《鐘鼎彝器款識》許子鐘及馮氏《金索》徐王子旃鐘），其偏旁與此作□者正同。彼文當讀爲中翰且揚。翰猶翼，故有高義。《易·中孚》曰：「翰音登于天。」翰，高也。古人以翰喻音，故諸鐘下文均云「元鳴孔皇」也。《説文》：「□日始出光⿰𠦝丸⿰𠦝丸也，从旦㫃聲。」凡㫃字古文多變□，則知□即⿰𠦝丸字。至昜之古文，雖間作□（貉子卣，又他器偏旁），末筆多彎曲。⿰𠦝丸旟二字，易於混淆，差以毫氂，失之千里矣。韓宗即晉卿韓氏之宗也。敲，讀若擊，樂器名。《臯陶謨》：「戛擊，鳴球。」戛擊，《明堂位》作揩擊，《長揚賦》作拮隔。《荀子》、《大戴禮》、《史記》作膈；本皆當作敲，象以攴擊鬲，與鼓、磬、敔等字同。後世鐘之所託始者，已詳見余《古樂器小記》中。

⿸广驫羌作伐氒辟韓宗敲者，⿸广驫羌殆韓氏之臣，以稱韓宗考之，當是族人之爲臣者，伐其君韓宗之功而作鐘也。云氒辟韓宗者，與克鼎「氒辟龏王」文例正同矣。

達征秦𨒫齊

達，《説文》「先導也。」近出小臣謎簋：「王令易自達征自五齵貝。」則達征爲周人習語也。𨒫即迮，迫也。廉南湖藏簷鼎云「用征以迮」，亦以「征」「迮」對文。

按征秦迮齊，非一時事也。征秦者，晉悼公之十四年，周靈王之十三年，《春秋·襄公十四年》所謂「夏四月，叔孫豹會晉荀偃、齊人、宋人、衛北宫括、鄭公孫蠆、曹人、莒人、邾人、滕人、薛人、杞人、小邾人伐秦」者是也。迮齊者，晉平公之三年，周靈王之十七年，《春秋·襄公十八年》所謂「冬十月，公會晉侯、宋公、衛侯、鄭伯、莒子、邾子、薛伯、杞伯、小邾子同圍齊」者是也。

入⿺辶長⿱成土

⿺辶長字又見李氏藏古玉刀柲云：「明則⿺辶長，⿺辶長則退。」六國時器也。又古鈙氏姓多有⿺辶長孫，余謂即長孫也。⿺辶長⿱成土，商君以爲即長城，劉君以爲即齊之長城，引《水經·東汶水注》：「泰山即東小泰山也。上有長城，西接岱山，東連瑯琊巨海，千有餘里。」二説均確不可易。

先會于平陰

會字，從，象器中盛水也，上下象合之之形。陰字從金，與貨幣同。平陰齊地，劉考引《後漢書·郡國志》濟北國盧縣下「有平陰城，有防門」，「有長城東至海」，而云實今山東之平陰縣，亦是也。

按：「入⿺辶長⿱成土，先會于平陰。」並迮齊之事也。《左傳·襄十八年》云：「冬十月，會于魯濟，尋湨梁之言，同伐齊。齊侯禦諸平陰，塹防門而守之，廣里。……丙寅晦，齊師夜遁。……十一月丁卯朔，入平陰。」此銘所紀，正此事也。劉考引此傳而疑未敢定，余爲參稽前後，蓋無可疑也。

武俓寺（是）力

俓，《説文》所無，《廣雅·釋詁》：「⿱臤耳也。」按當與《説文》之⿱巠至字義同。「⿱巠至，忿戾也」，或作⿰忄巠，《廣雅·釋詁》：「佷也。」皆勇很之意也。寺，是也。力，勤也。武俓寺力，猶《詩·烝民》云「威儀是力」矣。

⿱宀譶（襲）敓楚京

《說文》無⿱宀譶字，當訓急疾，從宀 譶聲。《說文》「譶」訓疾言也。⿱宀譶敓猶襲奪，襲爲蹔取，故利疾速，⿱宀譶襲聲同，故可假用。

按：　晉軍入平陰後，「己卯，荀偃、士匄以中軍克京茲。乙酉，魏絳、欒盈以下軍克邿。趙武、韓起以上軍圍盧，弗克。十二月戊戌，及秦州伐雍門之萩」。厲羌爲韓氏之臣，則當在上軍中，圍盧弗克，而伐雍門之萩以示武而已。《左傳》又云：「齊侯駕，將走郵棠，太子與郭榮扣馬，曰：『師速而疾，略也。將退矣，君何懼焉。』」晉軍既欲速退，故「甲辰，東侵及濰，南及沂」。楚京蓋此區域中之小地名，今不可詳考。時晉師未返，楚師伐鄭，師曠、董叔、叔向議其無功，故楚京亦可疑爲楚之京，然苟爲楚都之郢，則此時固不能以襲敓得之也。若劉考引繆君説謂是曹國之楚邱，則相去已遠，且曹本身正是迮齊之國，必不襲己邑可知矣。

賞于𨊠（韓）宗令（命）于𣈆公⿰昭阝（昭）于天子用明則之于銘

賞于家，命于國，並告之王也。令字各家俱釋爲賓，賓古文俱作、等體，此作，當釋令讀如命也。⿰昭阝或作卲。然晉師既平陰之役，魯公享晉六卿，賜之三命之服，軍尉、司馬、司空，輿尉、侯奄，皆受一命之服，見《左傳・襄十九年》。然晉師既返，晉公亦必有賞錫，特以本國之賞錫爲常，故史不著耳。厲羌既爲韓氏之族子，則得受命于晉公矣。傳又云：「於四月丁未，鄭公孫蠆卒，赴於晉大夫。范宣子言於晉侯，以其善於伐秦也。六月，晉侯請于王，王追賜之大路，使以行，禮也。」據此可知晉尚尊周，周亦徇晉之意，征秦迮齊之功，其册必盡在周室矣。則，刻劃也，《說文》：「等畫物也。」刻之於銘，著己之勞伐，以垂子孫也。傳又云：「季武子以所得於齊之兵，作林鐘，而銘魯功焉。」則平陰之役，當時爲鐘而銘之者，不僅厲羌之於韓宗矣。征秦爲周靈王十三年，迮齊爲周靈王十七年，而銘云「唯廿有再祀」者，據鐘成之時，而追紀前事也。晉師之返，在靈王十八年春，至是又四年矣。

武文□刺（烈）永枼（葉）毋忘

晉國有二「武、文」。其先唐叔子燮爲晉侯，晉侯子寧族是爲武侯，又穆侯太子仇爲文侯，是也。其後者，則曲沃武公更號爲晉武公，其孫爲文公是也。凡鐘鼎銘，皆追記祖考先烈，則此當爲武侯及文侯，余前記爲武公、文公者誤也。《世本》及《國語》，並謂韓萬爲曲沃桓叔之子，《國語》最詳晉事，《世本》悉著譜系，當得其實，則韓宗爲晉裔無疑。《史記》以爲周武王子韓侯之後，非也。曲沃桓叔爲文侯之弟，故韓氏得祖武侯、文侯矣。

此銘以秦、城、陰、京、銘、忘爲韵，又宗、公亦韵也。

載《國立北平圖書館館集》第六卷第一期一九三二年二月。

又《唐蘭先生金文論集》第一至五頁，紫禁城出版社一九九五年十月。

《尚書》研究學期論文題

一、夏商文化概論

文獻上的材料，如《尚書》、《詩》、《山海經》、《天問》及《上古考信録》、《繹史》（此書頗雜，用之當慎）等。近世新發見的材料，爲古器物及甲骨刻辭、銅器銘文等，可參考羅振玉《殷虚書契考釋》、王國維《觀堂集林》、地質調查所出版《甘肅訪古記》等及中央研究院《安陽發掘報告》。

二、《虞夏書》撰述時代的推測

三、《尚書》中所見的特殊修詞法

四、試由《尚書》中考見上古史的概略

五、清以前學者整理《尚書》的成績及今後治《尚書》者所應持用的方法

（任作一題六月二十日交卷）

載《北京大學日刊》第二八四五號一九三二年五月三十號。

臞禪先生《白石歌曲旁譜辨》跋

臞禪先生此文，謹嚴詳覈，惟於鄙說，稱許太過，攬之但有慙汗耳。

文中糾正鄙説者三處：一曰，以ㄣ爲折，與白石折字法不合。蘭謂白石折字法，今尚未明其説，夏君所舉戴氏之説，不盡可通，固已自疑之矣。二曰，以ㄌ爲小住，按之《謳曲旨要》不符。按夏君引《謳曲旨要》云：「大頓，小住當韵住。」而白石譜中，如《揚州慢》之昏字，《淡黄柳》之單字，並非韵住，誠屬可疑。然白石譜中用ㄌ處甚少，除上舉二例外，只有《淡黄柳》「正岑寂」之寂字，《暗香》「江國」之國字，疏影「但暗憶江南江北」之北字，三處，則盡爲韵住，是前二處或爲傳寫之誤。如《淒涼犯》「怕匆匆不肯寄與誤後約」之約字，當用大住之す，而亦誤爲ㄌ；宋以後，俗字譜幾同天書，傳寫多誤，乃所不免，鄙説似未誤也。三曰，合尖勾爲尖尺，以尖一爲下一，辨譜未精。蘭按夏君此節，乃引吳瞿安先生説，至爲精碻可佩。蘭所以誤以尖一爲下一者，實緣誤以《廣記》之尖五爲下五。《廣記》以五當姜譜之下五，高五當姜譜之五，尖五當姜譜之一五；而《詞源》則以高五當一五。故蘭誤以《廣記》之高五，當《詞源》之高五，乃遂以《廣記》之尖五當下五。下筆之時，未檢律吕，實殊疏忽也。然則蘭前文中之《管色應指字譜》，於《四宮清聲》下，頗多錯誤，而夏君附表，亦未瞭然，故附正於此：

四宮清聲

《姜氏古今譜法》	《白石旁譜》	《廣記》	《詞源》
黄清　六	久　六	（大）　六	幺　六
大清　下五		（す）　五	す　下五

續表

《詞源》	《廣記》	《白石旁譜》	《姜氏古今譜法》
 五	 高五		太清 五
 高五	 尖五		夾清 一五

説明

「六」當依《白石譜》作「𠃌」。

「下五」當作。二書並誤。《廣記》以下五爲五，故以五爲高五。「五」當依《白石譜》作「」，二書並誤。

「一五」當依《白石譜》作「」，二書並誤。按一五或稱緊五，《廣記》稱尖五，而《詞源》稱高五，則謂高於五也。

依上所記，則凡稱尖者皆高於本聲，是尖一當爲高一，而余昔者誤以爲下一者，適得其反矣。

夏君文中，關於音節之懷疑者，凡有二端：一爲，一字一音，不合當時樂歌之情狀。謂「宋代燕樂必非一字一音」，其説甚是。蘭於此竊有説焉。姜氏《大樂議》：「知以一律配一字，而未知永言之旨。」然則製譜以一律配一字，而歌者永言，遂變爲繁聲。今曲中「底拍」者，亦常多一字一音，如《哭像》之《端正好》一支，即其明證。《端正好》首句「是寡人昧了他誓盟深」，只「了」及「盟」二字，爲有二音，其他稱此，其曲亦未嘗不可歌。而「節拍」一種，每字必有「主腔」，此「主腔」者爲應字之律，而其餘則歌者所永言也。宋時畫譜之法，不如今日之詳，故但以一律配一字，而任歌者爲之疾徐繁簡，猶後世《納書楹》之未點板眼焉。至後世則每腔必畫，歌者遂不如往日之自由，而所謂小腔爲譜所不載者，率在毫芒之間，拘縛太甚。崑曲之漸至廢棄，此殆其一因也。

其又一事則致疑於蘭所謂宋詞一句一拍之説，而別舉拍眼四種不同之説。按「一句一拍」者，既與鄙説符矣。「一字一拍」者與鄙説實亦相合。凡底拍之曲，細心辨之，每字實亦有拍。即如《哭像》之《端正好》，首二句除最後之「廣」字占二拍外，餘並一字一拍。然則一句一拍者，同時亦一字一拍，稍緩之則即一板一眼，倍之則爲一板三眼，更倍之則有贈板，而似一板七眼矣。今曲之板，不依字數者，以有襯字；若宋詞則一句有若干字即有若干板，其疾遲在唱者定之；唱之速者爲底拍，唱之舒遲者即爲節拍矣。又「數字一拍」者，即「一句一拍」也。《碧雞漫志》謂《六么》拍無過六字者，此所謂「拍」即「句」也，與白石《徵招序》云「《齊天樂慢》前兩拍」，即前兩句正同。蓋流拍之曲，如《金錢花》之類，每拍不過二字，決不能以快拍而歌六字，則可知此六字之拍，當爲句也。至「慢曲必十六拍，引，近必六均拍」一種，雖與今存慢詞或引近句數未必悉合，或中有艷拍之類。當遍取而詳考之，則有待於異日矣。

要之，拍眼不過快慢二種，其快者即吴瞿安先生所謂「流拍」，有時施之於大曲，似無關於小唱，其慢者即「底拍」，引而緩之，亦即「節拍」，宋詞所用，多屬此類。而當時稱之，則有以一句爲一拍，有以一字爲一拍。其歌之也，則逕以一字一拍，故於譜中不必再畫拍號矣。

蘭以爲姜氏有譜之詞，均屬可歌，第以音律非素嫻習，荏苒經年，未有成業。承顧頡剛先生見示此文，並屬附其管見，故略述如右，以就正於吴、夏二先生。

重陽日記於故都僦居之無斁齋

載《燕京學報》第十二期第一三九至一四一頁。

整理説明：

原文篇名僅一「跋」字，爲醒目由整理者代擬此篇名。

獲白兕考

考古之學，莫先於古文字，蓋遠世史實彌不賴文字而傳，即其發掘故墟，訪求遺俗，徵諸圖畫，考之實物，苟不能由古文字爲之證明，亦終難得當時之實際情況也。然古文字歷世既久，本難辨認，又復變動不居，易致傳譌；考釋之者，偶一不慎，或穿鑿新奇，或因仍故説；文字之辨認既疏，則其本此以解釋之史料，自難徵信，古史之實況反因而湮晦矣。

殷虚甲骨之發見，其所刊文字，於古文字學中，占特殊重要之地位；視商周銅器文字，且猶過之。然因時代稍早，形聲文字較少，又且字形結體，大都小如粟粒，刀筆刻畫，易方難圓，故多簡省字體，變易筆畫，其辨識之，尤難於銅器文字。故自孫仲容（詒讓）創通其凡，羅叔言（振玉）、王静安（國維）二先生，大昌斯學，考厥所得，可灼然無惑者，僅十之五六而已。嗣後釋者，亦有多家，丹徒葉玉森與我友番禺商錫永（承祚），其尤著者，葉氏好爲穿鑿，然亦偶有新得，商君頗矜慎，集各家説，略伸己意，頗便於學者。迄於最近，中央研究院於安陽殷虚作大規模之科學發掘，其探索範圍，已超出甲骨卜辭之外，然自研究其所得之史料而言，文字一端，仍不失爲最重要之關鍵也。

十八年十一月李君濟之於殷虚掘出巨獸頭骨，額間有文兩行，曰：「于田，隻（獲）白，杲于□，才（在）□月，隹（唯）王□十祀，彡（肜）日，王來自盂。」同地又掘得鹿頭骨，其上亦有刻辭二行，曰：「己亥，王田于羌，（下缺）才（在）九月，隹（唯）王。」（下缺）董君妟堂（作賓）因作《獲白麟解》，載於《安陽發掘報告》第二期，董君之意，以爲即古麐字，而此巨獸之骨，亦即白麟之骨也。

羅氏作《殷虚書契考釋》録馬字異文十一（民國三年版），商氏作《類編》因之，而增至三十二字。然卜辭象形字，筆畫過簡，毫釐之異，便殊其字，羅、商二家，分别未精，所定爲馬字者，頗雜他字。董君乃區於馬，以爲有一角之獸，與馬之長頭有鬣間或有蹄者殊，其分析之，實甚精確。

然董君遂以此爲麟字，余實不能無疑，比居北平，得識董君，縱談及此，董君未膠執舊説，僅云其字不可識而已。其於學問之虛心，殊可佩也。

據董君文中所稱引，則此獸頭，實附數牙，經法國古生物學者德日進氏定爲牛牙，此獸爲牛族無疑也。麐之爲獸，自昔相傳以爲鹿族，就董君所引，如《爾雅》、《説苑》、《孝經古契》、《京房易傳》、《説文》、《草木蟲魚鳥獸疏》等，咸以爲麕身，或謂如麕，而所附柳敏碑陰刻麟圖，及山陽瑞像圖之麟，並與鹿形近似，第獨角爲異，而與牛形則相隔殊遠。

李濟之君舉《馬哥孛羅遊記》中亞述利亞古刻一角白牛之插圖，及其他巴比倫之一角神牛之繪畫，以爲牛與麟有關。董君據之，遂以爲麟即稱爲里姆之野牛。抑此種推論之證據，其薄弱乃至顯著，蓋以别一國文獻中稱爲里姆之牛族，而斷然加以我歷史上分明爲麕身牛尾之麟之名，固事實所不能容許也。

顧董君所證明麟爲牛之變種者，凡有八事。除第五事之文字外。一曰古事，則即謂亞述利亞之野牛；我人所宜注意者，此野牛與麟初無關係者也。二曰物證，謂牙爲牛類而記事則爲麟，然所謂記事者，必文字之辨識真確後，乃可憑信，故此條與第五事實爲複出也。三曰傳説，河南各地有「牛生麒麟豬生象」之語；四曰記載，引《元史·五行志》及陳鶴《明紀》，均謂牛産麒麟，又引《異林》等七書，其説均同；然此二條實出一源，由記載而言，則最早見於《元史》，而盛行於明嘉靖間，謂牛生犢而有鱗；此元明間人多荒陋不學之故，而河南各地之傳説，則又由於而發生者也。六曰，毛色，謂麟有五色，與牛相似；七曰性情，謂麟性仁厚，與牛之馴順相似；此二者並非直接證據，以他族亦可有五色，亦未必決不馴順也。八曰尾爲牛尾，此誠見於古籍，然既以此爲根據，則必同時承認其爲麕身而牛尾，因每一完整之記載，不容有所取去，古人既知其尾爲牛尾，必不致於其身，反誤認牛形爲麕，今取其牛尾之説，而遂推斷其全體爲牛，非論證之法也。

就文字而論，董君以□字爲麟。然古文字中實别有麟字，《説文》：「麟，大牝鹿也。」「麒，仁獸也，麕身，牛尾，一角。」「麐，牡麒也。」是麟字本當作麐。殷虚卜辭有□字，羅氏云：「从□似鹿而角異，从吝省聲，殆即麐字，鹿爲歧角，麐角未聞似鹿，故此字角無歧，許從鹿，殆失之矣。」又銅器秦公簋云：「以受屯魯多釐，釁壽無疆，畯疐在立，高弘又□，竈囿四方。」秦公鐘銘略同，宋人釋□爲慶。我友容希白（庚）《金文編》云：「慶《説文》所無。」董君則申容絀羅，而以慶爲從鹿從文，會意，象鹿皮之有斑文也。

欲論慶之是否爲麟，不能僅以「從鹿從文會意」之一假定爲滿足也。我人先當審□字所從之□爲何字乎。

卜辭有字，及覻字，羅氏併釋爲麑。其説云：「象鹿子隨母形，殆即許書之麑字。《説文》訓麑爲狻麑，而別有麛字，訓鹿子，然麑之爲字，明明從鹿，會合鹿兒之誼，正是鹿子矣。卜辭以有角無角別鹿母子，故卜辭中之字，似鹿無角，緣是亦得知爲麑字矣。」羅氏誤認從見之字，以爲兒字，故有此説，所謂卜辭以有角無角，別鹿母子，亦其所臆測也。卜辭又有麇麔二字，並從，羅氏於麇下，則云「麇殆似鹿而無角者」，是其自爲矛盾之證也。以字形論之，蓋鹿屬而無角者，然則卜辭麔字之從，當即字之變體，此以金文麔字之從可以證知之。

《爾雅·釋獸》曰：「麇，牡麔，牝麎，其子麆。」又曰：「鹿，牡麚，牝麀，其子麛。」又曰：「麕，牡麌，牝麜，其子麆，」此麇鹿暨麕者，鹿族之三大族也。卜辭數見字，舊不之識，故商氏列於《待問編》。余謂此乃麇字，又有字，且屢見偏旁，又有字，亦均在《待問編》，余謂當釋爲眉或覔，蓋惟古文麇眉形相近，故經傳眉壽多作麇壽也。鹿字見卜辭甚多，亦見金文，皆象歧角之形，則麇鹿並象形字也。

《説文》以麇爲從鹿囷省聲，籀文作麕，《詩·野有死麕》，釋文作麏，云「本亦作麕，又作麇」，囷與君皆聲，固無可疑，然《説文》以從禾爲囷省聲，則失之。殷世已有麇字，而麕麏之字發生，尚在其後，又安得因而省之哉？余謂麇字實從禾聲，穪或穮之本字也。《春秋公羊·哀十四》傳云：「有麏而角者」，則麇本無角，其證甚明；《説文》：「麇麞也」，「麞麇（本誤麇依諸家注訂）屬也。」《考工記》注云：「齊人謂麕爲獐。」則麞即獐，而今之獐固無角也。則麇之本字，以麇鹿例之，實當作，以無角別於鹿，亦象形字也。

麐爲麕屬，故《公羊》記有麕而角者，而《春秋》記爲獲麟，此一證也。《爾雅》等書，並言麕身，此二證也。《爾雅·釋獸》：「麠，大麃，牛尾一角。」郭璞注云：「漢武帝郊雍，得一角獸，若麃然，謂之麟者，此是也。麃即麞，黑色耳。」《史記·孝武紀》：「獲一角獸，若麃然」，索隱引韋昭云：「體若麕而一角，《春秋》所謂有麕而角是也。楚人謂麇（本誤麋，今正。《爾疋》，「麕鹿藿。」釋文，「麕，郭巨阮反，謝其隕反。」《説文》、《廣雅》則云：「麃鹿藿也。」此正麇麃聲慱之例。）爲麃」，此三證也。麕即麒麐之合音，（麒麟猶吉量，二字爲一名，漢人乃歧爲二名，董君以爲後世始以爲一名，非是。）此四證也。

《鐵雲藏龜拾遺》第十一葉有字，葉玉森疑爲麟字，其形頗似麕之或體，而首有角，揆以龍鳳字，卜辭並以▽

爲角，則葉説庸或可信也。《説文》以麐爲從鹿吝聲，則轉爲形聲字，卜辭鳳字，亦象形與形聲並存也，其從鹿者之誤也。吝字又從文聲，形聲之初，無轉輾取聲之理，則卜辭金文，從文聲者乃其夙初，或從吝聲，當爲後起。蓋從文聲者，兼取其義，《説文》有媽字，即文馬也，則麐之從文，亦謂麐之有文者，故京房稱其有五彩，《廣雅》謂之文質彬彬也。羅氏謂從吝省聲，董謂鹿之文者，皆失之矣。

惟麐從文聲，故亦語轉爲麠。《爾疋》之「麠，大麃，牛尾，一角。」與「麐，麕身，牛尾，一角。」所異者，一爲大麃，一爲麕身耳。然「楚人謂麋爲麃」，郭璞以麃爲麞，而《説文》以麕爲麞，是麃麕乃同物而異名；則麐之與麠，本亦同物，皆麕字一聲之轉，爲方俗之殊名；《爾雅》非一人所集，故並録之耳。《説文》：「媽，馬赤鬣縞身，目若黄金，名曰吉皇之乘，犬戎獻之。」《周書・王會解》作吉黄。《海内北經》：「犬戎有文馬，名曰吉量。」凡此吉皇，吉黄，吉量，其合音正與麠同。文馬名曰吉量，而文麕謂之麠，則麐或謂麠，故秦公簋假爲慶字，（《易・豐》曰：「來章有慶」，《詩・楚茨》曰：「孝孫有慶」，《書・呂刑》曰「咸中有慶」，有慶爲周人習語，此當從宋人讀爲「高弘有慶」。）以與疆方爲韵也。

古文字中之麐字，既確爲麟之本字，則字非麟也。即以甲骨中之記載觀之，《殷虚書契前編》云：「獲十一，」（四卷四十七葉之六）《後編》云：「逐六」（上卷三十葉之十）夫以一次之田獵，而能逐六或獲十一，則其獸之多，可以想見。而麟則不然，《周書・王會解》云：「正北方，義渠以茲白、央林以酋耳、北唐以閭、渠搜以鼩犬、樓煩以星施、卜盧以紈牛、區陽以鼈封、規規以麟」，凡此皆絶域之奇獸，王者之德威播之，乃以來貢也。故《公羊傳》曰：「西狩獲麟，何以書？記異也。何異爾？非中國之獸也。」《穀梁傳》曰：「其不言來，不外麟於中國也。不言有，不使麟不恒於中國也。」二傳同詞，以爲麟非中國之獸，時無王者而忽有此，故孔子以爲悲矣。殷虚時代，上起盤庚，下接周初，豈有方其時，遍於原野之獸，至周時，忽爾絶迹，乃反徵諸異域，此理之必無者也。則之非麟，亦既章章矣。

然則究爲何物與？

曰，兕也。

甲骨字之變體殊多，若、若、若、若、若（並《前編》一卷十九葉）若、

(二卷三十一葉)若、(四卷四十六葉)若、若、(四十七葉)若、(四十八葉)若、(七卷三十四葉)若、若、(四十一葉)若、(《徵文·游田》十三葉)若、若、若、若、若，(並《安陽發掘報告》三零三葉)然第繁簡不同，位置互異而已，固皆象一角之獸，而其角且特大者；金文已觚有字，(《殷文存》下卷二十五葉)其狀尤顯著。

《說文》：「如野牛而青色，象形。」蓋即卜辭之作形，而小異耳。《說文》舊有校語云「與禽离頭同」，則別本篆當作，是又形之異也。然則以字形論之，甲骨刻辭中此字，當釋爲兕，即《說文》之𠒋，可決然不疑者。

《海内南經》：「兕其狀如牛，蒼黑一角。」《爾雅》「兕似牛。」郭注云：「一角，青色，重千斤。」《左傳》疏引劉欣期《交州記》曰：「兕出九德，有一角，角長三尺餘，形如馬鞭柄。」按兕角可爲酒觵，《詩·卷耳》：「我姑酌彼兕觥，」《韓詩》説：「以兕角爲之，容五升。」蓋兕角之巨可知。然則一角之獸，而其角又特大者，當爲兕之形，亦皎然無疑者也。

殷虚所獲得之獸頭，其上刻獲白兕之文，而其牙則已確定爲牛牙者也。兕爲牛族，具見前載，則此頭骨確即兕骨，董君所以爲獲其獸而於其骨上，記其本事與本名者，亦可無疑已。(據董君近時之意見，則謂此獸頭實兩角之牛，與刻辭所記一角之獸無關，記其説，以俟更考。)

兕在後世，頗罕見，在古代則不然。《南山經》云：「禱過之山，其下多犀兕。」(山在交廣間)《西山經》云：「嶓冢之山，獸多犀兕熊羆」，(山在甘肅)「女牀之山，其獸多虎豹犀兕」，(山當在陝西)「底陽之山，其獸多犀兕虎犳牸牛。」《北山經》：「敦薨之山，其獸多兕旄牛。」《中山經》云：「崌山，其獸多夔牛麢㚟犀兕。」(崌山當在四川)雖每在四裔林菁叢密之處，乃特謂産之多者耳，中原亦頗有焉。故《晉語》云：「昔吾先君唐叔射兕於徒林，殪以爲大甲，以封於晉。」《詩·吉日》云：「殪此大兕。」而以兕爲甲，又見於《考工記·函人》，以兕角爲觵，數見於《詩》，爲爵，見於《左傳》，可知兕爲當日常見之獸也。

新得兕頭骨上，刻文云：「于田，獲白兕。」又鹿頭骨刻辭云：「己亥，王田于羌。」董君謂獲二獸之時與地，皆當相

近，其説殆可信。近於羌，則當在今之甘肅，正産兕極多之區矣。

殷人尚白，故獲白兕則書，此風至周初猶然。武王伐紂，有白魚之祥，又用大白小白之旗，穆王征犬戎，得四白狼四白鹿以歸。作册大鼎云：「王賚作册大白馬」，凡他色不特稱，而常著白色者，殆承殷之遺風。世每以五行之説，爲戰國時所起，其實不然也。

獲白兕之時代，今雖不可詳考，然當在盤庚以後，周興以前，則有可斷言者。近來殷虚所發見甲骨，均用以記一切之事，無殊於後世之簡素，而此獨以記本事，誠可寶貴。蓋當時田獵得兕，以其白色也，故祭於祖先；復自矜其能也，故刻辭於骨，而寶藏以示後世。千載而下，其情況，歷歷如可指數。而董君釋爲麟，則於既往之史料，多所扞格矣。故重爲考之，以詒世之治古史者。

貉子卣貉字之偏旁作，丁君山、商君錫永據此，以爲亦豸字。然即兕字，已無疑義；而之是否豸字，則尚難證實；與之同異，亦難遽定；故姑附記于此。

載《史學年報》第一卷第四期第一一九至一二四頁一九三二年六月。

《頌齋吉金圖録》序

冶金之術，其興於夏以前乎？《尸子》謂「蚩尤作九冶」。《世本》則謂「蚩尤以金作兵」。《大荒北經》亦謂「蚩尤作兵伐黄帝」。所謂兵者，殆干戈也。蚩尤始制而黄帝效之。故《史記》謂「黄帝乃習用干戈」矣。繼干戈而有弓矢，《世本》：「揮作弓，牟夷作矢。」《荀子·解蔽》：「倕作弓，浮游作矢，而羿精于射。」《吕覽·勿躬》：「夷羿作弓。」《海内經》：「少皞生般，般是始爲弓矢，帝俊賜羿彤弓素矰，以扶下國。」四説歧異。要之，其人皆後於蚩尤焉。

迄乎堯、舜之際，舞干戚以服有苗；象矜謨蓋之績，欲得干戈暨弤，斯兵戒犕備矣。《韓子·十過》言：「堯有天下，飯於土簋，飲於土鉶；……虞舜受之，作爲食器，斬山木而材之，削鋸修之迹，流漆墨其上；……禹作爲祭器，墨染其外，而朱畫其内，縵帛爲茵，蔣席頗緣，觴酌有采，而樽俎有飾。」是彝器猶未用金也。然禹之治水，乘四載而操虆垂，鑿龍門而闢伊闕，苟非藉金之利，奚以致功哉？

《商頌》：「韋、顧既伐，昆吾，夏桀。」今河北之濮陽，實帝顓頊之墟，於夏，昆吾氏之宅也。《中山經》：「昆吾之山，其上多赤銅。」《尸子·勸學》稱「昆吾之金」，而《吕覽·君守》言「昆吾作陶」。《御覽》引《尸子》同。古者亦稱冶爲陶，故《尸子》又謂「昆吾之劍，可以切玉」也。《墨子·耕柱》篇曰：

> 昔者夏后開使蜚廉采金於山川，而陶鑄之於昆吾，是使翁難乙卜於目若之龜。龜曰：「鼎成，四足而方，不炊而自烹，不舉而自臧，不遷而自行。」以祭於昆吾之墟，上鄉。乙又言兆之由曰：「饗矣。逢逢白雲，一南一北，一西一東。九鼎既成，遷於三國。」夏后氏失之，殷人受之；殷人失之，周人受之。

此冶金爲器之始也。《左傳·宣公三年》亦云：「昔夏之方有德也，遠方圖物，貢金九牧，鑄鼎象物，百物而爲之備。」而又謂：「桀有昏德，鼎遷於商，載祀六百。商紂暴虐，鼎遷於周。……成王定鼎於郟鄏，卜世三十，卜年七百。」《桓公二年傳》又言：「武王伐紂，遷九鼎於雒邑。」《逸周書·克殷》：「乃命南宮百達、史佚遷九鼎三巫。」《世俘》：「辛亥，薦俘殷王鼎。」而《墨子·非攻》論紂之失德，亦言「九鼎遷止」。是則周之有九鼎，遷自殷室，釁於夏世，昭昭在人耳目，與夫胤之舞衣，兑之戈，和之弓，垂之竹矢，夏后氏之璜，封父之繁弱，密須之鼓，闕鞏之甲，並爲歷世相傳之瓌寶，非可誣也。

《夏書》有言，「遒人以木鐸徇于路」，殆金樂之始歟？降逮商初，有莘之偻，小臣伊尹，嘗爲庖宰，或稱其負鼎抱俎，以干成湯。《天問》所謂：「緣鵠飾玉，后帝是饗，何承謀夏桀，終以滅喪？」注家以爲「脩飾玉鼎」，豈即鼎之玉鉉者邪？《太甲》曰：「若虞機張，往省括于度則釋。」則弓矢之進化也。迄乎高宗，其《兑命》曰：「若金用女作厲，若津水，用女作舟。」是金之爲用，良已廣矣。故傳世鼎彝，其有款識，表徵時代，或在先周。字累數十，有如豐彝（薛氏法帖乙酉父丁彝）、緐彝（殷文存戊辰彝）之屬，彰彰可考。比者安陽所發，甲骨卜辭，遠迹盤庚，下逮殷末，與之同出，頗有珍異。白陶、青銅，珧貝，象骨，刻鏤雕琢，百世罕及，足徵殷虛文化，由來已久。且論其文字，輒超越象形，如假鼎爲貞，乃變爲字，以較銅器銘辭之不及十言而文字多近圖繪者，自有早晚之殊，夫豈一朝之故？然則銅器始制，鼎之肇作，遠在前世，此非顯證歟？

仰韶陶器，已見彩繪；安陽骨版，書以朱墨，始施契刻。則器之有辭，殆以丹書爲權輿乎？蓋銅器文字，率以鑄成，追其所自，當有陶笵。笵鑄之先，必書於器。文化之漸進，理則然也。《大學》引湯之盤銘曰：「苟日新，日日新，又日新。」雖不知所從出，以時推之，要有可能。《湯誓》曰：「時日害喪，予及汝偕亡。」《仲虺之誥》曰：「取亂侮亡。」《大甲》曰：「天作孽，猶可違，自作孽，不可逭。」彼皆商初之文，「日新」之語何以異哉？或謂甲骨刻辭，青銅彝銘，文只記事，語多質僿，足證先乎姬周，未興文學。此非碻論也。六國陶器，少過十字，或記匠名，間題歲月，將謂鄒齊之邦，無文學乎？《墨子》恒謂：「書於竹帛，鏤於金石，琢於盤盂。」竹帛易得，金石難聚，作器制用，不尚文辭，長篇巨製，當籍竹帛，明矣。豈可執金石之短銘，遂以疑簡册所留遺者哉。或又謂商初縱有文學，然銘盤盂而爲法戒，傳世古器，未有聞焉。曰，此固不足以爲證。傳世古器，其有幾何，其已毁滅者幾何，其未發現者幾何，奚以知其必無法戒之語哉？作器以記事，常也。而作法戒，偶也。故不恒見。正考父之鼎銘曰：「一命而僂，再命而傴，三命而俯，循牆而走，亦莫余敢侮，饘於是，鬻於是，以餬余口。」傳世彝銘，亦未有其比也。近郭沫若先生則據羅氏三戈，以盤銘爲「兄日辛，且日辛，父日辛」也，此誠巧合矣。故學者多信之。然羅氏之戈之一，以祖先於大父，則父必先於大兄可知。如郭説，是兄先於祖矣，未爲當也。然則湯之盤銘，於時爲可能，於事爲可有矣。

韓非又言：「殷人作爲大路，而建九旒。食器雕琢，觴酌刻鏤。四壁堊墀，茵席雕文，此靡侈矣。」武王勝殷，班宗彝於諸侯，故安陽故墟，藏室空盡。降及周初，文勝於殷，貴臣華族，其侈益甚。盂鼎成於康世，並足函牛；銘辭瑰雅，始著誥命，且數百言矣。自此以後，家鑄隮彝；飲食之器，如函皇父簋所稱：「凡盤、盉、隮器、簋具，自豕鼎降，十又簋八，兩鐳、兩壺。」車馬之飾，如毛公厝鼎所稱：「金車、金甬、道衡、金蹱、金豪、湅晨、金簟弼、魚葡、攸勒、金嚾、金雁。」鎛鐘之制，如邵黛鐘所稱：「大鐘八肆，其竈四堵；」其餘兵械、農具、服御所用，殉葬所備，更不可勝計。蓋吉金之用，于斯爲盛。

雖然，天地之生材有限，而人之嗜欲無盡。古之時，采自然之金於川谷，拾礦樸於山野，量未多也。用之既繇，則中原之金磬，而不得不求之於戎夷；中□父鼎記伐南淮尸而孚金；師雒父之伐淮尸，竅鼎，遹獻，录簋咸記錫金。員敖簋云：「戎獻金于子牙父百車，而易魯員敖金十鈞」。故「大賂南金」，著於《魯頌》。百車一獻，其靡費可知。所以春秋以後，産金日寡，天王之使，武氏之子，乃至求金於魯，而吴、越、荆、楚，乃獨以産金著。僖之十八年，「鄭伯始朝于楚，楚子賜之金，既而悔之，與之盟曰，無以鑄兵，故以鑄三鐘。」是以魯取鄆鐘而爲公盤，得齊兵以鑄林鐘，固以旌伐，抑亦獲金之難也。方是時也，宗器樂器，珍爲重寶，有如：部大鼎、吴壽夢之鼎、文之舒鼎、莒之二方鼎、甲父之鼎、紀甗、襄鐘、魯壺、定之鞶鑑之屬，諸侯以相賂遺貢賜。而子頽之亂，王入成周，取其寶器。宣之三年，楚子觀周，問鼎輕重。蓋物希者貴，與石器時代之没落而以玉爲寶，後先一揆焉。

傳世銅器，多在春秋以前。蓋商、周之世，政在王室，王臣之富，足以窮珍玩，蓄巧工。故伯晨彝記作器之資，「用十朋又四朋」，較之寶龜，猶益其四。及周之東，王室卑微，政在諸侯，巧工四散。延及春秋，世卿陪臣，相繼用事，貴族式微，商賈崛起。故宗器日少，市鬻日多。陵夷以迄六國，陶器遂代興矣。商周之會，已尚黄金；噬肉有得，見稱《易象》。其用之以鍰，禽彝所謂「易金百爰」。今則以赤銅鑄布而當爰矣。春秋之世，作器已不純於銅，鼄公華鐘有「玄鏐赤鏞」。玄鏐殆鍊鐵之精者。而晉國亦嘗賦一鼓鐵以鑄刑鼎。今則鐵兵盛一時矣。兼併亟而戰爭繁，交通廣而貿遷盛，黄金不足，以銅濟之；銅不足用，以鐵濟之。故鐵冶之業，足以致富。而作宗器者之如郾侯軍、陳侯午，亦落落可數矣。

六國之季，殆又盛毁宗彝，以爲兵械。故雖六翮三翼，秦楚交覗，讒鼎在魯，齊師以至，然往古銅器之見著録，何其少歟？秦既統一，「收天下兵，聚之咸陽，銷以爲鐘鐻、金人十二，重各千石」。漢承秦氏，商周故物，蕩乎無遺。追慕泗上所淪，神異汾陰之出，而周康寶鼎，齊桓銅器，罕見稱述矣。鑄銅爲錢，遂累千載。非無器用，率多苦窳，不足以代表其時期之文化。而前世重寶，或被摧毁，以爲貨幣。董卓之役，金人殲焉。故亡國遺丘，王公故隴，時出人間，尠傳後世，此殆其一因也。

然則器之興替，實與時之轉變相繫。炎黄之際，民無定主。聚族而居，族有酋長。兼併方興，因有鉅酋，兵戒既利，遂雄諸部。既死則擬之於天，共尊爲帝。此冶金之始，亦封建社會之萌芽也。逮堯舜之世，貴臣世族，羣黎百姓，各挾勢力，唯德我者是從。故爲之君者，必以簡易。及禹平水土，功業最偉，民得定居，物始豐殖。遠方貢獻，示服中國。抑三苗、伐共工，戰有扈，遂家天下，傳之於啓。夏后氏以是康娱淫從，而九鼎以是鑄。弓矢既利，畋遊無度，有窮以亡。陶冶既盛，製器日多，昆吾遂伯。此則銅器之始興，而封建社會之形成也。夏桀侈靡，故商初誥訓，類多法戒之辭，湯盤抑其類也。商之興也，蓋以畜牧；周之興也，則以樹蓺。方殷之衰，農業最盛，財富饒足，故器用，雕鏤，超越古今。而殷民方興，沉酗于酒。傳世飲器，多出其時。抱尊握爵，以納壙穴，故覆於周。周初衆建諸侯，廣封同姓，故西周王臣，並作宗彝，相競瑰麗。此銅器最發達之期，亦封建勢力最盛之會也。成康之際，最爲富庶，昭穆恣游，國用遂匱。貴族好貨，地主朘削，小民咨嗟，農夫空乏。迄乎厲、幽，遂滅宗周，雖云女禍，而農村之破産久矣。平王東遷，晉鄭是依，齊、宋、秦、楚，迭爲霸主，各鑄重器，以相誇競。王國遂微，猶作無射。然自是以後，地主貧困，商賈獲勢，管仲、計然、陶朱、白圭，各行其説；猗頓、邯鄲淳，以鹽鐵致富，埒於王者。烏氏倮，巴寡婦清，屈始皇之尊而抗禮焉。而吕不韋且操縱秦國以統一天下。此蓋封建勢力崩潰，資本階級勃興，其影響則銅器衰頽而陶鐵繼之以起。

昔人多好古而不知抉擇，近賢則尚疑古。古寧必可疑哉？春秋以前，封建制度未盡泯滅，數典忘祖，時人所譏。則其追述古事，雖間有傳譌，與夫語增，加以抉擇，要多可信。戰國而後，雖競尚辨説，罕徵古史，然博學之士，墨、孟、荀、韓，猶可依據；《山海經》、《穆天子傳》、《紀年》、《天問》、《吕覽》，雖涉詭怪，亦藴事實。蓋夏殷之亡，禍亂甚微，革車不逾千乘，誅夷不過數人。前世文物，存於故府，亡國獻民，諳其掌故。及西周之末，兩遭喪亂，成周獨全，所以九鼎顯稱於世。春秋之時，孔子雖謂杞、宋不足徵，然夏、殷故制，尚可得而言也，其故物，尚可得而見也。六國之世，攻戰日亟，禍亂大至，鼎彝毁棄，典籍廢捐。人不務學，僞説日出。故如《管子》謂「蚩尤臣於黄帝」；《國策》言扛九鼎者八十一萬人。而降自漢世，古書湮亡，真僞相雜，則或誤讀《左傳》而謂禹成九鼎。虛撰札書，以言黄帝始鑄。考古之士，參伍考覈，其爲疵謬，亦正易辨。

處今日而言古史，材料本已貧乏，苟多所懷疑，斯雖欲發明而無由已。地下材料，取證先秦古書，率合符節。王静安先生因卜辭而知王亥、王恒，實有其人。余亦嘗證矢彝之京宫，考卜辭之祊祭，並秦、漢以下，所未得聞。而信者益信，僞者無所遁矣。此如驗金真僞，但識真金，僞者立辨，一本也。眩於辨僞，反疑其真，多歧也。故假定古書，本多可信，地下材料，乃得附麗，材料既多，新證既富，舊説紛錯，始可辨正。此事之相因，抑考古者必循之途徑也。

夫銅器之使用，實依封建社會爲始終，則銅器之本身，與其銘辭文字，研究此一時期之最上史料也。自夏徂秦，蓋二千載，由畋獵、畜牧、農業而進於商業時代，且佔我國家有史時期之半。此其重要，誠不待言。晚近以來，漸爲專門之學，語其流別，凡有三科。研究銅器之形制，定其名稱，考其時代，驗其真僞，此古器物學也。研究其所用之文字，此古文字學也。研究其銘辭之有關於古史，或古代文化者，此古器物銘學也。而爲此三學者，要必有資材料，故材料之搜集，尤爲當務之急。

余之獲交於容希白教授十年矣。希白之爲學，孜孜不息，故克於銅器之研究，有鉅量之貢獻。既爲《金文編》以通其文字，爲《殷周禮樂器考略》，以考其名稱形制，此皆已爲治斯學者所必脩。而君尚欲重增訂之，以期盡善。且君不第研究之而已矣。又致力於材料之搜集，故既編集寶藴樓武英殿諸圖録。而其五年以來所節衣縮食以蓄之者，又輯爲《頌齋吉金圖録》，而命序於余。余治銅器文字，與希白同時。然迄今猶無所成，覩君之書而重自慙焉。且君立説之塙當，並世學者，舉知之矣。書中取材之精，考古之家所必采矣，余又奚稱哉？顧不能逆故人之命，因取平昔所思，叙之如右。夫疑古之説盛，則吾言爲羹塵飯土也。希白其勿嗤鄙之乎？萬一遇信古之士，爲證實之，又從而振導之，則異日或有書於考古之史者，將曰，不佞此説，自頌齋之圖録始發之也，希白其將「有嘉」之乎？

廿二年五月，弟唐蘭謹序於北平寓居之無斁齋。

作者自注：寫成於一九三三年五月。

載容庚《頌齋吉金圖録》一九三三年九月。

又《唐蘭先生金文論集》第三四〇至三四五頁紫禁城出版社一九九五年十月。

「意怠」考

楊樹達先生爲意怠、鷾鴯一鳥説，余讀而喜之。同實而殊名，經傳多有之，人第不察耳。古人於草木蟲魚鳥獸之名，以及山川都邑姓字之屬，輒記之以聲，聲近而字多歧，或詭異至不可識。後人昧於聲，就字形而求之，於是或本一物也，而以爲殊族。以爲蟲也，則沾虫旁，以爲鳥也，則沾鳥旁。而物之真名以晦。學者舉其名，不知其爲何物，則益造作奇怪之説以附會之。故古時物名，今多無有，前後幾千年中，豈遽變異如此？蓋語言文字之郵有所隔閡，以致之也。夫意怠、鷾鴯，固知其爲一鳥矣。其爲今之何鳥哉？陸氏《釋文》言：或云鷾鴯，燕也。言或者，未深信之也。余謂非也。鷾鴯者，意怠也。意怠者，鴈鵝也。古者台聲轉爲我。故《湯誓》云：「非台小子」。《爾疋·釋詁》云：「台，我也。」今傳世周代彝器文猶多以司爲我者。準此推之，則鵝者怠之轉音也。《説文》：「鴈，鵝也。」「雁，鳥也。」古者從隹之字，與從鳥無别，雁即鴈也。故今世方俗猶謂雁爲雁鵝矣。古之言雁者，取其飛翔有行列，故莊生之言意怠曰：「是故其行列不斥，而外人卒不得害。」然則意怠之即雁鵝，可無疑焉。故因楊先生之説而申之。

《湯誓》云：「夏罪其如台。」《盤庚》云：「卜稽曰其如台。」《高宗肜日》云：「乃曰其如台。」《西伯戡黎》云：「今王其如台。」凡曰其如台者，其如何也。台聲得轉爲我，故亦得轉爲何。《説文》：「鴚，鵝也。」《左定元年傳》：「有魯大夫榮駕鵝，駕鵝者鴐鵝也。」《上林賦》云：「連駕鵝。」駕鵝即鴚鵝，鴚鵝即雁。然則意怠之爲雁，乂獲一證矣。

載北平中國大學《國學叢編》第二卷第二期一九三三年八月。

《殷契佚存》序

錫永既編《殷契佚存》竟走告予曰：「我書成矣，子盍爲我序之。」予曰：「諾。」

夫文字之源，諒已遠矣。粤初人類，漸具語言，模寫物狀，寔肇文字。近世考古之士，言法蘭西及西班牙所存壁畫雕刻，若犀、若象、若熊，若鹿，若牛，若馬，咸在二萬五千年以上。然其進而爲原始文字，有若色馬連衆埃及，去今不過六七千年。是則古代人類進化之遲緩，可知已。

我國文字之學，殆起於春秋戰國之際。故「止戈爲武」，「皿蟲爲蠱」，俱見《左傳》；「自營爲私，背厶爲公」，載於《韓子》。而《周禮・保氏》，始見六書之名，蓋亦戰國時書也。其言文字起源者，亦在戰國。《易繫辭》言「上古結繩而治，後世聖人易之以書契」，所謂後世者未知何世也。《韓子・五蠹》、《呂覽・君守》，始言倉頡作書。《荀子・解蔽》言：「好書者衆矣，而倉頡獨傳者壹也。好稼者衆矣，而后稷獨傳者壹也。」然則所謂倉頡作書者，猶謂后稷作稼，非其一人所作，以特善於此而傳於後世耳。《世本》云：「沮誦倉頡作書，並黄帝時史官。」《漢書人表》、《論衡・骨相》，均以倉頡爲黄帝史。荀古昔相傳，不盡無稽，則諸夏文字，其起於炎黄時哉？

六書之説，保氏未詳，至於東漢，班固、許慎、鄭玄，始競言其目，雖或周秦遺説，然於文字發生之順序，未盡合也。自漢以降，談文字者，無逾許氏，而六書之解，則紛紜叢雜，不可究詰。蓋文字之始，本於圖寫。摹物之狀，所謂象形。或本一形而異態，或累數形而一事，如象日起，象荷戈，是謂象意。此二者同用圖繪之法也。然語言所有者，圖繪有所難能，故文字之進化，必假圖以象聲。象人形，而假爲巨大，象步意，而假爲威武，所謂假借之法也。圖繪之法，歷世固已緜邈，迨假借之法既立，則文字大備；凡百所思，昔時惟賴語言以達之者，今則可籍文字以垂後世矣。然降至近古，語言日繁；圖繪之術，既已殫竭，假借之法，窮於專名。故，一形也，或象口齒，或狀盧；隹，一聲也，唯、惟、維、淮、椎、錐、崔、堆，其義十數；蓋文字之用愈多，而文字亦愈亂矣。于是更造新字，以濟其窮。用形注聲，聲還注形，故淮

爲水名，其聲若佳，是曰轉注之法；其爲字也，實謂形聲。此中土文字所以殊於異域者也。自假借，轉注，以迄形聲之大備，歲月悠久，抑可測而知也。

我國古史，萌於炎黃。兩皞諸帝，俱見於《山海經》、《左傳》、《國語》諸書，咸可徵其都邑，考其後裔。與戰國以後，競言庖犧、神農、燧人、有巢之出自推測，迥乎有異。則春秋以前，古史未盡湮也。《左傳》載郯子之言曰：「黄帝氏以雲紀，故爲雲師而雲名；炎帝氏以火紀，故爲火師而火名；共工氏以水紀，故爲水師而水名；太皞氏以龍紀，故爲龍師而龍名；我高祖少皞摯之立也，鳳鳥適至，故爲紀於鳥，爲鳥師而鳥名。」夫少皞之官，有曰爽鳩，實始處齊，則郯子之言，非虛構也。然則炎黃之際，文字初備，圖寫物狀，假爲氏族之徽，有如近世所稱之圖騰已。

安特生氏考古甘肅，嘗獲骨版，刻作齒狀，疑是文字，其實契也。乃有繪陶，爲，爲，爲，爲，此真文字，反謂圖形。蓋此匋器之時代，當在四千餘年以前，則其文字古拙，較之商周，自當有殊。然其爲同一本源，治文字學者，固可望而知也。《孟子》曰：「自堯舜至於湯，五百有餘歲；自湯至於文王，五百有餘歲；自文王至於孔子，五百有餘歲。」則唐虞迄今，當有四千餘歲。自炎黃至於唐虞，不過數世。則辛店期之匋器文字，其在諸帝之世邪？

自清之季世，殷虛甲骨，重出人間。王國維氏爲之考，則商之先公，王亥、王恒、上甲、報乙、報丙、報丁、示壬、示癸，俱可徵焉。王亥、上甲之事迹，莫詳於《山海經》；王恒之名，僅見於《天問》；此皆鄉所以爲荒誕難稽，今乃知其藴藏古史，足供探索矣。然操觚之士，貴新喜異。見夫殷虛文字，猶近象形，甲骨刻辭，多載貞卜；遂謂文字發生，不離商世，記事之文，莫先繇象。曾不悟古代文化之進展，不能若是之速也。

夫甲骨所刻，形聲文字，十居三四。言水則爲汅、爲淮，稱姓則若娀、若姛，周秦沿襲，未有大殊。縱謂形聲文字，肇始殷商，而自殷適秦，千數百歲，乃始大備。則文字原始，遠在殷先，可無辨焉。且象形文字，虎、象、兕、馬、豕、犬之屬，多爲側書，異與於鹿、兔，揆厥原由，當以連綴篇章，殊於單文，分行布白，不容正書。此則雖近象形，去古已遠之明證也。

殷虛材料，不盡貞卜。刻囚卜於方版，記數於骨臼，並祀典也。往歲，中央研究院發掘安陽，得三獸首，有兕，有鹿，是銘文字；錫永此書，又有三骨，並載隻兕，記田獵也。則卜辭之外，甲骨紀事之文，亦既多矣。

炎黃之族，遷自河源，其地自古迄今，玉石所出。則遠古文字，殆記於玉石與？《西山經》云：「黄帝乃取峚山之玉策，而投之鍾山之陽。」《穆天子傳》言穆王升於昆侖之邱以觀黄帝之宫；遂至春山，於是得玉策枝斯之英；因至羣玉之山，先王之所謂策府，於是取玉三乘。夫策者册也，册者典也；古之典册，殆以玉石，後世以竹，故爲策字。鄞縣方氏，藏有小玉，出自殷虚，銘十一字，有如左圖，（圖一）此殆古昔鏤於玉石之僅存者也。

圖一

且傳世銅器，頗多先周；安陽所出，又有陶器，亦琢文字；則殷世作書，不僅甲骨，又可證焉。殷世書法，已開西周，亦有波磔，畧如劈捺。且甲骨銘詞，尚有書而未刻，足以考見彼時已用毫翰矣。夫金石刻畫，難逞姿媚，故必先書而後刻；則書法之興，其在繒帛乎？《堯典》曰「五玉，三帛」，《左傳》曰「禹會諸侯于塗山，執玉帛者萬國」，是謂殷前已有帛也。《周易》曰：「束帛戔戔」，則殷周之際有帛也。然則殷世文字，當有帛書，鴻篇鉅製，固無籍於金石甲骨也。

《山海經》述兩昊諸帝，迄於夏世；然頗詳於十巫，疑殷世巫史所守，而後人綴録之也。《盤庚》三篇，千數百言，殷世文化之盛，抑可見已。詎可以僅掘太卜之藏，未發書策之府，遂使殷商民族，第解卜兆，般庚兑命之屬盡成僞書哉。

雖然，遠古材料，於今罕傳。《山海經》、《商書》，文經數寫，有如重譯。《左傳》、《國語》、《天問》、《紀年》，咸出周末。則甲骨刻辭，雖僅殷世文化之一耑，要爲最可貴重之史料矣。然抽繹史料，貴在通其文字，而學者每好嚮壁虚構，無所依據，則其所言之史料，必難信也。

夫商周文字，先於小篆，殆歷千祀。然則習古文字而取準於《説文》，其必寡所合矣。於其不合而强合之，妄也。因其不合而創爲臆説，亦妄也。治斯學者，要當探其原始，明其類别，而不爲小篆所拘束。然文字存者，雖有數千，而當時行用，今所佚亡者，奚啻數倍。故若材料之蒐集未富，則研索之功，亦無所施焉。

近世蒐輯商周文字之材料最富，且流布最勤者，莫過於上虞羅氏；其於甲骨，印行者凡五六千片，其績不可没也。錫永此編，集諸書所佚，亦有千片。其間材料，尤多重要。爲有裨於斯學，誠不待言。曩者余初治古文字學，羅振玉氏遠道寄贈其《殷虚書契考釋》，則取其文字一章，依《説文》編次，而私有所更易。及訪王國維氏於海上，舉以告，乃知錫永亦正爲之。既余以羅氏之介，館於天津，則《類編》一書，業已刊行。王氏《序》舉時爲斯學者四人，錫永、希白、純卿，與余也。既而得識錫永，維時，我二人者皆少年，所治畧同，所寓又相近，往還論辨，甚相得也。未幾而錫永南歸，遂教於東南大學，旋之粵之中山大學，相去日遠。及其來北平師範大學，則余又就職於遼寧矣。九一八變起，余滯瀋陽，間關戎虜，幸返故郊，始得復晤錫永。於是，相別者且十年矣。其間，觀堂先生墓木已拱，錫永、希白，迭主講席，聲譽洋溢；而余則東西徙轉，履艱涉危，兩髩雕疏，學殖荒棄。每朋儔相聚，追話曩昔，悲感交集。而錫永既應金陵大學之約，以輯是編，濡滯數月，度此臘來春，又將别矣。邦國多難，人事靡定，别而重見，不知何期。故取文字發生，與殷虚文化，數嘗往來於心目間者，序其書以當贈别，錫永其有以益之哉。廿二年冬唐蘭

作者自注：寫成於一九三三年冬。

載商承祚《殷契佚存》第一至四頁一九三三年十月（金陵大學中國文化研究所叢刊甲種）。

古樂器小記

上篇　鐘鎛錞鉦鐃鐸

《古今樂録》曰：「凡金爲樂器有六，皆鐘之類也；曰鐘，曰鎛，曰錞，曰鐲，曰鐃，曰鐸。」

樂隨世變，名實最易棼亂。自漢以下，參雜殊方之樂，浸成俗尚；雖宗廟朝廷，尚存雅樂，而喪亂播遷，舊典墜失；故編鐘之制，人各臆説，無能質正之矣。隋唐以後，用琵琶八十四調，古樂益以茫昧；明人乃欲據四清聲之説以通三代之制，烏能通之哉！

高子以追蠡證禹樂，爲孟子所難；然以實物驗古樂，此其先例矣。趙宋時，古物滋出，歐、劉、呂、李，各有裒輯，然樂器獨少；蓋「匏、土、革、木、金、石、絲、竹」之謂八音，其能壽者，唯金石與土而已。

《博古圖》所録樂器，較呂圖爲富矣，然其所訂名稱，率多舛誤；清世《西清》、《甯壽》，踵襲其謬，至今不能正也。清程瑶田先生作《考工創物小記》，多據實物以驗古制，每發昔人所未發，然亦時有乖違，則時代拘囿之耳。

傳世古器，凡石之樂一，曰磬。土之樂一，曰塤。又革樂之鼓，木樂之敔，則並有銅製者，當於下篇詳之。獨金樂則六者俱備，故首述焉。

一　鐘（鐘之原起／「鳧氏爲鐘」章句／「幹」「旋」解／鐘體釋名／鐘之别名／肆、堵考／懸八之意義與六律六間考）

（一）鐘之原起

《説文》：「鐘，樂鐘也；秋分之音，物穜成，從金童聲。銿，鐘或從甬。鈁，方鐘也；從金方聲。」又云：「鍾，酒器也，從金重聲。」按許氏以鐘、鍾歧爲二字，蓋據漢制，非本然也。傳世古鐘銘辭，每書作鍾；〔一〕而漢器中容量器之鍾，則又時作鐘字；〔二〕此可以證鐘、鍾之本一字。又許以鈁爲方鐘，而傳世漢銅鈁，均爲容量器。宋世出土者有谷口甬，〔三〕亦容量器，甬即《説文》鐘字重文之銿字。然則鐘爲容量器而兼樂器，殆無疑義。

鐘何以爲容量器而又爲樂器耶？我人理解此事，殊饒興味，蓋有新出土之厵羌鐘銘詞，足以助其發二千年來久經湮晦之事實也。

我人試取古鐘驗之，下爲鉦鼓而上爲甬，〔四〕此筩狀之甬，固何爲者？苟探求其故，則鐘之全部歷史正繫於此。

甬小篆作，《説文》：「𠀠木華甬甬然也，從用聲。」按許氏説誤也。甬即筩，桶、銿之本字。《禮記・月令》：「角斗甬。」《呂覽・仲春紀》作：「角斗桶。」谷口甬之甬，《説文》作銿，並可以證。《説文》「筩，斷竹也」，是爲甬之本義。其字在金文多作，俎子鼎云「王賓伐甬貝三朋」，則作，〔五〕並象鐘狀之器，與籥之本作正同，特甬象一管，而籥則雙管齊下耳。〔六〕《漢書・律曆志》「伶倫制十二筩以聽鳳鳴」，《淮南子》作「十二鐘」，按《周語》載六律六間之名，有黄鐘、夾鐘、林鐘、應鐘等名，則宜其總稱爲十二鐘矣。而《漢志》作筩者，蓋其始以竹爲之，及以金爲之，則爲鐘，故鐘字之别構即爲銿矣。

斷竹以爲筩，可以受物，故爲量器。《漢書・律曆志》：「龠，黄鐘律之實也。」又云：「一龠容千二百黍，重十二銖。」就其筩狀而謂之筩，就其容量而謂之龠，筩、龠蓋同實而異名也。

筩既中空，擊之則爲巨響，——《説文》「㱿，擊空聲也，從殳宫聲」，五聲之首宫者，正以其㱿然也；——故筩又爲樂器。今負擔者，尚或擊之，蓋其遺制。

筩之以木爲者，謂之「桶」。《説文》：「桶，木方，受六升。」《廣雅・釋器》：「方斛謂之桶。」《呂覽・仲春紀》：「角斗桶。」《史記・商君傳》：「平斗桶。」是桶亦量器也。以桶爲樂器則謂之「控」。《説文》「控，柷樂也。」又云：「柷樂，木空也。」《爾雅・釋樂》注「柷如漆桶，方二尺四寸，深一尺八寸中有椎，柄連底，挏之令左右擊」，是其制。

陶器之長頸似筩者，謂之瓨。《説文》：「瓨，似罌，長頸，受十升。」蓋容量器也。其同聲之字，《説文》又有「瓮」，罌也；「甕」，汲瓶也；「㼫」，器也；蓋皆同屬之異稱者耳。其盛酒者謂之尊，尊古文本作𢍜，象兩手奉酉，酉即古尊形；〔七〕尊與鍾爲雙聲，故《説文》以鍾爲酒器也。

莊子鼓盆，秦人擊缶，蓋皆陶器時代之遺風也。然我人今日能證明陶製之一樂器，其名曰「敲」，則秦漢以後學者所未嘗知也。

驫羌鐘曰：「唯廿又商祀，驫羌乍伐氏辟軌宗敲。」以文法例之，敲當爲器名。其同時出土者，有驫氏鐘，銘曰：「驫氏之鐘。」〔八〕兩鐘大小殊而形制則同，然一曰「敲」，一則曰「鐘」，可明其爲同屬矣。

方余等初得見此鐘之打本時，吴君其昌立以爲「敲」即「鐘」之别構。其後劉君節撰《驫氏鐘考釋》，其主張亦與吴同，大意謂「敲」即《説文》之「敲」字，敲爲三足鍑，鬷爲缶屬，義得相轉；鬷即漢器之鍾，鐘、鍾本一字，則鐘即鍾也。〔九〕

吴、劉二君敏鋭之觀察，余夙所心折，然若謂「敲」爲即「鐘」，則考之尚未諦審也。敲字當讀若擊，象手持卜擊鬲也，鬲亦聲；與「殸」、「鼓」、「𣪊」、「𢾁」等字同意。《説文》徹古文作徹當從敲得聲，而挩敲字則以小篆中此字已亡佚也。《尚書·皋陶謨》云：「戛擊鳴球，搏拊琴瑟，以詠。」鄭注謂：「戛擊鳴球三者，皆總下樂，擽擊此四器也。」鄭氏謂戛擊「磬」、「搏拊」、「琴」及「瑟」四器，以「戛擊」爲動詞，其實誤也。《禮記·明堂位》曰：「拊搏，玉磬，揩擊，大琴，大瑟，中琴，小瑟，四代之樂器也。」「揩擊」即「戛擊」，「玉磬」即「鳴球」，記文與《尚書》正合，則知「戛擊」實器名矣。《文選·揚雄長楊賦》作「拮隔鳴球」，注，引韋昭曰「古文隔爲擊」，「拮隔」亦即「戛擊」也。《荀子·禮論》「尚拊之膈」，「之」蓋衍字，《史記·禮書》正作「尚拊膈」，膈亦即擊，舊以爲懸鐘格非也。古語多複音，「戛擊」之即「擊」，正猶「搏拊」之即「拊」；「擊」字亦作「隔」，《説文》以「㼖」讀若鬲，「䖚」讀若隔，「𩰬」讀若繫，是從毄聲之字與鬲聲之字聲讀相近，擊、隔、膈，蓋皆假借字，其本字當即驫羌鐘之「敲」字，其器爲陶製之鐘屬；鄭君於《明堂位》注又誤以「揩擊」爲「柷敔」，然《皋陶謨》下文又云「合止柷敔」，可知其非一物也。

「敲」象擊鬲，《考工記》曰「陶人爲鬲，實五觳，厚半寸」，是鬲亦量器也。《説文》：「鬲，鼎屬，實五觳，斗二升曰觳，象腹交文，三足。」又：「䰜，䰞也，古文亦鬲字，象孰飪五味气上出也。」許以鬲爲鼎屬，本之《爾雅》；然鬲實由容器之尊所嬗變，故其字作□，長頸廣腹，與酉字爲近；《殷虚書契前編》卷四第十六葉，有□字，當釋爲滆，卷六第五十五葉又有□字，就此兩字之偏旁，由酉變鬲之迹，更爲明顯；蓋尊本爲圓底，不適於平置，故爲之足，則漸變而爲烹煮器，以其款足，故謂之鬲。若䰜字，則甲骨文中本作□，象三足之鍑下有火煮之，金文中□、□、□、□諸字，尚與甲骨文同形，□、□、□、□諸字，〔一〇〕則變作𩱦，小篆又盡變爲䰜，惟䰞之重文尚作𩰿，作羹，而已變羔爲美，古文象形之意盡失，故許遂誤以䰜與鬲爲一矣。

在今世發見之陶器中，尚未聞有長頸似罍而又有足之鬲，固有待於將來之證實，然以字形考之，殆無疑蘊也。然則在陶器時代，懸此有耳之鬲而擊之，以爲樂，其名曰敲；至青銅器時代，仿其形制，而名曰鐘；敲者擊也，鐘者撞也，義雖相通，聲則遠隔；鬲聲之敲，僅如曇花一現，九九歸原，復反於甬聲之鐘矣。驫羌雖生於東周之世，觀其棄年而稱祀，知猶秉

圖一

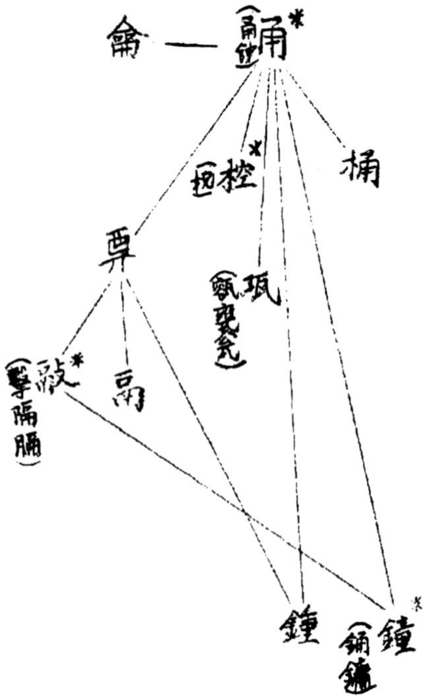

殷禮，則稱鐘爲敲，蓋亦襲殷世之舊文；我人於此可以推知敲與鐘之過渡時期，當在殷世也。

鐘之沿革，今圖示之如上（圖一　有＊符號者爲樂器，其餘爲容量器）：

《尚書》之「擊」，自秦而後，莫知其爲何物；而銅器時代之鐘，爲摹仿鬲形而製，亦我人意識中之所不能推測者；向非驫羌鐘之出土，則我人於此二事，終將茫然無所知矣。

（二）「鳧氏爲鐘」章句

銅器時代之鐘，其制作與屬名，《考工記》記之特詳。鄭注賈疏頗有違失，程瑤田作《鳧氏爲鐘章句圖説》曰：

（古鐘羨而不圜，有兩邊爲）兩欒，謂之銑。（兩邊之間）謂之于。于上（擊處）謂之鼓。鼓上（正體）謂之鉦。鉦上（鐘頂）謂之舞。舞上（出于頂爲筩）謂之甬。甬上（平處，對于言之）謂之衡。鐘縣（與甬相含）謂之旋。（含旋之物，在甬上者爲）旋蟲（以管之）謂之幹（字當爲斡）鐘帶（設於鉦者）謂之篆。篆間（爲乳）謂之枚。枚（上隆起有光）謂之景。于上之攠（弊處）謂之隧。（圖二）

十分其銑，去二（得八）以爲鉦，（其二，鼓也。）以其鉦（八）爲之銑間。去（銑間之）二分，（得六）以爲之鼓間。以其鼓間（六），爲之舞脩。去（舞脩之）二分（得四）以爲舞廣。以其鉦之長，（即鉦八）爲之甬長。以其甬長（八），爲（甬）之圍。三分其（甬）圍，去一以爲衡圍。參分其甬長（八），二在上，一在下，以設其旋。……大鐘十分其鼓間（六），以其一爲之厚。小鐘十分其鉦間（五又十分一之六），以其一爲之厚。……（鼓中窒下）爲遂，六分其（鐘之）厚，以其一爲之深而圜之。（圖三）

程氏精於數學，故命分一節，推算至確，銑間、鉦間、鼓間之解，亦爲定論；而命名之解釋，則不免舛誤，且多遺漏，今爲訂正之如次：

圖二　梟氏爲鐘命名圖

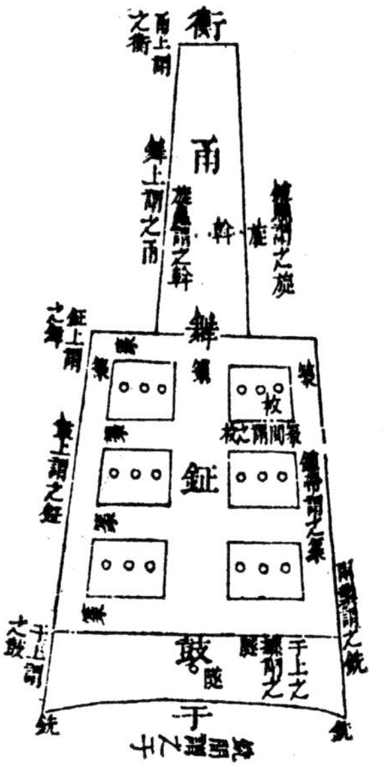

圖三　梟氏爲鐘命分圖

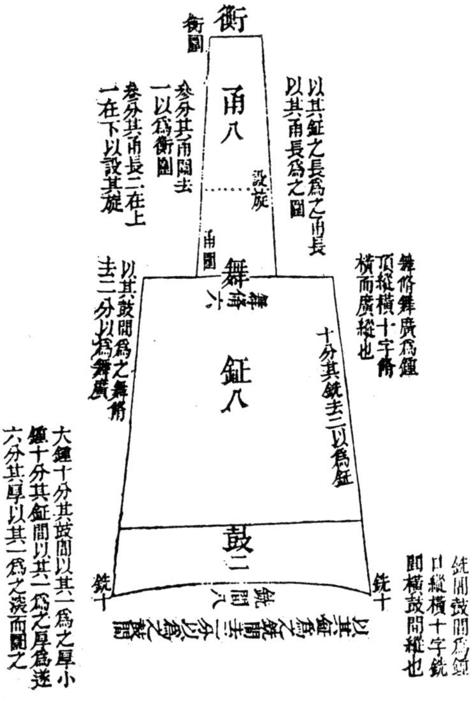

梟氏爲鐘。（其入范時聯合處，有兩邊爲）兩欒，（擊之銑然）謂之銑。（兩）銑（末，兩角之）間，（似盂）謂之于。于上（擊處）謂之鼓。鼓上（正體擊之鉦然）謂之鉦。鉦上（鐘頂，如廡）謂之舞。舞上（出於頂爲筩）謂之甬。甬上（平處）謂之衡。鐘縣（環于甬上突起者）謂之旋。旋（上）蟲（形之柄以貫環者）謂之輍。鐘帶（爲界于鉦者）謂之篆。篆間（有乳可數計）謂之枚。枚（隆起，乂）謂之景。于上之攠（弊處，微窒）謂之隧。

（三）「輍」、「旋」解

曰衡，曰旋，曰輍皆屬於甬，並通用之名。旋與輍，通謂之鐘縣所以縣者也。輍即斡字；《説文》「斡，蠡柄也」，昔人不得其解，以蠡爲瓢，乃云「瓢柄爲蠡，未聞其義」；不知蠡當訓蟲，《説文》「蠡蟲齧木中也」，則斡乃柄之飾以蟲齧木之形耳。

圖四　《西清古鑑》周雷紋鐘

今按古鐘旋之柄多飾以蛇類或牛首之形，（圖四）其他有柄之古器物，如匜之屬，柄上亦率爲象形，古器象形，蟲蛇鳥獸，變異殊多；則此類皆即《説文》所謂蠡柄之斡；故記曰「旋蟲謂之幹」，旋蟲指旋上蟲形之柄也。

程氏於旋幹，其始爲圖説曰：

《孟子》謂之「追蠡」，言追出於甬上者乃蠡也。蠡與螺通，文子所謂「聖人法蠡蚌而閉户」是也。螺小者謂之蜁蝸，郭璞《江賦》所謂「鸚螺蜁蝸」是也。曰旋，曰蠡，其義不殊，蓋爲金枘於甬上，以貫於懸之者之鑿中，形如螺然，如此則宛轉流動，不爲聲病，此古鐘所以側縣也。旋轉不已，日久則刓敝滋甚，故《孟子》以城門之軌譬之。旋蟲謂之幹，余謂幹當爲斡，蓋所以制旋者，旋貫於縣之者之鑿中，其端必有物以制之。按《説文》「斡」，楊雄杜林説皆以爲軺車輪斡，斡或作舝，《説文》：「舝，車軸端鍵也。」……《天問》「斡維焉繫」，戴東原注云「斡所以制旋轉者」，鐘之旋蟲，蓋亦是物與？

其後作《章句圖説》，乃又以爲：「鐘縣於甬，變動不居謂之旋。甬上必有物如蟲，以管攝乎旋謂之斡。」作《設旋疑義記》，兩存其説而不能定。王引之《經義述聞》卷九解「鐘縣謂之旋，旋蟲謂之幹」則曰：

「鐘縣謂之旋」者，縣鐘之環也。環形旋轉，故謂之旋。……「旋蟲謂之幹」者，銜旋之紐，鑄爲獸形，居甬與旋之間而司管轄，故謂之幹。幹之爲言猶管也。余嘗見劉尚書家所藏周紀侯鐘，甬之中央近下者附半環焉，爲牛首形，而以正圜之環貫之。始悟正圜之環，所以縣鐘，即所謂「鐘縣謂之旋」也。半環爲牛首形者，乃鐘之紐，所謂「旋蟲謂之幹」也。而旋之所居，正當甬之中央近下者，則下文所謂「三分其甬長，二在上，一在下，以設其旋」也。幹爲銜旋而設，言設其旋，則幹之所在可知矣。幹所以銜旋而非所以懸；幹爲蟲形而旋則否，不得以旋爲幹也。程氏《通藝録》以旋蟲爲旋螺，徧考古鐘紐無作螺形者。《孟子·盡心篇》「以追蠡」，趙注訓追爲鐘紐，蠡爲欲絶之貌，亦未嘗以蠡爲螺，殆失之矣。

近羅叔蘊先生《古器物識小録》，馬叔平先生《中國金石學概要》，則均據内公鐘鉤以爲附於鐘甬之紐爲旋，縣於筍簴之鉤爲幹，鉤作獸形，故謂之旋蟲。二説略同，唯馬先生更据爵文有字，謂即象幹之形。

綜上諸説考之。程氏第一説以旋爲螺形之柄，幹爲柄端制旋之鍵，純出推測，與實物不合。其第二説以旋爲懸鐘之鉤，則與記文「三分其甬長，二在上，一在下，以設其旋」之語不合。王、羅、馬三氏並據實物爲説。王氏説幹之制是矣；其説旋之位置，則與程氏同病，舍鐘甬之本身而求之，與記文終爲齟齬；惟解旋爲環，則誠確切也。羅、馬二氏之説，與程氏第二説適相反；旋之位置，雖合記文；而以幹爲甬外之物，又不如王説之善；且内公鐘鉤銘辭明云「從鐘之鉤」，幹無鉤義，知其非同物矣（爵文之字，蓋即鐘鉤所象之獸形）。

據記文三分甬長以設旋，則知旋必着於甬，旋義爲環。今目驗古鐘甬中間均突起似帶，周環甬圍，其位置正與《考工記》合，是所謂旋也。於旋上設蟲形之柄，故謂之旋蟲，即所謂斡。旋蟲與旋，本相聯繫，故名相襲。其起源當是以繩圍瓦器之頸，於其末爲之紐以便提攜；其後變爲瓦器之耳；鐘爲摹仿瓦鬲所製，故旋象其圍，斡象其紐，其爲蟲狀，則又後世之繁飾矣。

貫於幹中有環者，僅見於紀侯鐘。（圖五）《西清古鑑》所著録有内公鐘，《周金文存》卷六著録内公鐘鉤，（圖六）又定海方氏藏内公鐘鉤，[一二]蓋皆一人所作。鐘鉤上爲環而下爲鉤，其環蓋用以懸於筍簴之鉤者，與紀侯鐘同；惟彼則逕貫於幹，而此爲以鉤幹爲異耳。上虞羅氏尚藏有二鉤，無文字，形制全同，則用鐘鉤者或較僅用環者爲較普通也。

圖五　紀侯鐘

圖六　周金文存内公鐘鉤

(四) 鐘體釋名

鐘體之名稱。曰鉦、曰銑、曰鼓、曰舞、曰于，言其部位也。曰篆、曰枚、曰隧，言其飾也。兩邊爲銑，中央之上爲鉦，擊之銑然鉦然而不和也。近下口處爲鼓，示鼓之之處也。至舞與于，則非可擊者，第以象廡之覆，盂之深而取名耳。篆讀如瑑，《說文》「瑑，圭璧上起兆瑑也」，先鄭注《典瑞》「瑑有圻堮瑑起」，則有如今之烏絲闌而隆起者是矣。枚者可數計者也；其起源亦當由於陶器，今銅器中如鼎，如彝，亦時有有乳者，蓋亦同仿陶器而來也。其狀或直長如門上之櫨星，或作旋螺狀，而鑄爲蟲獸之形，則亦嬗變而成，羅叔蘊先生疑作螺狀者即孟子之所謂「追蠡」，誤也。隧者，《記》文後又

圖七 《周金文存》郘鐘

作遂，以示最常鼓處也；羅氏藏一鐃，口間鼓處突起以備鼓，此則微窒，其理固同；然傳世古器，則雕鏤爲花紋，又多在左鼓，（圖七）且亦不盡有也。

清阮元命工鑄鐘，音不和，則錯其枚。馬叔平先生告余，古鐘多於腹中錯成一隙，殆因鑄鐘已厚而然也。羅叔藴先生云：「古鐘舞上與枚間往往有狹長小孔。」或亦此類矣？

（五）鐘之別名

《爾雅・釋樂》：「大鐘謂之鏞，其中謂之剽，小者謂之棧。」郭注云：「《書》曰『笙鏞以間』，亦名鎛，音博。」按鎛與鏞不同，郭説誤也，詳見鎛下。

《皋陶謨》：「笙鏞以間。」鄭注云：「東方之樂謂之笙，笙生也；東方生長之方，故名樂爲笙也。西方之樂謂之庸，庸功也；西方物熟有成功；亦謂之頌，頌亦是頌其成也。」《周禮・眂瞭》：「掌凡樂事播鼗，擊頌磬，笙磬。」《禮・大射儀》：「樂人宿縣，于阼階東。笙磬西面。其南笙鐘。……西階之西，頌磬東面，其南鐘。」鄭注云：「笙猶生也，東爲陽中，萬物以生，是以東方鐘磬謂之笙，皆編而縣之。言成功曰頌，西爲陰中，萬物之所成，是以西方磬鐘謂之頌。古文頌爲庸。」據此則《皋陶謨》之笙鏞，正與《周禮》經合，故鄭氏不以爲樂器也。郭注乃引之以證大鐘之訓，蓋亦誤矣。

鏞字，或作庸。《詩・靈臺》「賁鼓惟鏞」，《商頌》「庸鼓有斁」，並與鼓對稱；又《周書・世俘解》「王奏庸」，凡此稱鏞者，皆即鐘也。鐘亦作銿，銿之與鏞，聲義無別。《爾雅》以大鐘爲鏞，實一名而異其詞，蓋惟大鐘乃得鐘之本名也。

《釋樂》之「剽」，蓋「𠠝」字之誤。《説文》無𠠝字，兮中鐘及昊生鐘均云：「乍大鏄鐘。」兮中鐘別一器作鍹，或作𣞤，是鏄，鍹，𣞤爲一字；而克鐘作𠢡，故知𠢡即𠠝字，而《爾雅》爲字誤矣。楚王豙鐘作𩝝。虢叔旅鐘、士父鐘、戲編鐘、井人妄鐘、遟父鐘，並作𣞤，𣞤即𥢶字，古文從林從秝之字多亂也。

金文鍹、鏄、𣞤、𠢡、𩝝諸字，並從亩得聲，讀爲林，亩林聲相近也。《周語》曰：「王將鑄無射而爲之大林，單穆公曰：『不可，作重幣以竭民資，又鑄大鐘以鮮其繼，……且夫鐘不過以動聲，若無射有林，耳不及也。』……王不聽，卒鑄大鐘。」大林即大鐘，林即鐘之別名也。古方音讀東韵之字多與侵韵通轉，《易・艮卦》以心、躳、中、終爲叶；《山海經・海内經》

「有都廣之野，冬夏播琴」，謂播種也；《水經・泚水注》「楚人謂冢爲琴」，皆可爲證。則鐘之讀爲林，亦方音之轉耳。《禮記・文王世子》「胥鼓南」，注「南，夷之樂也」。按南曰鼓，是樂器而非樂；《詩・鼓鐘》：「以雅以南。」《禮記・明堂位》「任，南蠻之樂也」，注引作「以雅以任」；此南與任，殆鍎與林之同聲假借，爲鐘屬，且爲南方之樂器也。

「小者謂之棧」者，殆《周禮・磬師》所謂編鐘也；編、棧聲得相轉，義亦類似，編木爲棧，猶編竹爲箋也。

古鐘多有稱爲龢鐘、寶鐘者，鐘以龢爲貴，且珍之也。鈴鐘，靈鐘者，鐘之小者名鈴也。楚王鐘云「賸卬仲嬭南龢鐘」，鹽厌求鐘云「乍季姜朕鐘」，則媵女之鐘。内公鐘曰「乍從鐘」，鼄太宰鐘曰「自乍其走鐘」，則疑是行旅所用。者瀘鐘云「自乍欲鐘」，疑與漢四時嘉至鐘之稱「摇鐘」同，楚公冢鐘之别一器云「自鑄鍚鐘」，則其義不可詳矣。

（六）肆、堵考

《周禮・小胥》：「凡縣鐘磬，半爲堵，全爲肆。」鄭注：「鐘磬者，編縣之。二八十六枚而在一簴謂之堵。鐘一堵，磬一堵，謂之肆。」《左襄十一年傳》：「歌鐘二肆。」注：「列也，縣鐘十六爲一肆。」其在古器則邵黛鐘云「大鐘八隶，其竈四𩏂」，鼄公牼鐘云「鹽辥龢鐘二堵」，洹子孟姜壺云「鼓鐘一銉」，隶、銉皆即肆字，知肆堵之稱，確爲周人所恒用也。

一堵果爲十六枚乎？服虔注《左昭二十傳》云：「鳧氏爲鐘，以律計，自倍半，一縣十九鐘，鐘七律，十二縣二百二十八鐘，爲八十四律，此一歲之閏數。」按服説十二懸，每懸合十二律七音爲十九鐘，於古無徵，或取諸漢制耳。《周禮》賈疏駁之，謂「天子宫縣，四面鐘磬鎛而已，不見有十二縣」者是矣。《隋書・音樂志》云：「初後周故事，縣鐘磬法七正七倍，合爲十四。……又梁武帝加以濁倍，三七二十一而同爲架。……又後魏時，公孫崇設鐘磬，正倍參懸之。牛弘等並以爲非，而據《周官・小胥》，……又引《樂緯》『宫爲君，商爲臣，皆尊』，爲置一副，故加十四而懸十六。……每虡準之，懸八用七，不用近周之法懸七也。」

據此則知懸數多寡，六朝已無定説矣。清吴大澂邵黛鐘跋，則謂：

> 竊疑晉侯賜魏絳以鼓鐘二肆，未必有三十二鐘之多；若以十六枚爲一堵，則二肆爲六十四鐘，尤爲可疑。所謂全與半，或指十二律而言，大鐘具全律者謂之肆，小鐘得半律者謂之堵。邵子所鑄十二鐘，大者八，小者四，故云八肆四堵；若執十六鐘爲一肆之説，八肆爲一百二十八鐘，四堵爲三十二鐘，安用如此之廣樂哉。

吴説舛誤甚多。鄭氏以鐘磬各十六枚爲一肆，杜則但以鐘十六枚爲一肆，其實則一；而非謂三十二鐘爲一肆，或鐘磬共十六枚爲一肆也。而吴氏誤解，至謂一肆爲三十二鐘，與一堵爲八鐘，實太草率。又僊公牼鐘傳世者凡四枚，而銘云「二堵」，亦可見肆堵各爲一鐘之説爲誤。至謂鐘懸應十二律，則不僅吴氏。《西清古鑑》收黄鐘應鐘各一鐘，《續鑑》收夷則一鐘，並著大和二字，又别有蕤賓一鐘，蓋並遼世遺物，而以爲周鐘。《積古齋款識》著録奠井赤編鐘之一器，因適有「妥賓」二字在鼓左，遂誤認爲蕤賓。虢叔旅鐘云「乍朕皇考惠赤大歆龢鐘」，程瑶田《考工創物小記》誤以爲大族和鐘。後人又因此附會，而作師嫠鐘，於鼓右刻「夷則」二字，而不知古實無此也。清乾隆二十六年，臨江民耕地得鐘十一，即者減鐘也，高宗定爲周鎛鐘，爲補大吕一器，著録於《西清續鑑》。近廬江劉惠之得驫羌鐘凡十二，大小相比次，友人徐君中舒亦疑爲當應十二律。然今傳世者邵黛鐘乃有十三，者減鐘亦爲十三，吴氏及清高宗所推斷皆誤。准此，驫羌鐘之是否僅有十二，亦殊未可知也（此文脱稿後，承馬叔平先生見示驫羌鐘拓本二，果出劉氏十二器外，聞已至美國矣）。

《隋志》牛弘等引漢犍爲水濱，得古磬十六枚，是編懸十六之證。余頃更發見一久經湮晦之事實，亦足以證成之。宋時出土之弓鐘（即齊侯鐘），其銘與弓鎛略同；鎛銘凡四百九十字，鐘則以七鐘分載之，即《薛氏款識》所載一至七是。其八至十三這五器，則自二十九字至十四字，器各兩銘，文不相屬；王静安先生《宋金文著録表》及友人容君希白《殷周禮樂器考略》並疑爲僞。王據趙氏《金石録》同時出土者只十鐘爲證；然此證據，力量殊薄；蓋出土時，初非有計畫之發掘，則難免遺漏，而他日重顯於世；觀夫《博古》、《嘯堂》，均只四鐘，並鎛而五，則彼時所傳僅此，不可謂此外盡僞也。

王、容二氏之更一理由，則以其銘辭前後淩獵，且多重複，然此亦不能證成其僞也；蓋作僞必期人信，彼儘可倣七鐘而爲之，決不願使前後淩獵也。

余自始即疑此六鐘必另有讀法，其後則果得之。蓋此六鐘，皆編鐘，其文當於懸於筍簴時聯一列而讀之，既盡其陽面，乃轉讀陰面，故一鐘兩銘，文不銜結，而有似淩獵耳。此六鐘内尚當分爲兩組，八九兩鐘較大爲一組，十至十三四鐘則爲較小之一組；前者但存三銘，今就後一組之八銘爲圖以明之（圖八及圖九當從第一列之前銘從甲至辛讀之，讀完接讀後銘）。

圖八

弓鐘第一列{前銘 後銘}

(甲)隹王五月辰才　𠭁事戮龢三軍
戊寅辪于淄涶　徒遍雩氏行辪

(乙)公曰女弓余經　旾中氏罰公曰
乃先且余既專　弓女敬共辝命

(丙)乃心女忠愄忌　女雁鬲公家女娶
女不彖殅夜宦　裻朕行薛女肇

(丁)| 埶而政事余 弘猒乃心余 | | 敏于戎攻余 易女釐都覇 |

(此兩銘見辪識第十鐘)

(戊)令女政于朕　剢其縣言
三軍筍成　余命女辭

(己)朕辪旟之　辝釐遡或
政德諫伐　徒罜爲女

(庚)朕庶民左　敵寮弓敢
右母諱弓　用捧韻首

(辛)不敢弗憼　弗敢不對
戒虔卹氏　㪟朕辟皇

(接讀後銘)　(接讀第二列)

弓鐘第二列{前銘 後銘}

(子)君之易休命　于昷卹女目
公曰弓女康　卹余朕身余

(丑)能乃九事[illegible]　易女車馬戎
乃敵寮余用　兵釐僕言又

(寅)聳屯厚乃命　吾家女目戒
女弓母曰余尐　戎钕弓用或

(卯)| 女尃余于艱 卹虔卹不易 | | 敢再拜韻首 應受君公之 |

(此兩銘見辪識第十一鐘)

(辰)左右余一人余　易光余弗敢
命女裁差正　灋乃命弓箕

(巳)卿爲大史　其先舊及
甝命于外　其高祖虖二

(午)内之事中　成唐又敢
專昷刑女　才帝所博

(未)台尃戒公　受天命[illegible]
家應卹余　伐頙司戢

(接讀後銘)　(接讀第三列)

圖九

弓鐘第三列｛前銘 後銘

（甲）氐霝辥伊少　齊侯之所是
臣隹輔咸有　忩龏遵霝力

（乙）
九州處禹 之堵不顯	若虎堇裝 其政事又

（此兩銘見《辥識》第十二鐘）

（丙）穆公之孫　共于淯武
其配韎公　霝公之所

（丁）之妣而鍼　淯武霝公
公之女雩　易乃吉金

（戊）生赤弓　鈇鎬玄
是辟于　鏐鏞鋁

（接讀後銘）（接讀第四列）

（己）

（庚）

（辛）

弓鐘第四列｛前銘 後銘

（子）乃用乍蠶其　其萬福屯魯
寶鐘用亯于　龢獪而九事

（丑）
其皇祖皇 妣皇母皇	卑若鐘 鼓外內

（此兩銘見《辥識》第十三鐘）

（寅）考用蘄　剴辟
釁壽霝　戒二畀二

（卯）命難老　逡而
不顯皇　倗剌

（辰）祖其乍　母或
福元孫　丞頪

（接讀後銘）

（巳）

（午）

（未）

据此圖則知銘文本非淩獵，特人自不得其讀耳。然此圖所指示我人者，尚不止此。蓋由此可見此一組之編鐘，當有兩簴，簴各二列，列各八鐘，正與十六枚爲一堵之説合也。然此組編鐘所載銘詞僅及「母或丞頪」而止，少下四十二字，乃因鐘小而不能盡載全文，蓋金文常例也。三四二列，有銘文者僅各五鐘，其三均無字，《西清續鑑》所著録者瀘鐘第十一器最小者亦無字；以此圖證之，則知編鐘以次差小，第二簴較第一簴爲尤小，故最末數鐘，不能鑄銘耳。此一組中，第一簴上下兩列各存第四鐘，第二簴上下二列各存第二鐘，可謂至巧。

此事實既爲余發現，則不啻爲鄭氏十六枚之説，更增一强有力之證據。此鐘後一組既有二堵，前一組數亦當同，是共有四堵也。新鄭所出古鐘，凡鎛四器，編鐘十九器，關百益作圖録，據花紋形制分編鐘爲二組，甲爲九枚，乙爲十枚；今就其度衡比較，知每組中缺佚甚多，蓋本亦四堵之殘餘者。皆與郘黛鐘合矣。

郘黛鐘之「其竈四堵」，固爲編鐘六十四枚矣。其所謂「大鐘八隶」者，果何謂耶？若如鄭説以肆爲鐘磬各一堵，則但就鐘論肆，無異於堵。故孫仲容《籀高述林》讀竈，爲篴，以爲大鐘一百二十八枚，其副六十四枚。然肆堵既同，何以分別言之？又大鐘反較其副倍之，其理亦不可通也。

余以爲「大鐘八隸」者，即「四堵」之編鐘耳，非别有大鐘也。肆者列也，二列爲一堵，四堵即八肆。《詩》「奄有四方」，秦公敨作「竈有四方」，其竈四堵，正猶謂竈有四方也。蓋樂有四堵，則爲「牆合」，四方象宫，故曰「天子宫縣」也。周人尚八，故天子用八佾，八八凡六十四人，然則其樂鐘亦當爲八肆六十四鐘也。樂鐘之數，殆以此爲最多；春秋之時，季氏且用八佾，是郘子用宫縣亦無足異者。

苟以一肆爲八枚，則郘黛鐘之銘，文從字順，且與「牆合」、「宫縣」之文並合，然與小胥之文，則正相反。頗疑《小胥》爲誤倒，其本文當爲：「全爲堵，半爲肆。」鄭氏作注時，經本已誤，故鄭以鐘磬各一堵爲一肆附會之。不知小胥之文，泛指鐘或磬之全與半非合鐘磬則謂之全，析之則謂之半也；據《左傳》及古器，知徒鐘亦可稱肆，知鄭説爲誤矣。

（七）懸八之意義及六律六間考

編鐘何以懸八耶？後周縣七正七倍而爲十四；牛弘等引《樂緯》宫爲君，商爲臣，皆爲置一副，而縣十六，然縣八而用七，與縣七無異也。舊説或以爲應八風之金、石、絲、竹、匏、土、革、木，或以爲應十二律而加四清聲；前説純出附會，後説則明以後學者多主之。然四清聲爲宋以後所起，江藩謂爲用古制，非矣。

余嘗思弓鐘自一至七，七枚，何以爲七枚，得無以七音之故耶？此假定未幾即得證明，則楚王畬章鐘之鼓間，綴以「穆，商，商」三字，其又一器則綴以「卜翚反，宫反」五字，卜翚者殆即外羽耳（殷虚甲骨之卜丙，即外丙），其意義未能悉詳，然具備宫、商、羽三音，則余之揣測，固未誤也。

六律六間之説，始見於《周語》；黄鐘、太簇、姑洗、蕤賓、夷則、無射謂之六律；大呂、夾鐘、中呂、林鐘、南呂、應鐘，謂之六間。《周語》曰：「律呂不易。」則六間亦稱爲呂，《周禮》則稱六間爲六同，注引故書作銅，《漢書·郊祀志》又以爲六鐘。按間者謂兩律之間聲，如大呂爲黄鐘太簇之間是也。曰呂、曰同、曰銅、曰鐘，並一聲之轉，蓋古文宫、躳、雝、㕣(公之或體)。均當從呂得聲，則呂古音當與宫同也。六間既由六律之間而起，故其立名爲夾鐘、林鐘、應鐘，及大呂、中呂、南呂二組；或稱爲六呂，或稱爲六鐘，其實一也。

以立名之例辨之，六律必先於六間；故《孟子》曰：「以六律正五音。」古書多僅言六律，不言六間也。然六律何以正五音耶？若以林鐘爲徵，南呂爲羽，則當云十二律以正五音矣；此其故蓋可探求也。

余以爲六律以正五音者，蓋旋宫之始也。音之高下無窮，假定就人耳所能及者，以五音爲一節，曰：宫、商、角、徵、羽，然高於此者，又有五音焉，低於此者，又有五音焉，將何以定之乎？六律者，即以解決此問題也。六律以黄鐘爲宫，太簇爲商，姑洗爲角，蕤賓爲徵，夷則爲羽；無射則低宫也。準此以推，若太簇爲宫，則無射爲羽，而黄鐘爲高羽；又若以黄鐘爲羽，則太簇爲低宫，而無射爲低羽矣，此其理，可以左圖明之。(圖一〇)

圖一〇

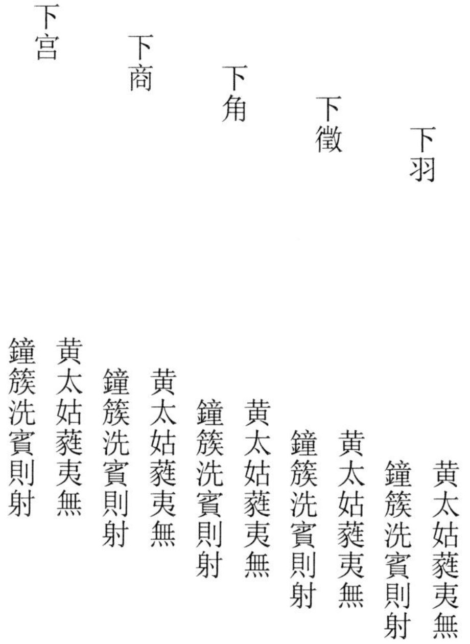

高高高高高　宮商角徵羽

宮商角徵羽

低低低低低　宮商角徵羽

上羽　黃太姑蕤夷無　鐘簇洗賓則射

上徵　黃太姑蕤夷無　鐘簇洗賓則射

上角　黃太姑蕤夷無　鐘簇洗賓則射

上商　黃太姑蕤夷無　鐘簇洗賓則射

上宮　黃太姑蕤夷無　鐘簇洗賓則射

上圖所示，可以知由六律與五音，相互爲用，則可得十五音，適得五音之三倍，而清濁之音悉具矣。如以無射爲宮，則歌高宮時，即可以黃鐘應之，蓋聲高下雖不同，而能相應，故雖只六律，而應十五音；今世笛工有高吹低唱之法，即此意也。

《周語》云：「武王伐殷，……於是乎有七律。……長夷則之上宮，名之曰羽。……以黃鐘之下宮，……謂之厲。……以太簇之下宮……謂之宣。……以無射之上宮，……謂之嬴亂。」此文雖未盡記七律，而其餘三律，當爲姑洗蕤賓夷則之下宮也。上宮下宮之説，本極難於明瞭，然以前圖觀之，則殊簡單。蓋夷則之上宮，本爲高羽故仍名爲羽；無射之上宮，則本即宮，與黃鐘之下宮同，今析之爲二，故增六律爲七律也。羽之音，亦當高於五音中之高羽，故後世稱爲變徵。嬴亂則後世所稱爲變宮者，蓋七律亦即後世所謂七音矣。

由五音而制六律，皆以五音符爲一組也。由六律而進爲七律，七律又變爲七音，則以七音符爲一組矣。以七音符爲主；則加清濁二倍，當得三七二十一音，則運用旋宮之法，六律又不得不增爲八律矣。八律之名，雖余所創説，然樂理之過程，當如是也。（圖一一）

圖一一

鐘磬之所以懸八，蓋以定七音即余所謂八律矣。特八律之名稱，不見於古籍，故自漢以下，其義久晦，而懸數之多少，異説蜂起矣。

以六律爲疏，則加間聲而爲六間，所謂十二箭也；則五音之所配小異。(圖一二)自漢以後但知十二律之配五音矣。

圖一二

六律	十二箭	數
黄鐘(宫)	黄鐘(宫)	八十一
	大吕	七十六
太簇(商)	太簇(商)	七十二
	夾鐘	六十八
姑洗(角)	姑洗(角)	六十四
	中吕	六十
蕤賓(徵)	蕤賓	五十七
	林鐘(徵)	五十四
夷則(羽)	夷則	五十一
	南吕(羽)	四十八
無射(低宫)	無射	四十五
	應鐘(低宫)	四十二

然則於八律加間聲，則當爲十六，此鐘磬之所以俱用十六爲一堵，其説之詳則無由知矣。

二　鎛

《説文》：「鎛，大鐘湻于之屬，所以應鐘聲也。堵以二，金樂則鼓鎛應之。从金鎛聲。」按《大射儀》：「樂人宿縣於阼

圖一三　《博古圖》齊侯鎛

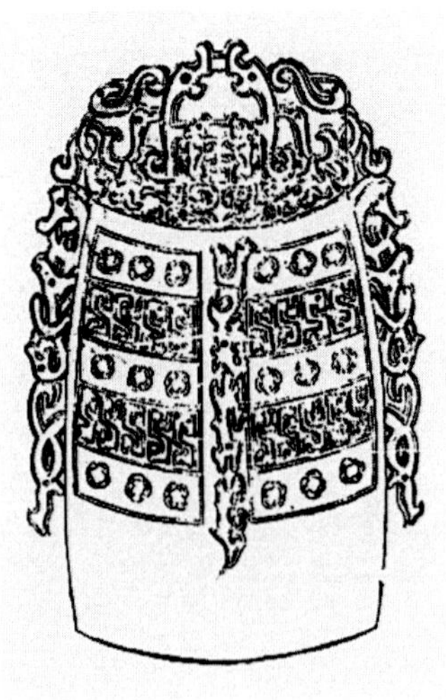

階東，笙磬西面，其南笙鐘，其南鑮。……西階之西，頌磬東面，其南鐘，其南鑮，皆南陳。」是鑮與鐘不同也。

據實物驗之，鑮之制異於鐘者，鐘上爲甬故側懸，鎛上爲紐故直懸，鐘口如盂，鎛口則似囊。（圖一三）

蓋鑮之起原，本自於搏拊。鄭康成注《臯陶謨》曰：「搏拊，以韋爲之，裝之以糠，所以節樂。」《明堂位》謂之拊搏，《周禮・大師》謂之拊，《樂記》謂之拊鼓，皆一物也。余以爲搏拊之制似鼓者後起也。其先本當作甫，古甫字作[甫古文]，象縛束之；縛韋爲囊，而搏擊之以爲樂，是爲搏，搏拊即搏之複音耳。傳世有[illegible]医⿱鑮又戈，⿱鑮又字蓋即搏之古字，從四甫以象搏拊從又以搏之，從臯則與樂字同義也。其後銅器興，則仿搏拊之形而爲鑮，故古器如弓鎛、⿱陶革子□鎛、公孫班鎛等，其字皆作鎛（鑮爲後起孳乳之字。《說文》以鎛爲鑮，轉以鑮爲本字非是）；而鎛之形，上爲紐，下口如囊也。

《說文》以「大鐘淳于之屬」訓鑮，鄭注《春官・鎛師》謂「如鐘而大」，蓋據所見之鑮大於鐘也。《周語》曰：「細鈞有鐘無鎛，大鈞有鎛無鐘，甚大無鎛。」則謂鎛小於鐘，疑爲較古之制，故傳世器物，如弓鎛大於弓鐘矣。

鎛爲鐘類，故韋昭注《國語》，逕以鎛爲小鐘，而傳世古器，亦間有稱鐘者，如留鎛是也。然鎛可稱鐘，而鐘則不可稱鎛；宋世所出楚公逆鎛，復齋《款識》，記其制度，明云以紐，而上虞羅氏所得者則以甬，知非宋時原器，乃贋物也。

自漢以降，鎛與鐘之異，久不能辨。郭璞已誤以鏞爲鑮。《博古圖》倡爲「鑮大於編鐘而小於特鐘」，然於齊侯鎛下，已自覺其說之不可通矣。近人率多謂鐘有二種，一爲于口，一爲平口，蓋沿宋人之誤也。

三　錞

《周禮・鼓人》：「以金錞和鼓。」《晉語》：「戰以錞于、丁寧。」《吴語》：「鳴鐘鼓丁寧、錞于。」錞即錞于；故鄭注《鼓人》云：「錞于也，圓如碓頭，大上小下，樂作鳴之，與鼓相應。」

《南齊書・始興王鑑傳》：「廣漢什邡人段祚以錞于獻上，有銅馬，以繩繫馬，去地尺餘，灌之以水，又以器盛水於下，以芒當心，跪注錞于，以手振芒，則如雷清響。」其説蓋本之于寶《周禮注》，所謂「以芒當心」者，今不可詳矣。《御覽》樂部引《樂書》則謂：「錞于者，以銅爲之，其形象鐘，頂大，腹揲，口弇，上以伏獸爲鼻，内懸子鈴銅舌。凡作樂振而鳴之，與鼓相和。」蓋與鈴鐸相似，蓋又錞之別製也。

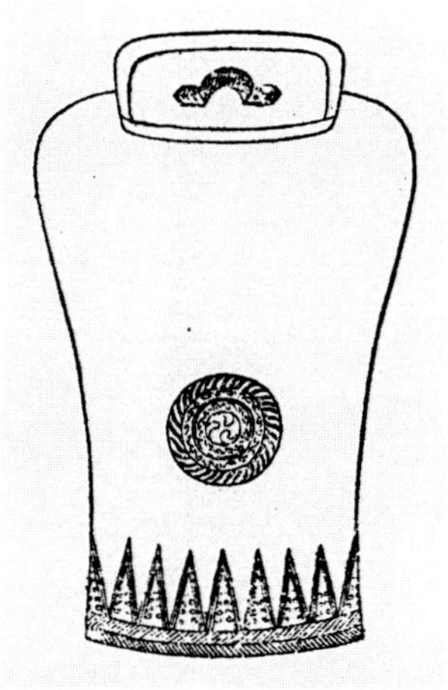

圖一四 《博古圖》山紋錞

《考古圖》著録二器，《博古圖》著録十九器，《西清四鑑》亦咸有著録，然俱無文字，間有有文字者，皆爲隸書，且多爲數目字，《荆南萃古編》有一父丁淳于（《奇觚室》以爲兵器更誤），《周金文存》有一害朩淳于，皆僞刻也。

《博古》之山紋錞、圜花錞，三器，以花紋考之，確是周器。（圖一四）其制頂爲紐；腹有隧，作圜花；下口附以花紋，其山紋錞，作倒垂花紋，與諸勾鑃同，殆六國時器也。紐所以懸，隧其擊處，則當與鎛略似，故《説文》鎛注云「大鐘淳于之屬」，宋時樂工就擊於地，非矣。

其字本當作𢾭，從攴從𦎫，即取攴以敲盛羊之亯耳；是亦由食器變爲樂器之一例也。

四 鉦鐲

《詩・采芑》：「鉦人伐鼓。」《説文》：「鉦鐃也，似鈴，柄中，上下通。」按鉦亦名丁寧；《左・宣四年傳》：「著于丁寧。」《晉語》：「戰吕淳于丁寧。」《吴語》：「鳴鐘鼓丁寧淳于。」丁寧即鉦之合音也。傳世古器，有郐諸尹鉦云：「自乍征城。」征城亦鉦之合音也。又有𣏟鉦，其銘云：「曌此鉦鋮」鉦下一字，郭沫若氏定爲鉦鋮是也。

《周禮》：「大司馬辨鼓鐸鐲鐃之用。」又云：「公司馬執鐲。」又云：「鼓人以金鐲節鼓。」《説文》云：「鐲，鉦也。」按鐲即鉦之異名，猶《爾雅・釋器》：「斫斸謂之定。」《廣雅・釋器》：「定謂之槈。」鐲與斸或槈，鉦與定，並同音也。

鉦殆起於農器之「定」，定之異名，爲槈，爲斫斸，斸之異文又爲欘；《説文》「槈薅器也」，又云「斸斫也」，又云「欘斤柄性自曲者」，其實起原皆一物也。蓋上古以蜃甲治田，可以刈苗，可以乖土，古文辰字作冃之▽形，即象蜃甲也；其後以石片象之而爲斤，則但用爲刈物之器更進則以銅爲之，而農器與工器殊矣。辰，斤與定，並一聲之轉，象擊之之聲也；由是而變爲樂器，以石爲之，則謂之磬，以金爲之，則謂之鉦，亦一聲之轉也。

圖一五　其支句鑃

傳世古器，有姑虔句鑃及其支句鑃（其支句鑃同時出土者凡十餘器，僅二有字）。（圖一五）器名句鑃，而實與郤諸尹鉦同形，較𣏟鉦則略大。羅叔蘊先生云：殆一物而異名，其說是也。鑃字《說文》所無，蓋與鉊字同，《說文》：「鏄或謂之鉊。」《方言》五：「刈鉤，江淮陳楚之間謂之鉊。」以爲刈鉤之鉊，故謂之句鑃，與斸之稱斫斸同。

又按蜃之小者名珧，以蜃治田，孳乳爲槈鎒字，而珧即孳乳爲銚字。《說文》：「珧温器也，一曰田器。」《秦策》：「無把銚推槈之勢。」《莊子·外物》：「銚槈於是乎始脩。」是銚亦槈屬；鉊，銚與鑃，並一聲之轉。然則句鑃之爲鉦，正猶斫斸之爲定；而句鑃之與鐲，正猶銚之與鎒矣。

吴大澂疑鑃爲鐃，鑃、鐃聲亦相近。然《說文》「鐃小鉦也」，今傳世古器別有鐃，則吴說未爲當也。王静安先生《古禮器略說》疑即鐸，然傳世古器，亦別有鐸，其所舉《鹽鐵論·利議篇》「吴鐸以其舌自破」，而勾鑃則無舌，可以知其誤矣。鉦之形制略如鐘，但狹長而有長柄，銘文倶倒刻，僅𣏟鉦爲順刻，蓋執其器，口向上而擊之也。《博古圖》有旗鉦，以形制考之，當爲鉦。舊釋爲鳳棲梧鐸，非矣（《古鑑》蟠夔鐸亦當爲鉦）。《說文》謂「柄上下通」，羅叔言先生《集古遺文》卷二跋𣏟鉦云：「以建初尺度之，連柄高尺五寸，柄長七寸，柄中間有横穿，不上下通，日本住友氏藏素鉦一，與此正同，柄亦不通」，是周代器與漢制違異也。新莽有候騎鉦，狀如小鐘，亦與周制不合；至後世則僅存於釋氏，形制大變，不復執持而以平置，故無柄，俗則通謂之磬矣。

五　鐃

圖一六　又鐃

《説文》：「鐃，小鉦也。」《周禮・鼓人》：「以金鐃止鼓。」注：「如鈴無舌，有秉，執而鳴之。」傳世古器中，有文字者，凡十餘器，舊並誤以爲鐸，《博古圖》則以爲鉦，羅叔言先生《古器物識小録》始訂正之。

羅氏云：「鉦與鐃，不僅大小異，形制亦異。鉦大而狹長，鐃小而短闊；鉦柄實，故長，可手執；鐃柄短，故中空，須續以木柄，乃便執持。」其説良是。鐃之鼓上當口處，有方形鼓起，蓋擊處也。（圖一六）

《博古圖》著録舞鐃二器，清阮元辨爲車飾之和鈴是也。若舞之用鐃，則即小鉦耳。今釋氏猶用之，惟其形制稍變且極小，然則所謂鐃舞者，殆惟存於彼教之儀節中矣。

六　鐸鈴

《説文》：「鐸，大鈴也。」《書》：「遒人以木鐸徇于路。」《周禮・鼓人》：「以金鐸通鼓。」蓋初爲木製，如椌柷之類，後乃易以金，昔人謂木鐸爲金口木舌乃附會之詞耳。凡傳世古器，宋人以鉦爲鐸，清人則以鐃爲鐸，均誤也。唯《周金文存》著録□㓁鐸，明著其器爲寶鐸，惜只拓自舞以下，未能詳其形制也。

自漢以下，鐸之用甚廣。有施於牛馬者，著録甚多，（圖一七）晉荀勗以趙郡賈人牛鐸定樂，即此類。有施於屋簷者，《古鑑》所著録簷鐸是也。（圖一八）其制大率與鐘同，唯較小，且鐘上爲甬，而鐸爲環狀之紐耳。

《説文》：「鈴，令丁也。」令丁亦鈴之合音，猶鉦之爲征城矣。古器有楚王領鈴鐘、鼄君鐘鈴，稱鈴鐘者，蓋鐘爲共名，而鈴爲專名也。車飾之鸞鈴，如牛馬鐸而小。漢以下器，其大者鐸，其小者皆鈴也。

蓋古鐘之作環狀之紐者，以形製言之，當爲鐸鈴，用其共名，則亦曰鐘，故昔人不能析鐘與鈴、鐸之異，正與不能析鐘鎛之異同也。

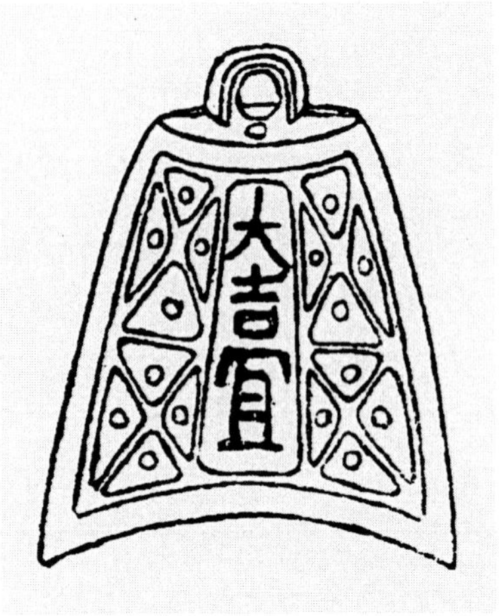

圖一七　《陶齋吉金録》漢牛馬鈴

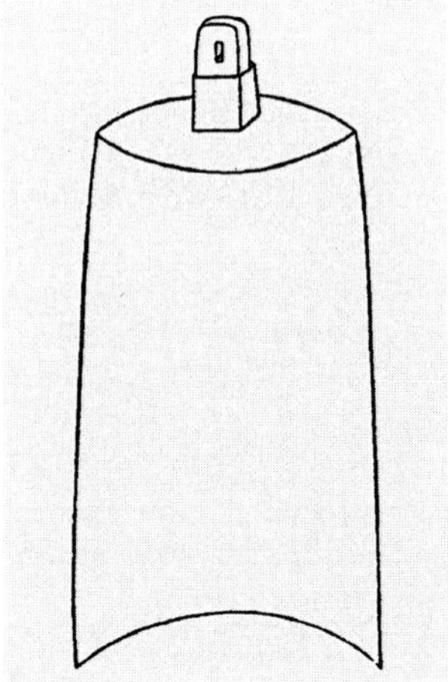

圖一八　《西清古鑑》漢檐鐸

弓編鐘銘文王國維先生未得其讀，故疑其僞。余重編《宋代金文著録表》亦沿其説。唐蘭先生謂「其文當於懸于筍簴時聯一列而讀之，既盡其陽面乃轉讀陰面」，其説甚確。唯八九兩鐘較大爲一組，但存三銘，唐君未爲排列，今補如下圖：

第一列

	前銘	後銘
（甲）	隹王五月辰在戊 寅薛于淄涶公曰	肇敏于戎攻余錫 女釐都胤爵其縣
（乙）	女弓余經乃先祖 余既專乃心女忠	言余命女嗣辝釐 造國徒三千爲女
（丙）	畏忌女不家夙夜 宦執而政事余弘	敵寮弓敢用拜韻 首弗敢不對揚朕
（丁）	猷乃心余命女政 于朕暈簡成朕薛旟之	辟皇君之錫休命 公曰弓女康能乃

（戊）政德諫罰朕庶民
左右毋諱弓不敢

（己）弗懃戒虔郘氏死
事戮和三軍徒𨔑

（庚）雩氏行薛昚中氏
罰公曰弓汝敬共

（辛）辭命女應鬲公家
女恐裝朕行薛女

第二列

前　銘

（甲）家應郘余于盄郘
女台郘余朕身余

（乙）錫女車馬戎兵釐
僕亖又幷家女以

（丙）戒戎作弓用或敢
再拜韻首應受君

（丁）公之錫光余弗敢
廢乃命弓典其先

（戊）舊及其高祖京成
唐又敢在帝所尃

（己）受天命則伐頣司
㪔乎靈辪伊𢀛隹

（庚）補咸有九州處禹
之堵不顯穆

（辛）公之孫其配數公
之妣而鍼公之女

（壬）雩生叔弓是辟于
齊侯之所是忠龔

又事率乃敵寮余
用登屯厚乃命女
弓毋曰余少女尃
余于䚄郘虔郘不
易左右余乃余命
女緘差正卿繼命
于外內之事中尃
盄刑女台尃戒公

後　銘

遹靈力若虎堇裝
其政事又共于公
所敕擇吉金鈇鎬
玄鏐鏽鋁用作鑄
其寶鐘用亯于其
皇祖皇妣皇母皇
考用祈眉壽霝命
難老不顯皇祖其
作福元孫其萬福
屯魯和協而又事
卑若鐘鼓外內剴
辟都=俞=造而倗剸
毋或承頪女壽考
萬年永保其身卑百
斯男而執斯字篇
義政齊侯左右毋
疾毋已至于枼曰
子孫永保用亯

依上排列，每行七字，鐘九恰爲第一列戊編鐘之前銘，鐘八恰爲第二列辛編鐘之前後銘，雖間有一二字之參差不合，大抵以有異文之故，鎛鐘與前七鐘異文可證。然此組之鐘第一列八鐘、第二列九鐘，與十六枚爲一堵之説不合，質之唐君，莫能明也。

容庚附記

蘭按八九兩編鐘，當時未爲排列者，以其殘缺過甚，只存三銘也。如容君所圖，則下列必爲九鐘無疑。然編鐘之制，前大後小，故余所圖，前列自每行六字，降至每行四字，後列自每行五字降至每行二字，可見愈降愈小，而字數因以減少也。若如容君所圖八、九二鐘，則自前列之首迄後列之末，率爲行七字，與編鐘之制無乃不合？且第八鐘前後二銘，已近全銘之末而猶爲行七字，則其一組中之首數鐘，每行必且逾十字。又「其竈四堵」爲六十四鐘，余所圖之一組，凡三十二鐘，而如容君所圖，則只十七鐘，亦不能合。然則八九兩編鐘乃殘缺之餘，殊難據以考證也。

唐蘭校畢再記

下篇　磬塤鼓敔

一　磬

《説文》：「磬，樂石也。從石殸。象縣虡之形，殳擊之也。古者毋句氏作磬。殸，籀文省。」按殷虛卜辭作等體，象擊石，即石形（卜辭石作），上象其懸，則小篆作磬，乃緣孳乳而重疊矣。《説文》又以硜爲磬之古文，从石巠聲。硜，硜磬之聲，《樂記》「石聲磬」，《史記·樂書》作「石聲硜」，王肅注謂「硜，聲果勁」是也。然則聲象其器，殸象其事；而殸字之所從得聲，則象擊石之聲，其後又孳乳爲形聲字之硜，更孳乳爲聲字以專聲音之訓矣。

《皋陶謨》「戛擊，鳴球」，《明堂位》作「玉磬，揩擊」，《説文》「球，玉磬也」，是謂球即磬也。然《皋陶謨》下文又云：「余擊石拊石」，鄭注云「磬有大小，予擊大石磬，拊小石磬」，則「球」與「磬」實有別矣。《爾雅·釋樂》，「大磬謂之毊」，郭注，「磬形似犁錧，以玉石爲之。」馨字《説文》所無，球馨一聲之轉，殆即球也。

傳世殷磬，羅氏《殷虚古器物圖録》所著者凡六器，其一爲殘雕玉磬，其三爲素磬，又二則殘磬也。 玉磬殘缺無穿，不知其制究何若； 若素磬則第二器已磨治餘尚石礫也。 羅氏附説云：

> 素磬五，完者三，不完者二，其大小不一。 甲高建初尺一尺五寸八分，廣三尺六寸三分（凡高當云廣，廣當云長——蘭注）。 乙高一尺二寸八分，廣一尺四寸五分。 丙高一尺七寸，廣一尺四寸五分（廣一尺當作廣三尺——蘭注）。 丁高一尺七寸二分，廣三尺。 戊高二尺一寸，廣二尺三寸九分。 其大小殆無定制也。 案程易疇先生考古磬折之制，其説至精密，然以此諸磬校之，則不合，蓋殷周異制，《考工》所記，乃周制也。《博古圖》載瑂磬二，則狀與此頗合，殆是殷磬。《博古圖》不言瑂磬所得之地，然於他古器每注出河亶甲城，宋人所謂河亶甲城，其地即今日小屯之殷虚，意彼二磬者，或亦出殷虚與？

按羅説粗疏殊甚。《博古圖》有銅磬四，實皆鼓，詳見後文鼓下，然無瑂磬，羅氏誤記，而又附會之於河亶甲城所出，非也。 若殷虚所出諸器，以器形分之，則當爲兩類。 丙丁戊三器爲一類，其時代當較早。 丁器已殘，形略如；（圖一）其本形當如，與半球形同，實即《尚書》之球與《爾雅》之馨也。《爾雅》注謂「馨形如犁錧」，犁錧所以冒於犁柄者，今傳世有唐犁，（圖二）作形，與球形雖微異，然《説文》瑂下云「似犁冠」，犁冠即犁錧。 瑂之制當與帽略同是古犁，亦當作形，與球馨之形同也。 戊器亦殘缺，與丙器，皆與馨形近似，而將演化爲磬形，此種徵象丙器尤著。

至其他一類，則羅書甲、乙二器也。 自磨治之工緻觀之，乙器自尚在甲器之後，顧其形制，則已俱爲倨句之形，而與球形異，是即後世磬之初祖矣。

至周世則球形之器不復見，今所存古器，俱上爲倨句之形，而下爲微弧形，鼓亦方廣，與殷器下爲弦形，鼓爲鋭狀者異矣。 余嘗因馬叔平先生之介，得摹寫其四器之形於北京大學研究所，所中又有木製者二器則仿自其他藏家之器。 又羅叔言氏亦藏有周磬一，其形制均同，且聞俱出孟津也。 宋吕大臨《考古圖》及薛尚功《鐘鼎款識》所載，均有造磬銘約六十餘字，與金文體例頗同，亦周器也，然其器形則鼓股之長廣相等，殆摹刻之失也。

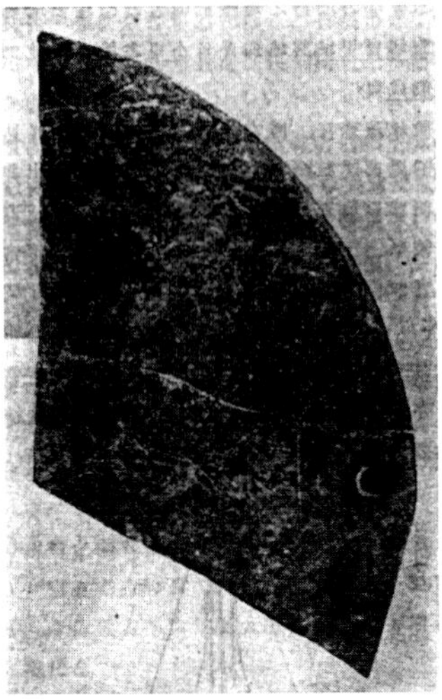
圖一 《殷虛古器物圖録》

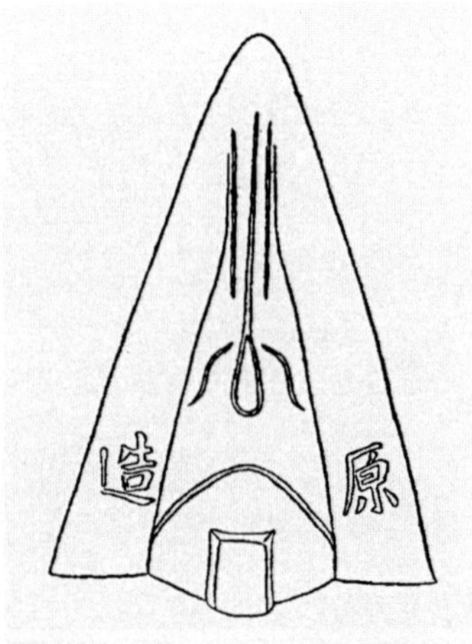

圖二 《陶齋吉金録》 唐犁

《考工記》曰，「磬氏爲磬，倨句，一矩有半。其博爲一，股爲二，鼓三。參分其股博，去一以爲鼓博。參分其鼓博，以其一爲之厚。」

倨句謂句之倨者，倨則侈之謂也。方者曰矩，歛矩爲句，侈矩曰倨。一矩有半謂股爲二而鼓爲三，設股爲一矩，則鼓爲一矩有半也。今傳世古器，與記文大概略同，其鼓亦有稍短者則音律上之變化也。

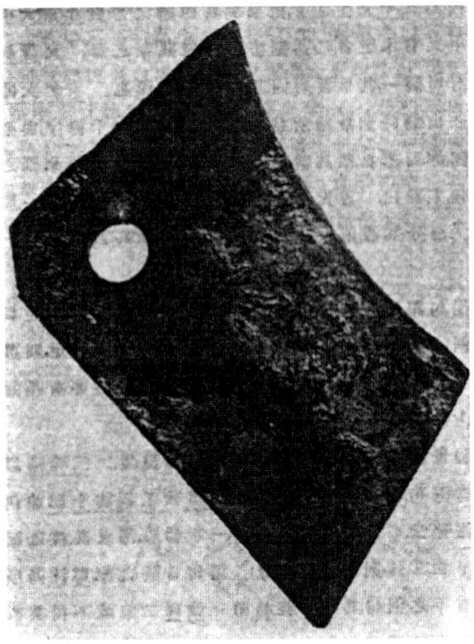
圖三 雪堂所藏古器物圖 四時嘉至殘磬

後世禮家，罕見古代實物，異説因以滋生。《三禮圖》以磬爲表裏皆倨句，戴東原《考工記圖》、程瑶田《考工創物小記》並仍之矣。後鄭注《禮》云：「必先度一矩爲句，一矩爲股，而求其弦，既而以一矩有半觸其弦，則磬之倨句也。」倨句言磬之形，鄭注乃所以釋一矩有半之倨句，其説本甚易明。戴、程二家並不得其解，戴氏以鼓内九寸爲句，別取九寸爲股；程氏以鄭説倨句爲誤，以倨句爲即一矩有半，皆足滋人疑惑，非實物殆難證明之。

漢磬今有上虞羅氏所藏四時嘉至殘磬，（圖三）其下緣爲甚深之弧形，漢武氏左石室畫象孔子何饋一節内有編磬九枚，其狀正與此同矣。

凡磬之懸，並股微昂而鼓則下，股在前而鼓在後，故四時嘉至磬之銘即在股端；而鄭司農云：「股磬之上大者，鼓其下小者」，後鄭云，「股外面，鼓内面也」。程氏謂磬爲直懸，校之實物，實不然也。

二　塤

《説文》：「壎，樂器也。以土爲之，六孔。從土熏聲。」《爾雅・釋樂》作塤，曰，「大塤謂之嚚」，今傳世古塤上所抑文字，自稱其名，亦曰塤，知塤爲本名，讀若員，後世音轉，讀如熏，故小篆改爲壎字耳。

《爾雅》注：「燒土爲之，大如鵝子，鋭上平底，形如稱錘，六孔。小者如鷄子。」今傳世古塤，羅氏《金泥石屑》卷下所著者凡十二器，除第三、第六兩器爲陽文者，或以爲僞外，凡十器。余曾見孫君伯恒所藏，文與匋器略同，皆同時物。其制正與《爾雅》注同。一面縱列二孔，一面參列三孔，實只五孔，以配五音。古人謂之六孔者，頂上尚有一孔，所以吹也。（圖四）

塤文謂之嚚者，《説文》「嚚高聲也。」今世猶有「叫子」，其遺意矣。蓋陶器時代，其初必發見以土爲員形而中空，頂與腹各一孔，如今之「叫子」者，吹之而得高聲，其後乃改爲配五音之樂器矣。以其形圓，故即謂之塤，以其高聲，故謂之嚚。

圖四　周令塤

三　鼓

《説文》云：「鼓從壴支，象其手擊之也。」又云：「鼔擊鼓也，從攴從壴。」又云：「䜴遥擊也，從豆殳聲。」又云：「壴陳樂，立而上見也，從屮從豆。」按鼓、鼔、䜴並一字，從支從攴從殳，古皆互用；或從壴，或從豆，壴與豈本一字，即象豆上飾以屮或𠂆，所謂崇牙樹羽耳。

唯鼓之原始爲豆，故鼓亦爲量名，秦人鼓缶，殆其遺風，故《説文》有鼛字訓「鼓鼙聲」矣。

《禮運》：「蕢桴而土鼓。」《明堂位》及《周禮》均有土鼓，是鼓之猶以陶製者也。《考工記》「韗人爲皐陶」，鄭司農云「⿰革匋書或爲⿰革匋」，鄭君云「⿰革匋者以皐陶名官也，⿰革匋者陶字從革」，按今傳古器有⿱匋革尗孫□鎛及⿱匋革氏孫□鐘，均齊人之以官爲氏者。則記文當從或本作⿰革匋爲是，⿰革匋即⿱匋革字，蓋兼陶革二工，故字從革陶聲也。

《⿰革匋人》之文，注家不得其解，程瑤田作《考工創物小記》，亦惑於三鼓之説，今重訂正之，爲章句如左：

⿰革匋人爲皋陶，皋陶者殆如鐘磬之簴，在鼓上；長六尺有六寸，左右端俱廣六寸，中廣尺，厚三寸其中穹隆者，爲長度之三之一，凡二尺有二寸；上有三正，正爲止之僞，古止亦作Ψ，象上飾也。其鼓，長八尺，鼓之冒革處徑四尺，中圍視鼓圍約十二尺加三之一；約十六尺；總謂之鼖鼓。又爲皋鼓，其長尋有四尺，鼓冒革處徑四尺，鼓身作倨句之形，如磬折也。

皋者鼓之象形也，鼓自容量器而變爲樂器，則於動作字之鼓外，別有象形之皋字矣。皋字上從白象鼓形，《説文》樂字訓所謂象鼓鞞，亦指白形也；下從本，蓋象其虡；説文訓皋爲「氣皋白之進也」，誤矣。《周禮·樂師》「詔來瞽，皋舞」，《大祝》「來瞽，令皋舞」，並謂來瞽者而以皋舞。皋舞即鼓舞，舊釋讀瞽爲鼓，皋爲告，亦誤也。

圖五　《泉屋清賞》銅鼓

記文云「爲皋陶」，蓋鼖鼓之別名也，與下文爲皋鼓之屬辭正同，則《⿰革匋人》所爲僅屬於皋陶之鼖鼓與皋鼓二者，注家昧於古鼓之以陶製，遂以皋陶爲鼓木之一判，謂爲別一鼓，以求合於六鼓之晉鼓，此大誤也。皋陶上有三正，正爲Ψ之傳譌，故鼖字即從鼓從ΨΨ，象其形並以爲聲，可知皋陶與鼖鼓實一鼓而殊名也。

傳世古器，未見此二鼓，僅漢石刻中頗有之。其一類爲建鼓，最常見；又一則爲建於車上之皋鼓，其形正與記文合。而最近日人住友氏所藏銅鼓一，短而大，以花文推之，確是周制。（圖五）其鼓革亦以銅爲之，狀之極肖，蓋鼉皮也；《詩·靈臺》「鼉鼓逢逢」，邵黛鐘云「玉鐈鼉鼓」，並謂鼉皮之鼓矣。

陶器時代，進於銅器時代，則鼓以銅製；至漢代則銅器之風大衰，而鼓以木製；故鄭注《周禮》以二十版合一鼓，據當時製作言之也。然交阯等處猶有銅鼓，今傳世者甚多，則錞于之所孳乳，非鼓也。

四 敔

《説文》：「敔，木器椌楬也，形如木虎。」《皐陶謨》：「合正柷敔」，鄭注：「狀如伏虎，背有刻鉏鋙，以物櫟之，所以止樂」。《博古圖》卷二十六著録周磬四，而爲之説云：

今兹之磬，非玉非石，乃鑄金而爲之，或成象如獸之形，或又加以雲雷之紋及覶其勢則無倨句磬氏之法。以謂先王之制作邪？則求諸經傳而無所考證。以謂非先王之制作邪？則煎金鎔範，精緻莫及，固非漢氏以來所能爲也。扣之鏗然，非以立辨，在八音之内，去石與玉而取此，是未可知也。姑歸諸磬以待夫博識之士。

蓋已明知其非磬矣。余以爲此實敔也，背有鉏鋙，形如伏虎，於舊説正合也。敔本木製而以銅製者，正爲木鐸之進爲金鐸耳。

昔人謂敔類伏虎，《三禮圖》即依狀圖之。（圖六）今依《博古》所載四圖驗之，則敔形雖象伏虎，而同時亦頗象魚形；竊疑爲虎類之獸，而非即虎也。（圖七）金文時見𧇴字，而《説文》無之，其字從虍從魚，殆爲形介虎魚二者間之獸名。𧇴吾聲近，則敔形疑即象𧇴形，與淳于之象騶虞同例矣。

圖六　《三禮圖》　鼓

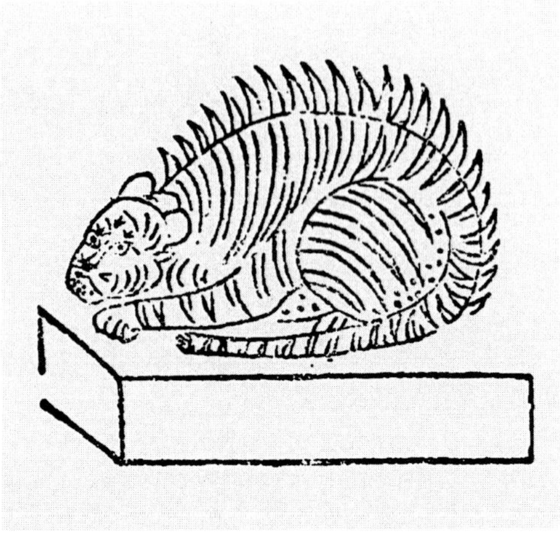

圖七　《博古圖》　周雷磬

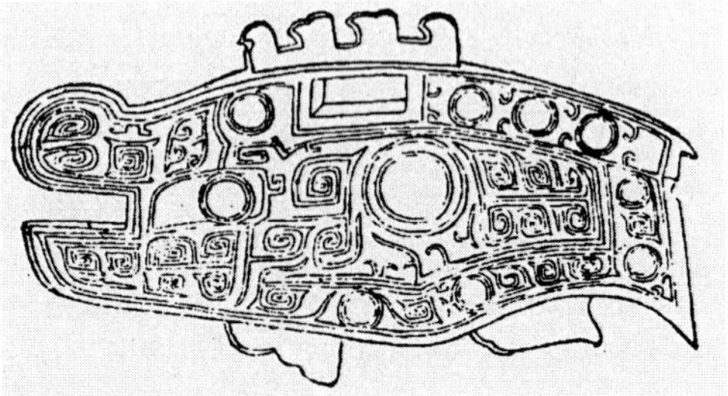

〔一〕如楚公鐘、邾公牼鐘之類，其例至多；邵黛鐘或作鐘或作鍾，尤其顯證。

〔二〕如一石鍾、□阿候鍾、平都主家鍾、南皮候鍾之類。

〔三〕見《薛氏鐘鼎款識》卷十八。

〔四〕鐘以甬爲特點，其無甬者，或爲鎛，或爲鐸，然其共名仍謂之鐘。詳見後文。

〔五〕見《愙齋集古録》六册第五葉。

〔六〕「用」象盛器，從「用」之字如「葡」字本作□，象矢在器中，與此可以互證。

〔七〕吴大澂説，可參考李濟《殷商陶器初論》，見《安陽發掘報告》第一期。

〔八〕䯊羌鐘凡五，䯊氏鐘凡九，皆近時洛陽出土，其十二歸廬江劉氏，又二器歸美國。見余所編之《商周古器物銘》。

〔九〕原文見《北平國立圖書館館刊》第五卷第五期。

〔一〇〕可參考容庚《金文編》附録及卷三鬻字下，余謂□爲□即盦字；□下三字爲□，即餗字；□似當釋鬻；□或即亨字；□或菜字。□字見《薛氏款識》叔夜鼎。

〔一一〕羅振玉《集古遺文》卷十一著録。

載《燕京學報》第十四期第五九至一〇一頁一九三三年十二月。

又《唐蘭先生金文論集》第三四六至三七五頁紫禁城出版社一九九五年十月。

一九三四

理想中之商周古器物著録表

自王静安先生作《金文著録表》，年來不乏繼述者。然王氏所録範圍太隘，又太簡略，學者弗便。余嘗擬作《商周古器物著録表》，分甲骨、古器、殘匋、貨幣、古鉨五部，嘗少引其耑，苦無暇晷以足成之。考古學社既成，希白囑述所願，爰書其目，聊以快意。如有同好，爲完此志，誠所望焉。

一　甲骨　甲骨著録最難，大别之當有兩類。一、記事，如干支表、俎義京方版、骨臼刻辭、獸頭刻辭、獸骨刻辭皆是。其又一則爲卜辭。在每一類材料中先區别時代，再區别事類，然後能以類相從。其次則須配合其碎塊，校訂其重複，然後可以著録。

甲骨文著録，宜盡録全文，注明行數，及左行、右行，缺字，又當注明龜或骨，在可能範圍中，宜注明甲骨之形態，出土之地點及年月，最後則收藏及著録。

二　古器　稱爲古器，則不限於有文字之器，且不限於銅器，如磬、塤及匋豆、匋登等之完整者，皆可收入。宜先分析爲數大類，如樂器、飲器、食器、烹煮器、容器、服御器、兵器等，每類中更析細目，如樂器有鐘、鎛、鉦、鐃等是。每一目中之各器，無文字者以花紋形製類次，有文字者仍以字數爲次。

著録之方法，於每器下，分名稱、形式、流傳、著録、考證五目。名稱當别爲兩項，（一）標準名，（二）别名。形式當别爲體質、顔色、形製、重量、尺寸、花紋、銘式、字數等項。流傳當分出土、收藏二項。著録當分録目、圖形、摹銘、照像、原拓五項，每一書必記卷頁，且用符號標明木板或影印，或拓工及印刷之精粗。考證則分時代及地域、雜記三項。

三　殘匋　殘匋多複重，除殷虚白匋以花紋比次外，只著録其異文者足矣。以文字爲主，如首有楚字者一類，蒦陽者一類，比次較易。唯出土地點當注意。

四　貨幣　貨幣亦宜剔除複重。先分爰金、銅貝、空首布、小布、齊化、趙化、圜泉等類。因名稱之歧異，亦當定標準名、形式及出土地點，亦當注意。

五　古鉩　封泥附於此部。當分官印、私印及習語印三大類，每類中更析子目，比次亦較易。

此種著録後宜附以完備之索引，並附表，如新鄭銅器、壽縣銅器等均自成系統，即宜別作附表。

上述五類，除甲骨一部，仍繼續工作外，餘均有志未逮。此類工具書，非專家不能爲，即爲之亦不適於用。然專家不暇爲此，或且不屑。我人治學，每感工具書之缺乏，職是故也。

載《考古社刊》第一卷第一期第二九至三一頁一九三四年一月。

《兩周金文辭大系圖録》序

郭沫若氏既爲《兩周金文辭大系》，又爲其《圖録》而徵叙于余。余唯兩周史事闕亡特甚，後世追記多有附會，獨銅器銘辭，咸撰自當時，可資考信。然自宋以降，著録雖多，而迄無統御之方術。郭氏此書，於西周繫以年代，東周區以國別，而後若網在綱，有條而不紊，發揚生稱王號之説，有若獻侯鼎之成王，遹簋之穆王，並援引王氏；而趞曹鼎之龔王，匡卣之懿王，爲氏之獨見，皆堅確無可疑議。後之治斯學者，雖有異同，殆難逾越。今又爲其《圖録》，頗有增訂，益臻美善。承學之士得此，可以節籀讀之勞，而本書之條理彌以章矣。

且郭氏治甲骨彝器之學之勤且敏，有爲常人所不能及者。頻年避居海外，抑其磊落之壯志，而從事於枯寂之古學，斯一難也。新出材料罕接於耳目，而多方羅致之，斯二難也。而氏之新著，仍絡繹而出，其勤且敏爲何如耶？抑氏以清晰之思想，鋭利之判決，發前人所未能發，言時人所不敢言，精粹之論均足不朽而猶下采庸瞽，謙抑之懷，尤足欽已！

蓋周之初興，僻在夷狄，三分天下雖有其二，其文化固低於殷商遠甚。大豐簋，武王時所作也。衣祀之典，又慶之字，與甲骨刻辭無異。而觀其書法草率，何其遠遜于艅尊之俊偉，肄彝之秀媚哉。然其後禽簋、大保簋之屬，峻整秀麗，迥非曩昔意者。東征之後，獲其工史，習漸殷之文化矣。獻侯鼎記成王大奉，其書遒茂而未工，殆在宗周所作耶？迄乎康王之世，盂之二鼎，於書勢可謂傑出，雄奇瑰麗，後莫與京，則周之盛時也。㹞簋曰：㹞馭從王南征，伐楚荆。過伯簋云：過伯從王伐反荆。𤼈簋云：𤼈從王伐荆。此諸器者，昭王南征所作，雄偉大減而奇詭頗勝。及至穆王之時，則如遹簋所書，秀逸可喜而渾樸之風殆盡，蓋漸漬於荒淫矣。及共王、懿王，書法不講，於趞曹鼎及匡卣可以徵之。厲王無道，𩰫攸从盨、矢盤粗疏拙劣，而别挾暴戾之氣。然善夫克諸器，則骨格開張，知周室之未遽亡也。宣王時之召伯虎簋，又復雄强，可見中興之業。而較之成康之世，倜乎遠矣。

東遷以後，王室既卑。北如齊、晉，南如徐、楚，咸有鉅製，各具風格。然齊鎛、晉盦，氣體未充，雖迭爲霸主，可知其孱弱已。徐、蓋、淮夷，承殷遺風。楚承其後，書特酣恣。是以終春秋之世，楚爲大患也。秦雖雜於西戎，文化較遲，然竈有周之故土，重以穆之好賢，故其作簋頗似虢季子白盤，整齊宏朗，猶或過之，儼然有興國之象焉。迄於戰國，陳氏篡齊，猶多製器，書法卑卑，霸氣熄矣。韓君墓所發銅器，與大梁鼎、燕侯奞彝，均非善書。燕昭王職所作兵器，稍稍嚴整，然亦細甚。近時壽州所發楚墓，楚王之器雖多偉製，而用筆何其委靡也。然西方之秦，方用衛鞅，嚴法峻刑，讀重泉量與大良造戟，簡潔剛勁，宛如其人爾。後如新郪符、陽陵符及諸權、量、詔版，遂爲兩周金文之殿，抑亦後世篆法之祖也。

夫考古之學，途徑亦至衆矣。年曆、地理、職官、氏族之類，均可爲整理彝銘之一術。而彝銘之本身，銘之字體書法，器之形制花績，庸亦有裨於推證。蓋前世作書，耳目濡染，便成風尚，非如後人之好摹古也。故同時同地，類可推測。而時之盛衰，邦之治亂，亦每與書法相繫焉。氏爲此圖，雖非以書法爲主，然其變遷，自易考見。故余擇銘詞之時代確信，地域昭顯者，舉其尤，以爲標準。妄推論之，以承所命，尚所謂不賢識小者歟。

二十三年三月，秀水唐蘭序於北平僦居之無斁齋

作者自注：寫成於一九三四年三月。

載郭沫若一九三四年版《兩周金文辭大系圖録》（原文無標點）。

又《唐蘭先生金文論集》第三八二至三八三頁紫禁城出版社一九九五年十月。

《老子》時代新考

一　引言

《老子》一書時代，在近十幾年裏，很引起了學者間的爭論，一直到現在，似乎還没有定論。

考據的方法，應注重事實，而避免推想，這是一般學者都知道的；但是，往往不能做到。我覺得有許多學者一講到《老子》書的時代，總是先用推想方法，組織成一個系統，然後把事實來附會上去。自然我並不是詆毀推想方法，因爲在做哲學史或文學史一類的工作時，是需要推想的——歷史所遺留的都是片段的記載，只有用推想方法，才可以組成一個系統，看出一切演變——但是推想出來的材料，決不是歷史。歷史所記載，是死的、呆板的事實，只有找出真確的史料，才可以改正舊時的譌誤記載。用推想方法，有時雖可提出疑問，但最後的決定，還是需要事實證明。

歷史學者用各種史料，互相比勘，找出最近真實的事實來，和哲學家或文學家利用歷史來做哲學或文學史，這本是兩件事情。歷史學者的眼光是客觀的，而哲學史或文學史的作者，總是主觀的。例如歷史學者可以説孔子以采桑女自侍，只要確有這一回事情；而崇拜孔子的哲學家不見得肯赤裸裸地描寫。所以我們雖則很願意哲學家文學家系統地做出一部哲學史或文學史來；但對於史料的考訂，却還需要着史學家的嚴肅公正的態度和精密謹嚴的方法。

許多學者，對於這種界限没有分别清楚。一個哲學家可以把哲學講得很好，但是講哲學史的時候，是應該受史料的限制，把確定的事實去推想出一個系統，而不應該把自己推想出來的系統裏面未確定的事實來改變歷史。然而學者們總是很容易地把自己所假定的事實，當做真的事實，來和别的真事實混和，組成一個系統；因爲系統的組成，就忘却了那件事實只是假定的；即使發見其他證據和自己的假定衝突，也因爲不願推翻自己所組成的系統而不肯注意。這都是方法不精密的錯誤。

我們要考《老子》一書的時代，第一要知道這書是誰做的？第二要知道做這書的人是什麽時代？第三要知道這書是什麽時代做成的？第四要知道這書裏的學説是什麽時代構成的？第五要知道在那時代受過這種學説的影響？這五件都是歷史上的事實。史學家所應做的事情只是把這五個問題，用最真確的材料答了出來，不用别發議論。史學家像法官一樣，只要把人證物證搜齊，就可加以判決，最重要的是「無徵不信」。但很可奇怪的是學者們輕忽了許多重要證據，却只像兩造律師一樣，各各申述他們個人的意見，於是就成爲永遠打不完的筆墨官司了。

我寫這篇文字的動機，是在糾正上邊所説的錯誤，所以我所最注重的只是事實。學者們的許多意見，雖是值得討論，但事實是没法更變的。

二 《老子》的作者

《老子》的作者是誰呢？

《莊子·天下篇》説：

以本爲精，以物爲粗，以有積爲不足，澹然獨與神明居，古之道術有在於是者；關尹、老聃聞其風而悦之。建之以常無有，主之以大一，以濡弱謙下爲表，以空虚不毁萬物爲實。關尹曰：「在己無居，形物自著。其動若水，其静若鏡，其應若響。芴乎若亡，寂乎若清，同焉者和，得焉者失，未嘗先人而常隨人。」老聃曰：「知其雄，守其雌，爲天下谿。知其白，守其辱，爲天下谷。」人皆取先，己獨取後，曰「受天下之垢」，人皆取實，己獨取虚，無藏也故有餘，巋然而有餘。其行身也徐而不費，無爲也而笑巧。人皆求福，己獨曲全，曰「苟免於咎」。以深爲根，以約爲紀，曰：「堅者毁矣，鋭者挫矣。」常寬容於物，不削於人，可謂至極。關尹、老聃乎，古之博大真人哉！

所引老聃之話，在今本《老子》的二十八章。〔一〕

《韓子·六反篇》説：

老聃有言曰：「知足不辱，知止不殆。」夫以殆辱之故而不求於足之外者，老聃也。今以爲足民而可以治，是以民爲皆老聃也。

所引老聃的話，在今本《老子》的四十四章。

又《内儲説下·六微》説：

其説在老聃之言「失魚」也。

勢重者人主之淵也，臣者勢重之魚也，魚失於淵而不可復得也，人主失其勢重於臣而不可復收也；古之人難正言，故託之於魚。賞罰者利器也，君操之以制臣，臣得之以擁主；故君先見所賞，則臣鬻之以爲德，君先見所罰，則臣鬻之以爲威；故曰：「國之利器不可以示人。」

所引老聃的話，在今本《老子》的三十六章。

《韓子》裏有《解老》和《喻老》，所解所喻的老和今本《老子》大致差不多。《喻老》裏有一節文字解釋「魚不可脱於深淵，邦之利器，不可以示人」，和上面所引《内儲説》略同。

根據上面的材料，可以知道《天下篇》的作者和《韓子》都以爲《老子》裏的話是老聃所説，《天下篇》的作者是誰，現在雖難斷定，〔二〕但總是和莊周、惠施都接近，而文裏面又提到公孫龍，可以證明是平原君時代的作品。〔三〕那末，在孔子卒後二百年左右，有一本業已流傳的著作，和今本《老子》差不多，當時人以爲是老聃的語録，這大概是很真確的事實了。

三　老聃的時代

A　老聃和孔子的關係

關于老聃的時代，先秦古書裏是一致的，他和孔子是同時人。

《曾子問》裏，孔子答曾子的喪禮，有四處引老聃的話，他總是説「我聞諸老聃」曰。當曾子問到日食變禮時，他説：

> 昔者吾從老聃助葬於巷黨，及堩，日有食之。老聃曰：「丘，止柩就道右，止哭以聽變。」既明反而後行，曰：「禮也。」反葬而丘問之，曰：「夫柩不可以反者也，日有食之，不知其已之遲速，則豈如行哉？」老聃曰：「諸侯朝天子，見日而行，逮日而舍奠。大夫使，見日而行，逮日而舍。夫柩，不早出，不莫宿。見星而行者，唯罪人與奔父母之喪者乎。日有食之，安知其不見星也。且君子行禮，不以人之親痁患。」我聞諸老聃云。

從這問答裏，我們知道孔子曾經從老聃問過禮。

《莊子》裏的老子和孔子的關係的記載，有九處。〔四〕《内篇》的《德充符》，説魯國有個兀者叫叔山無趾對老聃説：

> 孔丘之於至人，其未耶？彼何賓賓以學子爲？

《外篇》的《天道》説：

> 孔子西藏書於周室。子路謀曰：「由聞周之徵藏史，有老聃者，免而歸居，夫子欲藏書，則試往因焉。」孔子曰：「善。」往見老聃而老聃不許。

《天運》説：

孔子行年五十有一而不聞道，乃南之沛，見老聃。

從這些記載裏，我們可以知道老聃是周室的徵藏史，住在沛的地方，孔子曾從他去學道。《呂氏春秋·當染》説：

孔子學於老聃、孟蘇、夔靖叔。

也可以證明老聃在孔子前，孔子曾跟他學過。

根據上邊的材料，至少可以證明老聃和孔子同時，見過面，而年輩比孔子長的一個事實。因爲孔子的時代是確定的，所以老聃的時代，也可以證明了。

B　老聃和陽子居的關係

《莊子》裏説到老聃的同時人，像秦失、叔山無趾、崔瞿、庚桑楚、南榮趎、柏矩等，現在都無考。《應帝王》有陽子居見老聃一節，寓言説：

陽子居南之沛，老聃西遊於秦，邀於郊，至於梁而遇老子。老子中道仰天而歎，曰：「始以汝爲可教，今不可也。」陽子居不答。至舍，進盥漱巾櫛，脱屨户外，膝行而前。曰：「向者弟子欲請夫子，夫子行不間，是以不敢。今閒矣，請問其過。」老子曰：「而睢睢盱盱，而誰與居。大白若辱，盛德若不足。」陽子居蹴然變容曰：「敬聞命矣。」其往也，舍者迎將，其家公執席，妻執巾櫛，舍者避席，煬者避竈。其反也，舍者與之争席矣。

釋文説：「姓楊，名朱，字子居。」又《山木篇》有「陽子之宋」的故事，釋文引司馬彪説是「楊朱也」。《應帝王》釋文引李頤説「居名也，子男子通稱」，和司馬及陸説不同，但也不能説李頤以爲陽子居不是楊朱。

在孟子時候，「楊朱墨翟之徒盈天下」。《莊子・駢拇》和《天地》都並稱「楊墨」，《胠篋》説「楊墨曾史」，《徐無鬼》説：「儒墨楊秉」。從這幾點，可以看出楊朱墨翟時代相近，到孟莊時代，已是「徒盈天下」。楊墨和曾子時代相當。〔五〕那末，老聃的弟子陽子居即是楊朱，是可能的。楊朱的「爲我」，「貴己」和「全性葆真」，縱説不是莊周所崇拜，至少也是同志，但是《莊子》裏除了並稱「楊墨」，對於他的徒黨的「駢於辨」訾毀了一番以外，别無關於楊朱的文字。假使陽子居不是楊朱的話，倒成了怪事了。

根據上面的材料，可以知道老聃和孔子並時是可能的。老聃是住在沛，後來又遊過秦。

C 《史記》裏的《老子傳》

司馬遷天生是一個文章家，他做一篇列傳，只是做一篇文章，而没有想做信史。他喜歡網羅舊聞而不擅於考訂，所以《史記》裏的記事十之二三是不可盡信的。我們且看他的《老子傳》。

老子者，楚苦縣厲鄉曲仁里人也，姓李氏，名耳，字聃。〔六〕周守藏室之史也。

孔子適周，將問禮於老子，老子曰：「子所言者，其人與骨，皆已朽矣。獨其言在耳。且君子得其時則駕，不得其時則蓬累而行。吾聞之，良賈深藏若虚，君子盛德，容貌若愚。去子之驕氣與多欲，態色與淫志，是皆無益於子之身。吾所以告子，若是而已。」孔子去，謂弟子曰：「鳥吾知其能飛，魚吾知其能游，獸吾知其能走；走者可以爲罔，游者可以爲綸，飛者可以爲矰。至於龍，吾不能知其乘風雲而上天。吾今日見老子，其猶龍耶？」

老子脩道德，其學以自隱無名爲務。居周。久之，見周之衰，迺遂去。至關，關令尹喜曰：「子將隱矣，彊爲我著書。」於是老子迺著書上下篇，言道德之意五千餘言而去，莫知其所終。

或曰，老萊子亦楚人也，著書十五篇，言道家之用，與孔子同時云。

蓋老子百有六十餘歲，或言二百餘歲，以其修道而養壽也。

自孔子死之後，百二十九年，而《史記》周太史儋見秦獻公，曰：「始秦與周合而離：五百歲而復合，合七十歲而霸王者出焉。」或曰，儋即老子。或曰，非也。世莫知其然否。

老子隱君子也。老子之子名宗，宗爲魏將，封於段干。宗子注、注子宫、宫玄孫假，假仕於漢孝文帝，而假之子解爲膠西王卬太傅，因家於齊焉。

世之學老子者，則絀儒學，儒學亦絀老子，道不同不相爲謀，豈謂是耶？

他雜湊了許多材料，並没有加考辨。這文裏雜湊的痕迹，是很顯然的。

不過他究竟是做文章的好手。他看清楚老子的時代，抓住了老子和孔子同時這一點；所以他雖則摭拾了許多漢代黄老流行時的傳説，却一則説「與孔子同時云」，再則説「自孔子死之後」，以表明他是深信老子和孔子是同時的。

可是，他究竟失敗了。他受了漢代自稱爲老子後裔的欺騙。「老子之子名宗」的話，顯然是根據「假」和「解」傳出來的家譜，但家譜記遠世，十之八九是不可信的，何況在崇信黄老的時代。《魏策三》有段干崇，《史記》作魏將段干子，這段干崇大概就是封在段干的宗。〔七〕段干崇是「予秦南陽以和」的主角，這事發生在魏安釐王四年，在孟子莊子以後。但是和他同時的《天下篇》已經説：「關尹老聃乎，古之博大真人哉！」韓子引老聃的話，也説是「古之人」，可見在戰國晚期，老聃早已成了古人了。《莊子》裏記載孔子的同時人，和莊周的同時人，大抵各有一定的聯繫。老子和孔子的關係，是《莊子》裏描寫的核心，假使老孔本不同時而應該是老莊同時，他們爲什麽不把老子和惠施同樣看待，而要撒這不用撒——也是不容許撒——的謊呢？那末，段干崇是老子之子的話是不可信的。這單文孤證而且是秦以後的傳説，是不能把來做證據的。

在司馬遷，是有法彌縫這種錯誤的。他説老子活百六十餘歲，或二百餘歲，那末，不管是太史儋也得，是段干崇的父親也得，老子總能和孔子同時的。

無論如何，司馬遷是深信老子和孔子同時的，我們可以替他下這樣一個斷語。

四　《老子》的撰成時代

《老子》是老聃的語録，老聃是春秋末年的人，我們已經知道了。但《老子》一書的形成時期，却另是一事。

《老子》裏説到「萬乘之主」，又常把「仁義」兩字連用，這顯然不是春秋末年所有的。像《論語》裏就只有千乘之國，只說仁而不說義。但是在《墨子》裏就有相類的話了。《非攻》說：

今萬乘之國，虛數以千，不勝而入，廣衍數於萬，不勝而辟。

今欲爲仁義，求爲上士。

《孟子》裏也有相類的話了。梁惠王說：

萬乘之國，弑其君者，必千乘之家。

亦曰仁義而已矣。

那末，《老子》書的撰成，應當在《墨子》、《孟子》撰成的時期。

《老子》的文體，是很奇特的。它雖是簡短，文勢却很酣暢，和戰國中葉後的經體的簡鍊，預備學者揣摩用的，迥乎不同。像下面所比較：

《老子》	《墨子經》	《韓子·內儲說》裏的經
天下皆知美之爲美，斯惡矣。皆知善之爲善，斯不善矣。故有無相生，難易相成，長短相較，高下相傾，音聲相和，前後相隨。是以聖人處無爲之事，行不言之教。萬物作焉而不辭，生而不有，爲而不恃，功成而弗居。夫唯弗居。是以不去。	故，所得而後成也。	主之所用也七術，所察也六微。七術：一曰，衆端參觀。二曰，必罰明威。三曰，信賞盡能。四曰：一聽責下。五曰，疑詔詭使。六曰，挾知而問。七曰，倒言反事。此七者，主之所用也。

是很容易區别的。《老子》的文體，既不是問答體，又不是經體，它雖簡短，却把一個道理，説得反覆詳盡，像是一篇小小的論文。實在説來，和《墨子》的《尚賢》《尚同》等篇，倒差不多。只是不像《墨子》有篇名，又在每篇中題「子墨子曰」罷了。

雖則，《老子》的文字簡賅而《墨子》文字却很冗長，但它們似乎同有所本。周初的《無逸》，是一篇將近七百字的文章，而所講的只是一個觀念。《大雅》的《抑》，是近乎格言的詩，也有四百七十多字。此外還有許多周任史佚等遺言。這大概是《老子》這一類文體所從出的。

《老子》裏幾乎没有用到「也」字，——有人以爲《老子》裏僅有的幾個「也」字都是後來添的，——這是很重要的一事。大概是戰國初年，「也」字已在齊魯盛行，而南方却未普遍的緣故。但到《楚辭》和《荀子》的《賦》篇裏，「也」字却已普遍。由此可見《老子》的撰成，決不在戰國中葉以後。

《老子》裏常用「兮」字，這大概是地域的關係。春秋末年，「兮」字在齊魯一帶雖然少用，却還在楚地流行。《論語》記楚狂接輿有「鳳兮」一歌，《孟子》裏記孔子聽到的滄浪歌也用「兮」字——滄浪歌後來引在《楚辭》，大概是楚歌，——都可以證明在《楚辭》以前，不妨已有用「兮」的文體。

本來，許多大師的著作，都不是自己撰集的。即以《論語》説，已經記到曾子的死，顯然是戰國初期，曾子子思學派盛行時所撰集。那末《老子》雖是代表老聃學説，老聃雖和孔子同時，而《老子》的撰成，却無妨遠在戰國時比《論語》還要遲些的《墨子》撰成時期。

五　老子學説的構成

A　《老子》所受古説的影響

《老子》裏引用的古説，像：

古之所謂「曲則全」者，豈虚言哉。（二十二章）

故聖人云：「我無爲而民自化，我好静而民自正，我無事而民自富，我無欲而民自樸。」（五十七章）

是以聖人云：「受國之垢，是謂社稷主。受國不祥，是謂天下王。」（七十八章）

用兵有言：「我不敢爲主而爲客，不敢進寸而退尺。」（六十九章）

是以侯王自謂「孤」、「寡」、「不穀」。（三十九章又四十二章云：「人之所惡，唯孤、寡、不穀，而王侯以爲稱。」）

這裏引了兵家的話，但《左傳·昭二十一年》已引了《軍志》「先人有奪人之心，後人有待其衰」，可見這種學説在春秋時已流行了。

《老子》裏引用舊説而没有指出的很多，像下面所列的可見大概。

將欲敗之，必姑輔之。將欲取之，必姑予之。（《韓子·説林上》及《魏策一》引《周書》）將欲毀之，必重累之。將欲踣之，必高舉之。（《吕氏春秋·行論》引詩）——將欲歙之，必固張之。將欲弱之，必固强之，將欲廢之，必固興之。將欲取之，必固與之。（三十六章）

皇天無親，惟德是輔。（《左·僖五年》引《周書》）——天道無親，惟與善人。（七十九章）

慎始而敬終，終以不困。（《左·襄二十五年》引《書》）——慎終如始，則無敗事。（六十四章）

這都是《老子》襲《周書》無疑。那末，《老子》裏承用古來的詩書，以及周任史佚一類的格言，一定很多，只是我們不能完全找出來罷了。

在《周易》裏，對列了許多相反的觀念，像：剥和復、否和泰、損和益之類。《老子》裏把這個方法，弄得爛熟，像：「有無」、「大小」、「多少」……到處皆是。四十二章裏説：

故物或損之而益，或益之而損。

又七十七章裏説：

天之道，其猶張弓與？高者抑之，下者舉之。有餘者損之，不足者補之。天之道損有餘而補不足，人之道則不然，損不足以補有餘。孰能有餘以奉天下，唯有道者。

這種思想，無疑地是受到《周易》的影響的。

B　《老子》裏所反映的社會

《老子》裏所反映的是春秋末年到戰國初年的社會。像：

以道佐人主者，不以兵强天下，其事好還。師之所處，荆棘生焉。（三十章）

這是春秋時「相斫」所生的反響，所以到春秋末年，秉政者早有「弭兵」的提議，孔子不肯對衛靈公的問陳。而且由夫差和智伯的亡滅，《墨子·非攻》就説：

今師徒唯毋興起，冬行恐寒，夏行恐暑，此不可以冬夏爲者也。春則廢民耕稼樹藝，秋則廢民穫斂，今唯無廢一時，則百姓飢寒凍餒而死者，不可勝數。……與其道涂之脩遠，糧食輟絶而不繼，百姓死者不可勝數也。與其居處之不安，食飯之不時，飢飽之不節，百姓之道疾病而死者，不可勝數。

殺人多必數於萬，寡必數於千，然後三里之城，七里之郭，且可得也。

老子和孔子固然都非戰，但是没有實力，戰爭還是在進行着。於是墨子、宋鈃都努力想去消滅戰事了。《老子》説：

民之饑，以其上食税之多，是以饑。（七十五章）

這是各國加稅的反響。《老子》又説：

不貴難得之貨，使民不爲盜。（三章）

難得之貨，令人行妨。（十二章）

是以聖人欲不欲，不貴難得之貨。（六十四章）

這是貴族奢靡的反響。《老子》罵這班貴族説：

朝甚除，田甚蕪，倉甚虛。服文綵，帶利劍，厭飲食，財貨有餘，是謂盜夸。（五十三章）

貴族們自己是這樣奢靡，而對於小民却想用嚴刑峻法，《老子》説：

天下多忌諱而民彌貧。民多利器，國家滋昏。人多伎巧，奇物滋起。法令滋彰，盜賊多有。（五十七章）

又説：

民不畏死，奈何以死懼之。（七十四章）

而他的理想辦法是：

絶巧棄利，盜賊無有。（十九章）

這些話都是從春秋時代的背景來的。春秋時貴族們愛好珍玩，而公輸般等又做奇器。一方面盜賊蠭起，像《左傳》所説「萑苻之盜」，《論語》所説「季康子患盜」，拳彌把衛侯輒的寶盜了，陽虎把魯的寶玉大弓竊了。這種情形，單靠刑法是没有用的，所以孔子對季康子，也只説：

> 苟子之不欲，雖賞之不竊。

在春秋時，煩瑣的禮儀，是搢紳先生們的時髦裝飾。老子自己是嫻熟於禮的，因之他深知講「禮」的害處。他攻擊這種風氣，説：

> 夫禮者，忠信之薄而亂之首。

孔子雖也反對專講「鐘鼓玉帛」的禮樂，但是他的門徒們，還是只講求儀節，而且特別注重喪禮，因此引出墨子的節葬和非樂的學説，可見《老子》裏所受的影響，確在《墨子》前。

春秋末，學問的煩瑣，引起了學者間一種反抗，提創起「絶學」來。《左·昭十八年傳》説：

> 秋葬曹平公。往者見原伯魯焉。與之語，不説學。歸以語閔子馬。閔子馬曰：「周其亂乎？夫必多有是説，而後及其大人。大人患失而惑。又曰，可以無學，無學不害。不害而不學，則苟而可。於是乎下陵上替，能無亂乎？夫學殖也，不學，將落：原氏其亡乎？」

可見反對學的人，在周是很多的。《老子》説：

> 絶學無憂。（二十章）

正是這一派的代表。

《老子》裏有「不尚賢」的思想，「賢」是春秋末所推崇的，像《論語》裏可見。老子反抗這種思想。《墨子・尚賢》説「將欲祖述堯、舜、禹、湯之道，將不可以不尚賢」。可見墨子時已有「不尚賢」的學説。

《老子》裏又常有「功成身退」的思想，和范蠡的思想差不多，這大概也是春秋末很普遍的思想。

C　春秋時所謂「道」

《詩》《書》裏幾乎没有帶哲學意味的「道」字。《詩》《書》裏只有「德」字，三百篇裏有六十多個「德」字，今文《書》二十八篇裏有一百多個「德」字，可見「德」的名詞，在古代哲學，占着最重要的位置。

依訓詁看法，「德」就是「得」，而照現在説法，「德」和「性格」差不多。性格可以由鍛鍊而改變，所以要「脩德」。好的性格是「美德」，惡的性格是「凶德」或「爽德」。德的本身是無所謂善惡的，但因習慣的關係，「德」也就專指善良的德。

大概是周初吧？在哲學名詞裏添出一個「則」字來，像：

> 天生烝民，有物有則。
> 不僭不忒，鮮不爲則。
> 不識不知，順帝之則。
> 聖作則。

「則」是法則，有自然的法則，像「有物有則」和「帝之則」；有人爲的法則，像「聖作則」。「德」是人的德性，要力行才能獲得；「則」是普遍的法則，可學而能。

「道」是道路，《詩》《書》裏大都只當這樣講。但《顧命》裏的「道揚末命」，似乎當解釋做稱道。《康王之誥》裏的「皇天用訓厥道，付畀四方」，似乎已是道德的「道」了。

春秋時，哲學意義的「道」字，風行一時。它的用法也很多，像《左傳》上：

故《詩》曰「陳錫載周」，能施也。率是道也，其何不濟。（宣十五年）
夫以彊取，不義而克，不以爲道，道以淫虐，勿可久已矣。（昭元年）
國家之敗，失之道也，則禍亂興。（昭五年）
哀死事生，以待天命。非我生亂，立者從之。先人之道也。（昭二十七年）
子蒲曰：「吾未知吴道。」使楚人先與吴人戰，而自稷會之。（定五年）

這些「道」字的意義，是很廣泛的，和方法差不多，所以善的是「道」，不義的也是「道」。「道」字和「德」字一樣，可以專指善的「道」。像：

臣聞小之能敵大也，小道，大淫。所謂道，忠於民而信於神也。（桓六年）
救災恤憐，道也。行道有福。（僖十三年）
大德滅小怨，道也。（定五年）

這些「道」差不多是人爲的法則。不是這樣就是「不道」和「無道」。還有講「天道」的。像：

川澤納汙，山藪藏疾，瑾瑜匿瑕，國君含垢，天之道也。（宣十五年）
天道不謟，不貳其儻。（昭廿六年）
叔孫氏懼禍之濫，而自同於季氏，天之道也。（昭廿年）
盈必毁，天之道也。（哀公十一年）

「天道」和自然的法則差不多。

但在春秋時，有一班術士，也喜歡講「天道」。像：

宋災，於是乎知有天道。……商主大火。宋人閱其禍敗之釁，必始於火，是以日知其有天道也。（襄九年）

董叔曰：「天道多在西北，南師不時，必無功。」（襄十八年）

歲五及鶉火而復，陳卒亡。楚克有之，天之道也。（昭九年）

歲及大梁，蔡復楚凶，天之道也。（昭十一年）

子産曰：「天道遠，人道邇，非所及也，何以知之。竈焉知天道，是亦多言矣，豈不或信。」。（昭十八年）

這種用占星望氣來講「天道」，像子産一流人，當然是不會相信的。

D　老子學説的核心——道

《老子》裏顯然受着春秋時的影響。他常説「天道」，像：

功遂，身退，天之道。（九章）

不闚牖，見天道。（四十七章）

天之道，不爭而善勝，不言而善應，不召而自來，繟然而善謀。（七十三章）

天之道，其猶張弓與？高者抑之，下者舉之，有餘者損之，不足者補之。天之道，損有餘而補不足；人之道則不然，損不足以奉有餘。孰能有餘以奉天下，唯有道者。（七十七章）

天道無親，常與善人。（七十九章）

天之道，利而不害。聖人之道，爲而不爭。（八十一章）

這種話和春秋時所講「天道」一致。所謂「不闚牖」，也很像反映着占星望氣的人所講的天道。春秋時人説：

國君含垢，天之道也。

在《老子》裏也說：

受國之垢，是謂社稷主。（七十八章）

春秋時人説：

盈必毁，天之道也。

《老子》也説：

爲此道者不欲盈（十五章）

從這種地方，也可見《老子》裏受春秋時人所講「道」的影響很多。一部《老子》的中心，是道。但是這裏所謂「道」，已經不是上面所引春秋時所説的那樣簡單。它已經不是某一條原則，而是一切事物的總原則。他已經把春秋時所講的「道」建設出一個系統。這是哲學史上的一個大進步。胡適之先生説的好。他説：

《老子》書中論「道」，尚有「吾不知其名，字之曰道，强爲之名，曰大」的話，是其書早出最强有力之證。這明明説他初得着這個偉大的見解，而没有相當的名字，只好勉强叫它做一種歷程——道——或形容它叫做大。這個觀念，本不易得多數人的瞭解，故直到戰國晚期，才成爲思想界一部分人的中心見解。但到此時期——如

《莊子》書中——這種見解，已成爲一個武斷的原則，不是那强爲之名的解釋了。（《與錢穆先生論老子問題書》）

由此可知老莊學說裏的「道」，實是老子首創的，而老子又是承春秋時的學說而加以擴大的。因此可以知道，《老子》的文字，雖然較晚，相當於《墨子》撰成時期；但是它裏面的思想，還是春秋末年所産生的。

六　老子學説的影響

A　老子學説和孔子學説的關係

孔子雖和老聃見過面，但在《曾子問》裏只記載他們的論禮。《莊子》裏雖然説孔子跟老聃學道，但《莊子》愛推崇他們一派的人物，所以不一定可信。

孔子是不喜歡講「性與天道」的，所以《論語》裏只有一處講到「性」，春秋時人好講的「天道」，簡直没有提到過。孔子學説的核心是仁，他所講是君子之道，所以説：

君子道者三，我無能焉。仁者不憂，知者不惑，勇者不懼。

他所主張的「道」，是人爲的，是勉强以行的。但《老子》的講「道」，却是「天道」，他把一般人所説的「天道」，推到「先天地生」，他又説：

天法道，道法自然。

他是把一切的自然變化，看得很清楚，而不願意用人力去强爲。他去爲的時候，都是順水推舟，趁火打劫的辦法。所以即使是老孔會面時，老聃向孔子發揮他的道，孔子對待他，也不過像長沮、桀溺一流人一樣。老子和孔子的哲學，完全是兩個系統，所以除了瑣屑的禮儀方面，孔子没有徵引過老聃的話。正像程頤受業於周茂叔，但也絶少提到他的老夫子。

但是，孔子多少總受過老子學説的影響。像《論語》裏所記：

或曰：「以德報怨，何如？」子曰：「何以報德？以直報怨，以德報德。」

這個或人顯然是老子一派的。《老子》説：

報怨以德。（六十三章）

和或人所説正同，可證。

B　楊朱學説

楊朱學説，没有完整的記載。但是從僅有的少數斷片裏面，似乎還可以找得出一個輪廓。我們且看下面的幾條。

陽子之宋，宿於逆旅。逆旅人有妾二人，其一人美，其一人惡，惡者貴而美者賤。陽子問其故。逆旅小子對曰：「其美者自美，吾不知其美也。其惡者自惡，吾不知其惡也。」陽子曰：「弟子記之。行賢而去自賢之行，安往而不愛哉。」——《莊子·山木》

楊朱之弟楊布，衣素衣而出。天雨，解素衣，緇衣而反。其狗不知而吠之。楊布怒，將擊之。楊朱曰：「子毋擊也！子亦猶是。曩者使女狗白而往，黑而來，子豈能毋怪哉。」——《韓子·説林下》

楊朱哭衢涂。曰：「此夫過舉蹞步而覺跌千里者夫。」哀哭之。——《荀子·王霸》

楊子見逵路而哭之，爲其可以南，可以北。——《淮南子·説林》

楊子曰：「事之可以之貧，可以之富者，其傷行者也。事之可以之生，可以之死者，其傷勇者也。」僕子曰：「楊子

智而不知命，故其知多疑。語曰『知命者不惑』，晏嬰是也。」——《説苑・權謀》

這裏雖都是零碎材料，却有一個共同的觀念。

老子學説是「以濡弱謙下爲表，以空虛不毁萬物爲實。」老子看出弱勝剛的道理，因爲他是一個飽經世故而歸隱，可以不做什麽事情，所以只要「濡弱謙下」。但楊子本來是「嚮疾强梁」的人，他雖然承受老子的學説，而衷心却是想進取的，所以産生了一種矛盾的觀念。貧富、生死、美惡、貴賤、賢不賢、愛不愛、知不知，都是一個人常常繳繞的問題。走到了岐路上，到底要南往還是要北來，當是費考慮的。因爲楊子是好勝的性格，他自命爲智者，他不願意走錯路再折回，他又不能像老子一樣，把利害看得十分清楚。所以楊子的主義，只是一切不管；假使一條路可以上南，又可以上北，他就什麽地方都不去，免得瞎廢腦筋。他把這樣當做「全性葆真」，他只是「爲我」，只是「貴己」，假使有人叫他「拔一毛而利天下」，他就會想到這是可以利也可以害的，他當然就不肯幹了。他就是這樣地一個懷疑學者。

戰國初期，時代在劇變着。一部分人正在徬徨，迷惑，因此，楊朱學説，就能盛極一時，和儒墨抗爭，而老子學説，反被掩住了。

C　南北學派的衝突

春秋末年到戰國中葉，南方和北方的文化由接近而起衝突。《莊子・天運》載孔子的見老聃，老聃説：

> 子來乎？吾聞子北方之賢者也。

《孟子・滕文公》説：

> 陳良楚産也。悦周公仲尼之道，北學於中國，北方之學者，未能或之先也。

《莊子・天下》説：

相里勤之弟子，五侯之徒，南方之墨者，苦獲、己齒、鄧陵子之屬。

可見那時候的學者，有南北之別。但在孟子罵陳相時說：

我聞用夏變夷者，未聞變於夷者也。

又說：

今也南蠻鴃舌之人，非先王之道，子倍子之師而學之。

他對於南方之學者，未免太悻悻然了。

南方的文化，本比北方低。像孔子對葉公的話，往往要無意中流露出輕視的態度。但也正因這樣，南方的學派，才能自由的發展。北方的學派，是守舊的；孔子「祖述堯舜，憲章文武」，墨子治「禹之道」，他們的徒弟們，「言必稱師」，所以徒黨一天比一天廣。南方的老子學派，却只講聖人，他們是革新的哲學家，他們常常變動，喜歡有新的學說。所以一傳到楊朱，就把老子的面目改了。

在戰國初期，曾子等傳佈孔子的學說，同時，墨子非儒，楊朱也把老子的學說介紹到北方來。後來，孟子是繼承曾子、子思一派，所以攻擊楊墨；《莊子》裏則把楊墨曾史一齊攻擊。可以看見那時儒和楊墨是三學派。又後却只有儒墨兩大派，一直到戰國末年還如此。楊朱、墨翟之徒雖然同是「盈天下」，但是楊朱學說，不久就變做歷史上的陳迹了。這是南方學派的特點。楊朱學說雖然不時髦了，但它並没有消滅。只是另有修正的新學說起來替代它罷了。

D　楊朱後的新老子派——彭蒙、田駢、慎到——莊周——接子、環淵——詹何——它囂、魏牟

《天下篇》説：

公而不當，易而無私，決然無主，趣物而不兩。不顧於慮，不謀於知，於物無擇，與之俱往。古之道術有在於是者，彭蒙、田駢、慎到聞其風而悅之。齊萬物以爲首，曰天能覆之而不能載之，地能載之而不能覆之，大道能包之而不能辯之。知萬物皆有所可，有所不可。故曰選則不偏，教則不至，道則無遺者矣。是故慎到棄知去己而緣不得已，冷汰於物，以爲道理。曰知不知，將薄知而後鄰傷之者也，謑髁無任，而笑天下之尚賢也。縱脱無行，而非天下之大聖。推拍輐斷，與物宛轉。舍是與非，苟可以免。不師知慮，不知前後，巍然而已矣。推而後行，曳而後往。若飄風之還，若羽之旋，若磨石之隧，全而無非，動静無過，未嘗有罪，是何故？夫無知之物，無違己之患，無用知之累，動静不離於理，是以終身無譽。故曰，至於若無知之物而已，無用賢聖。夫塊不失道。豪桀相與笑之曰，慎到之道，非生人之行而至死人之理，適得怪焉。田駢亦然，學於彭蒙，得不教焉。彭蒙之師曰，古之道人，至於莫之是莫之非而已矣。其風窢然，惡可而言，常反人不見觀，而不免於魭斷。其所謂道非道，而所言之韙，不免於非。彭蒙、田駢、慎到不知道，雖然，槩乎皆嘗有聞者也。

慎到一派所説的「道」，大概是從楊朱學説裏蜕化出來的。楊朱因爲知而多疑，所以「爲我」。慎到却要「不師知慮」，「至於若無知之物」。楊朱「貴己」，而慎到却「棄知去己」。

《史記·孟荀列傳》説

自騶衍與齊之稷下先生，如淳于髡、慎到、環淵、接子、田駢、騶奭之徒，各著書言治亂之事，以干世主。

又説：

慎到，趙人。田駢、接子，齊人。環淵，楚人。皆學黄老道德之術，因發明序其指意。故慎到著十二論。環淵著上下篇，而田駢、接子，皆有所論焉。

這一班老子派的稷下先生，大概和孟子、莊子同時。

《天下篇》又說：

芴漠無形，變化無常。死與？生與？天地並與？神明往與？芒乎何之，忽乎何適，萬物畢羅，莫足以歸。古之道術有在於是者，莊周聞其風而悦之。以謬悠之説，荒唐之言，無端崖之辭，時恣縱而不儻，不以觭見之也。以天下爲沈濁不可與莊語，以卮言爲曼衍，以重言爲真，以寓言爲廣。獨與天地精神往來而不敖倪於萬物。不譴是非，以與世俗處。其書雖瓌瑋而連犿無傷也。其辭雖參差而諔詭可觀。彼其充實，不可以已。上與造物者游，而下與外死生無終始者爲友。其於本也，弘大而辟，深閎而肆。其於宗也，可謂稠適而上遂矣。雖然，其應化而解於物也，其理不竭，其來不蜕，芒乎昧乎，未之盡者。

楊朱的「爲我」，到了莊子便要「上與造物者游，而下與外死生無終始者爲友」，「獨與天地精神往來。」他是一個達觀的哲學家。他只做些俶詭可觀的文辭。

《吕氏春秋·重言》説：

故聖人聽於無聲，視於無形，詹何、田子方、老耽是也。

詹何和公子牟同派。《審爲篇》説：

中山公子牟謂詹子曰：「身在江海之上，心居乎魏闕之下，奈何？」詹子曰：「重生。重生則輕利。」中山公子牟曰：「雖知之，猶不能自勝也。」詹子曰：「不能自勝則縱之，縱之，神無惡乎。不能自勝而强不縱者，此之謂重傷。重傷之人無壽類矣。」

楊朱的「爲我」，尚有自制的能力。到詹何變成「重生」，在「不能自勝」的時候，就不妨放縱情慾。所以《荀子·非十二子篇》說：

縱情性，安恣睢，禽獸之性，不足以合文通治……是它囂、魏牟也。

《莊子·秋水篇》裏魏牟答公孫龍的話，極推崇莊子，可見莊子魏牟的學說也本差不多。但莊子大概是天生恬淡的人，而魏牟却是比較多欲的人，所以也微有不同。

老子學說，到孟莊時代，變成楊朱學派，到《天下篇》時代，變成彭蒙、田駢、慎到學派和莊子學派，到荀子時代，又變成慎到、田駢和它囂、魏牟的兩派。他們的學説隨時變易，所以《孟子》裏没有批評過老子，《天下篇》和《荀子·非十二子》也没有提到楊朱。〔九〕

在上邊所説的學者以外，申韓和老子也有相當關係。《史記·老莊申韓列傳》説：

申子之學，本於黄老而主刑名。

又説：

韓非……喜刑名法術之學而其歸本於黄老。

《老子》裏所謂「道」，本來是兼養生和治天下兩方面，但從楊朱到它囂、魏牟，都只注重養生的一方面。申子却注重到另一方面——六國時人所謂「術」。但是由老子學説的眼光評判起來，實在是舍本逐末了。

E　僞託的黄帝書

當戰國中葉，很有一些好古的風氣，因此引出許多投機家來，像：爲神農之説的許行，序今以上至黄帝的鄒衍，都是。

老子學説——即楊朱學派——在那時雖是盛極，但以後無從再創新的學説了。一班講「道」的人，想干世主，又怕世主不信仰他們，於是，不能不製造出一個偶像來，——這個偶像便是黄帝。

《漢書·藝文志》有：「《黄帝四經》四篇、《黄帝銘》六篇、《黄帝君臣》十篇、《雜黄帝》五十八篇。」現在已亡佚。見於《吕氏春秋》的。像：

黄帝曰：「聲禁重、色禁重、香禁重、味禁重、室禁重。」（《去私》）

黄帝曰：「帝無常處也，有處乃無處也。」（《圜道》）

嘗得學黄帝所以誨顓頊矣，「爰有大圜在上，大矩在下，汝能法之，爲民父母。」（《序意》）

黄帝曰：「芒芒昧昧，因天之威，與元同氣。」（《應同》）

嫫母執乎黄帝，黄帝曰：「厲女德而勿忘，與女正而勿衰，雖惡奚傷！」（《遇合》）

黄帝曰：「四時之不正也，正五穀而已矣。」（《審時》）

此外《韓子》裏也引黄帝語，《説苑》裏還有一篇《金人銘》，據《皇覽》是「黄帝之誡」。這一類書都是把老子學説，改頭换面，雜湊起來。《淮南·脩務》説：

世俗之人，多尊古而賤今，故爲道者必託之於神農黄帝而後能入説。亂世闇主高遠其所從來因而貴之。爲學者蔽於論而尊其所聞，相與危坐而稱之，正領而誦之。

把這層看得極清楚。但是戰國末造，却因這種僞書的出現，把老子學説反而掩住了。

《吕氏春秋》的作者，把詹何當做聖人，又常稱引子華子。子華子見過韓昭釐侯，和詹何時代大概相近。〔一〇〕那末，《吕氏春秋》所代表的是戰國晚期的思想。無怪這樣愛引僞託的黄帝説了。

F　「黄老」和「道家」

老子一派的學説，在戰國末，雖然被僞黄帝書所掩，但僞書的淺薄，是容易發覺的。大概僞黄帝書僞筦子書之類，采取《老子》最多，所以老子復活了，在黄帝的旗幟下，並稱做「黄老」。老子雖然開了講「道」的宗派，却從來没有被人認過宗主，到現也稱做「經」了。漢初盛行「黄老」之説。《史記·樂毅傳贊》説：

樂臣公學黄帝老子，其本師號曰河上丈人，不知其所出。河上丈人教安期生，安期生教毛翕公，毛翕公教樂瑕公，樂瑕公教樂臣公，樂臣公教蓋公。蓋公教於齊高密膠西，爲曹相國師。

《陳平傳》才有「道家」的名，司馬談論六家要指「道家」才是六家之一。

漢初雖並稱「黄老」，但黄帝的僞託，漢代學者認得很清楚，所以只有老子占勢力。到魏晉以後，才添上莊子，合稱「老莊」，而「道家」的名字，却又被五斗米道和神仙家等所佔據了。

關於老子的書，《漢書·藝文志》有：

《老子鄰氏經傳》四篇
《老子傅氏經説》三十七篇
《老子徐氏經説》六十篇
劉向《説老子》六十篇

而《隋書·經籍志》還有

漢文帝時河上公注，

又引梁《七録》有：

戰國時《河上丈人注》二卷

漢長陵三老《母丘望之注》二卷

隱士《嚴遵注》二卷

這樣本子除了號稱爲河上公注的一本以外，現在完全失傳。但即就現行的各本，在字句間也顯有很大的出入。晁説之跋王弼本説：

弼知「佳兵者不詳之器」，至於「戰勝以喪禮處之」，非老子之言。乃不知「常善救人，故無棄人。常善救物，故無棄物」，獨得諸河上公而古本無有也。賴傅奕能辯之爾。然弼題是書曰《道德經》，不析乎道德而上下之，猶近於古歟？

由此可以看見今本《老子》，一定有許多不是老子的本文，而是秦漢以後的黄老家或道家的話羼雜進去的。

七　結論

把上文的要點總結起來，是：

（一）據孔子卒後，約二百年的《天下篇》和《韓子》，知道那時已流行的《老子》的老聃的語録。

（二）據《曾子問》、《莊子》和《吕氏春秋》知道老聃和孔子同時。

（三）據《老子》裏的文字，和《墨子》同，知道《老子》形成的時期，相當於《墨子》形成的時期，——即戰國早期。

（四）《老子》裏所引用的舊説和所反映的社會，都在春秋末年。它的重要思想，所謂「道」，實是把春秋時的「道」，發展成一個系統。

（五）孔子已受老子學説的影響。老子學説最先衍出楊朱一派，其次衍出慎到、田駢一派，它囂、魏牟一派，到戰國末年，被僞託爲黄帝説。到漢時，稱「黄老」，後來成爲「道家」。

從這五點看來，《老子》是記載春秋末老聃學説的語録，它的撰成書當在戰國早期，而它的内容的構成，却還在春秋末年：所以孔子已受老子學説的影響。

《曾子問》紀老聃和孔子論禮，是這個問題中最重要的一點。許多學者想把老聃搬後若干年，但他們並不想提出證據去證明《曾子問》所説的不確，這真是怪事。

有人説「《曾子問》開篇就有大破綻，它説『昔者衛靈公適魯，遭季桓子之喪』，照《春秋》靈公死在季孫之前一年，假如是孔門二三傳弟子所記，不會那樣錯誤，可見《曾子問》是戰國末年或漢初做的」，這種考據的方法，未免太鹵莽滅裂了。凡是人名地名由記憶或傳説寫下來的最易弄錯。譬如《史記·魏豹彭越傳》説：「廷尉王恬開奏請族之」，《史記志疑》訂正它説：

> 案彭越之族在高帝十一年，而《公卿表》，十年是廷尉宣義，十二年廷尉育，則非王恬開。此時恬開恐尚爲郎中令也。

這種錯誤在史書裏是常見的。我們能因此就説整部《史記》是靠不住嗎？説《史記》是東漢人所做嗎？

時代很近的記載裏，未必盡是完全真確的史料。反之，如其是真的史料，晚出又有什麽關係？殷代的先公先王，記載在漢代的《史記》裏，我們能説是全靠不住嗎？所以即使《曾子問》的撰成遲到戰國後，我們也不能説老孔會見的故事是靠不住的。何況還没有理由可以説《曾子問》是撰在戰國以後呢。

老聃和孔子的關係，是這樣顯然的。但學者間有因《天下篇》的次序而發生疑問的，這又未免太鑿方眼了。文章裏稱引歷史，不一定有次序。説「禹湯」固然對，説「湯禹」也不會有人説錯。《天下篇》固然把關尹老聃列在慎到等後，《荀子》的《非十二子篇》又何嘗没有拿「它囂魏牟」放在「陳仲史鰌」和「墨翟宋鈃」的前面。那末，這種次序那能當做强有力的證據呢？

最後，我還是要重複申述我的主張。過去的歷史事實不能把理想去改變的，——即使湊合若干條的理想而組成一個系統，也還只是理想而不是事實。如果要修正舊時記載的錯誤，惟一的方法，是「拿真確的證據來」。

〔一〕與今本《老子》稍有不同，據高亨先生《老子正詁》裏的考訂，當從《莊子》所引。

〔二〕我疑是魏牟所做。

〔三〕這是錢賓四先生的意見。

〔四〕《德充符》、《天地》、《天道》、《田子方》、《知北遊》，各一事。《天運篇》凡四事。

〔五〕有人據《説苑・政理》説楊朱曾見梁王，但《説苑》此節純是僞託，所以有「治天下如運諸掌然」、「先王有一妻一妾不能治，三畝之園不能芸」等語。不足爲證。又有據《吕氏春秋・不二》所説：

老聃貴柔，孔子貴仁，墨翟貴廉，關尹貴清，子列子貴虚，陳駢貴齊，陽生貴己，孫臏貴勢，王廖貴先，兒良貴後以爲楊朱在田駢後。不知吕氏此節，本不按時代次序。假如承認老在孔前，那末，和老聃同輩而又是列子老師的關尹，如何會在墨翟後。假如説老在孔後，那末，此節又明在孔前。所以這節是不能據來考時代的。

〔六〕據索隱本。

〔七〕汪中《老子考異》也有此説。

〔八〕田駢的書，《藝文志》有二十五篇。《吕氏春秋・不二》作陳駢。接子又見《莊子・則陽》，説：「季真之莫爲接子之或使」。《藝文志》作《捷子》二篇」。環淵，《漢書》作《蜎子》十三篇。枚乘《七發》作便蜎，李善注引《淮南子》作蜎蠉，《宋玉集》作玄淵，《七略》作蜎淵。

〔九〕至於《天下篇》有老聃關尹一派，那是因爲作者要把莊子一派認爲老關嫡傳的緣故。

〔一〇〕子華子思想很雜，不是一個高明的哲學家。但從姓上冠子字看來，《吕氏春秋》的作者，或是他的徒黨。

載《學文月刊》第一卷第一期一九三四年五月一日。
又《古史辨》第六册一九三八年。

葊京新考

王静安先生作《周葊京考》，（見《觀堂集林》卷十三）謂其地在今山西，余嘗讀而疑之。廿一年夏肄《小雅》，有悟，知先生之説，確未安也。既悲先生之逝，不獲與之商搉。因重爲考之，以貽來者。

葊京見於古銅器銘者頗多，舊釋旁京，吴大澂《説文古籀補》獨釋爲鎬。其言曰：

竊疑古鎬京字，必非從金從高之字，許氏説：「鎬，温器也。武王所都，在長安西上林苑中，字亦如此。」豐多豐草，鎬多林木，故從茻，從㫄。它邑不得稱京，其爲鎬京無疑。

余友容希白作《金文編》，入附録下，亦疑爲蒿字，與鄗通。蘭按二氏之説非也。卜辭有萛（中研院所得鹿頭骨文云「王萛田」），亦作䕏（《書契菁華》十葉十片）。銅器有斸土斧云「虘斸土北征萛□」，□蓋器名，斧屬（俗謂之錛。容君摹有其形，甚大而有兩耳），謂司徒北征萛所作者也。（吴氏謂之北征葡，既誤釋□爲箙，因釋萛爲櫜，謂爲盛櫜之箙。按櫜乃箭幹，爲箙安能但盛箭幹耶？其誤可知。）然則鎬京之字，自當作萛或䕏，而不當作葊，可知矣。王静安先生謂「㫄字雖不可識，然與旁鼎之□，旁尊之□，皆極相似，當是從茻旁聲之字」。蘭謂其説甚是。㫄即旁字：《薛氏鐘鼎款識》卷十一有尹卣（當作貝長陽卣）云「王初饔旁」，與小臣静彝之「王宛葊京」（見《積古款識》五卷三十葉），乍册麥尊之「迨王饔葊京」（見《西清古鑑》八卷三十三葉），臣辰盉之「祰饔葊京」（見《貞松堂集古遺文》八卷三十三葉），文例正同，然其字則正作□，可爲鐵證。然則葊即葊字（《爾雅·釋艸》「蒡隱葱」，《説文》失收），其變□作□，或以爲葊京專名之故耳。

吴、容二氏疑莽爲鎬，自文字言之，固是疏舛。然亦頗有見地。金文習見莽京，其地殊重要，爲王所恒居，而經傳無之，果非鎬京，則何地耶？近郭君沫若以爲即豐，（《兩周金文辭大系》廿八葉）莽，豐固雙聲字；然小臣宅𣪘云：「同公在豐」，（《周金文存》三卷補遺）自作豐字。又作⿰王豐，見簠齋所藏銅鋪（《周金文存》六卷一百三十葉）及羅氏所藏⿰王豐斧，（又一百十三葉）其字從王者，則以文王始作豐邑，王業所基，猶文工、武王之作玟王珷王也。（見盂鼎南宮中鼎，及歸夆既。）然則豐邑之字，不必假莽爲之，而莽京決非豐也。（周時京是地名，豐邑亦無有謂之豐京者，）王静安先生則以爲即《詩·小雅》：「往城于方」，及「侵鎬及方」之方。蘭按王説是也。尹卣「王初饔旁」，卯𣪘云「今余命女死𤔲莽宮莽人」，召伯虎𣪘云：「王在莽」，或作旁，或作莽，均與方同。且金文習見莽京，而古書習見鎬京，鎬字古實作蒿，則此蒿京與莽京，必有極密切之關係可知。《詩·文王有聲》云：「鎬京辟廱。」而作册麥尊云：「迨王饔莽京，酌祀，雩若翌早璧雝」。又《博物志》云「周時德澤盛，蒿大以爲宮，名曰蒿宮」，（《宋書·符瑞志》略同）雖是附會，正以鎬本作蒿也；而戒鬲及卯𣪘並作莽宮。凡此皆足證莽與鎬爲同地，析言之，鎬、莽固自有殊；若偏舉之，則或稱鎬或稱莽即足以概其餘。然則王氏以莽當「侵鎬及方」之方，其説至確當而不可易也。

雖然，王先生知以莽京爲《詩·六月》之方，而不知《六月》之鎬即鎬京也。故曰：

> 鎬、方二地，自來無説。案《小雅》云「薄伐玁狁，至于大原」；又云「來歸自鎬，我行永久」；極其所至之地曰太原，著其所由歸之地曰鎬，則鎬與太原，殆是一地。或太原其總名，而鎬與方皆太原之子邑耳。

依據此説，而考太原之所在，則漢之河東也。又因静𣪘及遹𣪘所記莽京有大池，而河東有張揚池，假定即其地。又以張揚池去蒲坂近，而蒲坂在秦以前舊名蒲，又以莽，蒲之聲相近，故遂謂莽京即秦、漢之蒲坂矣。王氏之説，大氐如此。

夫大池之是否張揚池，未可知也。（井鼎又云「王漁于□」）則以張揚池與蒲坂相近，而謂莽之即蒲，其證據亦殊薄弱矣。張揚固有池名，莽，蒲聲固相近；然所謂大池者，豈必澤藪，而地名之與莽聲近者，固不僅蒲也。姑不論此，而論其立説之源，則其以鎬、方與太原混而爲一，本已誤矣。請即以《小雅》證之。

《六月》之詩云：「玁狁匪茹，整居焦穫，侵鎬及方，至于涇陽。」詩人之意若曰玁狁不自度，整齊而處焦穫，侵我之鎬及方且至于涇陽矣。又云：「薄伐玁狁，至于太原。」——案《後漢書·西羌傳》云「穆王西伐犬戎，取其五王，王遂遷戎于太原」，犬戎即玁狁（詳王先生《鬼方昆夷玁狁考》）。——則宣王之時，太原乃玁狁之居也。然則「玁狁孔熾」，王急遣吉甫出征，伐玁狁而救鎬，方，乃薄伐之，以至太原，驅之歸老巢也。又云「來歸自鎬，我行永久」，則謂玁狁既夷，吉甫歸自鎬，計我出行之時，蓋已久矣。

揆《詩》中事實，則鎬、方與太原決非一地可知也。夫玁狁熾而侵鎬、方，王使吉甫征之，「以匡王國，」苟太原即鎬、方，則吉甫以救鎬而往，至鎬遂還，既未驅玁狁遠去，亦不畏其復侵，而詩人猶稱之曰：「文武吉甫」，有是理哉？然則鎬，方決非太原，薄伐玁狁而至于太原，太原去鎬，當甚遠矣。

鎬，方與太原，既非一地，則王先生假定莽京爲蒲坂，其誤顯然矣。論實，鎬當在宗周之北。《出車》云：「王命南仲，往城于方。」又云：「天子命我，城彼朔方，赫赫南仲，玁狁于襄。」此謂王命城方以攘玁狁也。方又稱爲朔方，則王國之北疆，易接玁狁者也。《六月》言「整居焦穫，侵鎬及方」；又云：「來歸自鎬，我行永久。」其《序》云：「《六月》，北伐也。」蓋據宗周而言，鎬方在北也。故司徒斧亦云「北征葊」矣。

焦穫之地舊無定論。毛傳謂「焦穫周地接於玁狁者」語至含混。郭璞注《爾雅》謂爲「今扶風，池陽縣，瓠中」，則今之三原涇陽間地也。然王静安先生謂周之涇陽，當在涇水下游之北，即今之涇陽縣（詳見《鬼方昆夷玁狁考》），其説至確。而《六月》明言玁狁居焦穫，侵鎬方而至于涇陽，則焦穫之不能在涇陽可知也。按《爾雅》有十藪「魯有大野、晉有大陸、秦有揚陓、宋有孟諸、楚有雲夢、吴越之間有具區、齊有海隅、燕有昭余祈、鄭有圃田、周有焦護」，而《吕覽·有始》、《淮南·墬形》並只九藪，俱無周之焦穫，則《爾雅》此文，蓋後世據《詩》所增。又按《周禮·職方氏》「冀州，其澤藪曰楊紆」鄭注云「所在未聞」，高誘注《淮南》之陽紆云「陽紆蓋在馮翊池陽，一名具圃」（又《吕氏春秋注》云「陽華在鳳翔，或曰在華陰」，與此異，疑鳳翔爲馮翊之誤）。而郭璞誤移以爲焦穫；又《職方氏》云「雍州，其澤藪曰弦蒲」，鄭玄注及《漢書·地理志》、《水經注》並云「弦蒲在汧」，而郭璞注《爾雅》之陽陓誤以爲「今在扶風汧縣西」；不知《職方》之楊紆即《爾雅》之楊陓也。此則郭氏之疏舛，亦可知焦穫之不應在馮翊池陽也。

蘭謂焦穫者濩澤也。《穆天子傳》云「天子四日休于濩澤」，郭璞注「今平陽濩澤縣是也」。傳又云：「陰翟致賂，良馬百駟，歸畢之寶，以詰其成。」陵翟當即玁狁，陵、狁，字相近（兮甲盤，虢季子白盤作厥馭，而不嬰毁作厥妥，妥即夋之誤字也。）陵翟與濩澤相近，則即玁狁之居焦穫可知也。《穆傳》又云：「畢人告戎，曰，陵翟來侵。天子使孟悆如畢討戎。」然則玁狁當穆王時已極强悍，畢與宗周相近，而數侵之，《西羌傳》所謂「王遂遷戎于太原」，殆以此也（《穆傳》言陵翟致賂云云，疑即遷戎之事）。

昔儒多以涇陽爲漢之涇陽，當今甘肅之平涼，故焦穫、鎬、方，都無可考；至如太原之地，明見《禹貢》，亦欲別構一地以明之矣。然虢季子白盤云：「搏伐厥馭，于洛之陽。」《後漢書·西羌傳》云：「夷王命虢公率六師伐太原之戎，至于俞泉」。而不嬰毁云：「厥妥廣伐西俞」，西俞即俞泉也。則玁狁之寇確自東來，而不自西北可知。今又證明玁狁所居之濩澤，而太原、涇陽，各得實指其地，則鎬、方之地，亦可推迹矣。

鄭玄云：「鎬也，方也，皆北方地名。」未析言何地。王肅云：「宣王親伐玁狁，出鎬京而還，使吉甫追伐追逐，乃至于太原。」王基駁之曰：「據下章云『來歸自鎬，我行永久』，言吉甫自鎬來歸，猶《春秋》『公至自晉，公至自楚』也。故劉向曰『千里之鎬，猶以爲遠』。鎬去京師千里。長安，洛陽，代爲帝都，而泲陰有長安鄉，漢中有洛縣，皆與京師同名者也。」蘭謂肅、基二説並非，肅以鎬爲鎬京，而不知其非宗周；而基則不知鎬即鎬京也。

學者習見春秋之時，以天子所居爲京師。故見鎬之稱鎬京，而遂以爲帝都；宗周於西周時爲天子所居，故遂以宗周爲鎬京；此實大誤也。京師實本地名，《篤公劉》之詩所謂「京師」者是也。師者，周初都邑之通稱，如洛稱雒師，（見《雒誥》）周稱周師（見諫毁）之類，（詳余別作《殷周師邑考》）則京師者即京也。《詩》云：「篤公劉，逝彼百泉，瞻彼溥原，迺陟南岡，乃覯于京，京師之野。」又云「篤公劉，于京斯依」，則京即京師無疑也。京地又稱爲豳，故《詩》又云：「篤公劉，既溥既長，既景乃岡，相其陰陽。觀其流泉，其軍三單。度其隰原，徹田爲糧。度其夕陽，豳居允荒。」又云：「篤公劉，于豳斯館，涉渭爲亂，取厲取鍛。」乃其證也。公劉以後，國號曰京，及太王遷周，乃號曰周，故如《大明》之「于周」及「于京」，《下泉》之「念彼京、周」，每以京、周對稱，明京是地名，而非指王者所居也。（周本稱京，詳見余所作《作册令尊考釋》。）

所謂京師非宗周而當爲豳者於金文有確證焉。克鐘云：「王在周康剌宮。王呼士曶召克。王親命克遹涇東，至于京師。」夫既云「王在周康剌宮」，則王在宗周也。云「命克遹涇東，至于京師」，則京師者決非渭南之宗周，而當爲涇濱之豳，可無疑義矣。

京與京師，既是豳地之別稱，則鎬京與葊京可知矣。《爾雅・釋丘》云「絶高謂之京，非人爲之丘」，則京者丘類也。鎬及方之所以稱鎬京或葊京者，總言之爲京或京師，析言之，爲鎬及方，是蓋其子邑也。然則鎬及方亦豳地也。

鎬之爲豳，尚有三證，請析言之。

上文所論，鎬、方當在宗周之北，而豳地實當之，一也。

《荀子・王霸》云「武王以鄗」。《文王有聲》云：「考卜維王，宅是鎬京，維龜正之，武王成之。」《周書・文傳》云：「文王受命之九年，時維暮春，在鄗。」《寶典》云：「維王三祀二月丙辰朔，王在鎬。」《作雒》云：「王既歸，乃歲十二月，崩鎬，肂于岐周，元年夏六月，葬武王于畢。」則文王、武王俱居鎬也。據《作雒》是成王初年所居，亦當在鎬，故其時之詩，謂之《豳風》。《鴟鴞》周公所作，是其證。居鎬而稱爲豳，是鎬即豳之證，二也。

武王崩鎬，而肂于岐周，葬于畢，昔人疑之，謂岐周在鎬北三百餘里，畢在鎬東數十里，不應殯遠而葬近。今謂鎬是豳，則自豳而岐周，正太王避狄遷徙之故道；自岐周而畢，畢與豐近，則又文王自岐遷豐之故道矣。此鎬當爲豳之證，三也。

豳地於漢爲右扶風栒邑，於今爲陝西三水，然則鎬，方，當在其地矣。周時戎狄尚爲遊牧民族，習於侵略。玁狁本居濩澤，其西侵也，殆不出於河渭之間，以其地國邑稠密，攻伐較難也。及其北出於河洛之間，則地曠人稀，所向無阻，故鎬、方首當其衝矣。既「侵鎬及方」，遂沿涇水而南，「至于涇陽」，而宗周告急，王國危矣，此所以爲「玁狁孔熾」也。

金文之葊京，或作葊，或作旁，既即《小雅》之方，方與鎬本一地，則葊京之地即豳也。葊京之地，於金文所繫至重，幾與宗周相等。如麥尊云：「雩若元医見于宗周，亡述。迨王窨葊京。」尹卣云：「王初窨旁，唯還，在周。」臣辰盉云：「隹王大龠于宗周，祰窨葊京年。」皆以宗周與葊京並列，則葊京爲周之陪都可知，舍豳地固無以當之矣。

蓋周之先也，竄居戎、狄，始依京而館豳。太王避狄而處岐周。文武盛強，復宅鎬京，則周之都也。及文王既伐崇虎，作邑于豐，則于東伐爲便矣。武王既伐紂，猶歸居鎬，故周初之詩，尚入《豳風》。及三監既叛；周公東征，遂營洛邑；成王踐奄，返歸宗周，宗周者豐也。蓋洛爲東都，而宗周交通利便，爲西都矣。然鎬京之地，仍是大都，雖僻處北陲，易來戎、狄，然窨禮所行，王猶數居焉。金文之言「王居葊京」者，大抵皆昭，穆之世也。（據召伯虎𣪘知宣王時亦嘗居葊。）及宗周既滅，王室東遷，晉、鄭是依，典禮廢棄。於是以王城爲京師，或稱宗周，名實淆矣。後世學者，遂第知京師爲王都，鎬京爲宗周，而不知别有其地，故余因金文之莽京而詳考之。

載北京大學潛社《史學論叢》第一册一九三四年五月。
又《唐蘭先生金文論集》第三七六至三八一頁紫禁城出版社一九九五年十月。

壽縣所出銅器考略

引　言

民國二十二年夏，壽縣東鄉朱家集李三孤墳，發見古器物甚多。其精者多被竊售。其後，安徽省政府偵獲其大部分，凡七百餘件，今歸省立圖書館。其四散者，一部在上海，廬江劉晦之氏藏有曾姬壺二器，又勺二，見《善齋吉金録》。又有楚王歓肯鼎一器，郭沫若氏曾以照片見寄，今不知在何許。其又一部在天津，鼎一、豆二、簋二、簠二。曾得照片獨鼎附銘拓，爲楚王歓忎所作。餘器亦當有銘，惜未得拓本也。其又一部在北平者，估人李氏有楚王歓肯釶鼎，爲古物保管委員會截獲，已贖歸安徽圖書館。尊古齋有楚王歓章劒一、楚王歓肯簠三、楚王歓忎盤一、又罍一、豆二、勺二。其勺之一，曾歸友人于君思泊，見《雙劒誃吉金圖録》今爲容君希白所藏。餘器聞亦將歸圖書館。余承馬叔平先生及王述人先生之嘉貺，得盡有此一小部分之拓本及照片。

頃藏安徽圖書館者，余亦嘗見其拓本及照片，除後獲之釶鼎外，文字俱較劣，且多僅載鑄客之名而不記王名，自估人視之，蓋均其糟粕矣。余既與館方約，將以假日往彼，詳爲考證，再爲發表，兹不具論。而散在平、津、滬三處者，實此次發見中之較重要部分，故先述焉。

一　楚王歓章劍與曾姬壺

劍銘云：「楚王歓章爲□□□吉□用□□□是尚。」銘爲銹掩，然歓章之字，則甚清晰。（圖一）按《薛氏款識》卷六有曾侯鐘銘云：

隹（唯）王五十又六祀，迖自西𨛭。楚王畬章乍（作）曾侯乙宗彝，窴之于西𨛭。其永時用亯。

薛氏引李氏《古器物銘》云：「楚惟惠王在位五十七年，又其名爲章，然則此鐘爲惠王作無疑也。方是時，王室衰弱，六國爭雄，楚尤强大，遂不用周之正朔。」按李説甚是。畬章即熊章，蓋惠王之本名。畬、熊聲相近，楚王多以「畬」名，史盡假「熊」字爲之。然則此劍亦惠王所作也。

曾姬壺銘曰：

隹王廿又六年，聖趄之夫人曾姬無卹虐安丝漾陲蒿閒之無匹。甬乍宗彝尊壺。逡嗣甬之，職才王室。

此二器雖出於壽縣，（圖二及圖三）然是否楚器，尚難證明。其作銘者爲曾姬，按金文常見之曾國，爲春秋時姒姓之鄫，此乃姓姬，蓋非一國也。曾侯簠云，「叔姬霝乍黄邦，曾侯乍叔姬邛嬭賸器𩱛彝」，（《文存》三卷一百二十六葉）則是姬姓之曾。而楚王畬章鐘之曾侯，則又似楚之宗族。（或謂曾侯爲楚之先王，非是。六國時，楚自稱爲王，不曰侯。）疑曾本漢陽諸姬之一，及楚惠王時，已爲楚所滅，轉以封其宗族故鐘銘有曾侯乙矣。

此二壺以字體書法驗之，當在楚王畬章之前，然亦春秋後期器也。其云「隹王廿又六年」，又云「職才王室」，當指周王而非楚王。按周靈王及敬王均有二十六年，此不知當何屬。

二　楚王㱃肯與楚王㱃忎之考證

壽縣銅器之載王名者，除惠王㱃章外，尚有㱃肯與㱃忎二人。忎字作𢗬，即《史記》之楚幽王悍，已爲學者所公認，郭沫若氏《壽縣所出楚器之年代》一文説之已詳（《古代銘刻彙考續編》三十六葉），今不復論。肯字作肯及肯，則各家異釋甚多，其所當之王，亦不一致。

胡光煒氏釋肯爲「朏」，郭沫若氏釋「肯」，劉節氏釋「背」（六月二日《大公報・圖書副刊》廿九期），友人某君釋「肓」，蘭謂釋「朏」，「背」及「肓」均非也。「朏」當從月從出，而肯字下實從肉，故胡氏之説無足取。「此」字從止七聲，余所得匋器拓本有云「蒦昜南里人背」，背字作背，而亡字古鉨習見，作亾亾等形，與此作止形者並不類。余所見鼎二器，簠三器，其簠之戊、己二器，並作肯，則字之上半實從止。又古鉨有長光，舊不識其字，余謂即光字，《汗簡》作光在止部，然則作止或作止者並止之變體無疑也。肯字既從止從肉，則與今隸之肯字全同。按肯字《説文》作肎，古文作肎。漢人隸書亦作肎，（見石經《魯詩》殘碑）或作肎，（見《綏民校尉熊君碑》及《華山亭碑》）無作肯者。然則作肯字者，自別有來源，故與小篆殊異。按六國古文，每有異於小篆，而轉爲魏，晉後俗書所本者，則此肯字當依郭氏釋肯爲是。

郭氏謂肯、悍同聲，因疑㱃肯與楚王㱃忎爲一人（《古代銘刻彙考續編》三十八葉），徐中舒氏以㱃肯爲楚哀王（六月十六日《大公報・圖書副刊》三十一期），而胡光煒、劉節二氏則以爲楚王負芻，蘭謂皆非也。古人自書其名，決無用聲近之字假借爲之者。今所見㱃肯與㱃忎之器甚多，截然兩系，其爲兩人可知。哀王據《世家》名猶，《六國表》作郝，與「肯」字形聲俱不類。至負芻之名，本是一詞，以楚王之名例之，當云㱃負芻，而據胡、劉之説，則必讀㱃肯爲㱃芻，省「負芻」爲「芻」，無是理也。且謂㱃肯爲哀王或負芻者，實未審於當時之情勢，不知哀王及負芻之時，實不容鑄爾許銅器也。楚自幽王卒，弟哀王立，三月而負芻殺哀王。負芻者，哀王之庶兄也。負芻立，二年，秦大破楚，取十城；四年，秦破其將項燕；明年秦遂滅楚，虜王負芻。然則此五年之中，内則兄弟爭立，外則再蹙於秦以至亡虜，夫豈作銅器之時乎？

馬衡氏嘗推測㱃肯爲考烈王，余謂馬説是也。據《史記・楚世家》，考烈王名熊元，《世本》作完。按從元聲之字，多讀如昆。《説文》阮字，徐鍇本云：「讀若昆」；髡從元聲，而讀「苦昆切」，皆其證。然則「元」、「肯」一聲之轉，考烈王之本名是肯，而史借「元」或「完」字以代之耳。

或者欲以歆肯之器，遠溯考烈王之前，若威王熊商、懷王熊槐、頃襄王熊横之時。不知徙都壽春，實始考烈，所作祭器，自不能先於其時。且銅器書法，具見時代，歆肯、歆忎之器，書法略同，語句重襲，明是父子相承，中無間隔矣。蓋考烈王之初，國勢頗强。十四年滅魯。二十二年，五國攻秦，楚實爲其從長。故頓弱説秦王曰：「横成則秦帝，從成則楚王，」（見《秦策》）則楚勢可知。然攻秦之役，無功而歸，畏秦之報復，遂去陳而東徙壽春。既新遷都，別構宗廟，祭器之作，宜在其時。閲三年考烈王卒，所作祭器，殆猶未全。幽王嗣立，蓋補鑄之。據《史表》，幽王三年，秦助魏擊楚，而歆忎所作鼎盤，並有「戰獲兵銅」之語，即此役也（關於此事，郭沫若氏之説，與余全同）。銘又云：「正月吉日」，則此鼎盤，蓋皆幽王四年所作。自考烈王廿二年遷壽春，至幽王四年凡七年，當即此大羣銅器之製作時代矣。

按考烈王之初，春申君用事，五國攻秦，實其主謀。其時，秦方蠶食三晉，無暇南顧也。及蒙驁既死，秦無良將，秦皇又幼，太后及吕不韋等用事，秦勢蓋少衰矣。而楚已避秦東徙，春申君又疏遠，遂不能乘秦之隙。及考烈王卒，其年，秦始皇冠，殺嫪毐，遷太后，免吕不韋而用李斯、王翦。八年，遂滅韓，即楚幽王之八年也。更二年而滅趙，更二年而破燕，其明年滅魏，則負芻之三年也。更二年遂滅楚。然則楚自徙壽春以後，國得暫安，故能大鑄銅器耳。

三　楚王歆肯及楚王歆忎諸器

楚王歆肯之器，今所見者，凡兩鼎三簠。其一鼎云：

楚王歆肯复（作）盥（鑄）匐（鐈）𥁰（鼎），吕共胾棠。

云「匐」鼎者，「匐」即「鐈」，《説文》所謂「似鼎而長足」者也。其蓋内刻「集脰」二字，蓋背刻「集脰𧙕鼎」四字，殆别一器之蓋，誤與此相配也。（圖四）「胾棠」之説詳後文。其又一鼎云：

楚王㱃肯复(作)盥(鑄)鉈鼎(鼎)台(以)共歲嘗。

此器銘字極大，在諸器中可謂傑出。(圖五)「鉈鼎」之説詳後文。其三簠則銘語全同，云：

楚王㱃肯复(作)盥(鑄)金匿，(簠)呂共歲嘗。

惟於簠底刻「戊矣」、「己」、「辛」爲别。(圖六及圖七)其所刻之字，當是編號，則此簠至少當有自甲至辛之八具也。在天津之七器中有二簠，未見拓本，疑亦㱃肯所作也。(圖八之一)

楚王㱃忎之器，今所見者，凡一鼎一盤。鼎銘云：

楚王㱃忎戰(戰)隻(獲)兵銅。正月吉日，窒盥(鑄)匐(鐈)鼑(鼎)，呂共歲嘗。(鼎口邊銘)

但平盤埜差秦忑爲之。(鼎腹銘。)

楚王㱃忎戰(戰)隻(獲)兵銅。正月吉日，窒盥(鑄)匐(鐈)鼑(鼎)之盍(蓋)，呂共歲嘗。(鼎蓋邊銘)

但平吏秦差苛𦡃爲之。(鼎蓋内銘。)

此鼎蓋器具備，故字獨多。(圖八之二—三)又盤銘云：

楚王㱃忎戰(戰)隻(獲)兵銅。正月吉日，窒盥(鑄)少(小)盤，呂共歲嘗。

但平鄹圣差陸共爲之。

少字作𡭔，或以爲「介盤」，謂即大盤，誤也。(圖九)

大抵㱃忎之器，率著工名，是其異於㱃肯者。於上述二器外，有四勺，其二勺同銘者云：

但吏秦苛腍爲之。

與鼎蓋所刻略同。（圖一〇及圖一一）其又二勺，即劉氏所藏者，亦同銘云：

但絮圣塦共爲之。

則與盤銘正同。（圖一二及圖一三）則此四勺，亦正幽王時之物矣。

四　兩豆及一罍

兩豆及一罍，並同銘云：（圖一四及圖一五、一六）

盥客爲王句六室爲之。

此類刻銘，在此次楚器發現中最多。大都藏安徽圖書館。疑亦幽王時器，然未有以證明之。

五　鉇鼎之考證

此次發見，有流之鼎凡二。其一，先已歸圖書館，銘云：

盥客爲巜句脰官爲之。

其一即上文所引楚王酓肯釶鼎。（見圖五）釶《說文》誤作鉈，「短矛也。」《荀子・議兵》作釶。凡從它從也之字，小篆多混。蓋六國時書「也」字作𠆢，與「它」形相近故也。

多數學者之意見，以爲此鼎有流如匜，故特稱爲「釶鼎」，余以爲不然。此鼎之有流，特其一徵，而非稱「釶鼎」之主因；且其所以有流，或正以稱爲「釶鼎」之故，而後作鼎使有流也。

按周世鼎銘，每有稱鼎爲「也」者，羅振玉氏跋衵白業鼎曰：

> 此鼎也而謂之「□湓」，湓上一字雖不可辨，而湓字則明白無疑。裹鼎「裹自乍飤碩鉈」。「碩鉈」二字，諸家無釋。曩歲嘗與亡友劉鐵雲觀察言當即是「石它」。鐵雲稱善。嗣又見大師鐘白侵鼎文曰：「大師鐘白侵自乍石沱。」此鼎亦稱「自乍寶□湓」。蓋石即碩，它沱湓同一字，其義雖不可知，然知鼎故有「石它」之稱矣。——《貞松堂集古遺文》三卷十四葉。

羅氏沿《說文》之誤，故以也爲它，然由此可知鼎或稱「也」。其作「鼬」、「池」、「湓」等字，與此銘之作「釶」，並同聲通借耳。然裹鼎爲吴平齋、潘鄭盦舊藏，鐘白侵鼎今在劉善齋處，並未聞其有流也，則鼎之稱「也」，不繫於有流可知。

余謂鼎之稱「也」者，蓋當以聲音求之。「也」之字，本象匜形，其所以作也聲者，有窪下之義。從也聲之字，如池亦然。《說文》謂也爲「女陰」，亦由此義所孳乳，猶今粵人稱爲「海」也。然則鼎之稱「也」，乃以窪下深中之故，而不繫乎有流也。

「也」之聲與「于」相近，《說文》云「小池爲汙」，故匜或稱盂。盛伯羲舊藏，今歸美國博物館，齊侯四器之一，銘曰「盥盂」，而器是匜形，（圖一七）是其證也（羅福頤校補《金文著録表》誤入鼎類蓋未見器形也）。盂從于聲，有洿下之義。故《說文》「盂，飲器也」。《既夕禮》「兩敦兩杅」，注謂「杅盛湯漿」，盂即杅也。《玉藻》云「出杅，履蒯席」，注「浴器也」，是尤器之大者。然無論其爲飲器或浴器，要是盛水之器，與匜相類。且器必窪下深中乃適于盛水也。

鼎可稱「也」，「匜」可稱「盂」，故金文多有稱鼎爲「于」者。王子吴鼎銘云「飤鼾」（《薛氏款識》十卷），近上虞羅氏藏䣄矦之孫陳鼎銘作「鼾」（《集古遺文》二卷三十八葉），鄀公平矦鼎銘云「隮鎾」（《周金文存》二卷二十九葉），作「鼾」、「鼾」及「鎾」，並同聲通借也。其曰「盂鼎」者，宋君夫人鼎銘曰：「餴釪鼎」（《薛氏款識》九卷），𪌣鼎銘曰：「盂鼎」（同十卷），大鼎銘曰「盂鼎」。「盂」、「釪」亦同聲通借也。

然則此器之稱「鉇鼎」，猶它器之曰「盂鼎」。正猶「匜」之爲「盂」，「鍦」之爲「鼾」或「鼾」也。昔人於此，多未解其義。余謂鼎之稱「也」或「于」者，以其窪下深中；惟其深中，故可以盛水，然則殆即《既夕禮》之「杅」矣。「杅」盛湯漿，此器之有流，其以此歟？

六　「胾⿱尚示」之解釋

「⿱尚示」字銘俱作⿱尚示，僅歓忎鼎蓋作⿱尚示，郭沫若氏釋⿱尚示，「從示尚聲，當即祭名蒸嘗字之專字」（《古代銘刻彙考續編》三十七葉）。劉節氏釋「常」。余按劉説非也。此字下從示，決非「巾」字，當以釋「⿱尚示」爲是。

然「胾⿱尚示」二字，至難解釋。如讀胾如本字，則何以與⿱尚示連文？且三鼎、三簠、一盤，其銘俱云：「以共胾⿱尚示。」古者盛胾以豆，鼎與簠、盤，均非盛胾之器也。郭氏又云：

胾與⿱尚示連文，則胾殆又假爲蒸，胾蒸乃陰陽對轉之聲也。故「吕共胾⿱尚示」即是「以供蒸嘗」。（原注：「準《魯頌・閟宮》，」「毛炰胾羹」之例，胾作如字，⿱尚示讀作羹，亦可通。然古人盛羹以鉶不以鼎故知其非」。）

郭氏之觀察，每極敏鋭，其謂胾之不能讀如字，甚是。然謂讀如蒸，則亦有誤。蓋金文「蒸嘗」之語習見，如姬鼐彝鼎云「用⿰米⿱彑廾用嘗」，陳侯午錞及陳侯因資錞並云「以⿰米⿱彑廾以嘗」，皆是。蒸字以「⿰米⿱彑廾」或「⿰米⿱彑廾」爲之，其用法則均以爲動詞，與此銘均迥異也。

余意此「胾⿱尚示」二字，當讀爲「粢盛」。「粢盛」之語，習見於《左傳》、《國語》、《周禮》等書，蓋春秋以後之通語也。《周禮・甸師》云「以供齍盛」，《孟子・滕文公下》云「以共粢盛」，《穀梁傳》桓十四年云：「以供粢盛」，《禮記・祭統》云「以共齊盛」，其句法並同。

然則此云「以共胾⿱尚示」，當即「以共粢盛」，「胾」與「粢」，「⿱尚示」與「盛」，並語聲之轉耳。經傳所言「粢盛」，俱指祭祀之黍稷，而此以「戠祟」爲之者，似已爲泛義之祭物矣。

圖八所示在天津之七器，聞全部實有十器，余頃見其拓本之一部分，豆銘云「盥客爲王句六室爲之」，與尊古所藏兩豆同。勺銘云「佀盤埜秦厉爲之」與楚王歓忎鼎腹銘正同，可知爲幽王時器。匜銘云「盥客爲□□爲之」，而楚王歓忎鼎蓋内右方尚有「鉼脰」二字，爲余前得拓本所缺。因本文已印成，故附記於此。

圖一之一　楚王歓章劍器形

圖一之二　楚王歓章劍銘文拓本

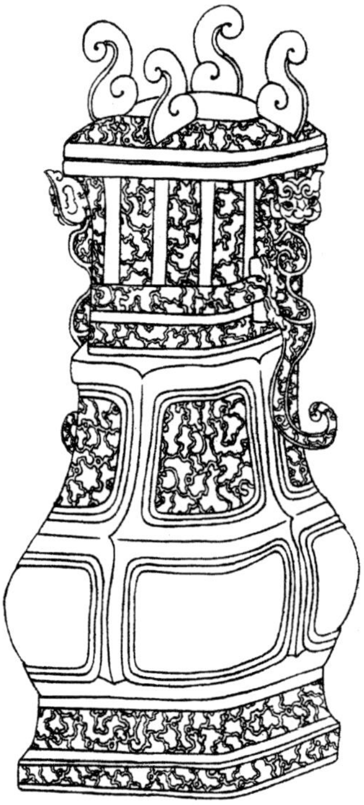

圖二之一　曾姬壺器形

圖二之二　曾姬壺銘文拓本一

圖三之一　曾姬壺器形二

圖三之二　曾姬壺銘文拓本二

圖四之一　楚王㱃肯鼎蓋花紋拓本

圖四之二　楚王㱃肯鼎蓋銘文拓本（原大）

圖四之三　楚王歓肯鼎銘文拓本

圖五之一　楚王歓肯釶鼎器形一

圖五之二　楚王歓肯釶鼎器形二

圖五之三　楚王歓肯鉈鼎銘文拓本

圖六　楚王歓肯簠器形

圖七之一　楚王歙肯簠銘文拓本一

圖七之二　楚王歙肯簠銘文拓本二

圖七之三　楚王歙肯簠銘文拓本三

圖八之一　散在天津之七楚器攝影

圖八之二　楚王歆忎鼎器形、銘文拓本及鼎耳花紋拓本

圖八之三　楚王歓忎鼎銘文拓本

圖九之一　楚王歓忎盤器形

圖九之二　楚王歓忎盤銘文拓本

圖一〇　楚勺器形銘文拓本一

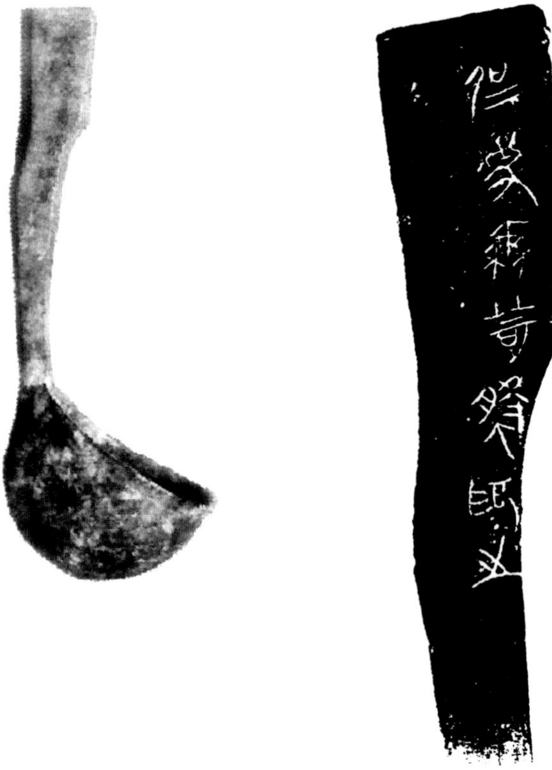

圖一一　楚勺器形及銘文拓本二

圖一二　楚勺器形及銘文拓本三

圖一三　楚勺器形及銘文拓本四

圖一四　楚豆器形及銘文拓本一

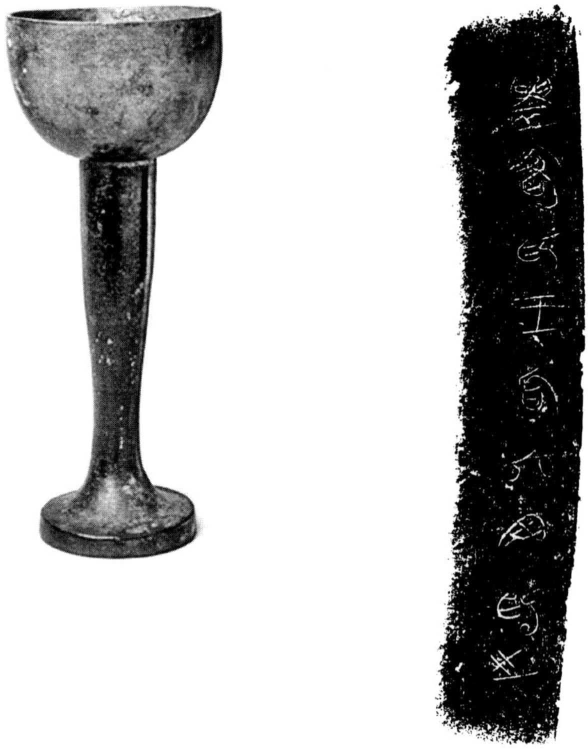

圖一五　楚豆器形及銘文拓本二

圖一六　楚罍器形及銘文拓本

圖一七之一　齊侯盂器形

圖一七之二　齊侯盂銘文拓本

載北京大學《國學季刊》第四卷第一號二七頁一九三四年。
又《唐蘭先生金文論集》第十七至二四頁紫禁城出版社一九九五年十月。

晉公⿰午隹⿱奠皿考釋

此瞿氏清吟閣藏器，舊著録於《筠清館》（三卷十五葉）、《攈古録》（三之三卷二十八葉）、《從古堂》（八卷十四葉）、《周金文存》（四卷三十五葉） 等書。《筠清》稱爲周敦，殊謬。《攈古》作晉邦盦，《從古》作晉公盦壺，《文存》作晉公盦。近郭沫若氏作《晉邦⿱奠皿韻讀》（《殷周青銅器銘文研究》下册二十八葉），以爲器名是⿱奠皿而非盦字，「以字例推之，當爲從皿奠聲之字。盦從酓聲，酓從今聲，聲在侵部，與元部之奠聲遠隔。且盦字，許書云：『覆蓋也。』自來無器名之説，釋⿱奠皿爲盦者謬也。」郭氏又就器形而言，以爲伯戔⿱奠皿、晉邦⿱奠皿、與庚午盂，及吴王夫差監等器，並同制，其言均極確當。《説文》「鑑，大盆也」，今廬江劉氏有曾大保盆，其形正與⿱奠皿同，尤可爲⿱奠皿監同器之證。按監者鑑之本字，象人鑑其形於皿中之意。其皿盛水，《酒誥》所謂「人無於水監，當於民監」是也。其皿因謂之監，《説文》「鑑大盆也。」以其爲盆，而可以盛冰。《周官・凌人》所謂「春始治鑑」，鄭注謂「鑑如甀，大口，以盛冰，置食物于中以御温氣」者是也。以銅盆置月下，可以承露，《周禮・司烜》：「以鑒取明水於月，」鄭注云「鑒鏡屬取水者，世謂之方諸」，今傳世有方鑑，殆即方諸也（《周金文存》四卷四十二葉）。盆之絶大者，可以浴，今傳世有攻吴王夫差監，字亦作濫，《莊子・則陽》所謂「同濫而浴」，是也。銅器之進化，銅可鑑容，因是而有飾於帶之鞶鑑，由鞶鑑而進爲漢代之銅鏡，而監之爲器，遂專於盆矣。監又稱⿱奠皿者，容庚氏以爲⿱奠皿即甀字，引《方言》五：「瓬、瓻、甒、䍃、甀、甇、瓵、瓮、瓯、甎、甓，甖也。……秦之舊都謂之甀。」（《頌齋吉金圖録》考釋八葉） 爲證。按容説甚是。《廣雅》云：「甀，瓶也。」與《方言》同。甀爲瓶罌而⿱奠皿爲盆者，古尊字本作酉，即象陶器時代之形，底圓難平置，故以物籍之則爲奠字，以手捧之則爲䢍字，奠尊聲近相轉，實一器也。奠既即尊，則本是瓶罌一類，其後變而如盆耳。

器爲晉公⿰午隹媵女所作。郭氏謂：「歷代晉公無名⿰午隹者，有近似之字，則爲襄公驩，字又作歡，恐漢人以午之禽爲馬，故改⿰午隹爲驩，更復假歡爲之也。」蘭按此説甚誤。⿰午隹之與驩，絶無相似之處，蓋銘中「剌考」下，拓本已泐，而《從古堂》有「文公大」三字，郭氏受其暗示故耳。按《攈古》本考下殘字又作，則《從古》所釋「文」字本不足據也。考《左哀三年傳》「晉午在難」，注云「午晉定公名」，《史記·晉世家》：「頃公卒，子定公午立。」又《十二諸侯年表》周敬王九年下云：「晉定公午元年。」又《六國表索隱》引《系本》：「定公名午。」則銘文之〓，當即晉定公之本名，後世字書無〓字，故經傳並假午字爲之耳。抽繹銘詞，知此器實定公所作，因重爲考釋，以質學人。

廿三年六月，唐蘭記。

隹(唯)王正月初吉丁亥，晉公曰：「我皇且(祖)鄺(唐)公，□受大令(命)，左右武王。□□百䜌(蠻)，廣𤔲三方至于大廷，莫不事□。□命鄺(唐)公，□宅京𠂤(師)，□□晉邦。

唐公謂唐叔也。成王滅唐乃封唐叔，見昭元年《左傳》，此云武王，殆誤也。大廷即大庭，古國名，魯有大庭氏之庫，見昭五年及十八年《左傳》，《莊子·胠篋》亦有大庭氏，舊以爲古帝王，非也。

「我刺(烈)考□□□□□□□彊武□□□□□□□虩(二)才(在)□□□□□□□召𤔲(業)□□□□□□□晉邦。」

此疑指頃公也。頃公嘗平王室之亂。

公曰：「余〓今小子，敢帥井(型)先王。秉德𡡉𡡉，㬜燮萬邦。訒莫不日頖覺。

𡡉從女疊聲，疊即疊字，𡡉𡡉猶疊疊，《廣雅》：「疊，厚也。」㬜字未詳，盄和鐘云「𩂣燮百邦」，與此文義相近。曰字郭釋爲曰，誤。覺字亦未詳。

「余咸妥(綏)胤士，乍(作)〓左右，保辥王國。制〓〓弢，□攻虩〓。

秦公𣪘云「咸畜胤士」，鐘云「咸畜百辟胤士」；又克鼎云「保辥周邦」，宗婦鼎云「保辥鄘國」，與此辭例並同。此云「保辥王國者」，定公二年率諸侯爲周城成周，是其事也。當即農字。

「否（丕）乍（作）元女□□□賸（媵）𥁰上酉□□□。虔𦏴盟□，𠆤□皇鄉。旹新百□。」

上酉本作，舊誤爲四酉。

「锥今小子，整辥爾家，宗婦楚邦。烏（於）佋（昭）萬年，晉邦隹（維）翰。永康。寶。」

定公之嫁女于楚，蓋亦在即位之初，故猶稱小子也。佋字舊不識，郭氏釋𥏫，讀爲昭，蘭按郭讀甚碻，其字當作，從人𠬧聲，拓本上有裂紋，故不易辨耳。《詩》云「文王在上，於昭于天」，與此辭例正同。

晉公犨𥁰銘文

晉公犨𥁰器形

載北京大學《國學季刊》第四卷第一號第三七頁一九三四年。

又《唐蘭先生金文論集》第十五至十六頁紫禁城出版社一九九五年十月。

作册令尊及作册令彝銘考釋

二器同文。尊在廬江劉氏善齋，彝藏美國華盛頓 Freer Gallery of Art。余初從羅君君美得其尊人叔言氏所著《矢彝考釋》，嘗爲之書後。其後得見鮑君鼎，郭君沫若之文，又數爲文論之。更後乃得讀吴君其昌之釋。余昔者定京宮爲太王、王季、文、武、成王之宮，用知周之舊名爲京，推考古史，不無裨益。邇來間獲新知，更讀全銘，殊鮮凝滯。因裁取舊稿，略采諸釋，以存一家之説。前後凡四年矣。世變飽經，濩落如故，可慨也夫！惟孔誕二四八三載，即民國二十一年五月十日，唐蘭記。

隹（唯）八月，辰才（在）甲申，王令（命）周公子明𠈇，

「王」殆昭王也。（吴考以爲昭王十年，非也。吴氏所爲西周曆譜，根據《三統曆》逆推，實難置信。《真本竹書紀年》昭王僅十九年，而吴君誤據《刀劍録》等書，以爲五十一年，則其所謂昭王十年，必誤可知。）「周公子明𠈇」者，周公之子明保也。善齋所藏，又有作册䰧卣銘云「唯明保殷成周年」，與此蓋一人。此銘下文稱明公，然則本名是明，其爲太保時，稱曰明保，爲尹時，稱曰明公也。（作册矢令殷之公尹伯丁父，亦稱丁公，與此同。）明當是周公旦之子，故後文云：「命矢告于周公宮」也。周公旦之子，得逮昭王者，《周書・祭公解》記穆王稱祭公謀父爲祖祭公，則謀父實周公旦之孫，康王之兄弟行，而當穆王時也；可與此銘互證。

尹三吏亖方。

《爾雅・釋言》：「尹正也。」《左・定四年傳》云：「周公相王室以尹天下。」《書・多方》云：「尹爾多方。」「吏」或釋事，非也。本銘事作。「三吏」者，羅釋爲司徒、司馬、司空是也。《周書・大匡》云：「王乃召冢卿、三老、三吏大夫。」《左成二年傳》云：「王委政於三吏。」吏亦作事，《詩・雨無正》云：「三事大夫，莫肯夙夜。」即《周書》之三吏大夫矣。

受卿事寮。

「卿事」或「卿事寮」，習見於卜辭及金文，羅謂即卿士是也。士事聲同，故得通用。（羅謂「卿士」即「冢宰」，則非是。吳氏駁之，謂《十月》之詩卿士與宰並列，《雲漢》又自有冢宰之名，不得以卿事假稱爲冢宰，是也。）《爾雅・釋詁》：「寮，官也。」《左文七年傳》云：「同官爲寮。」是寮者非一人，而卿事之官乃其長也。

丁亥，令（命）夨告于周公宮。

此蓋亦王命之，故下文別言公命也。「夨」者作册夨令，夨其名，令其字，故於王命或公命時稱夨，而餘時稱令也。「周公宮」者，周公之廟。

公令（命）（造）同卿事寮。

疑⿰彳告字，羅釋⿰彳出，非也。卜辭告作，出作或，頗有殊。上文告作，此與之異者，古器銘每同字異構也。⿰彳告讀如造。《孟子》云：「造攻自牧宮。」《廣雅・釋詁》：「造，始也。」公命夨始爲同僚以佐己也。《詩・板》云：「及爾同僚。」

隹（唯）十月：吉，癸未，明公朝至于成周。

「月吉」，月之初吉。自八月甲申至此，適六旬矣。「明公朝至于成周」，猶《召誥》云：「大保朝至于洛。」「周公朝至于洛」，羅氏以爲朝王於洛者，誤也。

𢓊(造)令(命)，

始命也。

舍三吏令(命)，眔卿事寮，眔者(諸)尹，眔里君，眔百工，

克鼎云：「王令善夫克舍令于成周。」《詩・羔裘》云：「彼其之子，舍命不渝。」「舍命」猶「施命」。《易・姤》云「后以施命誥四方」是也。眔，及也。「諸尹」猶《顧命》之「百尹」，《堯典》、《咎繇謨》之「庶尹」。「里君」者，《周書・嘗麥解》云：「歸祭閭，率里君。」史頌𣪘亦有「里君百姓」之文。(《酒誥》作「百姓里居」，王静安先生以爲「居」乃「君」之誤，是也。《周書・商誓》亦誤「里君」爲「里居」。)亦作「里尹」，《禮記・雜記》云「里尹主之」，注云「里尹閭胥里宰之屬」，是也。《左・襄十四傳》云「百工獻藝」，然則百工者，藝人之在官者也。羅氏釋爲「百生」，疏舛甚矣。

眔者(諸)侯，侯，田(甸)，男，舍三方令(命)。

「諸侯」，「侯」、「田」、「男」之總稱也。《康誥》、《酒誥》、《召誥》、《顧命》並有「侯」、「甸」、「男」之稱，蓋周初之制。《酒誥》云：「越在外服，侯、甸、男、衛，邦伯；越在内服，百僚、庶尹、惟亞、惟服、宗工，越百姓、里居。」明公舍三吏四方之命，是兼尹内外服也。

既咸令(命)。

《爾雅·釋詁》：「咸皆也。」

甲申，明公用牲于京宮。

用牲，祭也。「京宮」者，太王、王季、文、武、成王之宮也。（羅以爲鎬京之宮，誤甚。癸未至甲申，僅一日耳，豈能遽至鎬京邪？）蓋周之初也。《詩》云：「篤公劉，逝彼百泉，瞻彼溥原，迺陟南岡，乃覯于京，京師之野」；又云：「篤公劉，於京斯依。」則公劉所居本名京也。及「古公亶父，來朝走馬，爰及姜女，聿來胥宇」。而見「周原膴膴，堇荼如飴」，遂築室於茲，而更號曰周。故《思齊》之詩云：「思媚周姜，京室之婦。」正以太王初興周室，故太姜始稱周姜，而太任猶是京室之婦之舊稱也。故《大明》之詩云：「摯仲氏任，自彼殷商，來嫁於周，曰嬪于京，纘女維莘。」周、京對言，舊名猶未廢也。及周室既彊，曰京，曰周，並爲都邑。《皇矣》云：「依其在京。」《文王有聲》云：「宅是鎬京。」而《下泉》云「念彼周、京」，又云「念彼京、周」，知京、周爲二地也。然京者，祖廟在焉，故遂稱祖廟爲京。《文王》之詩云：「侯服于周，天命靡常，殷士膚敏，祼將于京。」謂助祭於京宮也。《呂氏春秋·古樂》云：「武王即位，以六師伐殷。六師未至，以鋭兵克之於牧野。歸，乃薦俘馘于京太室。乃命周公作爲《大武》。」所謂京太室者，京宮之太室也。《下武》之詩云：「下武惟周，世有哲王，三后在天，王配于京。王配于京，世德作求，永言配命，成王之孚。」所謂三后者，京宮所祀，殆太王、王季、文王也。王配于京者，指武王也。《酒誥》云：「乃穆考文王。」明王季是昭，文王是穆，今又配武王更爲昭，則必以成王爲穆，（《詩·載見》云：「率見昭考。」毛傳以「昭考」爲武王是也。《書·金縢》云：「我其爲王穆卜。」言爲武王卜穆也。舊説多誤。）故知京宮之祀，必及成王矣。（曶壺有成宮，吳彝有成太室，皆分別言之。如克鼎稱康穆宮爲穆廟，鬲攸从鼎有康宮徲太室也。）

乙酉，用牲于康宮。

康宮者，康王之宮也。康王爲始祖，故昭王曰昭，其廟曰康卲宮。（見頌鼎等。《山海經注》引《紀年》云：「穆王十七年，西王母來見，賓于昭宮。」）穆王曰穆，其廟曰康穆宮。（見克𣪘，寰盤等。）是其證也。共王更爲昭，則懿王爲穆。

孝王更爲昭，則夷王爲穆。鬲攸从鼎有康宫徲太室，蓋夷王之廟也。（《周語》「宣王命魯孝公于夷宫」。）厲王更爲昭，則宣王爲穆。克鐘有康剌宫，蓋厲王之廟也。至幽王而宗周遂亡，是康宫所祀，凡有九世矣。此銘當昭王時，則所祭僅康王可知。

咸既。

既用牲于京、康二宫也。此皆在成周。

用牲于王。

王，王城也。《漢書·地理志》云：「河南郡，河南，故郟鄏地。周武王遷九鼎，周公致太平，營以爲都，是爲王城。至平王居之。」又云：「雒陽，周公遷殷民，是爲成周。《春秋》昭公二十二年，（當爲三十二年）晉合諸侯于狄泉，以其地大成周之城，居敬王。」然則王城，成周，實二邑也。用牲于王城者，亦祭禮也。羅氏誤以爲明公饗王，吴釋從之，疏謬最甚。（《召誥》云：「用牲于郊，牛二。」《易·萃》云：「王假有廟，利見大人，亨，用大牲吉。」《春秋》莊二十五年、文十五年，並云：「用牲于社。」莊二十五年又云：「用牲于社，于門。」小盂鼎云：「用牲啻周王，口王，成王。」或作用牡。剌鼎云：「王啻，用牡于大室，啻邵王。」《論語》云：「予小子履，敢用玄牡，敢昭告于皇皇后帝。」皆祭禮也。蓋牲者用祭之畜之稱。《微子》云：「乃攘竊神祇之犧牷牲用。」《春秋》僖三十一年云：「乃免牲。」《左傳》云：「牛卜日曰牲。」《禮》有《特牲饋食》，《禮記》有《郊特牲》，皆可證。則用牲必爲祭禮無疑。）

明公歸自王。

歸自王城，復至于成周也。王城、成周，相距蓋不過丗里。御正衛毁云「懋父賞御正衛馬匹自王」，亦謂懋父自王城賞御正衛以匹馬也。《詩・六月》「來歸自鎬」，與此辭例略同。

明公易（錫）亢師鬯，金，小牛。曰：「用⿰示莾」。

亢字作，舊並釋太，非也。亢《説文》作，凡小篆從者，古咸從，故知即亢字也。趞鼎云「赤市幽」，㺇設云「赤市朱」，並當讀爲亢。「幽亢」、「朱亢」，即「幽衡」、「朱衡」，是其確證也。（詳見余所撰《釋亢》。馬叔平先生謂漢隷亢多作，中畫斜上，亦余説之一證焉。）⿰示莾，從示，莾聲。（莾當即蕡字，餴或從賁，可證。）祭名，蓋即卜辭之桒祭也。

易（錫）令鬯，金，小牛。曰：「用⿰示莾。」

令即夨。

迺令（命）曰：「今我唯令（命）女（汝）二人，亢眔夨。

亢即亢師。（羅誤釋太，乃謂太師可省作太。然則太保，太僕，亦可省作太，非是。太師猶太保、太僕、太史之類，若省作太，則無別矣。）

爽𠂇（左）右于乃寮，㠯乃友吏。」

同簋云：「王令（命）同奭右吴大父。」按「左右」，助也。「以」，猶與也。《曲禮》云：「僚友稱其弟也。」卜辭金文俱有『太史寮』，而《酒誥》有『太史友』，然則『僚』、『友』俱同官也。」

乍(作)册令敢䚄(揚)明公尹人⿱宀㝉(貯)，

「作册」者，史官之稱。「明公尹人」者，公時爲尹，猶㲃銘之「公尹伯丁父」也。「尹人」者，謂尹氏之人。「⿱宀㝉」字舊不識，或釋「庥」，非是。庥是從广，休聲，字形不類。按㝉當釋爲庭宁之宁。或作□形，卜辭有□字（《前編》八卷十葉）《西清古鑑》有辛□鼎，（三卷卅八葉）《續鑑甲編》有□南鼎，（一卷廿七葉）丁□鼎（三十五葉）《寧壽鑑古》有己□鼎（一卷一葉）蓋皆□形所自出者。本象四室相對，中爲庭宁之形。其後省作㝉，與貯物之器作中形者，形聲俱相混，至小篆遂中存而篋廢矣。㝉既「庭宁」之專字，故或作⿱宀㝉，從宀㝉聲字也。《薛氏款識》一卷有册咗鼎云：「亞㝠⿱宀㝉父癸宅于二册咗。」（《阮氏款識》著録二器，《西清古鑑》著録一器，並譌。）二卷己酉戍□彝云：「用□丁宗彝。」《西清古鑑》有作册宅方彝云：「亞㝠⿱宀㝉乍册宅葡八葡，𢦚乍彝。」（原作召夫方彝見十三卷六七兩葉，余曾見拓本）。《攈古録》一之三有宰襛鼎，云：「宰襛⿱宀㝉父丁。」（余曾見拓本。）近出大鼎云：「大䚄皇天尹大保⿱宀㝉。」（《貞松堂》三卷二五至二六葉。）作册夨令簋云：「令敢䚄皇王⿱宀㝉。」

又云：「令青辰皇王⿱宀㝉。」（《貞松堂》六卷十一至十三葉。亦見《支那古銅器菁華》。）盂卣云：「兮公⿱宀㝉盂鬯束，貝十朋。」（于君思泊藏）。凡此⿱宀㝉字，均借爲錫予之予。宁予之字，聲相近也。（芧字亦作苧。）故對揚上之錫予，曰「揚某⿱宀㝉」；記上之錫予，則曰「某⿱宀㝉某」也。頌鼎云：「命汝官嗣成周，貯廿家。監嗣新寤，貯用宮御。」良簋云：「尹氏貯良作旅簋。」（《周金文存》三卷一百三十八葉。）則逕以「貯」字爲之。《詩・采菽》云：「何錫予之」，則又以「予」字爲之。而「㝉」字廢矣。

用乍(作)父丁寶隮(尊)彝。敢追明公賞于父丁，用光父丁。

敢追薦明公之賞于父丁，用爲父丁之光也。

雋𠕋。

𠕋，彝蓋作「𠕋」。凡古器銘末，多記官氏。如稱「亞」者，余既別爲文以釋之。按此器末，及乍册矢令簋，乍册大鼎，並記「雋𠕋」，乍册翻卣記「[glyph]𠕋」，乍册般甗記「來册，」則知記「𠕋」或「册」者，作册氏也。其作雋、[glyph]、來，諸字，乃其本姓氏也。（《薛氏款識》寧蔑鼎有「[glyph]𠕋」，其銘云：「乍册友史易𧶜貝」。又臣辰盉、臣辰卣、臣辰壺、臣辰爵殆皆史寅所作，均記臣辰𠕋先，」則皆作册氏也。其他見於《殷文存》、《愙齋集古録》等書者，如「[glyph]𠕋」、「[glyph]册」、「木工册」、「𢊁册」、「陕册」、「樕册」、「册[glyph]」、「册[glyph]」、「册[glyph]」、「册[glyph]」、「册允」、「册疋」，諸稱，殆亦皆作册氏矣。）

自脱稿迄今，又二年矣。因建功之迫促，重録此文，又頗有修正。一義未安，每忘寢饋。雕蟲之技，壯夫不爲，其以此與？二十三年四月十四日又記。

此文既印成，見丁君佛言所作釋文，於宦字引或説，亦以爲宁字，與余前説合。然余前説實誤。卜辭之[glyph]字，當即[glyph]之本字。古文字之繁複者，如[glyph]字後省作[glyph]，則[glyph]即[glyph]之省無疑。[glyph]字於《説文》有郭及墉二釋，金文每以[glyph]爲庸，則[glyph]或[glyph]當即墉之本字，其□形象周垣，其四方作[glyph]形者象其垣上之墉，所謂「四墉」是也。[glyph]字或省作[glyph]，因變爲亞，而㝂字從之；則宦字之從亞者，爲[glyph]之省變可知。然則㝂及宦字，當爲從宀 章聲之字，於金文當讀作庸。庸者功也，勞也，引申之當有賞錫之義矣。七月六日又記。

令方彝器形

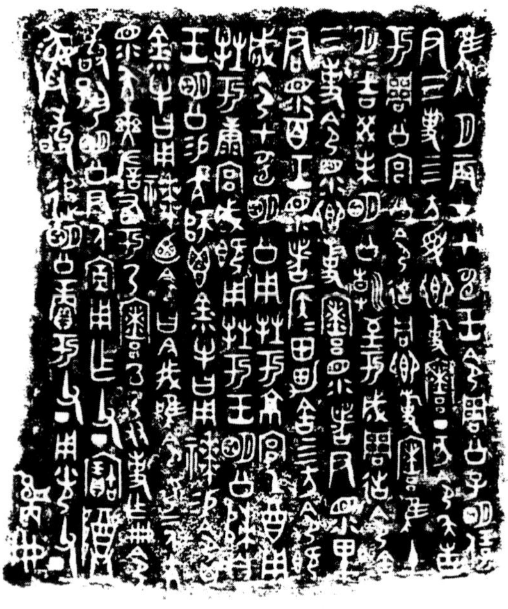
令方彝銘文拓本（蓋）

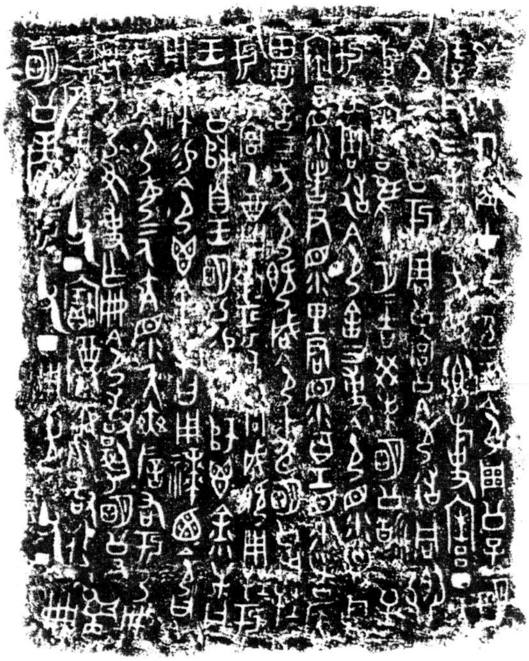
令方彝銘文拓本（器）

作册令尊銘文拓本

作册令尊器形

作者自注：寫成於一九三四年七月六日。

載北京大學《國學季刊》第四卷第一號第四七頁。

又《唐蘭先生金文論集》第六至十四頁紫禁城出版社一九九五年十月。

與顧頡剛先生論「九丘」書

頡剛兄：

讀大作《説丘》，正觸着弟的癢處。因爲最近弟也正留心到這個問題，——《春秋》和《左傳》裹以丘名地的，以宋、齊、魯、衛等國爲最多，這是很值得我們去研究的。

我兄對於這種現象的解釋，以爲「丘」這個名字是和水患有關係的，這真是最確當不過的解釋了。但是關於「九丘」的一方面，弟却另外有一些意見，現在寫出來請您指教。

《左傳》昭十二年説倚相能讀「三墳、五典、八索、九丘」，賈逵以爲九丘是「九州亡國之戒」，馬融和劉熙也都以「九丘」就是九州，《僞孔傳序》也説「九州之志，謂之九丘」，所以我兄也斷定「九丘和九州必有關係」。

另一方面，您因爲《左傳》中這段文字的不見於《史記》，以爲是劉歆重編《左傳》時加入。所謂「三墳、五典」正和《周官・外史》「掌三皇五帝之書」相映照。所謂「九丘」正和《古文尚書》的《九共》九篇對照。

自然，這兩個結論是有聯帶關係的，因爲劉歆是古文經學家的開山祖師，而賈、馬却正是古文經學家。

但弟的意思，却正和我兄相反，「九丘」既不是九州之書，《左傳》這節也不是劉歆所加入。因爲劉歆—或劉秀—所表上的《山海經・海内經》説：

有九丘，以水絡之。名曰陶唐之丘，有叔得之丘，孟盈之丘，昆吾之丘，黑白之丘，赤望之丘，參衛之丘，武夫之丘，神民之丘。

是一個很重要的證據。在《山海經》裏，「九丘」只是一個區域内的地名，所以可以説「以水絡之」。在這裏，我們有兩事可注意：第一，因爲《海内經》的本身是畫圖，所以説「以水絡之」，否則這一個「以」字就講不通；第二，《海内經》的「九丘」並不是九州之丘。從這兩點，我們可以説在劉歆以前就有「九丘」的名稱，但不是九州之丘。

如其説「八索九丘」一段是劉歆加入《左傳》，或者説「九丘」是劉秀加入《山海經》，但是古文家説《左傳》和《山海經》是相矛盾的。所以愚見以爲這兩處的「九丘」都不是後人所加，只是古文經家把《左傳》解釋錯了。

但是，九丘爲什麼可以讀呢？弟以爲它雖不是什麼「九州之志」，却正是自古流傳的河、濟之間的古國的一些記載。

在《海内經》裏的「九丘」中間，我們目前所能知道的，是陶唐之丘和昆吾之丘。昆吾之丘在春秋時是衛都，見於《左傳》。至於陶唐之丘，説來却話長了。

《論語・泰伯》説：

唐虞之際，於斯爲盛。

唐是堯的國號，《左傳》郤總叫做陶唐氏。關於堯都，傳説最多。據弟所知，比較近古的就有三説：（一）《漢書注》應劭説是初居中山唐縣，後都河東平陽。（二）《詩譜》鄭玄説是初居太原晉陽，後遷河東平陽。（三）《漢書注》臣瓚説是初居河東永安，後居濟陰定陶。後來顏師古修正臣瓚説，却以爲堯先居定陶。

弟以爲堯曾住過定陶，是可信的。至少，我們可以有三種理由。（一）少昊之虚在曲阜，顓頊之虚在濮陽，堯以前的都邑都相近。（二）《海内經》九丘裏面的昆吾之丘，就是顓頊之虚，也就是春秋時候的帝丘，那末陶唐之丘一定就是春秋時候的陶丘，地域相近。所謂「以水絡之」，或者就是濟水了。（三）《孟子・離婁》説舜是生在諸馮，遷到負夏，死在鳴條，又總括一句説是：「東夷之人也」。《孟子》又説文王生在岐周，死在畢郢，是「西夷之人」。那末，舜的生卒之地都在東方，是可以想見的。《尚書序》説湯伐桀，在鳴條之野開戰，夏師敗了，湯就跟着伐三朡，可見三朡和鳴條相近；《續漢書・郡國志》説，濟陰郡的定陶縣有三朡亭，由此可見鳴條應和定陶相近。《史記・五帝本紀》説舜在歷山耕田，到雷澤去打魚，到河濱去陶，到壽丘去做什器，到負夏去就時。這裏最重要的是雷澤，集解引鄭玄説雷夏是兖州澤，「今屬濟陰」，由此也可見舜的老家在定陶附近。

從這三個理由，我們才可以得到《左傳·哀六年》所引《夏書》的解釋。那所謂：

惟彼陶唐，帥彼天常，有此冀方。

正是指出從陶唐氏才有了冀方，是無疑的了。

堯既是先住在陶丘——就是陶唐之丘，和又叫昆吾之丘的帝丘，都在河、濟之間，正是《春秋》時丘名最多的區域，這實在不是偶然的。我以爲這正是堯時鴻水的遺迹。堯時因爲住在河濟之間，所以深受鴻水之害，而遷移到「大原」去。一方面，也正因水患的關係而有許多叫做「丘」的地名遺留到後世。後世又在這些「丘」中舉出幾個來，叫做「九丘」。

《左傳》裏的九丘，它的内容是否和《海内經》完全相同，我們很難懸斷，但至少總不是九州之丘而僅是九個丘名；而且這九個丘内，有名的丘，像陶唐之丘，昆吾之丘，總不會没有。陶唐是堯，昆吾是夏時的霸國，而《海内經》裏其餘幾個丘名，像「有叔得」和「孟盈」，又顯然都是人名，所以我疑九丘是記載河濟間這些古國的。

在春秋時候，上古的材料漸漸消滅。即使有，那時人也不會讀——也許還不屑讀。所以只有倚相算是能讀的。然而他所讀的是否直接史料，和他讀的對不對，又都是問題。

商世的文字，到周時已很多變誤；周初的文字，到春秋後又有變誤；譬如周初的「俎」字到春秋時已誤讀做「宜」字，就是一例。所以即使有上古的直接史料，到那時候讀起來已很困難，大部分只好「瞎猜」。何况那時候治學方法還很粗疏，一般人喜歡對古代歷史隨意加一個解釋，後來人就把那種解釋當做歷史，這又都是杜撰。所以春秋以後，關於上古的間接史料很難盡信，但也不能一概抹殺。

《帝典》大概是這一時期的産物，我總疑心《堯典》和《舜典》統是《帝典》的一部分；《帝典》的原書，就是《五典》，儒家只取其後兩篇罷了。三墳的書，我疑心是和《禹貢》裏兖州的「黑墳」，青州的「白墳」，徐州的「赤埴墳」，這三種土有關。八索的書，我疑心和《左傳》的「疆以周索」和「疆以戎索」有關。

「三墳，五典，八索，九丘」，我以爲春秋時大概有這一類的書。它們的來源雖不是完全僞託，却總有大部分是由瞎猜和杜撰來的，離真實大概很遠。這是我們從漢人再翻篆書做隸的《虞夏書》裏可以看到的。

我兄這篇文章本没有寫完，貢獻上這些意見，或者還可以引出您的新解來吧？

弟唐蘭。四月十五夕

作者自注：寫成於一九三四年四月十五日。

載《禹貢》第一卷第五期第二三至二六頁一九三四年五月。

辨「冀州」之「冀」

《禹貢》第五期中載馬培棠君《冀州考原》一文，中有論及「冀」字者，其説頗誤。唐石經本及宋本《爾雅》「冀」作「兾」。張參《五經文字》「冀」「兾」兩列，説：「上《説文》，下隸省」。馬君則謂「兾」爲隸省之説爲非是。馬君以爲「兾」是「丷」和「異」之合體；「異」象人形；「異」頭上加「丷」，是象頭髮，古當作「巛」，和「首」字本作一樣。

馬君的論證，大概如此。但他却不知道金文裏自有「冀」字。在作册矢令簋裏邊説到「公尹伯丁父兄于戍戍冀」，這「冀」字作。（見《支那古銅器菁華》彝器部十二及《貞松堂集古遺文》六卷十一葉）又玬廷冀簋的「冀」字作。（見《貞松堂集古遺文》四卷四十五葉）這兩器都在西周早年，可以證明「冀」字古文和小篆相差不遠，上邊並不像頭髮。「冀」的隸變爲「兾」，大概是事實，可以不用別立新説了。

載《禹貢》第一卷第六期第三二頁一九三四年五月。

「四國」解

周人好稱「四國」，其義與「四方」同。蓋商人稱「國」爲「方」，今卜辭所見皆然。稱「四方」者，舉「四海」內之「方」也。《盤庚》曰「底綏四方」，《微子》曰「殷其弗或亂正四方」，並其證。《商書》無「國」字，《周書》、《周易》及《詩》始習見之，則「國」殆周人語也。金文「國」字多作「或」，則「國」字乃晚周後起字也。周人稱「方」爲「國」，則以「四方」爲「四國」。如

《多士》曰：「昔朕來自奄，予大降爾四國民命。」

《多方》曰：「王若曰：猷告爾四國多方。」

又曰：「今我曷敢多誥，我惟大降爾四國民命。」

《曹風・鳲鳩》曰：「其儀不忒，正是四國。」

《下泉》曰：「四國有王，郇伯勞之。」

《豳風・破斧》曰：「周公東征，四國是皇。
周公東征，四國是吪。
周公東征，四國是遒。」

《小雅・十月之交》曰：「四國無政，不用其良。」

《雨無正》曰：「降喪饑饉，斬伐四國。」

《青蠅》曰：「讒人罔極，交亂四國。」

《大雅・民勞》曰：「惠此京師，以綏四國。」

《抑》曰：「有覺德行，四國順之。」

《崧高》曰：「四國于蕃，四方于宣。」又曰：「揉此萬邦，聞于四國。」

《江漢》曰：「矢其文德，洽此四國。」皆其例。

金文亦恒見之。如

毛公𢉅鼎曰：「康能四或」。

周王㝬鐘（即宗周鐘）曰：「㝬其萬年，畯保四或。」

成鼎（《嘯堂集古録》上卷十三葉）曰：「用天降災喪于四或。」皆其例。

言「四國」者，舉東、南、西、北也。故《詩》、《書》及金文每有「東國」、「南國」、「北國」之稱。

稱「東國」者，如

《康誥》曰：「周公初基作新大邑于東國洛。」

魯侯彝（《周金文存》五卷八葉）曰：「隹王命明公遣三族伐東國。」

毛班彝（《西清古鑑》十三卷十二葉）曰：「伐東或痟戎……三年，静東或。」皆是。

稱「南國」者，如

《小雅·四月》曰：「滔滔江漢，南國之紀。」

《大雅·崧高》曰：「于邑于謝，南國是式。」

《常武》曰：「既敬既戒，惠此南國。」

中鼎（《嘯堂集古録》上卷十一葉）曰：「王命中先省南或。」

周王㝬鐘曰：「南或𠬝孳敢陷虐我土。」皆是。而成鼎曰：「廣□南或東或，至于歷寒。」則二者並舉也。

稱「北國」者，如

《大雅・韓奕》曰：「奄受北國，因以其伯。」是其例。

獨「四國」之名，未見稱述。則以周本西土，故每徑稱爲「西土」也。「四國」之稱，有不指「四方」而但以示多國者。

《大雅・皇矣》曰：「皇矣上帝，臨下有赫，監臨四方，求民之莫。維此二國，其政不獲；維彼四國，爰究爰度。上帝耆之，憎其式廓，乃眷西顧，此維与宅。」

此所謂「此二國」及「彼四國」，並是泛指多國，猶言「此諸國」及「彼諸國」耳，故下文總以「上帝耆之，憎其式廓」，因而西顧王季、文王也。毛萇誤以四國爲四方，遂不得不實「二國」爲「殷、夏」。然夏之亡舊矣，毛説自是牽強。鄭玄因改以「二國」爲「殷紂及崇侯」，而以「四國」謂是「密」、「阮」、「徂」、「共」。然下文所謂「密人不恭，敢距大邦，侵阮徂共」者，只密是國名，來侵阮而徂共，故「王赫斯怒」，整其旅以卻「徂共」之旅也。「阮」、「共」皆非周之敵國，「徂」是動詞，則鄭説之誤可知。其實「二國」與「四國」只是行文之便，如必欲以國名實之，則以詞害意矣。

泛指四方之「四國」，亦有以國名實之者，《破斧》云：「周公東征，四國是皇。」又云「四國是吪」，又云「四國是遒」。此皆稱美周公之詞，言東征以後，四方得以匡救，化成，堅固也。然作《詩序》者已誤以「四國」爲實有其國，故云：「《破斧》，美周公也，周大夫以惡四國焉。」不知《詩》本無「惡四國」之義。惡之者，如云「戎狄是膺，荆舒是懲」，「膺」、「懲」之語與《破斧》相反，則知《詩序》誤也。《毛傳》承《序》説，故以四國爲「管、蔡、商、奄」，然彼時叛者實不只此四國。《書序》云：「武王崩，三監及淮夷叛，周公相成王，將黜殷，作《大誥》。」又云：「成王東伐淮夷，遂踐奄，作《成王政》。」由此可知東征之役，所伐者實有殷及三監——管、蔡、霍——淮夷、奄，凡六國，則毛説之誤可知。（《漢書・地理志》云「薄姑氏與四國共作亂」，蓋取毛説）。

《多方》云「我惟大降爾四國民命」，《書》正義引王肅以四國爲「四方之國」，甚是。《僞孔傳》則云「我惟大下汝四國民命，謂誅管、蔡、商、奄之君」，乃取《毛傳》之説。然《孔傳》實未通文義。《多方》下文又云「乃有不用我降爾命，我乃其大罰殛之」，此所謂「我降爾命」者，即上文之「我惟大降爾四國民命」也。「四國民」爲一詞，猶「四方民」，（師訇簋云：「肆皇帝亡吴，臨保我有周，雩四方民，亡不康静。」）亦猶「中國民」，（《梓材》云：「皇天既付中國民越厥疆土于先王。」）此用以助「爾」字，故《多士》《多方》之言「大降爾四國民命」者，即大降爾命也。然則若如《僞孔傳》以爲「誅四國君」，則此二書全文皆不可通矣。

《多方》云「四國多方」，驟視之頗不可解。蓋周初承殷，多襲殷語，《多方》者以周人言之，是多國也，然亦時有周語混雜其間，以殷人言「四國」，則當云「四方」矣。《多方》之語，即謂四方諸國之義，特以殷周文化之方始錯雜，故有此奇異之詞例耳。

後世訓「方」爲「方向」，而不知「方向」之義乃引申於「方國」。故於「四國」之稱，不知其爲泛稱，而往往刻舟以求劍。古書本義，每爲傳注所掩，此其一例也。

載《禹貢》第一卷第十期第六至九頁一九三四年七月。

《甲骨文編》序

民國二十年秋，余方在瀋陽，值倭寇鴟張，遼東崩陷，流離奔竄，幾膏豺虎之吻者數。既出坎穽，生還故都，得與舊遊相聚。時若東莞容希伯（庚）、番禺商錫永（承祚），皆向所同受知於王先生靜安者。輒朝夕過從，二君久主講席，問業頗衆，並稱譽潢川孫海波甚力，旋於錫永處識之，誠好古篤學士也。海波既從二君遊，博識甲骨彝器所載文字，因取《鐵雲藏龜》、《殷虚書契前編》、《後編》、《菁華》、《龜甲獸骨文字》等書，遍爲之釋文。既又取錫永所輯《殷虚文字類編》推而廣之，爲《甲骨文編》，將以與希伯所輯《金文編》相輔而行也。蓋《類編》成書已十數載，間有疏違，錫永嘗自校訂，未遑傳布。近世學人偶爲補正，醴陵朱芳圃輯以爲《甲骨學文字編》，頗便讀者，而又病其雜然紛陳，無所區別。若海波此作，謹嚴而具條理，則駸駸乎幾與其師齊矣。且商、朱之書，臨寫字形，統歸一律，僅著異構，不取同體，今則盡出影摹，不差毫髮，又每字著録，易於尋檢，所謂考據之學，後必精密於前與。方其輯是編，費時五載，知者莫不歎服其精且專也。既成，咸信爲可以傳世。錫永因爲介紹於金陵大學，將刊，而絀於資。希伯又爲介紹於燕京大學，得印行焉。工事垂竣，海波索序於余，亦已甚久，乃不辭固陋，而書其耑曰：

凡所謂古文字者，别小篆而言之也。析而稱之，當有三科：曰殷虚文字、商周彝器文字、戰國文字。而其文字之發見，亦有三期焉：秦承六國之後，同書文字，焚棄舊籍，於是六國文字咸廢，而小篆獨行。然廢之於學士大夫者易，而廢之於民間者難。六國文字之存於民間者，益趨簡易，而隸書興。延至漢世，隸書盛行，即小篆亦幾於廢矣。漢興，詩書百家語間出，而老師宿儒多昏瞶遺亡，後學小生，但誦隸書，罕識前世已絶之文字，而以意通其讀，於是故書雅記多有荆榛，蔓棘不可解矣。《説文》云「古文，孔子壁中書也」。壁中書者，魯共王壞孔子宅而得《禮記》、《尚書》、《春秋》、《論語》、《孝經》。又北平侯張蒼獻《春秋左氏傳》，郡國亦往往於山川得鼎彝，其銘即前代之古文，皆自相似。案所謂孔子壁中書者，其《尚書》《春秋》今見於魏正始三體石經，實戰國晚期文字也（劉向所校中古文《易經》及《尚書》，杜林於西州所得漆書《古文尚書》、魯淹中所出《禮》古經、河間獻王所得《周官》殆皆此類）。去漢未遠，而儒生已昧其字，逕謂爲古文，追論鼎彝，故釋「文王」爲「寧王」，「台辟」爲「以辟」，千載莫悟其失也。及晉太康二年，汲郡人不準盜發魏襄王墓，得竹書數十車。齊世有盜發古冢者，相傳是楚王冢，所獲寶物有竹簡書，王僧虔謂是科斗書《考工記》，此亦皆戰國時書也。汲郡書今存者有《穆天子傳》，荀勗等所寫定，於文字之不可識者，隸寫其形，然如玲[王勒]之[王勒]，寫誤作[王黽]，致郭璞讀爲瓆，可見即寫定亦正匪易矣。蓋漢晉之世，古文大行，《說文》及諸字書頗録其字，故僞造孔氏《尚書》者得竊取之，以見信於佞古之士，所謂「隸古定」者也。自晉以後今隸盛行，行草紛出，古文、小篆同漸泯滅。唐李陽冰中興篆籀，刊正《說文》爲卅卷。然其作書多失篆法，而流俗造作，古文更多誕妄矣。郭忠恕作《汗簡》，采自《說文》石經以下凡七十二種。中如《開元文字》、王存乂《切韻》、郭知玄《字略》之類，本是隸書。碧落文之屬乃唐世妄人所爲，俱歸采輯，真僞錯襍。然魏晉以後古文之學，此其總集矣。自漢世以迄宋初，所謂古文者，其原皆出竹簡，爲戰國時所書，此一期也。宋初徐鉉、徐鍇俱治《說文》，小篆復興，及劉原父作《先秦古器記》，彝器文字始見摹釋。呂大臨、王楚、王俅、薛尚功等繼之，款識之學大盛。中雖少衰，而清世乾嘉以後，著録彌廣矣。自趙九成著《攷古圖釋文》，以小篆推考古文，而以韻次之，明清集鐘鼎文字之書，率從其例，至嚴可均、吴大澂、容庚始以《說文》爲次。（嚴氏《說文翼》稿本今在杭縣某氏，惜未印行。）吴氏所著《字說》始舉金文以駁《說文》，正小篆，彝器文字之學，以是大昌。其文字上及商世，下逮戰國，而要以兩周爲最多，此又一期也。清之末年，甲骨始出，三十年間，學者蠭起，孫詒讓、羅振玉、王國維等首爲考釋，王襄、商承祚以《說文》編次之，而王國維所作《殷先公先王考》始以卜辭證古史，於是甲骨文字之學且淩駕金文而上之矣，此又一期也。蓋戰國文字最先出，學者罕通，自晉以後，經歷千年不爲世重，僅好奇者尚之耳。古者郡國山川雖間出鼎彝，未有收藏之家，不諳摹拓之術，其湮没者不可勝數。逮集録之風氣既開，宋清儒者又盛治《說文》之學，材料既富，研索者衆，古文字始得見重於學者。而甲骨文字之發見，適當其時，故未及一世，蔚爲鉅學，嚮使其出於元明之際，則必已散佚泯没，與竹簡同其運命矣。

夫爲古文字之學者，有二途焉。蒐集材料，從而比次之，此字彙也。溯其本源，考其流變，湮晦者，發明之，譌誤者，校正之，合之可以徵社會之演化，析之可以考一字之歷史，此文字學也。所謂字彙者，吴大澂《說文古籀補》其類也；所謂文字學者，孫詒讓《名原》其類也，此二途者，蓋不可偏廢。然蒐集比次尚易爲功，而發明考索則甚難矣。自春秋之世學者已好言字義。而未有專書，秦時李斯、趙高、胡毋敬等作《倉頡》三篇，三千三百字，乃小篆之字彙也。許慎博采通人之說，以作《説文解字》謂將以理羣類，解謬誤，曉學者，達神恉，分别部居，不相雜厠，萬物咸覩，靡不兼載，此文字學之嚆矢也。蓋《周禮·保氏》始有「六書」之説，許氏能闡明其例，以序篆文，而合古籀十四篇，五百四十部，九千三百五十三文，及重文一千一百六十三，所以能條理相貫屬也。自漢以下，「六書」之義不彰，學者聚訟。宋儒創「右文」之説，特形聲之一例耳。王安石作《字説》，盛極一時，然不窮其原，而徒欲以一切文字歸諸會意，宜其難通也。故二千年來，能言文字無逾許氏，拘墟之儒，斤斤守之，所不敢須臾離者。然自彝器款識之學大盛，其文字兩周爲多。周文字者，秦篆所從出，參伍比較，頗可辨識，於是向之第見小篆譌體，而傅會成説者，初學淺儒亦得摇筆而指謪之，而師心決臆，奮穿鑿之小智，逞一曲之偏見者，豈可勝數哉。夫每一文字，自具歷史，不探其原，曷窮其流，必求參證，無尚巧説，則許慎雖僅見小篆，與六國古文多所譌誤，然其通達條例，要勝於野言，故編次古文字以爲字彙者，終亦無以易焉。

雖然《説文》者，主小篆而作也，而今所傳秦漢篆書有足以補正之矣。戰國文字，竹簡雖亡，而三體石經猶存概略。彝器、兵器、化布、鉩印、封泥、匋器之屬，其所載文字，尤不可殫數。然以與小篆相校，十不得其二三，多不可識。蓋秦與六國雖皆承周，而東方文字變化尤劇也。兩周文字强半可通，然至商世，彝器以及甲骨文字，其下逮小篆之興，殆將千載，相承之迹既已泯絶，宜其多扞格而難釋也。夫以小篆通彝器文字，更以彝器文字上溯甲骨，下窮鉩印、匋器之屬，昔人多有爲之者，頗有得焉。然若不通字例之條，而徒以比附爲主，則其術有所窮。夫文字隨世變化，漸失本真，故殷世文字周時已有譌誤，周之文字，早晚亦自有殊，秦篆及六國文字，又復互有長短。蓋自前尋後，嬗變之迹易求，而由後證前，則懵然失其本。然則以今世所存材料之富，正當順其時代，考其本末，推其條例，著其變化，使古文字之歷史，燦然明備，而《説文》僅其筌蹄耳。

余嘗考文字原始，莫先象形，單形不足則借形以象意，又不足則借形以象聲。蓋初期文字但有象形、象意，而以象聲爲用。象聲者，本無其字也。降及後世，文字日繁，則注形於象聲之字而爲形聲。形聲既立而日滋，則象形、象意日漸退減矣。故區别文字，當有三部，象形、象意、形聲是也。其文字所用亦有三術，一曰圖繪，象形文字所從出；二曰假借，象意、象聲所從出；三曰轉注，象聲之所以蜕化爲形聲者也。持此六者以範圍古文字，斯靡有遺矣。蓋漢人所謂「六書」者，指事、象形、形聲、會意、轉注、假借是也，然其説，實出於晚周，施於古文字，未能合也。故上下之字，本象其意，而誤謂爲指事。指事之名，實虚立也。小篆本以形聲爲主，而象形、指事、會意三者，學者常不能判别。則有若「象形兼指事」，「指事兼會意」之類，愈益紛紜矣。夫「六書」者，後人所作，以探造字之本，而世俗或誤謂聖人制此，以造文字，拘泥成説，不敢稍易，則造字之本，終莫能知已。夫商周之世，去原始文字猶爲近者，然則言文字之條例，不宜但據小篆，而當於甲骨、彝器諸古文字求之，其理至易明也。

今世之爲古文字，作字彙者衆矣，若海波用力之勤，與其書之謹嚴精密，固不可數數覯也。然余所期待之者尚不止此，苟以海波之精且專，盡輯其他古文字以爲字彙，然後加以發明考索之功，而求其條理貫屬之術，繼許氏而有作，亮非難也。且今所見古文字材料之豐富，二千年所未有者，然國事俶擾，外侮日亟，余惟恐其久而散佚也。海波其有意耶？其曷以我言質諸希伯、錫永，倘或不以爲謬，則亟從事哉。使異日者新著絡繹以出，余雖疏懶，尚願序之。孔誕二四八五年九月唐蘭

作者自注：寫成於一九三四年九月。

載孫海波《甲骨文編》第一至十頁（原文無標點）一九三四年影印。

《古史新證》序

《古史新證》者，海寧王觀堂先生教於清華大學研究院所輯講義也。時先生爲院中導師，余友趙君斐雲爲其助教。先生每發一稿，斐雲爲録副，畀抄胥，使謄寫印行，而藏弆其手迹。逮先生既自沉於昆明湖中，羅振玉氏爲刊其生平著述，爲《王忠慤公遺書》，而獨缺此編，故世人罕得知焉。其弟子藏有講義者，間轉載於雜誌中而傳播不廣，已罕覯於今時。斐雲重惜之，出所藏先生手迹付景印，使得廣傳於世。以余與王先生有一日之雅，責其爲序。余曰諾，蓋義有不得辭也。

十數年來，古史之學盛極一時。雖然，古史未易治也。前世史家重文詞而疏記事，尚博聞而不長於考訂。時代愈遠，傳説愈多，不辨其真妄而綴輯之，而以意附會之。驟視之儼然完整之歷史也，按其實多有虚妄，而真者反因以湮晦。故史部之書，每難盡信。先識之士時有譏彈，而迄于近世，競尚疑古，非無由也。然古史之有可疑，傳説之多虚妄，而須摧陷廓清，此固已爲不爭之事實，而爲疑古者絶大之貢獻。顧何以知其爲信爲疑，爲實爲虚，爲真爲妄，此非僅懷疑所能決者。學者或以爲古書大都爲秦漢以後人所竄改，因而取後證前，凡前世思想文辭制度之見於後世書册者，輒疑爲後人所僞爲。此一術也，固時或有中，然不善持之，其失彌甚。方清儒之治《説文解字》也，文字之不見於許書與不齊於小篆者，盡以爲漢後俗書。然自今日觀之，則商周文字往往同於俗書，而異於小篆。康有爲氏謂古文經盡劉歆所僞作，然魏三體石經所載古文實爲六國文字，故懷疑推測之論不足爲證，考據之學當尚實證也。夫處今日而考古史，必深諳古代文字與古文法，且兼通考古學、古器物學、古器物銘學等科，非是不足以整理地下新發見之材料而資爲實證。然已發見之材料有限，而古史之範圍至廣，學者或取地下材料所未見，遽疑爲僞，此亦非也。夫地下材料本不足以包括歷史文化之全部，且其既發見而遺佚與埋藏地下尚未發見者，詎可勝計？即其已發見而尚未通曉，如「彡日」之文已見於宋人所得之器銘，至觀堂先生始得其解者，亦豈能無之？故未見不足爲僞也。夫考據之學必虚己以待證，搜集材料而不徒騁辭説，新證既出，材料既富，不須穿鑿新奇，而自有創獲，則王先生《古史新證》其選也。先生之説王亥、王恒、上甲、報乙、報丙、報丁之屬，所釋之文字既皎然可信，而其見於故書若《山海經》、《汲郡紀年》、《天問》、《世本》、《吕覽》、《史記》等書，又彰彰可據，故其説既出，四海景從，於以開發明古史之先軌。此與吳大澂、孫詒讓之研究古文字堪媲美矣。疑古之說方盛，學者羞道虞夏，先生獨舉甲骨所載殷之先世與夏同時，且金文盛道禹迹，與《詩》符合，可知兩周學人咸信有禹，不僅儒墨也。此其證據明確而不輕下斷語，誠後學之楷模焉。

夫考據之學後來居上，前賢容有疏失，補苴訂正，後學之事也。王先生釋卜辭之夒（《先公先王考》中釋爲夋，誤。今依改釋。），謂即帝嚳，而以土爲相土。然自嚳迄冥，中經契、昭明、相土、昌若、曹圉五世，契爲始祖，何反不及？昭明、昌若、曹圉，何並無徵？此可疑也。先生所據羅氏拓本有云「癸巳貞于高祖夒」（下缺）。余所見廬江劉氏藏骨有云「叀高祖夒祝用王受又」，並於夒稱高祖，與高祖王亥、高祖乙同。余按殷世之稱高宗，後於大宗眔中宗，然則稱始祖當爲大祖，而高祖非始稱。夒之非嚳，明矣。劉氏藏骨又云：「夒眔上甲」，其即則夒又必在上甲之前而世次相近。豈夒即王亥，猶上甲之名微，大乙之名唐歟？夒既非嚳，則土非相土。王先生以爲邦社，嘗疑土亦社稱，實較優於後說也。又卜辭之，《史記》稱爲上甲、報乙、報丙、報丁，先生誤以報爲後世追號，而不知□匚並爲祊形，祊即報祭。余嘗訂正之（見《殷契卜辭釋文》），此皆其微失也。卜辭習見字，昔人未識，以詞例推之，亦所祭先祖也。余所得一骨與唐並列，尤其顯證。余考其字，蓋即《盂鼎》「我殷述令」之。《說文》聞字重文之䎽也。《天問》云：「昏微遵迹，有狄不寧。」夫以上甲之能帥契，焉能被以昏稱？昏蓋微之別名也，然則即上中，後世作䎽，遂借昏爲之耳，此則先生說所未及也。凡若此者，譬猶墜露輕塵，固不足以增海岳也。

十數年前余方治古文字學，閉門造車，未嘗思出而合轍也。一日以羅振玉氏之介，走謁先生於滬上，挾所業爲贄，於其自以爲有所發明者，輒舉以告，與先生說每不期闇合，相對竟日，忻然忘倦。歸而記之，自謂此樂生平不易得也。嗣又數數造謁，及先生北來舊都，余至天津，相晤遂疏。未幾，遂聞噩耗矣。余既專治古文字與古史之學，於文字，心悦孫詒讓氏，於古史，則先生所謂私淑者也。故斐雲屬序於余，余不敢辭。斐雲於先生爲同里，嘗受知焉，博學洽聞，冠絕今時。余於先生卒後，始與論交，今又數年矣。先生墓有宿草，斐雲與余亦俱已中年，爲學無涯而年華易逝。既悲往者，思永其業於將來，則斐雲之印此書，豈徒然哉？二十三年十一月唐蘭

作者自注：寫成於一九三四年十一月。

載王國維《古史新證》第一至六頁（原文無標點）北平來薰閣影印一九三五年一月。